U0943521

文化心理与
中国社会主体意识

邵明 著

人民出版社

目 录

第一章　文化反省与主体意识

烈文辟公，锡兹祉福。

惠我无疆，子孙保之。

无封靡于尔邦，维王其崇之。

念兹戎功，继序其皇之。

无竞维人，四方其训之。

不显维德，百辟其刑之。

於乎前王不忘！

——《诗经·周颂清庙之什·烈文》

20世纪初期的前后几十年，中国社会出现了一系列出人意料的急剧变化。特别是1911年辛亥革命在推翻了大清王朝268年统治的同时，也结束了中国社会延续两千多年的君主专制的传统政治。这使中国的普通民众第一次开始有了真正意义上能够自主地把握生活的机会。只是人们被自上而下的专制皇权笼罩得时间过久，一时之间似乎还不能完全适应过来。

民众主体意识的成熟需要一个较长的过程和各种社会情境因素的配合。

但是社会形势的急剧变化却迫使人们被动地承受着由于自己的不成熟而引起的悖理状况。例如，早在 19 世纪两次鸦片战争之后，人们就已经开始逐步意识到西方在科学技术上的先进（“船坚炮利”）远不是中国所能相比的，于是进行了三十多年“师夷长技以制夷”（魏源语）的洋务运动（1861—1895）。洋务运动在中日甲午战争失败后结束，康有为（1858—1927）、梁启超（1873—1929）和谭嗣同（1865—1898）等人在 1898 年又发动了戊戌变法，力图从政治、经济、文化、教育、军事和法律等等方面较全面地向西方学习，甚至尝试将传统的君主专制改变为君主立宪体制。可惜戊戌变法仅仅持续了 103 天就以失败告终。在经过诸多曲折之后，越来越多的人不再对传统政治抱任何希望，而是直接诉诸暴力革命的方式。尽管如此，1911 年的辛亥革命虽然推翻了清王朝，建立了中华民国，可是并不能因此从根本上彻底改变中国传统的社会状况，人们似乎还需要更深入、更广泛的观念更新和社会变革。于是，自 1915 年《青年》杂志（后改名为《新青年》）创办起，陈独秀（1879—1942）、鲁迅（1881—1936）、蔡元培（1868—1940）和胡适（1891—1962）等深受西方思想影响的知识分子发起了新文化运动，大力提倡“民主”和“科学”，强烈反对君主专制和传统文化，特别是儒家思想和传统礼教。这个思想解放运动在 1919 年的五四运动中达到高潮，并一直持续到 1923 年的科玄论战和 1935 年的文化论战。同时，各种社会运动也遍及中国民众生活的几乎每个角落，如文学革命、平民教育运动、妇女解放运动、学生运动、工人运动、农民运动或职业教育运动等等，都对当时的国人产生了巨大的影响。

这些运动固然对人们主体意识的形成和发展起到了正面、积极的作用。然而严酷的现实状况又不断挤压着人们的思想空间，使人们难以真正地把握自己的生活，因为一方面是战乱频繁，如辛亥革命之后的北洋军阀混战、北伐战争、日本侵华战争和国共内战等等；另一方面是经济状况也混乱不堪，大多数人尚处于贫困状态，那些地方军阀和金融寡头不仅对农业，还对刚刚兴起的民族工商业造成了严重破坏，使其始终处于步履维艰之中。这些糟糕的社会状况加上当时极度腐败的政治现实，使人们难免产生失望和沮丧情绪。

第一节　观念冲突和文化批判

仅仅推翻君主专制政权并不能使人们把握生活的能力一下子成熟起来。实际上，中国社会基于统治意识的权力结构在三千年以来已经对人们的观念和行为产生了太深的影响，几乎固化了人们的思维习惯和行为方式。因此，即使是那些崇尚自由民主和科学理性的新派知识分子，在思想深处似乎也一时难以彻底地摆脱传统惯性的左右和束缚，仍然盲目地崇尚某种规范而不宽容地排斥着其他的一切。例如，胡适在 1923 年时说：

> 这三十年来，有一个名词在国内几乎做到了无上尊严的地位。无论懂与不懂的人，无论守旧和维新的人，都不敢公然对他表示轻视或戏侮的态度。那个名词就是“科学”。①

于是他以科学（如进化论和实验主义）为武器，极力批判中国一切传统的东西，提出要“全盘西化”，因为“我们必须承认我们自己百事不如人，不但物质机械上不如人，不但政治制度上不如人，并且道德不如人，知识不

① 胡适：《〈科学与人生观〉序》，载于欧阳哲生编：《胡适选集》，吉林人民出版社 2005 年版，第 588 页。

如人，文学不如人，音乐不如人，艺术不如人，身体不如人。”①

鲁迅在《狂人日记》、《孔乙己》、《药》和《祝福》等小说中揭露了传统礼教“吃人”的本性。例如在《狂人日记》中他借“狂人”之口说道：

> 凡事总须研究，才会明白。古来时常吃人，我也还记得，可是不甚清楚。我翻开历史一查，这历史没有年代，歪歪斜斜的每页上都写着“仁义道德”几个字。我横竖睡不着，仔细看了半夜，才从字缝里看出字来，满本都写着两个字是“吃人”！　　四千年来时时吃人的地方，现在才明白，我也在其中混了多年。　　没有吃过人的孩子，或者还有？救救孩子　　②

这对中国传统儒家思想的批判，可以说达到无以复加的程度了。而另一方面，鲁迅对西方文化的一切却推崇备至。他告诫青年人只看外国的书，不必看中国书，因为：

> 中国书虽有劝人入世的话，也多是僵尸的乐观；外国书即使是颓唐和厌世的，但却是活人的颓唐和厌世。我以为要少——或者竟不——看中国书，多看外国书。③

被胡适称赞为“只手打翻孔家店的老英雄”吴虞（1872—1949）激烈抨击传统“吃人的礼教”，认为“儒家以孝悌二字为二千年来专制政治与家族制度联

① 胡适：《介绍我自己的思想——〈胡适文选〉自序》，载于欧阳哲生编：《胡适选集》，吉林人民出版社2005年版，第609页。

② 鲁迅：《狂人日记》，《新青年》第4卷第5号，1918年5月15日。后收录鲁迅杂文集《呐喊》。

③ 鲁迅：《青年必读书》，载于《京报副刊》，1925年2月21日。后收录鲁迅杂文集《华盖集》。

结之根干”[①]。然而他在勇于同自己父亲进行“家庭革命”的同时，却十分专横地对待自己的两个女儿，尽显其传统观念的根深蒂固以及新旧观念的内在冲突。

当然，在新旧时代交替之际，出现这些状况是可以理解的。也就是说，他们看待新观念（如科学、民主和自由等等）的方式，与原来人们看待旧观念（如三纲五常之类）的方式，似乎并没有什么太大的区别，都是虔诚信奉一类观念而全力攻击另一类观念。实际上，观念之间的冲突是很容易形成的，任何思想性观念都具有一定的批判能力，都是在自身的主张中排斥着其他主张。如果执着于以某一种观念批判其他观念，那么，这恐怕并不能使人们从观念的束缚中解脱出来，而仍然会受某种观念的奴役，特别是当这种观念看起来很“美”，很新潮时尚，或者很有权威很有力量，简直就是“真理”本身的时候。因此，我们也不难理解为什么当各种新思想在中国被大力提倡之后，很快就会出现强烈反对的声音。例如，梁启超、梁漱溟（1893—1988）、熊十力（1885—1968）、杜亚泉（1873—1933）、张君劢（1887—1969）等人在全盘西化论者的刺激下，就宁愿坚持中国固有文化的优越性。梁启超在考察第一次世界大战之后的欧洲时就感叹“文明破产”，说“欧洲人做了一场科学万能的大梦，到如今却叫起科学破产来”[②]，认为只有中国的传统文化才能拯救世界。于是他号召青年人：

> 立正！开步走！大海对岸那边有好几万万人，愁着物质文明破产，哀哀欲绝的喊救命，等着你来超拔他们呢！[③]

---

① 吴虞：《吴虞文录》，黄山书社2008年版，第4页。

② 梁启超：《欧游心影录》，载于葛懋春、蒋俊编：《梁启超哲学思想论文选》，北京大学出版社1984年版，第262页。

③ 梁启超：《欧游心影录》，载于葛懋春、蒋俊编：《梁启超哲学思想论文选》，北京大学出版社1984年版，第406页。

梁漱溟把中国、西方和印度文化分为各有特点的三类，认为中国文化比较而言是最优秀的，因而将来的世界文化也必将是中国文化：

质而言之，世界未来文化就是中国文化的复兴；有似希腊文化在近世的复兴那样。人类生活只有三大根本态度，由三大根本态度演为各别不同的三大系文化，世界的三大系文化实出于此。①

他认为中国文化特别是儒家思想注重人际之间的伦理关系，采取调和的人生态度，以及谨慎的理性精神；周公和孔子就是中国文化最杰出的代表：

真正中国的人生之开辟一定前乎孔子，而周公当为其中最有力之成功者。周公并没有多少道理给人——他给人以整个的人生。他使你无所得而畅快，不是使你有所得而满足；他使你忘物忘我忘一切，不使你分别物我而逐求。怎样能有这大本领？这就在他的“礼乐”。自非礼乐，谁能以道理扭转得那古代社会的人生！自非礼乐，谁能以道理替换得那宗教！中国文化之精英，第一是周公礼乐，其次乃是孔子道理。②

熊十力对人们放弃传统学术痛心疾首。他认为：

中国数千年来，高深之文化，根底具在六经。清末以来，朝野日以模仿西洋为务。举西洋所有之新思潮，（学术上之各派哲学与文学，

① 梁漱溟：《东西文化及其哲学》，载于陈来编：《梁漱溟选集》，吉林人民出版社 2005 年版，第 151 页。

② 梁漱溟：《中国民族自救运动之最后觉悟》，载于陈来编：《梁漱溟选集》，吉林人民出版社 2005 年版，第 400 页。

政治社会方面，自民主至于共产等思潮，无不袭来。）好制度，（政制，自总统制，内阁制，乃至委员制，三十年来无不袭而行之。其效如何，吾不忍言。）好名词，（国人惯用极好听之名词，而所行适得其反。）无不尽量输入。学子且高呼完全西化，线装书投厕所之论，倡自海内闻人，腾之著名杂志。（经籍即线装书。）西化气焰极高，而政教乃日坏。①

在他看来，面对糜烂的现实，人们正应该返回中国传统思想才有可能加以真正地解决：

当今上下一心，果能实体敬事而信节用而爱人诸义而力行之，又何忧乎国难？圣训洋洋，无一语不切实用，奈何以迂谈视之？②

杜亚泉把西方学说的输入比喻为“直与猩红热、梅毒等之输入无异”，而“吾固有文明之特长，即在于统整。且经数千年之久，未受若何之摧毁，已示世人以文明统整之可以成功。今后果能融合西洋思想以统整世界之文明，则非特吾人之自身得赖以救济，全世界救济亦在于是。”③

张君劢根据法国哲学家倭铿（Rudorf Eucken，1846—1926）在其著作《大思想家的人生观》中所主张的生命哲学理论，认为：

科学无论如何发达，而人生问题之解决，绝非科学所能为力，惟

① 熊十力：《读经示要》，载于景海峰编：《熊十力选集》，吉林人民出版社2005年版，第242页。

② 熊十力：《复性书院开讲示诸生》，载于景海峰编：《熊十力选集》，吉林人民出版社2005年版，第442页。

③ 杜亚泉：《迷乱之现代人心》，载于《东方杂志》第15卷第10号，1918年10月。

赖诸人类之自身而已。……盖人生观，既无客观标准，故惟有返求之于己。[①]

他说的“返求之于己”，也就是指要靠宋明心学的内心修养才能解决人生观的问题。

对传统习俗和观念的愤恨会导致有些人无原则地崇拜外来的习俗和观念，而这又反过来刺激一些人采取完全对立的主张。当时各种报纸杂志或讲演座谈上的介绍或讨论，夹杂着过多的情绪性宣泄。肤浅的理解加上偏激的言辞，刺激着人们的神经，又造成许多人宁愿走向相反的理论选择。他们看起来都很有自己的道理，然而这种观念的冲突却往往显得非理性的成分居多，也不是一种谨慎的态度。

尽管如此，在情绪化的思想交锋中，由于受到西方文化的影响，他们中的大多数还是清醒地认识到了个体意识自觉对重新建立现代中国社会生活而言的重要意义。

第二节　个体意识的觉醒

没有民众主体意识的成熟，这个社会的精神状态就总是难免茫然或压抑，整个社会的政治生活也将始终反复于统治意识的清醒或昏庸，无法摆脱思想上受到的束缚和限制，因而普遍地呈现出一种奴役和被奴役的观念形态。

梁启超是较早地认识到这一点的人。1902 年他在日本横滨创办《新民

① 张君劢:《人生观》,《清华周刊》第 272 期，1923 年 2 月 14 日。

丛报》时就认为“欲维新吾国，当先维新吾民”①。他在写给康有为的信中也说：

中国数千年之腐败，其祸极于今日，推其大原，皆必自奴隶性来。不除此性，中国万不能立于世界万国之间。而自由云云，正使人自知其本性，而不受箝制于他人。今日非施此药，万不能愈此病。②

于是他提出了“新民说”，就是指要使中国的民众改变长久以来形成的奴性，能够自主地把握自己的生活和命运，成为一个现代国家的国民，这样整个国家或社会的现代化才有可能实现：

然则苟有新民，何患无新制度？无新政府？无新国家？非尔者，则虽今日变一法，明日易一人，东涂西抹，学步效颦，吾未见其能济也。夫吾国言新法数十年而效不睹者，何也？则于新民之道未有留意者也。③

新文化运动的领导者陈独秀希望通过新文化运动促使中国民众的觉悟，认为道德伦理上的觉悟是“吾人最后觉悟之最后觉悟”④。这就必须破除传统的宗法制度，因为：

---

① 梁启超：《本报告白》，《新民丛报》创刊号，1902 年 2 月 8 日。

② 梁启超：《梁启超书信》，中国社科院近代史所藏手抄本。见梁启超：《梁启超新民说》“编序”第 7 页，康雪编著，中国文史出版社 2013 年版。

③ 梁启超：《梁启超新民说》，康雪编著，中国文史出版社 2013 年版，第 8 页。

④ 陈独秀：《吾人最后之觉悟》，《青年》第 1 卷第 6 号，1916 年 2 月 15 日。

宗法制度之恶果，盖有四焉：一曰损坏个人独立自尊之人格；一曰窒碍个人意思之自由；一曰剥夺个人法律上平等之权利；（如尊长卑幼同罪异罚之类。）一曰养成依赖性，戕贼个人之生产力。东洋民族社会中种种卑劣不法残酷衰微之象，皆以此四者为之因。欲转善因，是在以个人本位主义，易家族本位主义①。

他所说的“伦理的觉悟”或“个人本位主义”，也就是他在《新青年》的创刊词中所主张的，即要使人获得解放，就必须具备的“独立自主之人格”：

解放云者，脱离夫奴隶之羁绊，以完其自主自由之人格之谓也。我有手足，自谋温饱；我有口舌，自陈好恶；我有心思，自崇所信；决不认他人之越俎，亦不应主我而奴他人：盖自认为独立自主之人格以上，一切操行，一切权利，一切信仰，唯有听命各自固有之智能，断无盲从隶属他人之理。非然者，忠孝节义，奴隶之道德也。②

在陈独秀看来，具有独立自主之人格的人，也无疑有天然的人权：

人权者，成人以往，自非奴隶，悉享此权，无有差别。此纯粹个人主义之大精神也。③

而国家或社会的宗旨都在于为人们提供实际的帮助：

① 陈独秀：《东西民族根本思想之差异》，《青年》第1卷第4号，1915年12月15日。

② 陈独秀：《敬告青年》，《青年》第1卷第1号，1915年9月15日。

③ 陈独秀：《东西民族根本思想之差异》，《青年》第1卷第4号，1915年12月15日。

国家利益、社会利益，名与个人主义相冲突，实以巩固个人利益为本因也。①

胡适也不遗余力地宣扬西方式的个人主义，特别是像“易卜生主义”那样的个人自由和独立性格：

这个个人主义的人生观一面教我们学娜拉，要努力把自己铸造成个人；一面教我们学斯铎曼医生，要特立独行，敢说老实话，敢向恶势力作战。②

为此他告诫青年人说：

现在有人对你们说：“牺牲你们个人的自由，去求国家的自由！”我对你们说：“争你们个人的自由，便是为国家争自由！争你们自己的人格，便是为国家争人格！自由平等的国家不是一群奴才建造起来的！”③

也就是不能以牺牲个人的自由和人格为代价，去维护空洞的集体自由或集体人格，那样只会造成极权主义对奴性民众的宰制，而不可能有真正的自由和人格。所以，胡适认为一个人应该：

① 陈独秀：《东西民族根本思想之差异》，《青年》第1卷第4号，1915年12月15日。

② 胡适：《介绍我自己的思想——〈胡适文选〉自序》，载于欧阳哲生编：《胡适选集》，吉林人民出版社2005年版，第606页。

③ 胡适：《介绍我自己的思想——〈胡适文选〉自序》，载于欧阳哲生编：《胡适选集》，吉林人民出版社2005年版，第606页。

把自己铸造成器，方才可以希望有益于社会。真实的为我，便是最有益的为人。把自己铸造成了自由独立的人格，你自然会不知足，不满意于现状，敢说老实话，敢攻击社会上的腐败情形，做一个“贫贱不能移，富贵不能淫，威武不能屈”的斯铎曼医生。[①]

梁漱溟把中国传统社会的特征总结为“伦理本位的社会”，认为这样的社会相较于西方社会，缺乏个体的独立意识。他说：

在西洋既富于集团生活，所以个人人格即由此而茁露。在中国因缺乏集团生活，亦就无从映现个人问题。团体与个人，在西洋俨然两个实体，而家庭几若为虚位。中国人却从中间就家庭关系推广发挥，而以伦理组织社会消融了个人与团体这两端（这两端好像俱非他所有）。[②]

这种社会忽略掉个人的独立人格，也因此没有了以个体为成员的集团生活，而是只以家庭血缘关系为社会联结的方式，以“家族成员”的身份构成着中国式的社会生活，所以，“那我们应当说中国是一个‘伦理本位的社会’”[③]。

梁漱溟还把人类的文明区别为生活态度的不同，认为有西方、中国和印度三种，分别“（一）向前面要求；（二）对于自己的意思变换、调和、持中；

① 胡适：《介绍我自己的思想——〈胡适文选〉自序》，载于欧阳哲生编：《胡适选集》，吉林人民出版社 2005 年版，第 605 页。

② 梁漱溟：《中国是伦理本位的社会》，载于景海峰编：《梁漱溟选集》，吉林人民出版社 2005 年版，第 183 页。

③ 梁漱溟：《中国是伦理本位的社会》，载于景海峰编：《梁漱溟选集》，吉林人民出版社 2005 年版，第 184 页。

（三）转身向后去要求”①。他主张在不同的社会环境下，就应该以不同的生活态度去应付，像中国目前的状况：

> 那么我们中国人现在应持的态度是怎样才对呢？对于这三态度何取何舍呢？我可以说：第一，要排斥印度的态度，丝毫不能容留；第二，对于西方文化是全盘接受，而根本改过，就是对其态度要改一改；第三，批评的把中国原本态度重新拿出来。②

在他看来，印度文化那种向后要求的出世态度，是对于生活问题的取消，而不是积极地予以解决，因此不适合中国的情况。西方文化向前要求的积极态度，有助于解决中国所面临的社会困境，值得借鉴。具体来说，西方的这种生活态度就是：

> 第一，这态度原来以前曾经走过的，现在又重新拿出来，实在与从前不同了！头一次走是无意中走上去的；而这时——从黑暗觉醒时——是有意选择取舍而走的。他撇弃第三条路而取第一条路是经过批评判断的心理而来的。　　第二，要注意这时的人从头起就先认识了“自己”，认识了“我”，而自为肯定；如昏蒙模糊中开眼看看自己站身所在一般，所谓人类觉醒，其根本就在这点地方。这对于“自己”、“我”的认识肯定。这个清醒，又是理智的活动。第三，要注意这时的人有了“我”就要为“我”而向前要求，向前要求都是为“我”而来，一面又认识了

① 梁漱溟：《东西文化及其哲学》，载于景海峰编：《梁漱溟选集》，吉林人民出版社 2005 年版，第 42 页。

② 梁漱溟：《东西文化及其哲学》，载于景海峰编：《梁漱溟选集》，吉林人民出版社 2005 年版，第 153 页。

他眼前面的自然界。　　第四，要注意这时的人因为“我”对于自然宇宙固是取对待、利用、要求、征服的态度，而对于对面旁边的人也差不多是如此的态度。[①]

只是这种积极的生活态度也存在着许多弊端，如“我与其所处的宇宙自然”和“我与人”本来应该是浑然不分的，却“被他打成两截”[②]。因而梁漱溟认为西方文化的态度需要有一个“根本的改过”，就是“批评”地以中国文化的生活态度加以融合，其结果就产生一种他称之为“刚的态度”：

现在只有先根本启发一种人生，全超脱于个人的为我，物质的歆慕，处处的算账，有所为的而为，直从里面发出来活气——罗素所谓创造冲动——含融了向前的态度，随感而应，方有所谓情感的动作，情感的动作只能于此得之。只有这样向前的动作才真有力量，才继续有活气，不会沮丧，不生厌苦，并且从他自己的活动上得了他的乐趣。只有这样向前的动作可以弥补了中国人夙来短缺，解救了中国人现在的痛苦，又避免了西洋的弊害，应付了世界的需要，完全适合我们从上以来研究三文化之所审度。这就是我所谓刚的态度，我所谓适宜的第二路人生。[③]

冯友兰（1895—1990）也强调人的自觉意识，视之为人或人生的本质：

---

① 梁漱溟：《东西文化及其哲学》，载于景海峰编：《梁漱溟选集》，吉林人民出版社 2005 年版，第 48—49 页。

② 梁漱溟：《东西文化及其哲学》，载于景海峰编：《梁漱溟选集》，吉林人民出版社 2005 年版，第 49 页。

③ 梁漱溟：《东西文化及其哲学》，载于景海峰编：《梁漱溟选集》，吉林人民出版社 2005 年版，第 160—161 页。

若问：人是怎样一种东西？我们可以说：人是有觉解底东西，或有较高程度底觉解底东西。若问：人生是怎样一回事？我们可以说：人生是有觉解底生活，或有较高程度底觉解底生活。这是人之所以异于禽兽，人生之所以异于别底动物的生活者。①

这里的“觉解”一词是冯友兰自己生造的一个哲学概念，“觉”指自觉，“解”指了解：“人做某事，了解某事是怎样一回事，此是了解，此是解；他于做某事时，自觉其做某事，此是自觉，此是觉。”② 在冯友兰看来，由于人有了觉解，因而才产生了意义，即使个人的人生有了意义，同时也使事物或宇宙都有了意义。因而觉解对人而言就是最根本和重要的特征：

有觉解是人生的最特出显著底性质。因人生的有觉解，使人在宇宙间，得有特殊底地位。宇宙间有人无人，对于宇宙有很重大底干系。有人底宇宙，与无人底宇宙，是有重要底不同底。从此方面看，有觉解不仅是人生的最特出显著底性质，亦且是人生的最重要底性质。③

根据冯友兰的思想，这个“特出性”和“重要性”就体现在，觉解程度的不同造成了人生宇宙的不同意义。而人生宇宙对于一个人所呈现出来的不同意义，就是一个人所具有的不同“境界”：

人对于宇宙人生底觉解的程度，可有不同。因此，宇宙人生，对于人底意义，亦有不同。人对于宇宙人生在某种程度上所有底觉解，

① 冯友兰：《三松堂全集》第4卷，河南人民出版社2001年版，第472页。
② 冯友兰：《三松堂全集》第4卷，河南人民出版社2001年版，第471页。
③ 冯友兰：《三松堂全集》第4卷，河南人民出版社2001年版，第473页。

因此，宇宙人生对于人所有底某种不同底意义，即构成人所有底某种境界。[①]

每个人都有不同的境界，也就是每一个人与他人相比较而言都有其自己的独特性。冯友兰认识到了自觉意识与一个人的个体特性或人格之间有着内在的关联。

大体上从20世纪初开始，人们对个体意识、个体自觉、个人权利、个体人格或个人主义等等观念或主张都进行了不遗余力的宣扬，在20世纪前半期的中国社会中引起了较为普遍的共鸣。这对中国社会主体意识的觉醒和成熟都有着十分积极的意义。这应该说是“西学东渐”带来的正面成果。只是人们对这些观念的理解主要是受到西方各种思想的影响，因而在许多相关问题上难免存在着许多混乱或含糊的地方，例如，个体性的根源和本质问题（及其个体性与主体或本体关系的形而上问题、个体性的相对性与绝对性问题），个体性的一般性作用和在社会组织结构中的现实作用问题，个人与社会或集体的关系问题（以及私德与公德问题、个体独立性与社会性的关系问题），个体的一般性特征及其成长变化问题，个体性对文明发展的影响问题，等等。这些问题无疑都需要人们给予更多的关注和更为全面的讨论，也需要学术界进行更多、更深入的研究。

不过，如果我们把当时人们在观念上的相互激烈冲突，仅仅视为理解的肤浅或情绪性的偏激所导致，就把问题看得过于简单化了。在20世纪二三十年代的各种文化运动之后，人们之所以又渐渐倾向于对专制力量的向往、对集体作用的强调、对传统思想的肯定或者对暴力行为的认可等等，除了有着现实问题的困扰（如当时中国社会在政治、经济、教育、法制、社会

① 冯友兰：《三松堂全集》第4卷，河南人民出版社2001年版，第496页。

伦理和国际环境等等方面的状况）以外，还有着更为深层的观念性根源。

在20世纪前半期，不同于那些报纸杂志或演讲座谈，对这些问题的深入思考主要体现在几个哲学家的系统性理论创作之中，例如熊十力的"新唯识论"、冯友兰的"新理学"、金岳霖（1895—1984）的"新道学"和贺麟（1902—1992）的"新心学"等。只是，非常令人遗憾的是，尽管他们吸收了许多新思想，也有许多理论上的创新，然而他们在思想深处，似乎仍然没有摆脱传统思维习惯的束缚，仍旧沉迷于对权威理念的崇尚和追求。由此，我们也可以感受到，为什么中国社会主体意识在三千年的历史过程中，始终不能顺畅地发展起来。

第三节　对权威理念的沉迷

传统思维方式沉浸着对权威理念的迷恋。这种精神上的依赖性普遍地存在于传统社会生活之中，对人们主体意识的成长有着至深的影响，并最终限制或阻碍了主体意识的成熟，使人们始终不能真正自主地把握自己的生活。

权威理念一方面指各种现实的权威力量或因素在观念上的体现，如君主帝王、财富、权力、善、美、暴力、名誉地位、才能品德或宗教神灵等等；另一方面也指那些具有基础性作用的形而上观念，如各种实体或本体的理念。人类文明或社会生活的出现，往往伴随着这些观念对人们行为的支配，以至于构成了社会性的组织结构。人类文明或社会主体意识的成熟也取决于人们是否能够从这些权威观念的限制和束缚中自我解脱出来，并反过来自主地把握这些观念对自己行为的作用和影响。

人们对这些权威观念的崇尚源于原始的自然生活。就像尚未长大的婴幼儿还无法独立生存而需要父母的帮助或有利的环境一样，文明之初的人们也需要观念的启蒙和引导。只是任何观念在赋予意义的同时，也限定了自身的范围。因而人们主体意识的成熟过程实际上就是对观念限制的破除或把握，特别是那些权威性观念。不过，人们并不容易认识到这种观念限制的普遍性存在，因而也难以持久地保持着精神上的警惕或谨慎态度。人们一般只是在现实生活中感受到某些力量或因素对自己的压制或束缚，这才反省到相应的观念对自己的心灵或思想所具有的消极作用。

这一点，我们可以从谭嗣同的“仁学”中看出一些端倪。谭嗣同深受传统礼教纲常的困厄之苦，迫不及待地要“冲决网罗”：

> 吾自少至壮，遍遭纲伦之厄，涵泳其苦，殆非人所能任受，濒死累矣。①

于是他以“通”释“仁”②，而不仅指人伦间的情感关系。要“通”，就是要在各种观念“网罗”之间往来无阻、纵横捭阖，不受各种观念的限制：

> 网罗重重，与虚空而无极。初当冲决利禄之网罗，次冲决俗学若考据、若词章之网罗，次冲决全球群学之网罗，次冲决君主之网罗，次冲决伦常之网罗，次冲决天之网罗，次冲决全球群教之网罗，终将冲决佛法之网罗。③

这些观念“网罗”无所不在，有利禄、训诂考据之类的俗学、各种学说、君主、纲常伦理、天或各种宗教等等。可惜谭嗣同仍然要用“仁”这一传统

---

① 谭嗣同:《仁学》，姚彬彬导读、注释，高等教育出版社 2010 年版，第 41 页。
② 谭嗣同:《仁学》，姚彬彬导读、注释，高等教育出版社 2010 年版，第 46 页。
③ 谭嗣同:《仁学》，姚彬彬导读、注释，高等教育出版社 2010 年版，第 43 页。

概念作为自己学说的核心观念，尽管给予了不同于以往的解释。看来他还是不能完全摆脱传统观念的影响，也不能摆脱这种形而上建构的基本模式。现实生活中的谭嗣同积极地参与戊戌变法，最终却因失败而惨遭杀戮，表明他对君主帝王仍存幻想。或许这与他在理论上不能彻底地反省有关，因而难以真正冲决深层观念上的网罗。

一、熊十力的新唯识论

对权威理念的迷信在一般人身上就更加根深蒂固了，即使是哲学家往往也不能例外。在中国现代哲学界最早创构系统哲学理论的是熊十力。他在 20 世纪 20 年代就发表了自己的哲学体系。熊十力有感于佛学的“耽空滞寂”而“出佛入儒，归宗大易”，建立一套“翕辟成变”、“体用不二”的本体理论：

> 《新唯识论》以翕辟成变、辟为翕主，发宇宙人生之蕴，实从《大易》《乾》《坤》推演而出。[①]

他看到宇宙自然中有一种积极向上的力量，人的精神同样如此。而宇宙自然和人生又都是真实无妄的，因为本体世界与现象世界同一不二，虽分别为“体”、“用”，却浑然一体，不可分离：

> 《新唯识论》阐明体用不二，今揭大旨如下：一、浑然全体流行，

① 熊十力：《新唯识论（删定本）》，载于景海峰编：《熊十力选集》，吉林人民出版社 2005 年版，第 324 页。

> 备万理、含万德、肇万化。是谓本体。二、本体流行，现似一翕一辟，反而成变。　　无以名之，强名曰用。三、离用无体，本体举其自身全显为用，无可于用外觅体。　　四、离体无用，大用流行实即本体显为如是。　　五、体备万理，故有无量潜能；用乃唯有新新，都无故故。六、本体真常者，是以其德性言，非以其自体是兀然坚住、无生无造、不变不动，方谓真常也。　　综上六义，体用虽有分而实不二。①

熊十力看到现实世界的真实性和其中所含有的积极力量，这是儒家入世精神得以可能的基础，不能否定，否则就会不可避免地走向出世的宗教世界。尽管如此，要做出这样的理论主张却不必依靠“体用”这种传统的框架。因为“体”和“用”既然别名，那么就必然是不同的事物，无论他如何去做两者同一的解释，也不可能使这两者达到彻底“体用一源，显微无间”的无缝状态。而在他的新唯识论里，这两者的差别何况又是那么昭然若揭的。很明显，即使这两者是指向同一个现象中的对象，而只是对其不同的特性加以分别地命名，那么，这也等于是用不同的意义在赋予不同的对象，即使这两个意义对象同一于一个现实对象身上。在这种情况下，这两个意义对象仍然具有了不同的理论地位：“体”是基础性、根本性和创造性的，是“理、德、创造之源”；而“用”是表面、次要和被创造出来的。同样，“辟”相对于“翕”而言，也是主动性、根本和向上的力量，而“翕”是被动性、次要和向下的力量。

这样的理论模式看起来很不错，有着相当的道理。只是，如果我们是在日常生活中，对普通的事物或现象进行这样的评价或解释的话，那么可以说是无害的，没有什么特别的要紧，可以很好地帮助人们理解周围的事物或现

① 熊十力：《新唯识论（删定本）》，载于景海峰编：《熊十力选集》，吉林人民出版社 2005 年版，第 323 页。

象，不会构成对思想或心灵的限制。但是，如果把这种观念上升到哲学高度，普遍化为最一般性的主张，那么，这就成为一个无形的观念性框架，束缚了思想或心灵的无限可能性，使精神不再可能进一步上升或丰富。在这一情况下，所谓的“体”，连同它的“理、德、创、辟”等等特性一起，就成为最高的观念权威、至上的精神力量，而“理、德、创、辟”等等特性恰恰就是衬托“体”的至高无上地位的辅助性力量。对此，人们只能屈服于这些观念权威的压制或约束之下，而不再可能得到进一步的解脱；人们只能附从于这些观念权威的引领之下，而不再可能独自开辟出任何新的领域；人们只能承受这些观念权威的主导或宰制，而不再可能自主地把握自己的生活；人们只能“享受”这些观念权威的给予或赏赐，而不再可能独自创造出任何全新的事物或意义来；人们只能在这些观念权威所划定的范围内“幸福”地生活，而不再可能有新鲜而又危险的遭遇。

很明显，这种观念性的框架对思想或心灵的限制，与现实生活中人们在身体或精神上处于受奴役状态的情况，本质上是完全一致的。事实上，这种观念性框架在现实生活中的体现，正是各种因素或力量对人们身体或精神的压制和束缚。特别是，当现实生活中某一个权威的人或某一种权威的力量，被赋予了“体”及其所具有的“理、德、创、辟”等等特性的意义时，或者，成为“体”及其“理、德、创、辟”唯一的或最高的代理人时，那么，他作为现实社会中的主宰，就无疑会被人们视为“理所当然”的了。由此，他被人们奉为至高无上的神灵偶像，也就成为很自然的事情了。在文明时代，现实社会生活中能够成为普通人们的主宰或偶像的，往往是因为其被赋予了具有主宰性地位的意义，从而使其占据了文化上的制高点或掌控了文化上的话语权。就像中国传统思想中，“体用”、“道器”、“理气”、“善恶”、“本末”、“义利”、“理欲”、“乾坤”、“阴阳”或“天人”等等模式都属于具有这种意义的观念框架，能够赋予“仁义礼智信”或“忠孝节义”的三纲五常之类以崇高的权威地位。它们所形成的核心概念与西方传统思想中的那些“实体”、“理念”、“本体”、“上帝”、“心灵”、“物质”、“理性”、“意志”、“存在”或“意欲”等等形而上范畴一样，都曾经被作为至高无上的精神主宰，而对社会生活产生过深远的影响。时至今日，它们潜移默化的身影仍然变换着各种面目出现在社会生活思想和文化的世界里。

根据牟宗三（1909—1995）的描述，熊十力应该是一个特立独行、卓尔不群的人，而不会是一个顺从权威、依附势力的人：

> 他（指熊十力——引者注）那时（指1932年——引者注）身体不好，常有病。他们在那里闲谈，我在旁边吃瓜子。也不甚注意他们谈些什么。忽然听见他老先生把桌子一拍，很严肃地叫了起来：“当今之世，讲晚周诸子，只有我熊某能讲，其余都是混扯。”在座诸位先生喝喝一笑，我当时耳目一振，心中想到，这先生的是不凡，直恁地不客气，凶猛得很，我便注意起来，见他眼睛也瞪起来了，目光清而且锐，前额饱满，口方大，颧骨端正，笑声震屋宇，直从丹田发。清气、奇气、秀气、逸气：爽朗坦白。不无聊，能挑破沉闷。直对着那纷纷攘攘，卑陋尘凡，作狮子吼。①

他对中国传统文化的维护也应该属于真诚的信仰，而不会是权作功名利禄的桥梁。特别是在20世纪初期，当中国传统文化被人们挟西方思想摧残得奄奄待毙之时，他这发自肺腑的“狮子吼”则尤显珍贵。

只不过，越是如此，倒越是让我们不由得感叹，这些权威性观念框架所附着的社会意义是如此的隐晦，并不那么容易被人们清晰地了解，即使是像

① 牟宗三：《生命的学问》，广西师范大学出版社2005年版，第106—107页。

熊十力这样有着深厚“慧命”或“灵根”的人也难以避免深陷其中。特别是在人们不断地“冲决网罗”之后，这些权威理念在人们心目中的至上地位仍然还是醒目地存在着，光芒耀眼。由此，我们就可以理解，在现实生活中那些限制或束缚人们观念和行为的因素或力量，在这些权威理念的意义赋予之后，其地位是多么的难以撼动；由此，我们也不应该奇怪，传统的君主专制为什么会在中国社会生活中持续数千年之久；由此，我们还可以稍微明了，中国民众的主体意识为什么直到20世纪仍然还处于蒙昧而始终不得成熟的状态之中。或许，我们也可以颇觉沮丧地推测，如果传统儒家思想又一次被“独尊”，而熊十力因此被推尊为“国师”的话，他恐怕一定会非常高兴的，而不大会再去坚持其卓尔不群的独立性格了。这种猜想固然需要考虑一定的社会情境条件所可能产生的影响，但是也毕竟与他思想深处所隐含着的权威倾向，有着内在的关联。当然，这不是熊十力的责任，而在于传统儒家在两千多年的历史演化中已经固化了这样一种思维模式。对此，时至今日，不论是儒家学者也好，还是那些激烈批判儒家的学者也好，似乎都尚未触及到这一深层次的问题。

二、冯友兰的新理学

相似的情况我们也可以从冯友兰及其“新理学”那里看到。他在抗日战争开始后发表了一系列著作，提出了他的哲学体系，即“新理学”。他将实际事物中所含的“理”视为真实的，虽不是现实世界中的实际事物，却属于“真际”的世界，即真实无妄的“理世界”①。这些“理”也叫“天理”②，合称为“大

① 冯友兰：《三松堂全集》第4卷“新理学”，河南人民出版社2001年版，第10页。

② 冯友兰：《三松堂全集》第4卷“新理学”，河南人民出版社2001年版，第32页。

全”[①]，都属于形而上的世界[②]，总括起来称为“太极”[③]：

太极是“冲漠无朕，万象森然”。“冲漠无朕”，以言其非实际底；“万象森然”，以言其万理具备。万理不生不灭，不增不减，亦可用佛家所说真如名之。真者一切众理，皆是真有，并不虚妄；如者，一切众理，各如其性。不过此真如中万理具备，并不是空。[④]

这些“理”与现实世界中的实际事物之间的关系，可以用宋儒的“理一分殊”来表示[⑤]。这些“理”的运行作用又可以称为“道”，“道”包括形上及形下：

无极，太极，及无极而太极，换言之，即真元之气，一切理，及由气至理之一切程序，总而言之，统而言之，我们名之曰道。[⑥]

现实世界中的一切事物都按照这种方式变化（“一阴一阳”、“造化流行”），这些变化全部合在一起，就是“道”或“道体”。

在冯友兰看来，人作为现实世界中的一种事物，当然也有“人之理”，“人理即人之所以为人者”，而“人性即人之所以依照于人之所以为人者，而因以成为人者”[⑦]。也就是说，“人”是按照人之所以成为人的“理”，实现了

① 冯友兰：《三松堂全集》第4卷“新理学”，河南人民出版社2001年版，第26页。
② 冯友兰：《三松堂全集》第4卷“新理学”，河南人民出版社2001年版，第32页。
③ 冯友兰：《三松堂全集》第4卷“新理学”，河南人民出版社2001年版，第36页。
④ 冯友兰：《三松堂全集》第4卷“新理学”，河南人民出版社2001年版，第37页。
⑤ 冯友兰：《三松堂全集》第4卷“新理学”，河南人民出版社2001年版，第41页。
⑥ 冯友兰：《三松堂全集》第4卷“新理学”，河南人民出版社2001年版，第65页。
⑦ 冯友兰：《三松堂全集》第4卷“新理学”，河南人民出版社2001年版，第80页。

这个“人理”，才成为“人”。在人身上的“理”，构成了人的性质，即“人性”，也叫“义理之性”。“义理之性”是所有实际事物都必须遵守的原则，才能够实现成为某一类或某一个事物：

> 义理之性即是理，是形上底，某一类事物必依照某理，方可成为某一类之事物，即必依照某义理之性，方可成为某一类事物。[①]

这些“义理之性”是至善的。[②] 每一个人都是按照这种“义理之性”才成为一个人的，因而无疑本质上也都是善的。那么，人的恶行来自于哪里呢？冯友兰为此区分了“人之性”与“人所有之性”[③]。“人之性”就是“义理之性”，而“人所有之性”是指一个人作为生物的所有本性。当一个人所做的事情是根据“人之性”（即“义理之性”）时，那么就都是善的；而如果他是根据其所有本性（“人所有之性”）做的事情时，这些事情就可能会与根据“人之性”所应做的事情相冲突，于是就出现了恶：

> 从一个人所有之性所发出之事，如与从人之性所发出之事有冲突时，即是不道德底。所以一个人所有之性，亦是道德底恶之起源。此诸性非一切人所共有者，所以在根本上即有与人之性冲突者。[④]

冯友兰把“一个人所有之性”视为“恶之起源”，是因为这其中包含人作为生物的生理或心理的“私欲”，因为它会与“义理之性”相冲突：

---

① 冯友兰：《三松堂全集》第4卷“新理学”，河南人民出版社2001年版，第82页。

② 冯友兰：《三松堂全集》第4卷“新理学”，河南人民出版社2001年版，第86页。

③ 冯友兰：《三松堂全集》第4卷“新理学”，河南人民出版社2001年版，第90页。

④ 冯友兰：《三松堂全集》第4卷“新理学”，河南人民出版社2001年版，第96页。

> 凡人所有之生理底或心理底要求，皆称为欲或人欲。欲，或人欲之本身，从道德底观点看，皆是无所谓道德底或不道德底。欲，或人欲，之与由人之性所发出之事冲突者，是不道德底。这些欲我们称之为私欲。欲之私者，大概总是不道德底；因为道德是社会底，是公底。①

根据冯友兰，人生的意义就在于一个人有“觉解”②。这里的“解”就是指对事物之“理”的了解：

> 了解某物是怎样一个东西，或了解某事是怎样一回事，即是了解某事物是属于某一类者，是表现某理者。③

所以，一个人应该尽可能地多了解“人之理”，以达到更高的人生境界，这叫人的“穷理尽性”：

> 人之所以为人者，就其本身说，是人之理，对于具体底人说，是人之性。理是标准，能完全合乎此标准，即是穷理，亦即是尽性。④

如果一个人“穷理尽性”到了极致，那么他就了解了关于人的“天理”。这样的人可以说达到了最高的人生境界，也就是“天地境界”：

> 天地境界的特征是：在此种境界中底人，其行为是“事天”底。在

① 冯友兰：《三松堂全集》第 4 卷“新理学”，河南人民出版社 2001 年版，第 98 页。
② 冯友兰：《三松堂全集》第 4 卷“新原人”，河南人民出版社 2001 年版，第 464 页。
③ 冯友兰：《三松堂全集》第 4 卷“新原人”，河南人民出版社 2001 年版，第 467 页。
④ 冯友兰：《三松堂全集》第 4 卷“新原人”，河南人民出版社 2001 年版，第 492 页。

此种境界中底人，了解于社会的全之外，还有宇宙的全，人必于知有宇宙的全时，始能使其所得于人之所以为人者尽量发展，始能尽性。在此种境界中底人，有完全底高一层底觉解。此即是说，他已完全知性，因其已知天。①

能够进入这种境界的人就是中国传统所推崇的“圣人”。冯友兰的“新理学”就是要帮助人们“觉解”到“天理”，以达到“天地境界”，从而能够成为人人所敬仰追求的“圣人”：

在这种境界中底人，谓之圣人。哲学能使人成为圣人。这是哲学的无用之用。如果成为圣人，是尽人之所以为人，则哲学的无用之用，也可称为大用。②

在冯友兰看来，其他那些哲学理论，如西方的或中国传统的，都过于“拖泥带水”，因而不能完成哲学的这种“大用”。只有他的“新理学”才能做到这一点，因为新理学是“最哲学”的哲学：

新理学是最玄虚底哲学，但它所讲底，还是“内圣外王之道”，而且是“内圣外王之道”的最精纯底要素。③

之所以说新理学“最玄虚”、“最精纯”，不仅因为它只是讲“真际”世界的“纯理”，而不讲现实世界中的事物，还因为它所使用的方法是“最哲

① 冯友兰：《三松堂全集》第4卷“新原人”，河南人民出版社2001年版，第500页。

② 冯友兰：《三松堂全集》第5卷“新原道”，河南人民出版社2001年版，第137页。

③ 冯友兰：《三松堂全集》第5卷“新原道”，河南人民出版社2001年版，第138页。

学底”：

> 于《新理学》中，我们说：有最哲学底哲学。于本书（指《新知言》——引者注）中，我们说：有最哲学底形上学。本书所讲形上学的方法，就是最哲学底形上学的方法，也就是新理学的方法。①

我们看到，冯友兰的“理”以及“天理”、“真际”、“太极”、“大全”、“道”、“天地境界”和“圣人”等概念合在一起，构成了一个纯净空阔的“天界”，至善至美，令人向往。尽管它们永远不会出现在我们现实生活之中，可是我们这些凡夫俗子仍然还不得不去追求这些神圣的对象，以使我们自己能够成为一个“人”，因为那是“我们”之所以为“我们”的根据。还好，我们的追求是可以获得回报的，那就是不断提升的境界。如果达到“天地境界”，我们就能够成为“圣人”，与“天地同流”，与“万物为一”，超凡绝尘。否则，如果我们不去追求了解这些“理”，那么我们也就不知道“人之理”或“义理之性”，因而我们就难免成为“恶人”，因为一切恶的根源都在我们自己身上。

在冯友兰的系统中，只有这些“理”才具有真实的意义，而现实世界中的事物本身反而没有这种确实性。特别是作为一个人，必须秉受了“人之理”之后，才有可能成为一个“人”，否则，甚至都没有做“人”的资格。因此，现实中的人就必须去追求（“觉解”）“真际世界”中的“理”，以获得自身的意义。只有当追求（“觉解”）到了“理”，我们才能安心地做一个“人”，才能使自己的人生有意义，也才能成为一个“好人”而不是“恶人”。这也就是说，个体的意义不在于其自身，而在于某个外在的东西。这个外在的东西

① 冯友兰：《三松堂全集》第5卷“新知言”，河南人民出版社2001年版，第145页。

高高在上，缥缈悠远，无痕无迹，却又主宰一切。这似乎与基督教的“上帝”没有什么太大的区别。而上帝又是需要在人世间有自己的代理人的，这就是冯友兰所说的“圣人”。一个人获得（“觉解”）了最多的或最高的“理”，就进入了“天地境界”，成为“圣人”。这样的“圣人”既然是“理”的化身，就应该成为人世间的代理主宰，即“王”：

圣人可以专凭其是圣人，即能做王。而且严格地说，只有圣人，最宜于做王。所谓王，指社会的最高级首领。①

那么，怎样才能成为“圣人”呢？这不能仅仅靠自己的“觉解”，更需要哲学家的教导，因为：

哲学所讲底又是使人成为圣人之道，所以哲学所讲底，就是所谓“内圣外王之道”。②

冯友兰毫不隐讳地揭示出自己理论的宗旨。比起熊十力，冯友兰几乎已经是在非常主动地“申请”当一个“国师”了。我们不必把这一点归结为他个人的喜好，而更应该看到，这种传统理论模式内在的价值指向对他的观念和行为所具有的引导和规范作用。

当然，如果是在日常生活中，某个普通人根据自己的兴趣而选择这样的理论作为一种修身养性的借鉴，应该说是可能有益而无害的，不会引起我们的特别警惕或批判。但是作为一种公开发表的哲学理论，作为一个哲学家有

① 冯友兰：《三松堂全集》第 5 卷“新原道”，河南人民出版社 2001 年版，第 137 页。

② 冯友兰：《三松堂全集》第 5 卷“新原道”，河南人民出版社 2001 年版，第 138 页。

意识的哲学创作，这样一套形而上系统所隐含的理论倾向，就未必能够说是无关紧要的了。至少，它所内在的权威倾向是有必要被揭示出来的。而且，这种传统的思维方式具有历史的普遍性和典型性，并不仅仅存在于冯友兰“新理学”这一理论之中，因而就更值得我们加以认真地检讨和反省。

冯友兰与熊十力两个人的理论尽管看起来很不相同，然而却有着十分相似的理智追求和情感皈依，那就是对最高观念权威的崇尚。对此，我们也可以称之为一种“理智的贪婪”，就像有些人拼命地追求权力、财富、情欲或名声等等这种“世俗的贪婪”一样，也与有些人虔诚地崇拜上帝、真主、神仙或佛祖等等那种“信仰的贪婪”一样。“理智的贪婪”是过度追求理智享受或快感的结果。冯友兰的理性追求所使用的工具就是哲学的方法（或他所说的“形而上的方法”、“逻辑的方法”或“形式的方法”），而熊十力则更喜欢传统“反观体证”的方法。通过这些方法，他们都能够在理智上达到最高的观念，如“体”或“理”，也能够把其他那些相关的概念范畴整合到最高观念之下，如熊十力的“理、德、创、辟”，和冯友兰的“天理”、“真际”、“太极”、“大全”、“道”、“天地境界”和“圣人”等等，形成一个自足的完美系统，给人以“理智的享受”，从而甚至在情感上都愿意认同和顺从这样的观念权威。当然，这也夹杂着一种对传统观念的怀旧式的习惯性依恋心理。

他们二人也由于同样的原因，即都受这种封闭式思维框架的限制，因而都看不到其他学说理论中所具有的思想解放的价值和意义。例如，熊十力就过于拘泥于“空”和“体”的观念，指责佛学的“耽空滞寂”，而不了解大乘空宗或中国佛学（如禅宗、天台宗或华严宗等等）对心灵自由的追求。冯友兰自觉承继宋儒理学的传统，就更加认识不到陆王心学为什么要破除权威以凸显个体的主体意识了。从这一角度说，他只是继承了宋代理学对儒学扭曲的一面，而且还因此完全错误地理解了哲学的本质。因为哲学恐怕并不是像他所说的“哲学所讲底，就是所谓‘内圣外王之道’”，而可能刚好相反，哲学应该是专门破除他所谓的“内圣外王之道”的。

由此，我们也自然地看到，无论冯友兰的“理”观念具有如何至上的权威性，似乎都没有能提供给现实生活中的他本人足够的“浩然之气”，以让他获得“宇宙底心”，从而进入“圣域”或“天地境界”，做到“内圣外王”的程度。在1949年之后，冯友兰的言行和命运都令人叹息。一般的人都“好心”地认为，这是历史的情境状况所造成的结果，不能过于苛责于他。这种看法当然是合乎情理的。世俗之人，当此之时，又焉能免之？只是我们在进行历史、文化或思想上的反省时，就不能不特别注意到在理论与人格之间所隐藏着的内在关联。否则，像冯友兰那样的一幕，就仍然会不断地在现实生活中重演，而人们却不知道这究竟是因为什么。

而且，更为重要的是，我们还应该由此意识到，如果这样的形上体系都不使他本人获得精神上的支撑以保持应有的人格气节，那么，它就更不可能（像他所以为的那样）为其他人，或为一个民族，一个国家，一个社会，一个文化共同体也提供充沛的精神力量，以使之产生勇气、提升境界、扩展胸怀、坚持气节、获得幸福或全身心的愉悦了。

当然，30年代在日军飞机轰炸下以悲愤心情从事《新理学》创作的冯友兰①，还是应该得到肯定的。我们不能因为他的理论所存在的深层问题以及他后来的言行，而贬低年轻时的冯友兰那一腔真诚。

---

① 冯友兰：《怀念金岳霖先生》，载于中国社会科学院哲学研究所编：《金岳霖学术思想研究》，四川人民出版社1987年版。第29页。冯友兰在怀念金岳霖的文章中提到他们在抗战时期奋力写作，期望以“学术救国”的情景：“1937年中日战争开始，我同金先生随着清华到湖南加入长沙临时大学。文学院设在南岳，在那里住了几个月。那几个月的学术空气最浓，我们白天除了吃饭上课以外，就各自展开了自己的写作摊子。金先生的《论道》和我的《新理学》都是在那里形成的。从表面上看，我们好像是不顾困难，躲入了‘象牙之塔’。其实我们都是怀着满腔悲愤无处发泄。那个悲愤是我们那样做的动力，金先生的书名为《论道》，有人问他为什么要用这个陈旧的名字，金先生说，要使它有中国味。那时我们想，哪怕只是一点中国味，也许是对抗战有利的。”

三、金岳霖的新道学

熊十力和冯友兰在理智、信念和情感上都很自觉地陶醉在传统思维模式之中。而与他们两个有所不同，中国现代著名的逻辑学家和哲学家金岳霖由于时代环境的影响，只是在情感上引起了对传统权威观念的怀旧情结。他在抗战时期创作的《论道》，就是以“道”这个传统思想中的最高观念来命名他的形而上体系，也以之作为统辖整个逻辑系统的最高概念。因为这一点而把他的形而上理论称为“新道学”，尽管不是很确切，但也不算离谱。他介绍自己对“道”的感情时说：

> 每一文化区有它底中坚思想，每一中坚思想有它底最崇高的概念，最基本的原动力。　　中国底中坚思想似乎儒道墨兼而有之。中国思想我也没有研究过，但生于中国，长于中国，于不知不觉之中，也许得到了一点子中国思想底意味与顺于此意味的情感。中国思想中最崇高的概念似乎是道。所谓行道、修道、得道，都是以道为最终的目标。思想与情感两方面的最基本的原动力似乎也是道。成仁赴义都是行道；凡非迫于势而又求心之所安而为之，或不得已而为之，或知其不可而为之的事，无论其直接的目的是仁是义，或是孝是忠，而间接的目标总是行道。①

就像金岳霖说的，可能儒道墨各家对哪一个观念是最崇高的这一点会有不同态度，例如熊十力喜欢“体”，而冯友兰更喜欢“理”，贺麟则推崇“心”。不过，“道”确实是中国传统思想中最受人喜爱的观念之一，儒、道、墨、

① 金岳霖:《论道》“绪论”，中国人民大学出版社 2005 年版，第 15 页。

法、佛、兵或阴阳家等等都不排斥，很愿意采用。而且，毕竟，“道”的含义虚玄模糊，没有人能够说得清楚，因此在20世纪初期人们即使依据西方思想批判中国传统观念时，对“道”似乎也没有什么好批的，好像拿它没什么办法。因为既然它看起来没有任何实质性内容，因而也就谈不上对人们思想或心灵产生什么束缚和限制。到最后，“道”仿佛对人们就仅剩下了一种情感上的关联，就像金岳霖说的那样：

不道之道，各家所欲言而不能尽的道，国人对之油然而生景仰之心的道，万事万物之所不得不由，不得不依，不得不归的道才是中国思想中最崇高的概念，最基本的原动力。对于这样的道，我在哲学底立场上，用我这多少年所用的方法去研究它，我不见得能懂，也不见得能说得清楚，但在人事底立场上，我不能独立于我自己，情感难免以役于这样的道为安，我底思想也难免以达于这样的道为得。①

对“道”的一往情深让金岳霖将其以逻辑方式建构的形而上系统最后归结为“道”的演化过程，即：

无极而太极是为道：无极是道，太极是道，无极而太极也是道；宇宙是道，天地日月山水土木也莫不是道。②

万事万物及其变化过程都是“道”，无边无际。有形有象的是“道”，无形无象的也是“道”。“道”又可以区分为“式”和“能”，是由这两者构成的（“道

① 金岳霖：《论道》“绪论”，中国人民大学出版社2005年版，第16页。

② 金岳霖：《论道》，中国人民大学出版社2005年版，第189页。

是式——能”[①])。“式”是金岳霖独创的概念，就是“可能”，即“可以有而不必有‘能’的‘架子’或‘式样’。”[②]而“能”是事物之中不可言说的质料一类的东西，是事物个体性的根据，不可定义，只能通过直觉得到，因为一经定义就意味着与“式”结合成了“共相”或现实化了的个体，而不是“能”本身了。事物可能具有的“架子”或“式样”有无限多种，也就是说“式”是无限的可能(“式是析取地无所无包的可能”[③])。个体事物就是在一个“式”里面有了“能”，成为一种“共相”并在现实中呈现出来（“个体是一现实化的可能”[④]，“共相是个体化的可能”[⑤]）。

金岳霖的这一套形而上系统在中国哲学史上有其独特的意义，那就是将传统反观体证式的对宇宙人生的感悟，建立在了现代逻辑结构基础之上。尽管这其中还存在着种种的理论问题，不过毕竟是丰富了中国哲学的思想方式。他的体系中最引人注目的就是“式”这一概念。这个无限可能的析取范畴将现实事物无限多样的可能性与潜在的无限可能性结合起来，构成了一个面向未来和未知世界无限开放的经验历程。以逻辑方式，从形而上系统和知识论系统的角度，表明思想或心灵的无限开放性，表明可能经验的无限开放性，是金岳霖作为一个逻辑学家的特识，也是他对哲学所做出的理论贡献。不过，令人遗憾的是，他却把这一全新的卓越理念装进了一个陈旧的套子里，也就是将“式”和“能”合而为一，挂靠在了传统概念“道”之下。因此，从“道”中所凸显的就不再可能是个体的独立地位，而是“共相”或“理”的普遍性。而个体不过是“共相”或“理”的偶然现实化而已。这样，金岳霖与冯友兰一样，

① 金岳霖：《论道》，中国人民大学出版社 2005 年版，第 1 页。

② 金岳霖：《论道》，中国人民大学出版社 2005 年版，第 3 页。

③ 金岳霖：《论道》，中国人民大学出版社 2005 年版，第 4 页。

④ 金岳霖：《论道》，中国人民大学出版社 2005 年版，第 51 页。

⑤ 金岳霖：《论道》，中国人民大学出版社 2005 年版，第 52 页。

又走回了传统框架的老路上去了，而丧失了“式”所具有的创新性意义。

这一理论举措表面上看起来似乎是无关紧要的，因为这里的“道”仅仅是一个名义上的概念，并没有被定义得过窄，事实上也包含了无限可能的意思，与“式”的理念并不冲突。而“道”又能给人以温暖的情感满足，所以在金岳霖自己看来这样的处理完全合乎情理：

> 研究元学则不然，我虽可以忘记我是人，而我不能忘记“天地与我并生，万物与我为一”，我不仅在研究底对象上求理智的了解，而且在研究底结果上求情感的满足。虽然从理智方面说我这里所谓道，我可以另立名目，而另立名目之后，这本书的意思不受影响；而从情感方面说，另立名目之后，此新名目之所谓也许就不能动我底心，怡我底情，养我底性。①

不过，在金岳霖感到这个“道”能够使他动心、怡情、养性之时，他却完全没有意识到，因为“道”能够涵盖乾坤、笼罩古今、统御四方，无所不在，无所不包，从而使他的形而上系统不经意间变成了一个封闭的自足世界，不再是面向未来或未知的可能而无限开放了。也正因为此，他才会从其中感觉到那样的安逸闲适和稳妥可靠来，而不再有开放性可能会带来的焦虑、紧张、慌乱或恐惧的心理了。因为“道”让人们“油然而生景仰之心”，“不得不依”，因此“情感难免以役于这样的道为安”。

面向未来和未知世界无限开放，是需要极大的勇气的，因为那里充满了荆棘和陷阱，潜藏着无数或明或暗的危险，会令人产生莫名的恐惧和焦虑。它所需要的勇气已经不是世俗的勇气，而是一种（可以称之为）“形而上的

---

① 金岳霖：《论道》“绪论”，中国人民大学出版社 2005 年版，第 16 页。

勇气”。那么，这种“形上勇气”从何而来呢？在现实生活中，尽管人们可以从各种不同的事物上获得程度不同的勇气和力量，例如神灵、祖先、传统、权力、财富、情欲、理智、信仰、意志、情感或任何他人他物（甚至愚蠢或贪婪有时也会起到一定的作用），特别是某个或某些我们认同的权威。但是，这些对象或因素所能提供给人们的世俗性勇气(或称“形而下的勇气”)都难以持久，也不足够强大。

从根本上说，形上勇气不是对权威的依赖，而是对权威的把握。这表现在形而上领域内，就是对各种形而上的权威观念仍然保持有主体意识的“形上自由”。只有当人们真正获得了“形上自由”，才能得到真正的“形上勇气”。能够让人做到独步寰宇、把握任何权威理念的形上勇气只能源自一个人内在的觉悟，源自一个人主体意识的成熟。

而天性率真的金岳霖显然缺乏这样的精神准备。① 事实上，不仅是他，我们甚至还可以说生活在几千年来中国文化传统下的人们，都尚未达到这样的程度。因为，这一传统始终未能摆脱对权威理念或权威对象的依赖，就更谈不上能够反过来自主地把握它们了。因此从未真正得到过形上自由。传统的儒家、道家或各种宗教思想尽管也曾作出许多努力以破除权威理念的压制和束缚，但是最后往往都被金岳霖式的这种“情感满足”而悄然无息地化解掉了人们的形上勇气，在“道”、“理”、“体”、“仁”、“义”、“佛”或“祖先”等等权威观念的怀抱中安然入睡。

不过，还好，金岳霖作为逻辑学家的理智并没有让他完全陶醉于情感上的满足，而是保持了一定程度的开放心态和理智上的谨慎，没有陷于“理智的贪婪”。他在《论道》之后继续创作《知识论》时，就不像研究“元学”

① 汪曾祺：《金岳霖先生》，载于刘培育主编：《金岳霖的回忆与回忆金岳霖》，四川教育出版社1995年版，第183—186页。

那样有着身心性命的安顿需要，时时面临着“形上的焦虑”，因而并没有被传统的思维框架所局限。

对知识系统的说明，从一开始，他就大胆地放弃了西方经典的知识论原则，即无可怀疑原则时。他认为：

> 一思想结构或图案总有起点或立场。假如起点是些无可怀疑的命题，或立场是不得不采取的立场，则一思想结构不但真而且通，而且立于不败之地，撼摇不得。也许有些人底理性底要求是如此，但是这要求是无法满足的。　　立场底选择没有必然的或无可怀疑的理由。　　命题底无可怀疑与否是靠所选择的立场的。一思想结构或图案的确有它底立场，可是立场底选择既没有必然的理由，根据于一立场底思想结构或图案也没有必然的或无可怀疑的理由。①

他很清楚，经验性命题是不会有无可怀疑性的，只有形而上的命题才有这种可能，例如关于“上帝”、“心灵实体”、“绝对理念”或“感觉材料”等概念的命题。如果选择这一类命题固然可以使人们获得情感上的安慰或精神上的可靠感，但是从事实和逻辑角度来看都是不可能的。金岳霖看到了这一点：

> 无可怀疑是一束缚思想的工具，它可以画出一圈子而它逃不出该圈子；本书底理论既不限于一圈子，无可怀疑原则对本书底要求实为无效。②

思想如果不打算受到束缚，要挣脱出被给定的圈子，就要做好准备去独

---

① 金岳霖：《知识论》，商务印书馆 2000 年版，第 88—89 页。

② 金岳霖：《知识论》，商务印书馆 2000 年版，第 113 页。

立面对未来和未知的世界，就要永远持续在黑暗中的探索。对此，金岳霖已经意识到了这一点。他最后说：

> 哲学既不会终止，也不会至当不移。哲学总是继续地尝试，继续地探讨。①

而这种“尝试”或“探讨”不会是无效和徒劳的，不会被限制在某一狭小的圈子之内，总是会获得对世界的真知识，因而人类的经验历程也就总是有意义的：

> 知识底极限虽达不到，知识底历程并不因此失去意义，这一点非常之重要。即令我们不谈用处，即令我们只谈为知识而知识，知识总有积累底效果，新异的发现。　　说知识老有进步，简单地说，就是不同的正觉有增加；说真理得不到，也就是说，知识老有进步，不同的正觉老有增加。②

人们的经验历程永恒持续，就会不断产生关于事物的知识或智慧。而这些知识或智慧尽管并不是构造在无可怀疑的基础之上，没有十足的确定性，却仍然能够帮助人们建立一个美好的家园。

四、贺麟的新心学

贺麟作为中国现代著名的哲学家，继承了宋明心学的传统，并结合西方

① 金岳霖：《知识论》，商务印书馆 2000 年版，第 952 页。

② 金岳霖：《知识论》，商务印书馆 2000 年版，第 952—953 页。

哲学思想，创立了“新心学”。他看到了宋明时期陆王心学的“心即理”这一命题所具有的革命性意义，那就是对人的主体意识的重视和强调，以及对观念权威的破除。而这一点是程朱理学所没有意识到的。他把“心”区分为两种意思：

> 心有二义：一、心理意义的心；二、逻辑意义的心。逻辑的心即理，所谓“心即理也”。①

“心”是一个很模糊的概念，东西方哲学界都曾经对之争论不休。究其根由，就在于“心”既可以指人的生物性器官——心脏，也可以指意识活动、思想能力或精神倾向。这两方面的意思交织在一起，就令人倍感困惑。

当贺麟跟随陆王心学和德国的精神哲学一起主张“心即理”时，就把对外在权威的肯定和顺从都纳入到了个体心灵的把握之内来，从而使得破除这些观念权威有了理论上的可能。

不过，贺麟没有看到的是，个体心灵的这种主体把握能力并不是先天而有的，而仍然根源于人的经验历程，只可能在长期的历史文化传统中逐渐习得。贺麟囿于对人的精神力量的强调，视之为“超经验”的最高原则：

> 逻辑意义的心，乃一理想的超经验的精神原则，但为经验行为知识以及评价之主体。此心乃经验的统摄者，行为的主宰者，知识的组织者，价值的评判者。自然与人生之可以理解，之所以有意义，条理，与

① 贺麟：《近代唯心论简释》，《大公报》“现代思潮”周刊，1934 年 3 月。载于张学智编：《贺麟选集》，吉林人民出版社 2005 年版，第 25 页。

价值皆出于此心即理也之心。①

人的心灵在经验生活中能够产生这些作用是没有问题的，只是当我们把心灵的意义提升到先天的最高原则时，它就成了“心灵实体”，成了至高无上的精神主宰，成了绝对的观念权威。于是，这就又走入了这种理论初衷的反面，即，不是对权威理念的破除，反而是将自身树立为一个绝对性的权威，使自己不得不依附其上，获得那种我们已经熟悉的“安定感”了。我们看到，对个体精神力量的强调，最后也往往会结束在对权威理念的依赖上。这就是传统思维框架潜在的能量，似乎像如来佛的掌心一样神奇，无论人们如何拼命地想跳出它的掌握，却最终总是与孙悟空一样地沮丧。难道我们最多就只能像二师兄猪八戒那样，安守本分，不过偶尔淘气一下罢了吗？

当然，在普通的日常生活中，像贺麟这样强调人的精神力量的做法还是有益而无害的，也是很多人在很多时候都非常需要的。只是当人们这么做的时候，要自觉地意识到，这样的理论本身无论如何总是带有某些缺陷。除了我们上面所提到的以外，还有一点也并非不重要的是，它最终总是使人们更倾向于返归本心，而感觉杂乱的生活世界了然无趣，就像早期的陆王心学那样，也像德国的观念论哲学那样，很难完成贺麟所期待的任务：

使物不离心而独立，致无体；心不离物而空寂，致无用。便是理想的观点所取的途径，也即是真正的哲学应有的职务了。②

这一困难并不是仅仅通过强调文化生活以补足“抽象的心”，使其获得

① 贺麟：《近代唯心论简释》，载于张学智编：《贺麟选集》，吉林人民出版社2005年版，第25页。

② 贺麟：《近代唯心论简释》，载于张学智编：《贺麟选集》，吉林人民出版社2005年版，第29页。

生命和内容，就可以解决的了。因为，这一缺陷是内在于这种理论本身，无法以外在的方式加以根本地消除。

贺麟的思想深处既然不能摆脱这套传统思维框架的束缚和限制，那么，很自然地，他就与熊十力一样，又使用“体用”模式来解释文化现象了，因为这样的模式完全与他那先天、抽象的“逻辑之心”有着相同的内在结构，因而这对他而言完全没有任何理论困难，就可以很轻松地加以采纳。这一结构类似于形而上和形而下之间的关系：

> 哲学上的体属形而上，用属形而下，体在价值上高于用。①

或者又像“道”与“器”之间的关系：

> 讨论文化的体与用到了这里，我们便得着四个概念：（一）道的观念，文化之体。（二）文化的观念，道之自觉的显现。（三）自然的观念，道之昧觉的显现。（四）精神的观念，道之显现或实现为文化之凭借，亦即文化之所以为文化所必依据的精神条件，亦即是划分文化与自然的分水界。②

在这种思维框架下，根据体用之间的关系，贺麟得出了对待文化问题的态度：

> 根据精神（聚众理而应万事的自主的心）为文化之之体的原则，我

① 贺麟：《文化的体与用》，载于张学智编：《贺麟选集》，吉林人民出版社2005年版，第118页。
② 贺麟：《文化的体与用》，载于张学智编：《贺麟选集》，吉林人民出版社2005年版，第119页。

> 愿意提出以精神或理性为体，而以古今中外的文化为用的说法。以自由自主的精神或理性为主体，去吸收融化，超出扬弃那外来的文化和已往的文化。尽量取精用宏，含英咀华，不仅要承受中国文化的遗产，且需承受西洋文化的遗产，使之内在化，变成自己的活动的产业。①

其实贺麟以这样的态度对待当时的中西方文化问题，应该说已经是不错的了，要比简单地“全盘西化”或“文化保守”都恰当得多。对一般人而言，秉持这样的态度可以说是有益而无害的。只是，当我们反省中国文化的根本性问题时，就会看到，他这种态度的背后所隐藏的思维框架，却会使他的精神努力或思想追求前功尽弃，至少，是无法有效地解决中国文化自身所存在的根本性问题的。因为，他所遵循的理论原则，依然是以对权威理念的依赖和崇尚为前提的。以这种心理结构和思维框架，不可能使人们最终摆脱精神上的奴役状况，而发展出成熟的主体意识来。因而贺麟既然“根据精神为文化之之体的原则”，也就不可能使人们当真具有“自由自主的精神”，也不可能从根本上恰当地把握好中西方两种文化。

这一悖论式的困境，不仅存在于中国传统思想的深处，同样也存在于德国古典哲学的深层结构之中，甚至也是古希腊哲学，特别是柏拉图主义的典型思维方式。因此，我们也就不难理解，为什么贺麟会很“惊喜地发现”，中国传统思想与西方思想有着相似的精神结构，且被他“欣然接受”：

> 最为奇怪的是，而且使我自己都感到惊异的，就是我在这中国特有的最陈腐、最为世所诟病的旧礼教核心三纲说中，发现了与西洋正宗的

① 贺麟:《文化的体与用》，载于张学智编:《贺麟选集》，吉林人民出版社 2005 年版，第 123—124 页。

高深的伦理思想和与西洋向前进展向外扩充的近代精神相符合的地方。就三纲说之注重尽忠于永恒的理念或常德，而不是奴役于无常的个人言，包含有柏拉图的思想。就三纲说之注重实践个人单方面的纯道德义务，不顾经验中的偶然情景言，包含有康德的道德思想。[①]

在贺麟看来，三纲说这种内在的结构与西方最精华的思想是一致的，不存在问题，该值得赞赏。出现问题的只是在汉代以后三纲说才被儒家和君主覆盖上了一层强制性的教条：

三纲的真精神，为礼教的桎梏、权威的强制所掩盖，未曾受过启蒙运动的净化、不是纯基于意志的自由。出于真情之不得已罢了。这个思想自汉以后，被加以权威化、制度化而成为中国传统礼教的核心。[②]

贺麟这样的看法当然是对的。汉代开始，这些东西确实被外在的强制性权威力量加以教条化了，从而成为对人们的精神桎梏。只是，贺麟没有看到的是，三纲之类的儒家观念并不是偶然地被外在权威强制性地教条化的，而是在其内部就存在着相似的逻辑结构，隐含着对权威理念的依附和顺从，因而才与外在权威的规范或教化行为很“自然地”走到一起，合二为一，从而构成一个全面的、自上而下的权威之网，笼罩了中国社会生活数千年之久。正是在这一意义上，我们才能理解，对中国文化而言，仅仅去掉外在的权威

① 贺麟：《五伦观念的新检讨》，载于张学智编：《贺麟选集》，吉林人民出版社 2005 年版，第 148 页。

② 贺麟：《五伦观念的新检讨》，载于张学智编：《贺麟选集》，吉林人民出版社 2005 年版，第 149 页。

力量是远不够的，还必须看到内在的权威力量对人们思想或心灵的束缚和限制。

于是贺麟也跟其他人一样，把理论矛头只是对准了传统思想的外在躯壳进行一番攻击之后，就急急忙忙地从事于传统思想的“新开展”，从而漏掉了最危险的敌人：

> 新文化运动的最大贡献在于破坏和扫除儒家的僵化部分的躯壳的形式末节，及束缚个性的传统腐化部分。它并没有打倒孔孟的真精神、真意思、真学术，反而因其洗刷扫除的工夫，使得孔孟程朱的真面目更是显露出来。①

孔孟的真精神确实没有被打倒。只是孔孟的真精神究竟是什么，那就难以把握了。鉴于当时国家处于生死存亡之秋的状况，贺麟也不再做更深入的反省，而是开始大力提倡中西方思想的结合，以进行“儒家思想的新开展”：

> 因儒家思想本来包含有三方面：有理学以格物穷理，寻求智慧。有礼教以磨炼意志，规范行为。有诗教以陶养性灵，美化生活。故求儒家思想的新开展，第一，必须以西洋的哲学发挥儒家的理学。　第二，须吸收基督教的精华以充实儒家的礼教。　第三，须领略西洋的艺术以发扬儒家的诗教。②

① 贺麟:《儒家思想的新开展》，载于张学智编:《贺麟选集》，吉林人民出版社2005年版，第131页。

② 贺麟:《儒家思想的新开展》，载于张学智编:《贺麟选集》，吉林人民出版社2005年版，第133页。

这包括哲学、宗教和艺术三个方面，当然都对社会文化的丰富和充实有很大的益处。贺麟也是要从这三个方面来进行文化的更新改造：

> 新儒家思想的开展，大约将循艺术化、宗教化、哲学化的途径迈进。①

无论如何，贺麟所主张的这三个方面对人们主体意识的培养都非常重要，不仅可以让人们尽可能地建设好自己的家园，也可以帮助人们尽可能地把握好自己的生活。只是，人们在从事这些文化活动的同时，也应该意识到，仅仅通过这些活动是不够的，尚不足以根除传统社会和传统思想对人们的内在心灵所造成的约束和压制，尚不足以使人们的精神生命摆脱各种权威力量的奴役，使人们的主体意识真正成熟起来。为此，我们还需要更深入地反省和检讨。

第四节　文化反省与主体意识

20 世纪初期，随着延续两千多年的君主专制帝国的结束和西方文化的强势影响，中国传统文化遭遇了前所未有的危机，几近全面崩溃。但是在另一个方面，我们也可以大体上说，中国社会又开始了一个由社会民众自主把握自己生活的历程。只是这一历程开始得似乎有点突然，各方面准备得也好像全然不够充分，以至于当时的中国社会总体上显得颇为慌乱无措。不过历

---

① 贺麟：《儒家思想的新开展》，载于张学智编：《贺麟选集》，吉林人民出版社 2005 年版，第 134 页。

史总是如此，人们往往是在不经意间，被“抛入”某种现实境况，而不得不努力面对各种突如其来的异常事物。当然最终的结果也总是难以意料，徒增了许多“千古兴亡”的历史咏叹而已。

中国社会的这一剧变导致了中国文化如何重塑自我、重拾自信或所谓的“现代转换”的问题，以力图具备自主地把握现代社会生活的能力。对此，我们称之为如何重新构建中国文化的“主体意识”问题，以探讨中国文化的这种根本性转折是如何可能的。这一问题自然涉及一个社会的方方面面，而不仅仅是一个哲学问题，还有社会政治、经济、教育、宗教、文学艺术、社会伦理和科学技术，以及与其他民族或邻邦国家的关系等等。只是这些方面都难免会在观念层面上有着较为集中和深入的反映，许多中国近现代的哲学家或思想家们也为此进行了卓越的理论努力，做出了很有价值的思想贡献，值得我们借鉴。

只是从历史的状况来看，人们对自身文化的反省还远不足以让我们消解传统文化所带来的思想限制。就 20 世纪初期的社会现实而言，西方文化的影响确实极大地帮助了人们破除传统社会生活中由规范和教化形成的桎梏。因此人们往往将儒家的问题归结为秦汉以后“罢黜百家、独尊儒术”所导致的结果，即君主专制和宗法礼教共同构成了压制人们主体意识成熟的原因。这当然是有道理的。不过，这样的看法可能会造成问题的简单化，因为，现实的情形很明显地告诉人们，仅仅去掉帝王政权和宗法礼教在社会生活中的主导地位，似乎还并不能解决根本的困境，也就是并不能让人们自主地把握自己的生活，具备成熟的主体意识。我们还应该追究更深层次的问题。

如果我们把眼光越过秦汉和春秋战国，而向更久远的历史生活投去审视目光的话，或许我们会有一些不一样的发现。我们有必要探索一下在较为原始的文明发展初期，也就是社会组织结构刚刚形成之时，中国原初的社会生活是怎样建立在观念或权威性观念基础之上的。这样，我们就能够看到，某些隐藏于传统文化，特别是儒家思想，也包括道家和佛学，甚至还有西方文化之中的某种思维结构或框架，是怎样逐步“培养”了人们的依附和顺从感，并一点点地形成了根深蒂固的心理习惯或精神模式的。很可能地，正是这种由来已久的心理习惯或精神模式，构成了对人们主体意识能够成熟起来最深层的束缚和限制，使人们无论如何都难以摆脱出来。

在对中国社会的主体意识之所以受到深深的抑制这一问题进行具体的历史考察之前，我们有必要首先澄清“主体意识”这一概念及其相关的理论内涵。

第二章　论个体的主体意识

菁菁者莪，在彼中阿。既见君子，乐且有仪。

菁菁者莪，在彼中沚。既见君子，我心则喜。

菁菁者莪，在彼中陵。既见君子，锡我百朋。

泛泛杨舟，载沉载浮。既见君子，我心则休。

——《诗经·小雅·彤弓之什·菁菁者莪》

第一节　人的主体意识及其经验性质

本书所使用的“主体意识”这一概念并非严格的哲学范畴，而是一般性地形容一个人或一个社会群体的自觉程度，即在多大程度上能够自主地把握其个人或社会的生活。个体把握生活的能力可以称为个体的主体意识。而当我们说一个社会或文化的“主体意识”时，就是类比于这种个体的主体意识。

具体而言，主体意识描述了现实生活中一个人的精神状态所呈现出的主要特征，即其对自己生活的“自觉的程度”。我们可以用这一概念来衡量一个人在什么程度上，并没有单纯依靠生物性本能机械地生存，而是能够自觉地把握自己的思想和行为，在什么程度上这样的一个人能够把握自己的生活以使之趋向“恰当的”（如健康、良性的）方向发展，在什么程度上能够为自己创造出一个“好的”（或能够令自己感觉满意的）人生。这里的“恰当”和“好”这种价值判断的本质内涵，我们不能先天地给出，因为它们并非某种形而上的理念，从而具有某种明确的本质定义。本书所用的“恰当”或“好”都是纯粹的经验概念，其实质性内涵需要在人和社会的经验历程中获得，并且又不断地在经验历程中得到修正和改善。也就是说，这样的价值概念都有着具体的历史情境性特征。

中国的古人很早就意识到人与其他动物之间有着某种特别的区别，如先秦的孟子就说：“人之所以异于禽兽者几希”（《孟子·离娄下》）。在他看来，这个“几希”的一点差别就是“人皆有不忍人之心”（《孟子·公孙丑上》），或者说就是“仁”，即能够“爱人”（《孟子·离娄下》），进而就是能够“居仁行义”（《孟子·尽心上》）。不过，这只是儒家的观点，而先秦的告子、杨朱、老子或庄子等人就不会同意。他们更愿意把人视为自然的人。西方文化也对这一问题有着广泛的探讨，如古希腊的哲学家就认为人与其他动物的差异在于人有“理性”。后来还有的思想家认为人的特质是不同于动物的心灵、思想、情感、意志、语言、劳动或创造性，还有的甚至认为是因为人是“上帝的造物”或“上帝的选民”，或人有“形而上的观念”和关于“存在”（Being）的意识等等。

我们大可不必拘泥于上述这些看法，更不必去纠缠于这些争论，因为我们完全可以承认一点，即人是自然世界中的一员，与自然世界或其他自然事物之间有着连续的关系，而不是被完全孤立于自身的领地。毕竟，人的生存本身已经离不开自然世界，人时刻需要呼吸，不断地在新陈代谢，渴望着大自然的阳光雨露，与自然事物之间就像鱼和水一样不可分离。这一点对无论何种理论而言，似乎都是无法加以否认的。即使我们可以在某种语境中单独地“谈论”或“研究”人本身，但是这仍然并不否认“人是自然中的一员”这一基本的理论背景。

尽管如此，人与自然之间这种相互不离的连续关系并不等于说我们不能以某些经验特征而把人从其他自然事物之中区别出来。这些特征是经验性的，因而不必像孟子等人所说的那样似乎具有某种“超越的”或“形而上的”性质。也就是说，这些差别可以是“人”这种“自然物”的某种“自然属性”，而不必是完全异于自然的神秘之性。起码，在我们还不能完全清楚和确定这些差别的具体内容的时候，我们就不妨先抱持开放的心态，仅仅视其为“自然的”也无不可，至少在理论上可以是无害的。当然，如果人确实有某种超乎寻常的“灵性”，那对人类而言自然是件好事。不过这种“灵性”想必也应该能够体现于人们的日常经验生活之中，对人的观念或行为有着确定的作用和影响，因而也总是可以反映于人的主体意识之中，所以并不妨碍我们这里的讨论。否则，如果这种“灵性”与人的现实生活无关，而只是一些有趣的“臆想”，那么，我们就无妨抱持孔子“敬鬼神而远之”（《论语·雍也》）的态度，如庄子说的“六合之外，圣人存而不论”（《庄子·齐物论》）。即使是关于“本体”、“鬼神”或“上帝”之类的说法，我们也大可暂时视之为“经验性的”观念，认可它们对我们中的某些人，在某些时候，可以发挥某种“经验性”的心理作用和影响，是这些人把握生活世界和意义空间的理论化方式。只要我们不把“经验性的”这一概念理解得过于狭隘，例如像某些哲学家所以为的那样只能包括事物的大小体积重量等等的时空尺度，而是可以潜在地包含无限可能的方式和内涵，那么，对人类的现实经验历程而言，我们就可以承认始终有人们尚未经验到的或尚未知道的，而并没有原则上绝对无法经验或知道的东西，即使如“心灵”、“意志”、“实体”、“存在”、“上帝”或“空无”等等所谓的“形而上”理念也是如此。毕竟，我们难道能够绝对地断定人的经验只能被限制于某个狭隘的范围吗？或者，“知道”的对象就只能局限于时空中的呈现和逻辑的推理吗？在逻辑上我们没有这样的理由，在事实上也同样没有，例如两千多年以来无论是中国还是西方的哲学史或思想史不就一直在津津乐道这些所谓的“神秘之物”吗？看来关于这些神奇“观念”的事情，人们已经“知道”了很多，只是还不够多罢了。就像“UFO”（不明飞行物）一样，尚需更多的经验证据来勾勒出某种更为确定的“形象”，以满足人们的好奇心或理智的需要。当然，在这一问题上要想说服那些喜欢“较真儿”的哲学家还需要对“经验”和“知道”这样的概念做更多、更深入的分析和讨论。不过这超出了本书的主题，只好权且搁下。

在这里我们所能肯定的是，古今中外的任何“形而上”观念，都可以被视为自然世界中的人把握其经验生活的理论化方式，因而本质上都可以说是经验性的。就像我们说“因其独特性而可以区别于其他动物的人也仍然还是自然世界中的一员”一样，这类似于分类学上的不同层次或集合。换句话说就是，在更广的意义上，任何观念，无论被一般的哲学家当作是“形而上的”或“形而下的”，都是人们在其经验历程中获得并以之逐渐形成其独特的意义世界，构成其生活形态的经验内容，也即成为其主体意识必不可少的构成部分；然后，在次一级的意义上，人们再根据这些观念的不同含义和作用，界定其性质，把它们区分为不同的层次和类别，并以之构建出各种观念体系来。因此，如果我们把各种理论系统中的观念区分或对立视为“绝对的”，而忽略其本质上的经验性质，那么，就无疑本末倒置了。例如，“形而上之道”与“形而下之器”的对立，在许多人的心目中就是绝对不可混淆的，殊不知这两者有其共同的经验根源。另外，还有“主观”与“客观”、“理”与“气”、“心”与“物”、“体”与“用”、“存在”与“存在者”、“本”与“末”、“造物主”与“受造物”、“本体”与“现象”、“无”与“有”、“真”与“假”、“善”与“恶”、“美”与“丑”、“概念图式”与“感性杂多”等等的区分也同样如此。我们需要特别注意的是，是否能够恰当地对待和处理通常的这些“形而上”观念，构成了人的主体意识的核心内容。因为人的自觉或自主能力本身即意味着有意识地以某些观念来指导其各种行为，而“形而上”观念在人类社会的历史发展过程中恰恰是被人们作为最主要的指导性观念，因而不断被人们所思考、探讨和追求。正是这一缘故，我们这里才有必要深入研究人的“主体意识”在把握自己社会生活的历程中，那些“形而上”观念与社会的发展状况之间的内在关联。

综上所言，我们可以看到，一方面，在自然世界中的人与其他自然事物之间有着连续的关系，而不会被完全孤立于自身的领地；但是在另一方面，即使人与其他动物共享有许多生物属性，也还是有一些不同于其他动物的经验特性，从而可以被从其他自然事物中区分出来，具有特别的意义和价值。这些独特性质可以包含许多内容，例如思想、情感、理性、品德、意志、语言、信仰、劳动、艺术创作、技术发明或其他各种政治经济等的文化意识和文化活动。这些内容综合起来就反映了人把握自己生活的能力，即人的“主体意识”。而这种“把握”至少已经与其他动物主要顺从其生物本能或欲望机械地生存，有了显著的差异。人能够自觉地衡量和判断自己的生存状况，以之调整自己的思想和行为，使自己的生活尽可能趋向于更好（或更健康、良性的发展），从而筹划或创造出一个尽可能令自己满意的人生历程。我们可以把人的这种“主体意识”称之为“人的自然属性”。这种“人的自然属性”虽可以泛属于一般的生物属性，例如“趋吉避凶”的生物本能，但是又因其独特性而使人区别于其他动物，毕竟在人类的身上所呈现的属性要远为复杂和特别得多。

我们用“主体意识”而不是“主体性”或“自我意识”这样的概念来描述一个人把握生活的能力，是有其特定意义的。就“主体意识”与“主体性”的关系来说，一方面，“主体性”是带有浓厚的“形而上”味道的概念，而“主体意识”概念则是表明一种经验性质，即并非人所先天或必然具有的，而是在一个人的生命成长过程中经验性地形成的。从逻辑上来说这包含两个意思：其一，我们没有充分的理由认为人必然会具有主体意识，也就是说，并非每个人都必然具有主体意识。例如，有的人有明显的主体意识，而有的人因为种种原因就可能没有，如早期的原始人类、婴儿或身体智力有严重残疾的人；或者，人在有的时候有这种主体意识，而有的时候就可能没有，如人在婴幼儿时期还没有培养出自己的主体意识，但是长大之后就具备了这种能力。又如人在健康的时候没有问题，但是在身心受到严重伤害后就可能失去了这种能力。其二，我们也没有充分的理由认为一个人所已经形成的主体意识必然会达到什么高度或扩展到什么范围。因为从长远而言，这都是经验偶然的结果，它的现实状况和未来的发展取决于人自己的主体努力的程度及其持续性，并不会被先天地确定于某个限度。例如，三千年前的古人可以说就已经有了主体意识，但是却与现代人的主体意识有着很大的差异，而这其中的变化并非是人们能够事先确知的。同样，在未来的时代，人们又能够在多大程度上把握自己的生活，我们现在也不能遽下定论给以某种限定。这也意味着人的“主体意识”在人类生存和发展的过程中，面向着未来是无限敞开的，具有无限的可能性。而“主体性”属于一种先天的本质，因而有着封闭性的意味，只能做形式化的描述，而不会在经验现实中演化。

但是另一方面，“主体意识”与“主体性”这两个概念也有其相同的一面，即都可以指一种主动性能力或作用，即都可以用来形容人的一种精神性力量，能够自主行动和赋予事物以意义，从而构建自己独特的意义空间和生活世界。

就“主体意识”与“自我意识”这两个概念而言，虽然它们都属于人的意识活动或精神性力量，但是却在内涵上有着很大的差异。在人的经验生活历程中所发展起来的“主体意识”是被社会化了的，而不像“自我意识”这种似乎只是一种单纯发生在个人身上的心理现象，或无须外在条件而能够自我形成的一种能力。主体意识虽然也源自于人的自然生命，却不是仅仅通过个人的独自生存就可以形成并完善的，而要在自出生之后就开始的社会化环境中产生和发展。这个社会化环境包括一个人的家庭、学校、朋友邻人以及更大范围内的社会生活。

第二节 个体的主体意识及其发展

具体而言，说人的主体意识是“经验性的形成”，是指个体的主体意识是在一个人的生命历程中逐步出现并丰富起来的，而作为人类的主体意识也是在相当长的历史演化中缓慢形成的。

就个体来说，从婴幼儿直到成年时期，一个人的身体和头脑意识发育的过程是非常复杂的。这其中既有生物性的生长变化，又涉及整个身心对社会性信息的处理过程。尽管这方面的科学研究已经取得了许多成果，但还是有许多尚待揭示的疑问，还不能完全解释人的大脑神经或意识等等方面的发育过程。甚至这是否能够得到彻底的解释，都有一个可能性的问题，且恐怕已经不仅仅是一个科学问题，或许还是一个哲学问题。尽管如此，我们仍然还是可以大体上把一个人主体意识的发展过程区分为“萌芽期”、“成长期”和“自立期”这三个时期。前两个时期也可以合起来称为“不成熟期”，而在第三个时期“自立期”，主体意识可能成熟，也可能还尚未成熟。不过，这三个时期之间，或者在“不成熟期”和“自立期”之间，其时间界限相对于每一个人而言都是模糊的，不能被严格地划分，每个人的情况都会不同。我们这里的区分只是根据主体意识形成和发展的主要特征，加以大略地刻画的。

下面我们就对主体意识发展的这三个时期的主要特征分别做一些简略

的说明。

一、个体主体意识的萌芽期

主体意识的“萌芽期”大概是在婴幼儿一岁左右的时期。这时的婴幼儿已经能够直立行走，有了较为明显的高兴、生气或恐惧害怕之类的情绪，能够大体辨别出不同的人、食物或玩具，并渐渐开始学会发出一些简单的音节和语词，会用自己的身体或手脚做出一些简单的动作来，还初步知道了怎样表达自己的一些欲望，如通过哭闹或大叫大喊来表示想吃喝东西、排泄、玩什么玩具或游戏等等，也有了简单的模仿能力，喜欢模仿周围的大人或其他玩伴的某些动作或声音。这时期的婴幼儿观察欲望很强，总是很好奇地观看或倾听周围发生的事情，力求辨认和区分周围的一切，也很喜欢去亲自尝试各种事情，看看可能会发生什么。婴幼儿的自我意识还是很模糊的，但确实能够初步区分出“我”、“你”和“他”来。当然，这都是在周围大人的不断启蒙下才逐步培育出来的。

正是通过周围环境中其他人的教育训练，婴幼儿的各种能力可以得到很快的提高，如智力、语言能力、控制自己身体行为的能力、处理周围事物的能力，以及各种欲望和情绪的自我控制能力等等。如果没有这样的环境影响，一个婴幼儿是否还能以我们一般人这样的发育速度成熟起来，是大成疑问的。例如一个被完全隔离于文明社会的婴幼儿就很难以正常的速度成长，至少其智力、语言能力或自我控制能力等方面都要相对迟钝得多。

综合上述这个时期婴幼儿生长发育的情况，我们还不能说这时的婴幼儿具备了主体意识，而只能说他们有了主体意识的萌芽出现。例如婴幼儿能够识别出不同的人或物，有了“我”和“我的”的意识，知道“我”、“你”、“他”或者“我的”、“你的”、“他的”这些话语的所指对象和大概含义。但是婴幼儿的这些意识明显还很模糊，且很有可能只是在模仿大人的举动，而并非自己的自觉所得，也就是还不是通过自己的思考获得这些语词的确切含义的。不过，我们可以确定的是，婴幼儿很容易接受这种意义识别方式，并逐渐把这些意识联系到他们自己的各种行为举止上，从而初步形成一种以主体意识来把握自己生活的方式。尽管这种生活方式的具体内容可能还是通过模仿、条件反射或其他生物本能为主要手段形成的，但是毕竟已经给予了一个人基本的意义架构和生活模式，并作为一个基础奠定了一个人可能是终身的生活方式。只要其成长的过程中没有出现突然中断，而进入另一个完全陌生、异质的社会环境中去的情况，那么，原有的这一意义框架和生活模式就将伴随其一生，并不断地得到丰富、扩展、增强和完善，成为以“主体意识自主地把握自己生活”的成熟形态。也就是说，这个时候所奠定的这一意义架构和生活模式还只是一个基础性模式，没有完全定型，也没有更多的内容，日后随着这个孩子的成长及其社会环境的不断影响还会出现很多变化，只是不太容易被彻底地改变而已。

由此，关于“我”的意识逐渐成为婴幼儿这种意义架构的核心观念，即能够把自己区别于其他人的方式，以及通过把周围的事物与“我”联系起来，而开始初步有了用来把握周围事物的类别和所属的意识。但是在婴幼儿时期，“我”不是一个抽象的自我概念，还不能像成人那样可以把“我”孤立地看待，而是通过各种具体的经验对象和经验方式缓慢地建构起来的。婴幼儿建构关于“我”的意识的途径主要有两个：其一是以“我的”所有物或行为来表示“我”的存在，其二是以肯定“他人”和“他人的”(如“你”和“你的”、“他”和“他的”）的方式对列性地获得了关于“我”以及“我的”的意识。

一方面，婴幼儿关于“我”的意识必须与关于“我的”意识中的经验性内容关联在一起，即婴幼儿的“我”都是有具体所指的，是从如“我的鼻子、嘴、眼睛、耳朵、脸、头、手、脚、肚子、屁股”等等开始，然后是“我的玩具、食物饮料、衣服鞋帽”等等，还有“我的爸爸、妈妈、爷爷、奶奶、哥哥、姐姐、小朋友”等等，还有“我的”各种欲望如想要吃喝拉撒、睡觉、玩耍等等。这些都是非常具体的对象，都是一个婴幼儿周围的大人用来启蒙孩子智力的。而我们也可以观察到，婴幼儿的占有欲望是相当强的，往往不愿意与其他小朋友一起分享他觉得好吃的或好玩的东西，只是在后来大人的教导下和自己意识的发展起来才慢慢地得到改变。当然，大人以这些具体对象来教育婴幼儿时，也不能离开具体的指称方式，如用手指着某个东西来说，或以眼睛、嘴或脚来指示等等。很多时候大人也需要用示范性动作来启发婴幼儿，如某些身体动作或告诉他怎样玩游戏之类。婴幼儿正是用这些具体对象，在各种具体指称方式或示范性动作的引导下，构成了关于“我的”意识，而随之也构成了自己即“我”这一概念的。如果没有这些具体的经验内容和经验方式的帮助，那么婴幼儿的自我意识恐怕不大容易培养出来，或者可能出现完全不同于我们所了解的这种模式，而被视之为“反常的”。

另一方面，婴幼儿的关于“我”的意识也必须与关于“他人”和“他人的”的意识中的经验性内容同时建构。婴幼儿开始睁开眼睛看世界后，首先会识别自己周围的东西和人，像妈妈爸爸、爷爷奶奶或哥哥姐姐等周围的人都较为容易被他熟悉，从而能够开始一点点地建立起自己与其他人之间的关系。而这种关系是婴幼儿得以产生“我”的意识不可缺少的环境条件。然后他人的东西，如身体部分、食物、衣物或音容笑貌等等，都使之产生了与自己的所有物的相同或相异的区分意识。这既使婴幼儿有了区分周围事物的意识，也使之获得了对自己的感触。同样，大人的启发如“这是你的，那是我的或他的”之类的话语都帮助了婴幼儿以“我”与“他人”，或“我的”与“他的”的分类模式来构建自己关于周围世界的意识。如果没有关于“他人”和“他人的”的意识对自己的触动，婴幼儿关于自己的观念也很难得到明确或加强。

这两个建构关于“我”的意识的途径，在婴幼儿这里还只是刚刚开始，还不能产生很清晰的建构结果，也就是还没有到自觉的程度，只能说是主体意识产生的“萌芽”。这两种建构方式本身也表明了关于“我”的意识的出现有着明显的经验性特征，如“我的”、“他人”或“他人的”都完全是具体的经验对象，并且是通过具体的指称方式或示范性动作而对婴幼儿产生影响和启发的。因此，这些经验背景必然使得关于“我”的意识的获得，表现在每个人身上的情况就会呈现出千差万别的情况，而且在不同的社会生活中由于经验背景的不同，又将使其效果产生更大的差异。这种差异性还将更为显著地存在于主体意识的学习期和成熟期，最后导致每个个体的不同特性和主体意识的不同状态，从而形成每个个体独特的五彩斑斓的意义世界和生活历程。

我们不必纠缠于这样一种观点，即把人的主体意识的产生视为“天生的”或有某种神秘的根源。哲学史上曾经有很多人都愿意这么看，认为人的某种独特性(如心灵、理性、意志或直觉的能力等等）是与生俱来的，先天所有，而不是后来的经验产物。但是这些说法还都只是无根据的臆测，没有充分的证据。就目前人类所知，在自然世界中的确只有人类才具有我们所说的这种“主体意识”，如果去训练其他动物恐怕是无论如何也没有用处的。这或许与人的某种特别的身体结构或基因之类的东西有关，但是，即使是这些特殊结构或基因也仍然不能排除是在人类长期的经验过程中获得和发展起来的，并形成了个体之间的种种差异。所以，天赋论的观点还不能驳倒本书的立场，属于有趣的想象，我们不妨存而不论。

关于“我”的意识的建构或自觉的能力可以说是一个长期的过程，还要在其后主体意识的学习阶段才能得到更为确定一些的成就，并一直持续在主体意识的成熟期，甚至可以说是伴随着人的终身的一项事业。不过，这并不表示婴幼儿主体意识的这个微小的“幼芽”不足道，恰恰相反，正是有了这个模模糊糊的“幼芽”，才使得人得以围绕着它而展开了自己灿烂丰富的人生，即渐渐增强自主的程度以力求把握自己周围的一切，创造出一个个独特的意义空间和生活世界。否则，如果没有这棵幼芽，那么之后的主体意识也无从谈起，人就将难免始终处于混沌的“无明”状态。

二、个体主体意识的成长期

主体意识的“成长期”是指一个人在人生的早期阶段，还尚未具有自主把握自己生活的能力，而是通过各种方式学习，在不断增长的自觉能力中，建构出自己独特的意义空间和生活世界，并使之得到健康发展。这一时期持续得较为长一些，大体上从1岁以后的婴幼儿开始直到18岁左右的青少年阶段。这个时期的主要特征有四个，就是：学习、社会化、依赖性和逆反心理。这时的人从幼童到青少年，都在通过各种学习的方式（主动的或被动的），尝试着不断加强自己的主体意识，以力求获得把握周围的世界并自主地展开自己人生的能力。但是这一阶段的人还不能脱离开自己的生长环境，就是对父母家庭的依赖，然后是对学习的指导者的依赖（如家人和专业的老师），还有对各种权威力量的依赖。一个人的学习除了掌握各种生活技能以外，在这时更主要的是学会如何身处一个群体的社会环境之中。而在这整个学习过程中，孩童会逐渐表现出多种逆反心理，表明其主体意识的逐渐形成和完善。可以说，主体意识的成长期既是人的独立性的形成阶段，也是人的社会化的过程。这一阶段的最后标志就是一个人开始走向社会，独立面对社会化的生活世界，并自主地筹划和创造自己人生的历程。

1. 学习

刚刚从婴儿成长起来的幼童，主要是在其周围成年人的影响和玩耍中学习和培养生存能力的。后来则随着社会环境的改变一般会开始有意识地去主动学习，如进入学校在专业教师的指导下进行学习。但是这也仍然不能离开周围人的影响和游乐活动的帮助。这个时期的幼童到青少年在各方面都迅速成长，如模仿能力、理解力、好奇心、语言能力和行为举止的自我控制等等方面都提高得很快。他们积极模仿大人，努力理解各种事物，充满了无限的好奇心，很愿意了解各种事物的名称并积极学习语言的各种使用方法，又极力尝试去做各种可能的事情。在与大人的各种日常生活接触或与其他小朋友的游戏中，特别是在大人们的不断鼓励下，幼童对自己的各种感官感觉、喜怒哀乐的各种情绪、肢体动作或欲望渴求等等，都有了越来越明确的意识和控制能力，等到10多岁时他们已经与一般的成年人大体相差不多了。

这个时期，儿童或青少年对自己的所有物如玩具、衣物鞋帽或食品饮料等等也有了越来越清晰的所有权观念，如对"我的东西愿不愿意给你"，或"你的东西能不能给我"等等，都有着非常强烈的意识。这种强烈意识还表现在他们对自己的欲望、思想或行为的积极主张上，即总是在说"我想"或"我要"什么东西或干什么事情等等，这同时也发展了与其他人的"分享"观念。这时候的幼童随着语言能力的提高，开始逐渐具备了抽象的能力，有了抽象观念和对抽象观念的理解。例如，他们慢慢能够把具体的事物与"人"、"玩具"或"食物"这样的抽象名称相分离，也能够理解和使用像"是或不是"、"漂亮或丑陋"、"时间和空间"或"快或慢"这些抽象概念。各种意识、知识和能力等等方面的获得和发展，可以说都为一个人主体意识的逐渐形成提供了条件。同样，到了十五六岁时，除了社会经历、知识面或个别生活技能还较为欠缺外，其他方面的发展也已经与成年人大体相同了。

2. 社会化

主体意识的成长期较长，有10多年的时间。在其前期儿童主要是受家庭环境的影响进行学习，而到了后期，尤其是进入学校之后，孩童的学习更主要地开始受到社会的影响。前期以儿童自己身体各方面的发育为主，如体能、智力、语言或各种基本的生活技能等等。而后期就以掌握社会性的知识为主，如各种社会性活动，以及了解历史传统、社会习俗、伦理法律、科学知识或文学艺术等等。当然，这两大类的学习可以说是贯穿于整个成长期始终的，只是在前后不同的阶段各有所侧重而已，因为毕竟对前者内容的掌握是后续学习的基础。

如果一个人孤独地生存于深山老林之中，那么就不会有我们关于主体意识的问题。因为要是没有家庭环境熏陶培养的话，那么根据我们上面的描述，人在婴儿期几乎都不可能产生人的自觉意识或主体意识的萌芽，更不用说在成长期里的进一步发展了，即使有，也是十分微弱。实际上由人的主体意识所把握的生活是在社会化领域中展开的。而这个社会化当然也包括一个人的家庭，因为其家庭得以存在，也恐怕离不开更广范围的社会环境。除非人还处于完全原始的状态，仅仅靠着自然界的果实生存，否则其家庭或婴儿的早期生长环境就会与整个社会有着千丝万缕的复杂关系，如各种食物和衣物的生产或交换、居住场所的建筑和完善、语言文字的使用、生活习俗的养成、行为规范的认可、生活知识的获得、安全环境的保障等等，都要在一种社会环境中才能得以逐步形成。

当然，社会环境的状况是长期发展变化的，且在每一个社会局部都呈现不太相同的情形。在人类文明发展的早期，社会生活的结构是比较简单的。而到了近期，我们都知道其复杂程度已经不是一个人很容易就能够完全了解的了，包括社会政治、经济、教育、法律、伦理、宗教、军事、文学艺术、科学技术和国际关系等等各种社会活动，我们终其一生恐怕也不能掌握得十分清晰了。因此，对每一个不同的人而言，其生活经历都不会相同，尽管相互在短时期内可能有着部分的重叠。因此，在这样令人眼花缭乱的社会中，如何把握自己的生活，就需要学习许多的东西，需要掌握许多的技能。而这些知识或技能本身无疑都具有社会性的内涵，而不再是单单个人的小玩意了。这同时也说明越是后来，人们所需要的学习时间就越长，而不太容易在十五六岁以前就能够独立地走入社会了，更不用说像古代那样大概13—15岁左右就要成家了。这表明，相对于各种不同复杂程度的社会而言，一个人也需要不同长度的时间和力度来学习把握生活的能力。只是这并没有一个绝对的标准，说必须要达到什么程度才能开始独立生活。在现实社会中，这是要视个人的家庭情况和当时的社会情况而定的。不过，一个人是否有了充分的学习成果，在未来将会对他的主体意识把握生活的状况影响很大。这也是成长期对培养一个人的主体意识的重要意义。

这些社会化的学习内容与个体在婴儿期所初步学会的东西，在性质或结构上可以说是完全一致的，并不存在可能会造成学习障碍的某种特别差异，因而对孩童来说，学习掌握这些社会化的东西，并没有什么特别的困难。这是由于在婴儿的萌芽期，婴儿所接受到的食物、衣物、语言和行为规范等等就都是在同样的社会化环境中得到的，与其后来的社会生活没有什么本质的差别，只不过有一些难易程度上的差异而已。特别是婴儿所学会的语言，实际上就是该社会的意义框架，足以让他长大以后能够很轻松地了解这个社会的意义世界是如何生成和结构的。例如，由“我”和“我的”、“你”和“你的”、“他”和“他的”等等这些观念或意识的形成，孩童逐渐建构出“我们”和“我们的”、“你们”和“你们的”、“他们”和“他们的”等等观念或意识，并由近到远、由简单到复杂地用更多、更抽象的观念来网罗出他的整个生活世界和意义空间，以及各种可与他人分享或交流的公共思想领域。

尽管这些社会化的学习内容对一个人的成长十分重要，也是一个人的主体意识得以形成和丰富扩展的主要部分，但是，并非所有的社会性内容都对一个人的成长是必然有益的。我们只能说，大部分的社会性内容，在大部分时候，对一个人的成长大体是有益的，而某些内容就未必有益或有用，甚至是有害的，而且某些内容可能一时有益，而另一时却是无用的或有害的。这也意味着，学习过程本身也将是一项复杂的事情，而并非什么东西都可以无鉴别地拿过来就学的。出现这种状况的原因在于，人类所建构出来的社会化内容都具有复杂的历史情境性特征，是在长期的历史过程中逐步形成的，不同的内容都有着不同的时代性，而并不能适用于所有的时间或空间；另外，社会化内容中的许多部分又是在人类文明尚未成熟时期建立的，也不具有普适性。同时，对这些社会化内容的学习还有一个选择性问题，而这些选择的依据和标准，又有其具体的情境特征，并非一成不变的。因此，我们可以说，青少年主体意识的社会化过程也充满了复杂的情境性特征，导致每一个人都会出现很不相同的情况，从而也造就出各自不同的意义世界和生活空间。

3. 依赖性

在成长期里，个体的主体意识还不能完全独立发挥作用，因为这时候的孩童对周围环境中的人或事物还有着很大的依赖性，例如他在生活上还不能脱离父母或其他长辈的安排，需要他们为自己提供食物、衣服、居所或安全的环境等等。特别是孩童还需要周围的成年人在生存能力的学习上对自己的指导。在这些学习指导中，孩童还会对这些成年人的各种能力产生羡慕、敬佩或崇拜的情感，从而也更增加了对他们的依赖性，把他们视为“权威”。当一个孩童开始跟随专业老师进行学习时，这种情感也会随之转移到这些老师身上，即由于老师的学识而对老师也非常羡慕、敬佩或崇拜，因而也产生了对老师的依赖感。同时，每一个孩童几乎都会“本能”地意识到，自己家里的这些成年人和老师们对他的各种帮助，都对他自己的生存和发展是十分有益的，因而一般都会很高兴地接受，而不会无缘无故地抵触或拒绝。依赖性还包括情感上的依赖，即对亲情或友情的信赖和依靠而产生的依赖感，如对家庭成员或玩伴的情感关系，都会转换成一种依赖感。

另一方面，孩童的恐惧感也会增加对成年人和老师的依赖性。动物有趋吉避凶的本能，人也一样。儿童自小就对各种较为明显的危险有着本能般的恐惧，如黑暗、疼痛、电闪雷鸣、巨大而长相凶猛的动物（尤其是食肉动物，如狮子、老虎、狗熊、恶狼）等等。这种恐惧感从两个方面增加了儿童对大人的依赖感。其一，儿童需要大人的保护以避开这些危险对象，获得安全性，或帮助他们消除疼痛之类的不舒适感而能惬意地欢度时光；其二，成年人或老师也往往利用儿童的恐惧感来或轻微或严重地惩罚他们，以使儿童能够遵从大人们的安排、告诫或指导。这两个方面的不断刺激导致儿童对成年人的依赖感也不断加强，以致成为某种“心理习惯”而不容易被摆脱。由此，对周围成年人的敬仰和恐惧，就共同促成了孩童对成年人的依赖感。

这种依赖感也会得到更大程度上的抽象化和转移。例如，对周围成年人或老师的羡慕和敬佩，会导致一定程度的崇拜感。而这种崇拜感又会由于恐惧感从反面的刺激而进一步加强。羡慕、敬佩或普通的恐惧感都是有具体内容的，即对某一种能力的羡慕和敬佩，对某一种危险对象或方式的恐惧。但是，到了崇拜感阶段，就可能已经没有了具体内容，而是一种全面的情感，即相信自己所崇拜的对象几乎是无所不能或无所不知的，在所有方面都恨不能完全相信自己所崇拜的对象。当这种从羡慕、敬佩到崇拜的情感在一个孩童身上形成了一种隐藏着的心理习惯的时候，还很容易转移到其他对象上，如某种自然力或自然对象，社会中的某些人或某种强大的力量，还有某些抽象的观念等等，都会成为一个人的崇拜对象或权威偶像。另外，男女之间的性吸引力也会形成较强的依赖感，而不再限于单纯的性吸引力了。

依赖性对人的成长很重要，是幼童和青少年能够顺利成长，并从成年人身上学习的前提条件，如果一开始没有这种依赖性和顺从意识，那么，周围大人和老师对少年儿童的各种告诫、规劝、指导或其他教育等等就都无法有效地进行。当然，这也是源自动物的自然本能，上一代对下一代的养育、保护和生存能力的训练，是动物得以顺利繁衍的基本条件。只是这一点表现在人类的身上时，又特别促使人可以学习到远比一般动物世界复杂得多的社会化内容，因而这种代际传承的重要性就格外突出一些。

从上我们可以看到，依赖性这种情感是一个孩童自小被一点点地培养出来的，而且在每个孩童身上都会是程度不等的。如果在一个孩童身上这种情感被训练得很强烈，而后来又没有被有效地缓解或被调整适当的话，那么，这个人在成年以后就很容易倾向于对某个权威对象的服从和崇拜，而往往不能从中自拔，导致其主体意识不能有效地发挥。而如果这种顺从意识没有被训练得很强烈，或者后来又得到有效的缓解或调整的话，那么，这个人就只可能对那些权威对象保持某种淡淡的尊敬而已，并不影响其主体意识的自主作用。无疑，很强的依赖感或崇拜感是一个人的主体意识发挥其自主作用非常大的障碍。因此，如何有效地消除这种依赖感或崇拜感，而维持一种恰当的人际关系，不至于妨碍主体意识的健康成长，正是主体意识在自立期里所要面对的主要问题。

4. 逆反心理

在幼童或青少年的学习成长过程中，他的自我意识或独立意识逐渐形成和加强，开始与其社会化意识和依赖性意识之间出现某种程度的矛盾冲突。人们于是把这种情况称之为少年儿童的逆反心理。

儿童实际上很早就开始有了某种自主的独立意识，只不过还不是很自觉而已，而只是一种源于生命的自然表达。例如儿童总是很强烈地表示“我想”或“我要”的欲望和要求，从婴儿期的吃喝拉撒睡，到幼儿期对玩具或玩耍的喜好，再到青少年时期对更为复杂的事物或活动的要求等等，都是一个孩童的兴趣、情感、思想或意志的外在表现方式，并通过这些表达，而逐步形成了这个孩童的主体意识的雏形。

在成长的早期，一个孩童对自己吃喝拉撒睡或玩耍之类的欲望表达是其父母能够成功养育他的主要条件，是父母了解和掌握如何更好地养育孩童的主要途径，也是一个小生命能够健康成长起来的内在动因。这时候父母不大会感觉到孩童的这些要求有太多不恰当的地方，即使有一点，父母也很容易地就能纠正孩童的要求。毕竟，这个时候孩童的要求基本上还是属于一个自然生命健康生长的自然要求，除了某些尝试性举动可能会对孩童的身体生长有一定的危害（如有的小孩不顾危险地喜欢玩火或玩水之类）外，一般性的要求还不能被视为“不合理”。在这方面家长对孩童的警告或规诫往往是基于对孩童身体或生命的保护。对此，小孩子也较为容易理解和接受，而不太会始终有抵触情绪或无理取闹。因而，这种情况下孩童与大人之间的矛盾冲突较少，也较为轻微，一般不会被视为是孩童的逆反心理。

但是随着孩童生长和学习过程的进一步发展，情况就有所不同了。这时少年儿童的各种自我的主体要求已经不再限定于自然生命的范围，如只是吃喝拉撒睡或玩耍的要求了，而涉及社会化的领域，如知识的学习、社会活动的参与、与他人的交往、自己做主安排某些事情等等。另外，很重要的是，这时候他们的要求还涉及生活和学习过程中被培养出来的依赖性问题。他们的主体意识要尝试更多的事情，要学会克服各种障碍，以树立对自己的信心。这主要包括两方面内容：一方面，孩童对大人和老师所教给的各种规范观念不是一下子很明白，需要对自己所学习或了解到的社会化内容进行不断确认，才能使之成为自己的规范观念，也就是在自己承认的基础上把它们当作自己思想和行为举止的指导性规范原则，如友善、守时、乐于助人、比赛竞争或各种价值是非的判断标准等等。这也就是说，当一个孩童的主体意识开始逐渐延展到社会化领域时，孩童将尝试对这些社会化内容进行不断的验证，即在不断地“反对”和“接受”中深化自己的社会意识。例如，当一个孩童与别的小朋友发生争执时，他会尝试各种处理方法，然后在多次得到周围大人或老师的表扬或批评时才慢慢知道以后应该怎样做。然而孩童周围的成年人或老师头脑中的“合理”或“不合理”的具体标准却是较为固定的，不会变化得很快，也不会得到轻易调整，且每个成年人的习惯或观念都可能不大相同，于是就难免与孩童的“反对”行为发生争执或纠缠不清。

另一方面，孩童主体意识的提高不可避免会与自己身上的依赖感和恐惧感发生矛盾冲突。在生长和学习过程中，一个孩童对周围成年人或老师的依赖性会被培养得越来越强，如从早期对衣食住行的生存需要和安全感，到后来对成年人和老师的知识、经验或技能的羡慕、敬佩或崇拜，再到以后慢慢会对各种自然、社会或观念力量的敬畏和崇拜。另外，孩童身上自然生成的恐惧感被不断使用来训练孩童遵守规范的服从意识，这种服从意识在 10 岁左右的时期可以说达到了高峰。但是随着孩童自己的体能逐渐发达，在智力、理解力、语言能力和意志等等方面慢慢发育得与成年人相差不多的时候，这些羡慕、崇拜或服从的意识就开始逐渐下降或淡化，从而刺激起青少年对这些权威偶像的轻视甚至反抗，并从中不断获得自信，于是又增强了自己的主体意识。而主体意识越强，又反过来促使他们更加激烈地挑战各种权威。这样就出现了大人们眼中的逆反现象。

这种逆反现象一般从青少年 10 岁左右开始，而在 15 岁左右达到高峰。即随着青少年的服从意识在 10 岁左右时从高峰开始往下走，逐渐淡化，其主体意识就开始越来越明显地发挥作用，逆反心理就开始变得越来越强烈。这个此消彼长的过程在青少年 15—18 岁左右时期，达到高峰并有开始结束或进一步发展到主体意识的成熟阶段的迹象。

我们可以看到，青少年的逆反心理实际上正是人的主体意识正在形成的一种体现，即通过逆反思想、逆反态度或逆反行为等等逆反心理，青少年展示出自己的主体要求、主体努力、主体反省、主体筹划和主体创造的能力及其形成的方式和过程，也是对它们不断强化和完善的外在反映。

第一，逆反心理表明了孩童的意识已经从自然生理要求，上升到更多、更广泛、更抽象的程度，从而成为自觉的主体要求。他们要求的已经不仅仅是吃喝拉撒睡或玩耍之类的事情了，而是要试图挑战整个社会的规范、习俗、传统或一般性的思维模式，如“你应该这么做、这么想或这么生活”，而“不应该那样去做、那样去想或那样去生活”等等，然后视其是否符合自己的思想或心理倾向而决定取舍。这个时候青少年的主体要求往往是在一定的背景下提出的，而不是仅仅本能欲望的反映了，如可能是基于较长时间的思考、涉及了更多的人或更抽象的所有权等等。

第二，逆反心理还说明青少年已经有了主体努力的意识，要去依靠自己的力量争取某些事物或权利，而不是被动地等待周围大人或老师的给予和安排，也不是盲目服从于任何被教导的规范和命令，更不是盲目崇拜以往自己所崇拜的旧的权威偶像，或新遇到的某个权威力量了。这种主体努力要求自己去做、去安排，而不是无丝毫自觉地只盲目跟随着别人去做。

第三，逆反心理也体现出青少年有了主体反省的意识，即对自己的思想、行为和周围的事物有了自己的思考和反思，而不论其他人是怎样说、怎样做或怎样想的了。总之，他们要在思想上对眼前的各种事物有自己的把握，即通过自己的思考，一点一点地去建构自己独特的意义世界和生活空间，好把从小到大所学到的一切事物都安排进自己的这个空间中，就像他们常常玩的游戏一样。他们已经不想让自己只是大人世界中一个可有可无的成员，而是要建立自己的意义世界了。这一“建立”，正是通过自己的主体反省才有可能开始和进行的。

第四，逆反心理表示青少年自己的意义世界的建立是与其他人不同的，因而具有自己的主体筹划的意味。这种重新安顿所有事物的过程，即反映一个青少年初步具备了主体筹划的意识，也就是以“我”为主，按照“我的”意思，以“我的方式”，把所有事物安排进“我的世界”之中。

第五，逆反心理还揭示出青少年的主体创造的能力开始得到培养和发展。建构一个独特的意义世界无疑需要青少年的创造意识，从而形成最终的主体意识，给予其充分的自信以自立，即自主地把握自己的生活。这种主体的创造性也是从无到有，从小到大，从弱到强，一点点地发展起来的。这一过程的外在标志即是青少年常常出现的逆反思想、逆反态度和逆反行为。

至于这种逆反心理的强烈程度以及其在什么程度上可以得到平缓或消解，则对每一个人而言都是不同的，因为每个人的生长环境之间都有着很大的差异。不过，就一般而言，如果一个青少年的逆反心理很严重，那么往往显示出他早期的独立意识很强，而且不愿意简单地与其社会意识或依赖性进行妥协，非要把抗争尽可能地进行到底，以探查出自己的主体要求可以延伸到什么程度。反之，如果一个青少年的逆反心理十分轻微，没有显示出什么逆反的状况，也就是大人眼里的那种“好孩子”或“很乖”，那么，也就说明其独立意识较弱，较为容易顺从其社会意识和依赖性，而不太愿意对之进行挑战或抗争。当然，这两种情况都不是绝对的，例如很多青少年的逆反心理或独立意识有时表现得很晚，或隐藏得很深，并非显露于外，甚至连自己都没有特别意识到，而只是在某个适当的时候才突然爆发出来。不过这些或强或弱的逆反心理的内容和性质，与我们上面的论述都相差不大。

逆反心理的本质是一个青少年尝试建构自己的意义空间和生活世界的反映，所以表面上是破坏性的，而实际上却是建构性的，是青少年在思想、态度或行为上寻找并建立得到自己认可的合理边界的过程，也是他们建构自己的主体意识的过程。这种建构首先是在学习和社会化的基础上进行的，并主要基于依赖性才得以实施。但是，如果青少年对意义空间的建构仅限于依赖性的话，那么，就表明他们基本上完全顺从地接受了周围大人们的社会生活世界的整体框架，而没有自己的筹划和创造，甚至没有自己的思想或个性，从而也就不大可能产生自己的主体意识。

逆反心理这种建设性的本质也表明，青少年的逆反思想、逆反态度或逆反行为是不会一直无限制地膨胀扩展的，而是青少年自己能够逐渐学会把握其适当界限的。这种“把握”，也即是得到了青少年自己的主体意识的认可，而并非仅仅是由于遭到周围大人或老师（或各种自然和社会力量）的压制或反对才知道停止，有着青少年自身的多重原因，例如青少年在理性、情感、意志、自然本能或人生经验等等方面上把握能力的提高和增强。

第一，青少年自己的理性作用。青少年思想的发展逐步能够理解越来越多的社会化内容的恰当根据，而不会无理地反对所有的学习对象，他们实际上能够从理智上清楚其大部分内容都是有益于自己的生存和发展的，并且他们的很多逆反思想中已经包含了对大部分社会化内容的承认，才以之为前提来推导出与另一些社会化内容相矛盾冲突的看法或观念。如此再经过一段时间适当思考，或经历和学习到了另一些背景性条件时，他们就能够明白更多的社会化内容的合理性，从而减缓甚至完全改变了自己的逆反心理，而能够恰当地把握周围的事物了。这是青少年从理智上重新确认他们所学习到的社会性内容的过程，也是日后其主体意识得以成熟和完善的最重要影响因素之一。

第二，青少年自己的情感作用。青少年在情感上不会完全消除在各种方面对自己的父母或周围其他成年人的那种自小形成的信任感和依赖感，也不会完全排除对老师或其他社会力量的尊敬感和感激的心情。因为他们很清楚这都是帮助他们健康成长的正面因素，而不可能会是与自己的生存发展完全抵触或有害的。青少年也会逐渐意识到他们未来的发展仍然不会完全离开这些力量的保护、支持和帮助，仍继续会在各个方面对这些依赖感有着不同程度的需要。因此，当逆反心理大大超过这些情感的作用时，即与这些情感产生了激烈的矛盾冲突时，就很可能会被青少年自己所不能忍受，在其自身内削弱了坚持逆反的力量，而增强了顺从或依赖的力量，这样也就把他们自动拉回到原有的范围之内。这个过程不断往复，就使青少年对自己身上的各种依赖感不断探测和衡量其强度，最后确认一个自己所满意和认可的程度或界限。这最终将构成一个人主体意识中将如何处理其依赖性成分，即如何对待各种信任感，如何对各种人或社会性力量加以尊敬或感激，以及，更为重要的是，一个人自此开始学习如何从情感上消除那些有害的依赖感，或各种妨碍自己的意义空间和生活世界得以恰当构建的各种情感性依赖因素。这也就是在情感上如何把握依赖性问题。这也是个体主体意识能否成熟的一个主要内容。

第三，青少年自己的意志作用。一个人的意志是自小时候就开始逐步得到训练和加强的。它一点点地加强，但却不会一下子就达到非常坚强的程度，但是能够承受各种遭遇所带来的对一个人的意志的考验，而总是在一个大体平衡的状态中波动而已。在青少年时期其意志力量往往通过逆反心理而得以体现出来。一个青少年的逆反思想、态度或行为，也同时是他在探测、检验和培养自己意志的坚强程度，即希望能够了解自己的意志并不断使之得到强化。但是，当逆反心理超出了他的意志的承受能力，或者他的意志的承受能力已经无法负担自己的逆反心理所带来的压力，这时他的意志就会自觉地纠正或取消自己的逆反心理，而接受周围的事物，从而使自己的意志与那些被动学习到的社会化内容之间达到一个平衡状态。逆反心理既是青少年锻炼自己的意志力量的方式，也是青少年尝试以自己的意志力量来把握矛盾冲突或艰难险阻的方式，并在其中了解自己意志是坚强还是薄弱的状况。这也是个体主体意识的自主力量是否能够成熟的必要条件之一。

第四，青少年自然本能的作用。青少年也有趋吉避凶的自然生物本能和吃喝拉撒睡等等的自然生理需要。这些自然因素也都不会任由青少年的逆反心理随意泛滥，必然会对其有着自然的限制，因而迫使逆反心理在一定程度上达到一个自然的平衡状态。而如果青少年的逆反思想、态度或行为还没有对他自己或其他人的身心导致严重的自然危险或自然伤害，那么，这也就表明其逆反心理可以不妨暂时继续，还有其进一步延续的余地。等到这种逆反行为对他自己或其他人的自然危险或自然伤害显得较为明朗时，那么，青少年自身的自然本能也会促使他减缓或取消其逆反心理。这一过程反复进行，将有助于青少年学会如何把握好自己的自然本能状况，以使其与他自己所学到的那些社会化内容得到恰当的融合，共同发挥积极的作用，而不是相互冲突，以致使得某一方压制甚至完全无视另一方的要求和规范，导致其生活世界或意义空间无法有效地或适当地建立。青少年是否能够恰当地把握其自然本能，也对其主体意识的成熟和完善具有十分重要的意义。

第五，青少年人生经验的作用。青少年的人生经验并非从进入社会去独立生活时才算是开始，而是从很小的时候就开始慢慢积累了。这一过程贯穿人生的始终，没有完结的时候，除非一个人的生命消逝了。当然，在一个人的成长期，其人生经验是远不够丰富的，还很苍白，只有在他进入社会生活之后，才能得到快速提高。但是在开始一个人的社会生活之前，他的人生经验尽管还很简单，却已颇具雏形，有了基本的核心因素和框架结构，只待后来的社会经历对之加以不断填充内容而已，而这些基本的核心因素和框架结构却不会受到很大的改变，更不容易有根本上的变化。正是由于人生经验内涵上的欠缺，使得青少年的逆反心理也不会走得太远，而很可能会停留在某一个适当的尺度上，尽管这一尺度在周围的成年人看来，可能还是有些过分。然而，也是通过青少年自己的不断调适，他们自己的尺度与周围大人们的尺度才会逐渐遇合，形成双方都能接受的界限。这种人生经验的积累和丰富，对个体主体意识的形成和成熟无疑会带来非常积极的作用。

除了上述理性、情感、意志、自然本能和人生经验以外，影响青少年自主地把握其逆反心理所能达到的界限还有许多其他因素，例如品德的作用、信仰的力量、艺术审美的熏陶、生活周围的情境性状况、生长的自然或社会环境的变化、已经学习到的内容的广度和深度、对已经学习到的内容的掌握程度和掌握方式、身心的健康状况和心理习惯等等。不过，最重要的因素还是上述几个方面，因为这些方面都与个体的主体意识有着几乎直接的关联，对主体意识的成熟和完善有着关键的作用和影响，在现实社会生活中也较为普遍，因而也是人们对待青少年的逆反心理所需要考虑到的最主要情况。

从上述可见，青少年的逆反心理对个体的主体意识的形成和健康发展都具有十分积极的和正面的意义，应该得到其周围的成年人肯定地对待和恰当地引导。但是在现实生活中，有很多人把青少年的逆反心理视为消极的或负面的现象，这无疑是错误的。而当他们又因此否定、打击或惩罚那些逆反心理很强的青少年时，就更加错上加错了，对青少年的主体意识的成熟或健康发展将造成非常糟糕的作用和影响。问题尤为严重的是，在现实生活中，当青少年的逆反心理发生后产生了某些消极后果时，其责任往往被周围的成年人归罪于这种逆反心理，而他们不知道事实上真正的罪魁祸首反而应该是成年人自己，因为恰恰是成年人错误地处理了这些逆反态度或逆反行为，才导致一些消极后果的。这几乎是人的成长和社会历史现实中难以避免的悲剧性现象，需要人们给以认真地反省。

对这一点的澄清可以让我们了解，现实中许多成年人之所以误会青少年的逆反心理，往往是因为在这些成年人看来，这种逆反心理是青少年过强的自我意识所造成的，而如果纵容这种过强的自我意识，将很可能会使青少年过于孤立自己于其他人和社会群体，或过于重视自己的利益而不顾及其他人和社会的共同利益，这将对他的未来产生有害的影响。成年人的这种考虑看来是有道理的，不过却是似是而非的，因为他们不能分清过强的自我意识与人的主体意识之间的差别，从而导致他们不敢忽略自己的监督和指导的责任，而习惯于对逆反心理总是采取否定的态度。的确，这之间的区别确实是比较微妙的，有时并不容易分得很清楚，特别是对那些较为缺乏或忽视关于如何培养少年儿童的知识经验的成年人来说，就更是如此。但是，从上面的论述我们可以看到，这样的考虑是不能成为消极看待逆反心理的充分理由的，因为叛逆实际上也可以说是青少年学习的一种方式，是他们通过这种学习来铸造自己的主体意识的过程，是他们尝试着挑战已经成型的社会文化的方式，来对之加以不断验证之后，再将那些自己能够确认的部分纳入自己的意义空间的过程，还是他们破除那些在成年人身上已经形成教条的思维范式或规范习俗的方式，也是他们创造新的生活世界的方式。对此，成年人无疑应该抱持开放的心态，从正面积极地对待逆反心理，以尽可能有利于青少年主体意识的健康成长。

所以，对青少年这种看似反抗、实则创造的特殊心理，人们应该加以包容、鼓励或支持，而不是一味地压制和反对。从这一角度我们甚至也可以说，在什么程度上能够包容、鼓励或支持青少年的逆反心理，也成为衡量其周围成年人思想和行为是否具有开放意识、创造精神或文化深度的某种标准，可看出其是否存在因循守旧、僵化保守而不思进取的弊端，也在一定程度上反映着该社会文化的主体意识是否成熟和完善。

总而言之，个体意识的成长期是一个少年儿童逐渐成长为自觉自立的人的主要阶段。这一阶段包括了学习、社会化、依赖性和逆反心理这四个主要的特征。这四个特征相互之间有着内在的关联，如“学习”特征可以说是刻画这一时期的最重要方式，而“社会化”特征是指一个人所学习的内容以及将自己融进这一框架之中，而“依赖性”特征（或服从和遵守规则的意识）是学习与社会化的前提条件，“逆反心理”特征又是一个人对依赖性的挑战并从中获得自己的独立性。这四个特征之间内在的关联性可以成为我们把握主体意识成长期的主要方式。

尽管如此，这也并非唯一描绘这一时期特征的方式。由于这一时期的时间很长，意味着其间复杂多变的具体情境性状况不是能够简单地加以完全概括的，而可以从各种不同的角度予以考察和刻画。我们这里所总结出的这四个特征，只是从主体意识的形成角度进行分析所得出的结果。但是我们并不排除还有一些其他特征也具有重要意义却没有被我们在这里专门阐述，如人的自觉性、自主性或际遇性等等。这只是因为我们这里要强调主体意识成长期的“学习”特征或对主体意识成熟具有最重要影响和作用的方面，而没有去特别注意那些对此而言较为次要的方面而已。

个体主体意识成长期的这四个特征表明，主体意识的形成是一个人在学习、社会化和依赖性这三个方面的基础上获得学习的主要内容的，又是在逆反心理对这三个方面的过程进行不断突破和验证中得以确认、强化和完善的，并由此获得更多、更好的创造性内涵。这四个方面作为主体意识成长期中的主要特征，或强或弱地发生在几乎每一个人的身上，共同显示了个体主体意识的形成并进一步发展的主要经验历程，并最终形成了每一个人各自的独特个性和人生内容。而我们之所以把这一时期统称为“成长期”，是指此时的主体意识尚未能够自觉或独立自主地把握自己的生活，而是在“学习”如何能够自觉或独立自主地把握自己的生活。学习的最终效果就体现在一个人是否能够具有自觉或独立自主地把握自己生活的能力上，或者是否能够在现实中开始自觉或独立自主地把握自己的生活，并进一步丰富和拓展自己的意义空间和生活世界。但是，具体的学习活动本身却并不会随着主体意识的成熟而结束，而是贯穿于人生经历的始终的。也就是说，主体意识把握生活的能力需要在一生当中不断通过学习过程来加强、调整和创新，以适应千变万化的具体情境状况。无疑，学习活动的持续，意味着学习的社会性内容和主体意识的社会化过程也是终身持续的，不会随着主体意识的成熟而结束，这也是由于主体意识是在不断变化的社会生活中把握自己的意义空间的。同样，依赖性也是一个需要经常以不同方式加以对待的对象，因而也不会随着主体意识的成熟而结束。因为依赖性本身由于不断被克服而呈现出不同的状况，而社会生活的情境性变化又往往要求一个人具有不同程度的依赖性，所以主体意识对依赖性的处理就始终处于变化当中，不能一概而论，也不能一劳永逸地得到解决。还有，逆反心理是探查社会化内容和尝试创新自己的意义空间的反映，更不会在主体意识成熟时停止作用，而同样是贯穿主体意识活动的始终的。只不过在主体意识的自立期，逆反心理一般不会再被称为“逆反心理”，而可能以其他的方式体现出来，例如对某些社会规范习俗或教条的抗议，即对某些社会事物的不满意、抱怨、谴责或反抗等等。毕竟，在现实社会生活中，我们是很难找到一个人对社会生活的所有方面都十分满意的。而这即意味着人们会以各种不同的方式表达这种不满，尽管有时我们可能不是很容易注意到这些“逆反”的意见，而把它们视为无意义的“自言自语”。这些状况都表明，主体意识成长期的四种特征，也都会或隐或显地，以某种方式包含在主体意识的成熟状态当中。

个体主体意识的萌芽期和成长期合在一起，也可称为主体意识的“不成熟期”。不成熟期大体应该在一个人的 18 岁左右时结束。这个年龄一般而言是一个人开始进入社会生活，并独自安排和筹划自己的个人事业的时候。然而，就现实的社会历史来说，其情形并不太能被严格地划分，因为在不同的时代和不同的社会中，有着许多不同的社会习俗和环境要求，因而呈现出不同的状况，所以我们这里才会说“应该”，而不确定其现实状况也必会如此。例如古代 16 岁就算成人，而现今是到 18 岁才有公民的法律资格。又如，在许多游牧民族的社会里，当一个人结婚后，就必须离开父母的家出去独立生活，而在像古代汉族的大家族式的社会中，即使一个人在结婚以后也仍然还是与家族共居一处，难得开始完全独立自主的生活。或者也像今天的社会中，一个人 18 岁之后还要上大学，再读研究生，等到能够工作自己挣钱时，可能都接近 30 岁了，而在此之前却还是要依靠父母家庭的资助才行。另外，还有一些个别情况，如有的人由于家庭问题而过早地进入社会自谋生路，以至于很早就成熟了，即一般人说的“早熟”。或者，由于各种原因，有的人发育很慢，导致自立能力很差，等等。这些额外情况，我们这里就不考虑了。

当然，我们对主体意识发展过程的划分并不需要与社会生活中的规定或习俗完全一致，而有着自己的内在的脉络线索。但是，某个社会生活中的规定或习俗毕竟是该社会中的大部分人所长期认可的，因而也是该社会文化的主体意识的某种反映。由此，我们这里所讨论到的关于主体意识成熟或不成熟的一般特征，如果与某个特定的社会生活中的规定或习俗有很大的差距，那么，这也在一定程度上能够反映出该社会主体意识的状况是怎样的，可以成为我们考察一个特定社会主体意识的发展状况的途径。

不过，这都需要我们在进一步讨论主体意识自立期的特征和社会的主体意识以后再涉及。

三、个体主体意识的自立期

个体的主体意识可以有“成熟”与“不成熟”或“自立”与“非自立”状态上的分别。各种主体意识在人和社会的历史进程中呈现不断的变化。一般而言，由于人有记忆和学习的能力，生活经验得以不断积累，使得主体意识逐步由弱变强，由朦胧而渐转清晰、明确或丰富，显示人的自觉程度的提高，把握自己思想和行为能力的增强，能够更恰当地处理好各种观念和事物，越来越积极、越来越有创造性地筹划自己的生活，使之向着更好或更健康的方向发展。这一过程的前期就是“不成熟期”，即如上面所讨论的主体意识的萌芽期和成长期，而后期就是我们这里所要讨论的“自立期”，即主体意识开始自立，经过适应之后逐渐成熟的时期。

主体意识的自立期是指一个人大体具备了自主地把握自己生活的能力，并在现实社会中开始筹划和创造自己独特人生的过程。这里所说的“把握”，含义较为复杂，不能简单地以一语概括。一般而言，说一个人能够自主地把握自己的生活，是指一个人能够以明确的自觉意识，在现实社会环境中，安排、筹划或创造出自己独具特色的意义空间和生活世界，使之一步步逐渐减轻以至消除各种妨碍自己健康成长的因素或力量，趋向于越来越“好的”成长状况，并能够长期保持其良性的发展态势。当一个人能够自觉有意识地，并能够施展生活智慧使得自己处于这种良性发展的状态时，我们称之为一个人主体意识的“成熟状态”。

主体意识的自立期一般可以从一个人16—18岁左右开始，但是在现实生活中却并不一定如此，而存在着各种不同的情况。即使一个人开始独立生活，也并不意味着他马上能够恰当地把握自己的生活，这是由于他或者还欠缺某些社会生活的知识，或者独立把握生活的能力尚未熟练等等原因造成的。一般而言，每一个人都有一段对独立生活的适应阶段，然后才能逐步进入到主体意识的成熟阶段。也就是说，一个人虽然开始独立生活了，可是却并不意味着他的主体意识就此成熟了。“自立”与“成熟”的含义并不完全相等。“自立”是描述一个人的主体意识在现实生活中开始独立发挥作用，开始自主地运作；而“成熟”则是形容这一“发挥”或“运作”足够完善或顺畅，其自主能力足够达到自觉地使其“发挥”或“运作”得以良性发展的程度。

由此，我们也可以把主体意识的自立期分为这样两个不同的阶段，即适应阶段和成熟阶段。所谓的适应阶段，也就是在一个人开始独立生活之后的前一段时期，他会把自己在成长期间所学习到的关于生活的知识和能力拿来应用，加以调试，使自己逐渐能够适应这种独立面对社会生活的状态。这时的社会生活会与一个人的知识、能力、情感、理智、品德、意志、信念或审美情趣之间出现很多摩擦，需要一段时间的适应。主体意识的这一变化过程在现实历史中不是一条直线式的，而是呈现出曲折反复或徘徊踯躅，时强时弱、时明时暗。这表明一个人的文化意识尚未足够自觉或未能有效地把握自己的社会生活。这时我们就称之为一个人主体意识正处于“适应状态”。适应阶段之后，一个人的主体意识才有可能发展得比较成熟，能够比较恰当地把握自己的生活，即能够恰当地筹划或创造自己的人生了。主体意识发展到这一程度，我们就可以称之为主体意识的成熟阶段，或处于了“成熟状态”。不过，在现实生活中，要想达到主体意识的完善成熟并不容易，例如孔子就自认为自己虽然“三十而立”，却直到七十岁左右才算是完全成熟，才能够做到“从心所欲不逾矩”（《论语・为政》）。而很多人往往终其一生都难以达到，总是在适应阶段中不断徘徊，被动地承受社会生活的安排(或所谓的“命运的捉弄”)，始终无法自如地驾驭自己的生活。造成这种情况的原因有其自身的问题，更多的还是与其所身处的社会状况有着密切的相关性。当然，主体意识的适应阶段与成熟阶段也不是界限分明的，而有着缓慢的过渡。并且，这种过渡在每一个人身上都会呈现出不同的情形，不能一概而论。

在介绍主体意识自立期的两个发展阶段之前，我们有必要首先澄清另一个问题，即什么样的生活才算是“好的”。这是从一个成熟的主体意识的角度来界定其具体的内容。

1.“好的”生活

就像前面所提到的那样，“好的”这一价值判断准则是一个经验标准，是人们在不同时代或不同社会中所大体共同认可的各种标准的集合。例如，最为普通的标准有自然生理上的欲望，像吃穿住行或视听言动等等方面的“食色”要求和基本的安全感；有各种社会性要求，像财富、权力、名誉、地位、公正、友善、真诚、平等或自由等等；还有许多个人性的追求，像事业上的成功感、理智上的好奇感、情感上的满足感、品德上的自尊感、审美上的愉悦感、信仰上的崇高感或意志上的支配感等等；另外还有一些抽象性的准则，是根据某种形而上的前提推论出的理想目标，像上帝的救赎、纯粹理性的王国、天理天道的运行或神佛的极乐世界等等。这些标准在历史上各个文明体中，都被不同的人们不同程度地持有着。有些标准相互之间很不相同，甚至相互排斥，但大多是可以被一个人同时持有的，只是有强有弱，有隐有显而已。

如果要寻求一个标准大体能够适用于所有人或所有社会的生活，那么，我们可以说，这样的标准不会限定于上述中的某一个，而是在它们身上所能找到的一个共同点，那就是，它们的共同宗旨在于，一个人或社会的生活状态应该有益于一个人或所有人全身心的成长，有助于他或他们的主体意识的恰当发挥，即能够帮助他或他们提高自主地把握其生活的能力，以筹划或创造出一个令他或他们自己满意的人生。换句话说就是，当一个人或社会倾向于这种“好的”生活时，他或他们的主体意识也随之加强，以致其人生的历程趋向于良性的发展态势，他或他们的意义空间和生活世界得到不断的丰富和充实，从而成就出一个个真实而美好的人生历程。

有的人会认为，一个“令自己满意的”生活，也可能未必是“好的”，而是“坏的”生活，可能是其他人所谴责或反对的生活方式，而一个“令自己不满意的”生活，却可能在别人眼里是“好的”，是备受称赞的生活。这种反对意见是有道理的，因为这个标准本身就是经验性的，具有具体的历史情境性特征，而不是绝对永恒不变的。这就是说，各种具体的标准只是在某些时候、在某些人身上是合适的，而未必在其他时候或其他地方是合适的，即，有些具体标准被认可的时间长久一些（甚至延续几千年），而有的却很短（可能只有几年或几十年）；有的标准适用于大部分人和社会，而有的却仅仅适用于很少部分人（甚至只有某个人自己）；有的标准在此时此地合适，而在彼时彼地就不被认可了，等等。另外，如果一个人的生活“令自己不满意”，那么尽管可能受到别人的赞扬，却总是说明这是不完满的，而有着可待改进之处。

一个“好的”生活是在其社会化状况中才能获得的，而不是仅仅限于纯粹个人的事物。独居深山老林中的隐士固然能得到精神上的安宁，却还不能算是处于一种好的生活当中，因为他的物质生活很可能难以得到保障，又必须限制或压抑自己在社会化上的自然诉求，且在个人的理性、情感、审美或信仰等方面都较难得到均衡地发展。只是满足单方面的需要（如心灵上的平静），而压制其他方面的正常要求，不能说是主体意识很好地把握了自己的生活，而只能说是一种社会化生活中的无奈选择，即表达了对其所身处的社会状况深感不满的态度。

就人类文明的发展现实而言，我们可以找到几条相对来说能够在绝大部分时间内，被绝大部分人和社会所认可的幸福原则，或者说是构成人的“好的”生活的基本经验性条件，如持久的和平环境、持续的经济保障、社会生活的公正性以及能够获得全身心的愉悦等等。这也是一个人的主体意识所需要的最为重要的几个方面，成为主体意识发挥其良好的把握作用的基本条件，也因而成为一个个体的主体意识对其所身处社会的基本要求，又是个体主体努力的方向，并在这几个方面为该社会做出自己的贡献，即成为该社会生活中的一个积极成员，而不会抱持消极的甚至是反对的态度。

第一，和平提供给人的生存所需要的基本的安全感。没有安全感，人就无法保持对自己生活的正常心态，而会呈现出焦灼、慌乱、恐惧或麻木迟钝的心理状态，甚至还会变得疯狂或歇斯底里。因此，寻求安全感是作为一个人，同时也是作为一个动物的自然生理需求，也是一个人对其所身处的社会的最基本愿望。有了安全感之后，人才能开始来认真地筹划自己的生活，如安顿自己的吃穿住行等事宜，然后可以安心地繁殖后代，并耐心地养育和教授其基本的生活技能，再共同去创造自己的新生活。因而一个人在其成长期开始后最重要的学习内容，也是如何获得安全的生存环境，如何避开可能会危及生命的各种情形，以及如何排除那些可能的安全隐患，例如防止自然界中的毒蛇猛兽或水淹火烧等等这些自然性灾害，然后是吃穿住行之类的日常行为可能会带来的生命危险，如疾病或身体伤害等等，再就是来自其他人或社会的生命危险，如与他人打斗或群体的争战等等。

人类组成了社会，并且成功构筑起了自己的文明化生活，从而使得来自自然界的生命危险逐渐减少，以至于对人类已经威胁不是很大了。但是来自日常社会生活中的疾病伤害之类的安全问题，以及大规模的战争，却逐渐成为威胁人类生命的主要危险。前者已经不是单纯的医学问题，而是有着更深层的社会文化根源，如生态环境污染、生化与核的污染、精神伤害或暴力犯罪等等，而后者即战争问题就与社会文化有着更为直接的关系了，如个人或群体利益之间的争夺、价值观念上的差异或文化传统上的冲突等等。如何尽可能消除战争的不断发生，是个人与社会所共同面临的重要挑战。而时至今日，我们看到，无论个人或社会似乎都还没有能够很好地解决这一威胁。这也是个人或社会的主体意识都不够成熟的表现之一。因为这种危险的消除不是仅仅指某个短时期之内的和平，也不是指偶然获得的一段和平日子，而是指人的主体意识能够自觉地意识到战争的危害，以及各种可能导致人与人之间发生战争的危险因素，并加以有效地防范，以使得该社会环境能够保持较为长久的和平状态。

第二，物质生活上的需求源自于人的自然生物本性。人的生存离不开衣食住行方面的满足，饥渴或寒冷等等会严重影响人的精神状态，甚至危及生命安全。人类文明的进步也与人们对生活富足的追求紧密相关，而不仅仅只以温饱为限。一个人固然首先在寻求满足自己的基本饮食需要，但是在其社会化之后，就能够意识到个人的生理需求不是仅靠个人就完全能够处理的问题，像深山老林里的隐士那样只需要极为有限的满足。一个人正常的生理需要应该在社会生活中进行，以获得更好、更丰富的生活内容。正是在这种个体需求的基础上，社会整体的经济状况就对其中的每一个人而言，都具有十分重要的意义。

很明显，个人的经济需求并不能通过一下子获得大量生活必需品而一劳永逸地解决。这是由于个体的消费是细水长流、每日适量进行的，而社会生活在较长的时期内又是变动不居的，因而并不能对一个人保证长期地以每日均匀供应的方式提供生活必需品。因此，社会经济状况对个人而言，最为重要的就是保持一种持续的繁荣，而不是大起大落，好一天、坏一天，完全没有规律，或不能有效地、稳定地持续进行。当然，这不容易做到。但是，也正因为如此，对一个人的主体意识而言，最为重要的就是如何自觉地使自己所身处的社会尽可能保持有长期的经济繁荣，从而也能够使得自己的生活有持续的物质保障，也就是通过一个人普通的主体努力，他就能够满足自己一般性的物质需求，且能够不断有所丰富。而如果一个人对糟糕的社会经济状况完全无能为力，只能满足于筹划自己一个人很有限的生活领地，那么，这对他而言将会是十分艰难的，其主体意识也不容易发挥积极的作用，例如在社会经济崩溃的情况下，个人的经济生活也往往无法保证，至少不敢说能得到长久的保证。这样的生活自然不能说是“好的”生活。

第三，一个“好的”生活也表明，当一个人做出自己正当的主体努力时，他能够获得正常的结果或受到社会正当的对待，这也意味着主体意识能够处于正常的发挥作用的社会环境之中。这样的社会环境即是指一个社会是由公正原则组织而出的，是按照一些获得了绝大部分人所认可的方式进行的，也就是说公正原则构成了该社会的生活方式。“大家所认可的方式”表明这些原则并非先天就有的，而是在人类历史经验中逐步获得的，具有可调整的内容，其获得的方式是人们的认可。这些原则可以是人们所认可的自然法则，如原始的部落社会往往按照血缘、暴力或偶然的原因组合而成，也可以是社会性法则，如后来人们经常按照民族、政治、经济、军事或法律等等原则组成一些社群，或者还有某种形而上原则，如宗教、道德、理性或理想等等。由于社会环境或社会生活发生了某些变化，会导致这些社会的构成原则也时常变化，即人们不再认可原有的规则，而要修改之，甚至彻底改换成另一个完全不同的原则。当然，这时的社会状况也往往难免处于动荡之中。

社会原则的这种经验性显示了它们并非一劳永逸不变的，需要不断地修正。那么，这对一个身处该社会之中的个人而言，无疑将影响他在其中的生活状况，例如，这是他所主张的原则，还是其他人所主张的而他所愿意认可的，或者，是他所不愿意认可的。不同的情形将使他的主体意识或是继续发挥良好的作用，或有可能处于尴尬境地，与该社会生活发生某种抵触或冲突。因此，一个社会的构成原则是否公正，与一个人的主体意识之间有着内在的关联，将考验一个人是否能够恰当地遵循或创造该社会公正的构成原则，而不是仅仅被某种不公正的原则所左右，或者只能无条件地服从。换句话说，是否能够把握好与其所身处社会的构成原则之间的关系，是衡量一个人的主体意识是否足够成熟的标准之一。

第四,一个“好的”生活无疑意味着一个人能够获得全身心的愉悦，而不是遭受着痛苦困厄或灾难。“全身心的愉悦”其实就是一个人的主体意识运转得较为顺畅的标志。而这也不是单纯个人的问题，而是在社会化生活中才能得到的。因此，一个“好的”社会是有助于其中的社会成员获得全身心的愉悦，而不是时时使其遭受到困苦或危险。当然，尽管各种痛苦对一个人而言可能总是难免的，但是，如果一个社会给人带来的总是痛苦，而很少身心的愉悦，那么，这个社会无论如何也无法获得人们的肯定和赞赏，而只能被给予负面的评价，因为这样的社会毕竟是有缺陷的，甚至可以说就是一个“坏的”社会。所以，对一个社会而言，使其成员获得全身心的愉悦，是其义不容辞的责任。尽管要完全做到这点并不容易，但是应该为此而做出尽可能的努力，是不容怀疑的。而社会的这种努力源于个体的主体努力，因为这是个体主体意识本身的内在要求。因此，个体的主体意识要促成该社会的这种努力，而不是仅仅限于自身范围内的身心愉悦。毕竟，当一个社会不能满足绝大部分成员的身心要求时，个体的身心愉悦也是很难得到保障的，最多只有暂时的或偏于某方面的获得，而不能持久和全面。这样，是否能够在社会生活中获得持久的身心愉悦，也是个体主体意识是否成熟的标志之一。

当然，身心愉悦的具体内容完全是经验性的，对每一个人而言都可能不同。就某个人来说，也有着时间、地点和方式上的情境性特征，不可一概而论。但是，我们可以说，身心愉悦包含多方面的内容，如自然生理需求上的满足和安全感的获得，或者事业、家庭、理智、情感、品德、审美或信仰体验上的满足，或者是对社会性对象的需求得到了满足，如那些财富、权力、名誉、地位、公正、友善、真诚、平等或自由等等。这些方面的满足是相应于个人的主体努力的状况而言的，因而它们的获得具有相应的正当性，而不是基于贪婪或“非分的”争夺。也就是说，这些内容及其获得方式都是一般而言人们所能给予认可的。所以，这也是一个好的社会所应当提供给做出正当主体努力的人们的。或者在另一方面，也是个体的主体意识发挥恰当而有效作用的自然结果。

评价一个人或社会的生活状况的标准并不限于以上这四种，还有许多方面也都很重要，如人与人之间友好和谐的关系或科学技术的发达程度等，这些因素也都符合我们上面提到的那个总的宗旨，即有益于一个人或所有人全副身心的成长，也有助于人的主体意识的恰当发挥，即能够帮助人们提高自主把握生活的能力，以筹划或创造出一个令他们自己满意的人生。只是相对而言，上述四个经验性标准更为基本一些，能够获得更多的人、在更多的时候予以认可，而不容易找到相反观念的正当性，即，如果有人反对保持社会的和平状态，或反对社会的经济繁荣，或反对社会持有公正的构成原则，或反对人们获得身心的愉悦，是很难得到人们认可的，往往会遭到较为一致的驳斥。因为这些相反的主张大体上总是有害于人的身心的成长，也无助于人的主体意识的恰当发挥，更不能帮助人们提高自主把握生活的能力，无法使人们获得美好的人生。正是在此意义上，我们说这四个标准对于评价人或社会的生活状况都是非常基本的，即符合这些标准的生活，就大体上可以判断为是“好的”，而不是“坏的”。

2. 自立期的两个阶段

主体意识的自立期可以分为两个阶段，即适应阶段和成熟阶段。这是根据主体意识在自主把握生活过程中所呈现出的现实状况而区别的，因而有着很明显的具体情境性特征，对每一个人而言都不会相同，都有其各自的特殊状况。因此这一区分就没有时间上的对应关系，如有的人可能需要两三年，而有的人却一生都无法使自己的主体意识达到完善成熟的程度。一个人的主体意识为什么不能成熟？也就是为什么一个人在现实中不能很好地自主把握自己的生活？或者说不能很好地筹划或创造自己的意义世界或生活空间？这其中的原因究竟在哪里？又究竟如何才能改善这种状况？也就是说，一个人究竟如何才能使得自己的主体意识尽可能地达到完善成熟的程度？这些问题几乎每一个人在现实生活中都难免会遭遇到，对一个人的成长和成熟都至关重要，需要人们仔细地考虑。

（1）适应阶段

一个青少年在经过主体意识成长期的准备之后，大体具备了独立把握自己生活的能力，即学会了相关的生活技能，了解了相关的生活知识、社会化内容、对各种规范的遵从和各种社会观念的界限，也对自身的状况有了较多、较清晰的了解，如自己的生理需求和感知能力，自己在理性、情感、品德、意志、审美、信仰或娱乐等等方面的状况，自己的希望、追求或人生目标等等。这时的青年人往往跃跃欲试，对未来的社会生活充满了期待，自信能够以自己所学到的东西去应付这个世界，并开拓出属于自己的一片天地来。尽管此时的年轻人对自己的状况与未来的现实要求之间的差距还不是十分清楚，也对自主地把握生活的艰巨性缺乏足够的思想准备，更难以充分了解社会现实的复杂性和变动不居的态势，但是这都不能减低一个青年人的乐观情绪和满怀豪情，不能阻止他的冲天干劲和勃勃雄心。年轻人总是以饱满的热情、真诚的态度和兴奋的状态投入这个复杂的社会生活之中，开始勾画自己的意义空间，创造自己的生活世界。

主体意识的适应阶段一般是自一个人开始独立生活的时候展开的，即随着一个人的自谋生路，其主体意识也开始自主地安排和筹划自己的生活了。不过这种“独立”只是指一个人在生活上的自立，而并非指其主体意识也能够得到完全的独立。事实上，此时的主体意识只是在尝试着自主地发挥作用，但是现实的情况却经常会出现难以令人满意的状况，也就是由于各种原因而导致其主体意识无法有效地进行独立支配活动。这说明个人“生活上的独立”与“主体意识的独立”之间，还有着一定的距离。处理这些令人不满意的状况或尽可能消除这之间的距离，就正是主体意识逐渐适应自主把握社会生活的过程。在这一过程中，主体意识所面临的现实生活与其所具有的知识、技能、理智、情感、品德、意志、审美或信仰等等方面相互之间都会出现各种摩擦、纠结或调整，因此这一时期也可称为主体意识的磨合期。

①主体意识发挥作用的方式

要了解现实生活中主体意识的运作之所以经常出现令人难以满意的状况，如何处理磨合期间的各种问题，那么就需要首先了解主体意识是怎样发挥作用的。

主体意识自主发挥作用的方式大体有如下几种：第一，运用力量。主体意识运用并加强自身的各种力量于现实生活当中，如不断应用那些自己已经掌握到的知识和技能，也会不断学习到各种新的知识和技能，并在现实中加以应用；还有，主体意识不断运用自己的理智、情感、品德、意志、审美或信仰的力量，来应对现实生活中的各种现象，而在同时也锻炼和加强了自己这几个方面的力量；另外，主体意识也会初步运用其他自然或社会性的力量来帮助自己。第二，解决困难问题。当上述的应用受到阻碍或失败时，或出现某些问题不能得到较好地解决时，主体意识就检讨自己的上述运用并进一步了解现实状况，查验其症结何在，以找出相应的解决办法，如事业上的发展或人际关系等等；在这同时，主体意识解决问题的能力也在不断增强。第三，突破限制。主体意识在上述运用力量和解决困难问题的过程中，还会受到各种隐性的限制，如某些现实或观念的因素、力量或框架结构的主导和限制而暂时无法摆脱，像自然限制、暴力、权力、鬼神观念、历史传统、社会习俗、伦理规范或形而上理念等等。这些因素虽然在一般情况下能够帮助主体意识发挥作用，但却并非总是如此，在不同的情境条件下就很有可能成为主体意识的障碍，常常使主体意识暗昧不明，无法有效地把握自己的思想和行为，更无法有效地筹划和创造自己的意义空间和生活世界，因而需要主体意识加以不断地突破。第四，创造活动。当主体意识能够运用自己的力量于现实生活中，并解决出现的各种困难问题，还能够破除各种显性或隐性的限制后，就可以自主地开始筹划和创造自己的意义空间和生活世界了，也就是以自己的独特方式来安顿自己的人生。

主体意识发挥作用的活动往往不是单纯的，而是以这几种方式相互交织进行，不会以一种方式单独孤立地出现。也就是说，在现实生活中，主体意识的自主活动既需要运用某些力量，又需要随时解决出现的难题，还要突破某些或大或小的限制，且在局部范围内还有自己的独特计划和创新之处等等。这几种行为经常共同构成了主体意识的某一项活动，例如一个人在从事政治、文化、经济或艺术等等活动时就是如此。

主体意识在这几方面发挥作用的能力也不是一成不变的，可能时高时低，也可能不断得到加强和提高，也可能逐渐弱化和走低，或者有的能力逐渐提高，而有的却逐渐降低。这都是由于具体的情境条件发生变化导致的，呈现出十分复杂的现实状况，不可一概而论。

②影响主体意识作用效果的因素

在现实社会生活中，主体意识经常并不能很好地发挥自主作用，这是令人深感苦恼的事情，尤其是对涉世不深的“初出茅庐者”而言就更是如此。这也是主体意识在适应阶段所呈现出的主要状况。那么，是什么原因造成主体意识在现实中不能有效地运作呢？除了上述主体意识发挥作用的方式，我们还需要了解那些能够影响主体意识发挥作用的各种因素。当然，现实生活有着复杂的情境性特点，不能一概而论。不过就大体而言，我们可以归纳出如下几个主要方面的因素，都对主体意识的正常运转有着十分重要的影响，如：（A）一个人的身心状况；（B）他所掌握的生活知识和生活技能的充足程度；（C）他的生活经验是否丰富；（D）他在理性、情感、品德、意志、审美或信仰等等方面是不是发展得均衡完善；（E）他破除各种现实限制的意识和能力怎样；（F）他的筹划和创新能力如何；（G）他所接受和身处的社会文化中的历史传统、社会习俗、观念体系、经济结构、科技水平、伦理规范、政治法律、自然或社会生态环境等方面的发展程度和状况怎样，等等。对这几个方面因素的考察可以帮助我们了解主体意识不能很好地发挥作用的可能原因，从而改善主体意识把握生活的能力。

（A）一个人的身心状况如何，是不是能够一直保持健康的状态。一个人的身体和心理的健康状况是其主体意识能够正常发挥作用的重要保证，特别是对主体意识成长期的影响更大一些。因为那时人的主体意识还没有形成，更容易受身心状况的干扰，即在身心有缺陷的情况下，一个人是很难有好的学习效果的。如果一个人身体或心理有较为严重的缺陷，那么，他的主体意识也必将受到很大的限制。而如果一个人的这种缺陷严重到甚至都不能进行正常生活的程度，那么其主体意识也几乎谈不上形成了，因为他大概只能依靠其他人的帮助才能生存下去。当然，这种情况也不是绝对的，如某些残疾人虽然生活自理能力有限，却锻炼出很坚强的意志，从而使其具有了很好的主体意识，在相当程度上克服了自己身心上的残疾，能够较为成功地把握自己的生活。这种人自然令我们肃然起敬，只是其中所包含的艰辛也足以提醒我们，一个人的身体和心理的健康状况对其主体意识的顺畅运行是十分重要的，否则，这个人就需要付出更多、更艰难的主体努力，才能达到一个普通人较为容易就能达到的程度。

尽管如此，一个人的身体和心理状况并非与主体意识的正常运行处于一种正比关系。也就是说，并非身体或心理状况越好，一个人的主体意识就会越强越完善。而只能说，在一定程度上，这两者之间可以有相互促进的关系，就是身心健康有助于主体意识的发挥，而主体意识的恰当发挥，也能促使一个人更好地保持其身心的健康状态。但是，超过一定程度之后，情形就未必是这样了，例如我们上面所提到的某些残疾人，就可能有很强的主体意识，而某些身体或心理特别健康的人，却未必能够具有良好发展的主体意识。不过，当一个人的主体意识趋于成熟的时候，一般而言总是有助于他把自己的身心保持在一个健康状态。

因此，关于这两者的关系，我们大体可以这样说，一个人的身心健康，往往有益于其主体意识的形成和发展；他的主体意识的成熟，也将有益于其身心的健康；而一个不健康的身心，一般情况下也有碍于主体意识的健康发展。只是这几种情况在现实生活中都可能会有例外，我们不必过于拘泥。由此，我们就应该知道，尽可能一直保持身体和心理的健康对一个人主体意识的成长是很重要的。尽管在现实中许多人却并没有认真地看待这一点，从而造成主体意识发展得很不顺畅。

（B）主体意识自身所掌握的生活知识或生活技能怎样，是不是始终能够保持充足的状态。这一点较为容易得到理解。一般而言，主体意识的成熟度与其所掌握的生活知识和技能是成正比的。也就是，一个人所掌握的生活知识和技能越多越丰富，那么他的主体意识就会越强越成熟；反之也一样，一个人的主体意识越强，那么他就会更容易地掌握更多的新知识和技能，从而再促进其主体意识的完善，形成一个良性的循环。所以，我们可以从中得出的结论就是，一个人所掌握的生活知识和技能越少或越差，那么，其主体意识也会越弱越贫乏；反过来也一样，一个人的主体意识越弱，那么他将会在掌握新知识和技能的意识和能力方面越差，就越妨碍其主体意识的成熟和完善。

不过这只是单就这两者的关系而言，而超出这两者的关系时，情况就可能会发生变化。例如，在现实生活中，我们就需要注意这一正比关系的例外情况，那就是，当一个人掌握了非常多的生活知识和生活技能而远远超过其他人时，这个人就很有可能产生自傲心理，并容易出现心理上的懈怠；或者，他因这一优势而产生凌驾于他人之上的想法，甚至被动地成为现实，从而给他的未来增加了许多变数；还有，他也可能会由此就不再积极地去学习和掌握更多的生活知识和生活技能了；他也很有可能在某一方面取得优势的同时，却忽视或放弃了其他方面的发展，等等。这都未必有利于他的主体意识的成熟，有时反而可能给他带来灾难。因此，我们在考虑现实问题时，就不能单单关注这两者之间的正比关系，而需要将视野放得更大更广，才能恰当地把握这两者之间的影响和作用。

就一般的情况而言，我们可以说，主体意识自身所掌握的生活知识和生活技能如果不够充足的话，那么将会对其主体意识的成熟带来消极和不利的影响，所以对这样一个人而言，他就应该有意识地扩展其生活知识和锻炼其生活技能，好促进他的主体意识的发展。在现实中也确实有许多人由于自身的这种缺陷，而导致其把握生活的能力不足，影响了他的主体意识顺畅地筹划自己的意义空间。因此，我们也就可以一般性地提倡，一个人应该尽可能多地学习生活知识和掌握生活技能，也应该尽可能多地学习新知识和掌握新技能，而不能仅仅满足于已有的一些成就。毕竟，社会生活的变动不居也表明这方面的学习是一个无尽的过程，不会有终结的时候。

（C）主体意识自主把握生活的经验怎样，是不是越来越丰富。在独自面对社会生活时，一个人的主体意识在运用力量、解决困难、突破限制或创新活动方面的能力不是先天而有，也不是一旦拥有，就不再改变，而是可以积累、不断丰富和加强的，当然也会因为长久的懈怠不用而又变得生疏。主体意识的这些能力综合起来可以称为把握生活的能力。这一能力在一个较长时间或较广范围内的应用过程及其熟练程度，可称为主体意识把握生活的经验。这些能力的应用或经验并非是自一个人开始独立生活之后才得到建立的，而是从主体意识的学习期即已经被逐渐学习和掌握了。例如，儿童在各种玩耍活动中已稍有觉悟，开始得到训练了。其后在青少年的各种学习活动或日常成长过程中，这些能力和经验也都有一定程度的试探性运用，并不断得到丰富和加强。只是当一个人真正开始独立生活时，主体意识才算是开始正式自主地运作，其把握生活的能力也才算是得到了正式的使用，开始其现实化的历程了。

一般而言，我们可以说，主体意识运用这些能力的经验越丰富、越熟练，那么它就能发挥得越好、越顺畅，其效果也能越加令人满意；反之，如果这一经验越贫乏、越生疏，则难免会出现许多别扭、摩擦或冲突。因此，一个人应该努力去经常性地主动运用这些能力，并总结经验教训，以使其不断得到提高且运用得越来越熟练，从而获得越来越丰富的生活经验，这即意味着把握生活的主体意识得到了充实和拓展。否则，如果一个人不去有意识地锻炼自己的这些能力，培养自己把握生活的经验，那么就会导致其能力上的不断弱化，经验上逐渐变得贫乏和生疏，也即意味着主体意识的运用将会出现多种多样的问题，反映在现实生活中，就是一个人将不得不面对越来越多自己无法解决的困难和混乱。

当然，在这方面也同样可能存在着上面一条中所包含着的那种潜在的危险，即如果在一个更广的范围内来看的话，那么也会有许多出乎意料的状况出现。例如，一个人已经有了丰富的把握生活的经验，其可能会容易因循守旧、不思进取，沉醉于已有的经验范围，而不再喜欢创新，或难以应付全新的事物了。还有可能一个人由此而获得了更多的社会资源，导致其社会状况有了很大的变化，从而为他带来未必是有益的某些影响，等等。这是我们在看待生活经验问题上需要注意的地方。不过，就普通情形而言，我们还是可以肯定主体意识把握生活的经验具有正面的价值和积极的作用。

（D）主体意识自身在理性、情感、品德、意志、审美或信仰等等方面的状况如何，是不是一直发展得足够充分和均衡完善。一个人要想顺利地自主把握自己的生活，不仅仅需要他有相关的生活知识和生活技能，还需要他的理性能力、情感状态、品德性格、意志力量、审美品位或信仰体验等等方面。这些方面的因素都有各自不同的作用，又是在相互交织中，动态地影响主体意识的运行。

例如，人的理性能力可以产生知识，并建构出各种知识体系，再积累起来，把它们应用于现实生活当中。人的理性能力越强，则创造知识的成效也就越大，知识也会被积累得越加丰富，而运用的能力也越来越高明。反之，如果人的理性能力越弱，那么人所创造的知识也就越少，运用知识的能力也会越差。另外，人的理性还包括选择或判断的能力，如在分辨、平衡、选择或预测事物等方面都离不开理性的判断能力发挥作用，因此也能够成为主体意识的观念和行为的运作导向。同样，理性的判断能力也对主体意识的运行有着积极的影响，都有助于主体意识的运用力量、解决难题、突破限制或创新活动等等，是主体意识不可缺少的重要工具，也为主体意识的运作效果提供了必要的评价尺度。因而一般而言，人的理性能力的发展程度与其主体意识的发挥之间大体存在着正比的关系。

当然，这里我们同样需要了解过度依赖理性或理性知识所可能带来的困扰，那就是有可能忽视主体意识其他方面的因素，甚至达到自我分裂的程度。除了我们上面所提到的关于知识上的优势可能造成的情况以外，还有如，单纯的理性推导出的结论很有可能与人的情感、意志、审美或信仰体验等等方面的状况不相一致，甚至相互冲突，因而并不适合主体意识的选择和应用。如果一个人一味地只知道跟随理性的引导的话，就可能出现自己难以驾驭的情况，甚至引起灾难。因此，对理性推导的结论需要做综合评估或权衡，才能具有恰当的价值。这是人的理性能力对其主体意识而言的特别之处，需要我们仔细对待，甚至以理性能力本身来加以分辨，从而能够了解理性自身也需要保持适当的谨慎态度。

情感状态与主体意识之间的关系则相对来说较为复杂一些。首先，一般的喜怒哀乐爱恶欲等等情感是人在身体和心理上的需求倾向的外显反映，如喜爱或厌恶某个对象，往往反映了身体或精神上对它的欲求或拒绝；其次，情感也是身心状态的外在标志，如高兴或焦灼的情感就可能表示身体或精神上是否得到了满足；再次，情感还可以表达人在社会中的生活态度，如兴奋或沮丧的情感经常显示出一个人是积极还是消极的精神状态；最后，情感也能够呈现出人对社会生活的满意程度，如愉悦或忧愁的情感就可以分别代表一个人对其思想或行为，对其整体的生活状态是满意还是不满意的内心倾向。不过，情感的具体情境性特征更为突出和复杂，并非能够明确或绝对地与其身心状态之间勾连出一一对应的关系，只能就一般情况大体而言之。例如，偶尔的喜怒哀乐爱恶欲的情感状况是不能说明一般性的身心状态或满意程度，而需要结合总体情况或其他方面的征象，才能做出更为准确的判断。尽管如此，我们仍然可以说，情感状态基本上是一个人身心状况的外在显示。

由此，情感状态的丰富程度和敏感程度就与主体意识之间产生了内在的关联性。因为，主体意识是一个人把握生活的能力的表现，因而必然与其整个身心的生存状态有着直接的关联。而作为一个人身心状态的外在显示的情感，或反映了一个人身心的内在欲求倾向和满意程度的情感状态，就构成了主体意识的内在动力、价值导向和判断尺度，即一方面推动和引导主体意识应该关注的对象或事态（现实的或未来的），以及应该趋向的途径和目标（局部的或长远的），或应该筹划和创造的方式等等，进而在另一方面，又提供给我们衡量或判断人的主体意识是否得到恰当运用的一种经验尺度。例如，如果一个人总是很愉悦很开心，那至少说明他当时的生活状态是令他感觉满意的；而如果一个人始终感觉不快乐，那么至少说明他当时的生活状态是有问题的，很可能受到了某些限制，以至于他的主体意识未能得到有效地发挥。

然而情感状态如果被强调得过度，也就是如果我们完全依赖情感状态来作为主体意识运行的动力、导向或标准的话，那么，丰富和敏感的情感就有可能为我们带来困惑，即不知究竟该如何适应复杂的情感状态，也很容易造成理性的紊乱和意志上的薄弱，还会影响人的审美品位和信仰体验的影响力，以致给主体意识的正常运用产生种种障碍和困难。而在另一方面，情感与其他因素的恰当配合，将会为主体意识的顺畅进行提供许多润滑作用。

品德性格与人的情感状态有一定关系，但是又不完全一样。在本书中，品德性格主要指人的伦理德性，即处理与他人关系的方式，如是否正直、善良、诚实、真诚、和蔼可亲或乐于助人等等。品德性格对主体意识的运作有着很明显的影响，因为主体意识本身就是在社会化情境中处理各种社会性关联因素的方式，其思想或行为都离不开人际伦理上的规范习惯，也就是人的品德性格的影响。因此，我们可以一般地说，一个人的品德性格越倾向于上述这些美德，就越可能有一个正当的人际关系，那么，他的主体意识就越容易得到有效的发挥；反之，在较糟糕的人际关系中，主体意识也较难顺畅地作用。当然，在现实生活中，人际关系也呈现复杂的情境性特征，不是单单保持个体的美德就能够完全维护恰当的。

这也表明，尽管具有美德对一个人的社会化生活十分重要，但是他却不能仅仅依赖自身的美德就指望能够在社会化环境中处理好各种人际问题，而只能说，美德对主体意识的把握生活具有非常正面的帮助作用。而如果一个人过于看重自身的美德，就可能忽略他人的实际问题，反而变成一种冷漠行为了。

意志力量是主体意识进行现实化运用的直接因素，即在现实生活中，直接实现主体意识的运用力量、解决难题、突破限制和创新活动。因此，意志力量对主体意识的重要意义不言而喻。一般而言，一个人的意志力量越强，主体意识的现实化运作就越加容易，能够克服越多越艰巨的困难，能够突破越严重的限制，安排生活的能力和创新能力也越强；反之，如果一个人的意志力越弱，那么就会影响主体意识的发挥，难以克服较为艰巨的困难，不能突破太多的限制，安排和创新能力都变弱。可见，一个人的意志是坚强，还是薄弱，与主体意识的直接相关度很大，每一个人都应该尽力磨炼自己的意志力量，让自己能够越来越坚强。

不过，我们也应该看到，如果一个人过度依赖自己的坚强意志，那么同样也可能为自己带来麻烦，例如他就可能会忽略充分运用自己的理性、情感、审美或信仰等等方面的能力，来帮助自己应对各种挑战，从而可能弱化了自己在其他方面能力的培养。这从长远而言，无疑是得不偿失的。

审美品位看起来似乎与主体意识的作用关系不大，而实际上却是不可缺少且时时都密切相关的。审美活动并不单纯地指普通情形中对美好事物的欣赏，而更重要的是指在这种欣赏行为中所包含的一种审美能力。这种审美能力以隐含的方式，几乎体现于人们日常的各种活动之中。我们可以大体上说，一个人的审美取向随时影响着他的理性选择、情感倾向、价值判断、意志作用、信仰体验、行为效果、观念形态或生活方式等等方面，而不仅限于单纯的艺术审美。这种影响表现在“好”或“坏”、“恰当”或“不恰当”、“行”或“不行”、“可以”或“不可以”等等规范行为中，以“如何评价”、“是否允许”或“怎样进行”等方式微妙地参与到主体意识的几乎所有行为过程当中，由此才会使得主体意识以这种方式而不是以另一种方式发挥作用，也使得人的社会生活呈现出“如此”而非“如彼”的样态，且不断在各个方面追求着更好或更“美”的形式、品位或境界，更使得主体意识的创新活动得以持续进行。因此，我们也可以就一般情况而言，一个人的审美品位越高，那么，他的主体意识的应用就可能会越顺畅和自如；反之，就会出现越来越别扭、尴尬或摩擦不断的情况。另外，从生活中获得整个身心的审美愉悦也是一个人对自己的社会生活是否满意的外在性标志，成为我们衡量和评价其主体意识把握生活的总体状况的尺度之一。

当然，审美品位也不是单独地起作用的，而是与主体意识其他方面的能力共同参与到人的生活世界当中，起着隐而不显、若有若无，却不可须臾欠缺的影响和作用。如果一个人过度崇尚自己的审美品位，就很有可能贬低了主体意识其他方面能力的价值，从而也会削弱那些能力的提高程度，并最终妨碍主体意识的现实化运行。

信仰体验也与审美品位一样，看起来好像与主体意识的功能相关不大，而实际上却体现在主体意识每一步的运作过程之中，不可轻视。主体意识要运用力量、解决困难、突破限制或创新活动等等，都伴随着“相信”这样想、这样做或这样生活的正当意义和实现的可能。否则，如果没有这些坚强信念的支持，主体意识的几乎所有行为都将无法顺利地进行下去，即无法把自己的各种意图加以现实化。因此，大体而言，一个人的信念越强，那么他的主体意识也会相应进行得越一帆风顺；反之，信念越弱，其主体意识的进行就将历经波折、坎坷不断。

尽管恰当的信仰体验很重要，可是，信念体验却并非独自为各种信念提供“相信”的基础，而是与主体意识的其他能力（如理性、情感、品德、意志或审美等等）共同发挥其相应的作用的。如果一个人仅仅依赖过强的信念体验，就会导致他在理智上越来越容易产生疏漏，情感上变得麻木，品德欠佳、意志力缺乏训练，或审美品位降低等等问题，从而影响了主体意识把握生活的综合能力的提高和强化。

从上述讨论我们可以看到，一方面，人的理性能力、情感状态、品德性格、意志力量、审美品位和信仰体验等因素对主体意识而言，每一个都有不可替代的作用，都以各种方式、或隐或显地对主体意识的运行起着十分重要的影响。另一方面，这几种因素都不是单独发挥有效的作用，而是交织在一处，在动态过程中共同产生其独特的效果。这表明，主体意识所包含的这几种因素需要获得均衡的培养和发展，而不能仅仅注重其中之一，忽略其他因素的价值。在现实生活中，主体意识经常会出现不能顺畅发挥作用的情况，就与这些因素没有得到综合训练和使用关系很大，也就是主体意识在这些因素方面的发展存在失衡的现象。这都需要我们对此加以特别注意。

（E）主体意识破除限制的能力怎样，是不是始终能够保持强劲的态势。人的社会生活总是处于动态的过程之中，不会静如止水、一成不变。在这之中人们所受到的各种现实的限制也多种多样，随着主体意识的发展程度而呈现越来越复杂的内涵。当主体意识把握生活的能力还处于较为低级的程度时，来自自然的因素就构成对主体意识发挥作用的主要限制，如外界的自然力、人的身体状态或基本的生理欲望等等。此时人们依靠所组合成的社会生活而产生的社会性力量，战胜了这些自然因素的控制或威胁，从而提高了自己的主体意识的能力。但是随后这些社会性因素又可能逐渐成为对主体意识更严重的限制，如暴力、权力、财富、集体或社会等级等等，还有人的创造物如钱币、兵器、装饰品、生产工具或生产资料等等，以及对这些东西的贪婪和争夺。于是为了战胜这一类的控制和威胁，人们又需要借助另一些不同的力量，如观念或思想的力量。可是这些观念或思想的力量也同样会反过来对人的主体意识自身构成更深层的某种限制，因而又需要主体意识不断作自我反省和自我批判，以尽可能解除这些观念或思想对自己的控制和威胁。

当然，来自于自然、社会或思想上的这些因素之间并非是一条直线式地一物克一物的关系，在现实社会生活中，它们是复杂地交织着互克又互助的关系。例如，第一，自然因素之间可以互克或互助，社会因素之间或思想因素之间也同样如此；第二，自然、社会或思想这三种来源之间的各因素也都可以有互克或互助的关系；第三，它们的互助功能都是基于主体意识的未能自觉或自觉程度不够而产生的；第四，它们的克制功能都需要在主体意识自觉反思的基础上才能够实现，单单这些因素本身是没有克制功能的，更不会去主动克制某一种其他力量，即使有也只是偶然的现象。尽管这些因素之间存在着如此复杂的情境状况，但是大体而言，在一个人的主体意识发展的早期，如在婴幼儿时期，主要还是自然因素起作用，到了青少年时期，社会因素逐渐成为较为主要的影响力量，而在成年之后，观念或思想的力量就将占主导地位了。当然，由于现实中的情境性条件的影响，对每一个人而言，这种规律并非是一定的，而会出现许多变化。

破除限制的过程对人类的社会生活而言，恐怕是一个无尽的历程，因为在现实生活中，主体意识总是会遇到各种限制，而主体意识又总是需要依靠某种力量去战胜他已经意识到的这些限制，以免于被这些限制所控制和威胁，可是这种力量又往往会反过来成为新的限制，又有可能来控制和威胁主体意识自身。因此，主体意识几乎是需要永恒不断地保持着警惕的态度，不断提高自觉的程度以充分意识到并努力克服自己对某种权威的过度依赖，从而才能够达到顺畅自如地运作，而不是在不经意间，又陷于某种盲目顺从的麻木状态，不能有效地把握自己的生活。因此，一般而言，主体意识破除限制的能力与其运作的顺畅程度是成正比关系的，即，这种能力越强，那么主体意识也就越容易得到顺畅的运作；反之，这种能力越弱，那么主体意识的运作就越艰难。

无论从人的现实经历还是从理论角度而言，我们都尚未看到有某种限制能够对主体意识形成了绝对的控制。因此，根据我们的现实经验和思想能力，我们至少目前可以说，主体意识所遭遇到的各种限制是不会永远束缚住自身的发展的，因为主体意识的自我觉悟或反省，总是提供了克服这些限制的平台，为现实地解决被控制的危险提供了可能性。最终，主体意识总是能够挣扎而出，摆脱这些限制，并恰当地面对各种异己的因素、力量或框架结构。当主体意识能够自觉地把握和处理它们，并始终警惕其危险的控制，甚至能够有效地使其转变为某种对己有益的帮助时，我们就可以说主体意识处在了一种较为“成熟的”状态。

但是在另一方面，如果主体意识自觉度不高，或有时陷于懈怠、大意、自傲或自卑等状态，那么，它就难免会屈服于某一个或某几个因素的限制，受其权威的压制而不容易得到解脱。这时就只有等待主体意识自身在其他方面发展到一定程度时才能打破这种局面。而如果主体意识其他方面的发展也受到压制一时不能提供有效的帮助，那么，这种沉闷的局面就可能会延续很长时间而不能得到改变。或许，偶然的外部因素的影响也有可能带来变化。但是这种变化又往往是暂时性的或局部性的，对主体意识彻底地摆脱限制状态一般不能起到根本性的作用，因为限制是对主体意识本身的限制，没有主体意识自身的觉醒来战胜这种限制，那么无论如何都不能算是真正的解脱，威胁仍在。

尽管如此，如果主体意识过于担心自己可能会过度依赖某种因素或力量，因而不敢于使用它来战胜其他限制的话，那么，就有可能走向另一种受困的局面，即缺乏有效的力量来应对已有的限制。例如，主体意识可能宁愿屈服于某种较弱的权威，而不愿意投入较强的权威的怀抱，以免更难以自拔。这就有可能产生一种情形，即对更强的权威逐渐缺乏自信，不能有效地掌握它，以至于自信心越来越弱，对各种因素或力量的运用能力也越来越差了。主体意识对某种因素或力量的过度担心还会导致一种情况的产生，就是有可能忽略了它的正面价值，因而不能使用它来贡献于对生活的把握，以致主体意识的发展出现不平衡的状况，从而又削弱了主体意识自身的能力。这些情况在现实生活中都是较为常见的，需要我们给以特别的注意。

（F）主体意识自主筹划和创造的能力如何，是不是很好。主体意识是对自己生活的把握。这种把握不是安于现状、顺其自然，而需要进行新的筹划和创造。主体意识的筹划活动是指对生活中的现有元素或结构的重新安排，创造活动是指主体意识发明或发现新的元素或结构方式。很明显，如果主体意识能够按照自身的意愿对生活进行成功的筹划和创造，那么，其结果以及这一筹划和创造过程本身，自然也会令主体意识自己有满足感或成就感，同时，这也是提高主体意识把握生活能力的恰当方式。因而，主体意识自主筹划和创造能力如何，对一个人是否能够把自己的生活建设得更加“好”，就至关重要。也就是说，主体意识的筹划和创造能力越强，其把握生活的能力就越强；反之，筹划和创造能力越弱，主体意识把握生活的能力也相应地就越弱。

只是这种筹划和创造能力不是能够独自而论的，而是综合了主体意识各个方面的能力和社会化情境状况的结果，即恰当地运用了主体意识在理性、情感、品德、意志、审美或信仰体验等等方面的能力，又结合以当时的社会上各个方面的发展状况，如政治、经济、伦理、科技、法律或军事等等方面，才有可能成就出一个新的、又是对自己而言适宜的生活方式。这在主体意识运用力量、解决难题、突破限制或创造活动当中，都能够得到体现。

（G）主体意识所接受和身处的社会文化中的历史传统、社会习俗、观念体系、经济结构、科技水平、伦理规范、政治法律、自然或社会生态环境等等方面的状况怎样，是不是发展得适当。主体意识的成长期就是一个被社会化的过程，是在社会关联中学习各种生活知识和生活技能的，已经超出单纯的动物性生物本能的训练。而主体意识的自立期更意味着一个人开始了独立自主的社会生活，而不仅是单纯的丛林式生存。因此，主体意识开始尝试掌握自己的生活，也就是开始尝试在社会化环境中把自己的社会化功能应用于现实的社会生活之中。这样，主体意识各种能力的运作和熟练，都离不开各种社会化因素或框架的影响，如社会文化中的历史传统、社会习俗、观念体系、经济结构、科技水平、伦理规范、政治法律或其综合环境等等。正是这些社会性因素和框架，构成了主体意识复杂的背景性社会环境以及施展手脚的舞台，在其中主体意识进行着运用力量、解决难题、突破限制或创造活动。

各种社会因素或框架发展的程度状况，对主体意识的影响方式自然是很复杂的，不可能一概而论，有的可以在一时起到或大或小的有益作用，而在另一时却又起到或大或小的阻碍作用，呈现出千差万别的现象。尽管难以一致地分析，但是我们大体可以说，它们与个体主体意识的自觉程度之间，总是有相应或不相应的关系，即相对于主体意识的发展水平而言，这些社会性因素或结构有的相应，而有的就不是很相应，甚至相互冲突。那些不相应或甚至冲突的情况，就需要主体意识加以应付和处理，或加以重新筹划，或创造出新的因素和结构来加以把握。这些活动也构成了主体意识发挥作用的主要内容。

从上面对影响主体意识作用效果的多种因素进行的分析中我们可以看到，一方面，影响的因素是很复杂的，甚至还远远不止于上述这些，还有很多次要的因素或偶然的因素，也能起到或强或弱的促进或干扰作用；另一方面，影响的方式也同样有多种多样，不一而足。它们交织一处，综合起来，共同成为主体意识把握生活的能力的构成性成分，都不可缺少。如果主体意识的现实运行得不够顺畅，挫折连连，效果不佳，时好时坏，那么，很有可能就是以上这些因素中的某一个或某几个出现问题所导致的，是它或它们没有发展到相应的程度（或发展得过头），没有起到应起的作用（或起得过大），或没有受到应有的重视（或受到过度依赖），等等。或者说，问题往往出在主体意识还不能恰当地对待或处理这些因素的作用、价值和意义，以至于它们还不能被主体意识很好地把握，由此才引起了各种各样、令人不满的状况。

总之，在现实生活的具体情境下，我们需要仔细地分析几乎所有的情况，考察各种因素之间的均衡状况，再探究各种潜在的问题，方有可能找到症结的所在，并寻求出可能的解决对策。这即是主体意识在适应阶段的大体特征，解释了主体意识适应或不适应自主地把握自己生活的原因，也是对适应阶段主体意识运转功能的基本描述。如果一个人的主体意识能够较好地解决以上这些可能出现的问题，使主体意识发挥顺畅自如，那么，我们就可以说，该个体的主体意识已经进入了较为成熟的阶段。

（2）成熟阶段

从前面对主体意识发展过程的分析，我们可以总结出：当一个人的主体意识达到了较高的自觉程度，就能够较好地运用各种力量来处理生活中的问题，能够恰当地对待源自自然或社会中的各种因素，能够不断破除各种现实的限制，又能够不断筹划和创造出自己独特的意义空间和生活世界的时候，我们就可以基本上判断说，这个人的主体意识处于较为成熟的状态了。在较为成熟的状态下，主体意识还能够不断地自我完善和更新，始终保持着谨慎或警惕的反省态度，不断探求自己身上可能潜在的各种限制并予以破除，以应付随时可能出现的新的挑战。

主体意识的成熟阶段，即表示一个人的主体意识在经过适应阶段的磨合之后，其自觉或自主的能力达到了一定程度，对生活的把握变得顺畅自如，不再坎坷波折了。具体而言，就是指上述那些影响主体意识发挥功能的方面都得到了主体意识较为恰当地处理，例如，（A）此时的一个人有着较好、较健康的身心状态，而且他的主体意识也能够自觉地使其整个身心都始终保持在这样一种健康状态之中。(B）此时的一个人已经具有了较为丰富的生活知识和生活技能，而且他还能自觉地不断学习和掌握新的知识和技能，以应付各种可能的新的情况。同时，他还不会因为自己在这方面的优势而产生自傲、懈怠或疏漏，或者是由于一时在知识和技能上的落后而自卑、退缩或盲目，而是能够有意识地一直坚持开放、积极的学习态度。(C）此时的主体意识在自主把握生活方面，已经有了较为丰富的经验和自信，而且还能有意识地继续使其不断丰富和强化，且不会让自己变得因循守旧、不思进取，满足于已有的经验范围。(D）此时的主体意识已经有了较好的理性能力，以及相应的理性选择或判断能力，且不会过度依赖自己的理智而忽略其他方面的均衡关系，有意识地保持自己的能力可以得到恰当地运用；此时的主体意识有着丰富而敏锐的情感，处于健康的情感状态之中，又能够自觉地将自己的情感状态始终保持在适当的程度之上，促进其他方面因素的共同发展；此时的主体意识培养了良好的美德，与他人或社会环境都保持着较好的伦理关系，而且能够切实地关心和帮助他人的实际问题，共同面对生活的挑战；此时的主体意识已经有了坚强的意志，并以之克服了自己所遇到的各种困难或限制，且能够在与其他方面的因素维持着恰当关系中，不断磨炼自己的意志；此时的主体意识有着较高的审美品位，且能使之体现在自己的各种思想和行为当中，又不会过度强调审美意识而忽略其他方面的作用；此时的主体意识有着良好的信仰体验，因而恰当地知道自己可以相信什么，而不能盲目地相信什么，又能将这种信仰体验与其他方面的因素结合起来，为主体意识的运行提供有益的作用。(E）此时的主体意识有着较强的破除各种限制的能力，并能够对自己的依赖性始终保持自觉的敏感状态，即不断反省自己的运作功能，探查自己是否隐蔽地过度依赖了某些因素、力量或框架结构，导致自己受到了更深层的限制或威胁，而不论这些因素或力量是来自于自然方面，还是来自于社会方面，甚或来自于自己的精神方面，以某种观念或思想的方式对自己形成了无形的控制，从而造成可能的灾难，使自己在未来丧失把握生活的能力。因而此时的主体意识不敢有丝毫的懈怠或大意，也不会因为一时受困于某种限制而气馁沮丧或自卑，以为自己不可能再前进一步了，更不会因为有效地战胜了某种强大的限制而沾沾自喜或自傲，以为前方都是一马平川了。此时的主体意识还能够恰当地看待各种因素、力量或框架结构，知道它们既可能帮助自己能力的提高，丰富自己的生活，又可能成为对自己的新的限制或威胁，因而对待它们既不会拒之于千里之外，也不会陷溺其中、过度迷执。（F）此时的主体意识能够根据现实生活的变动而随时重新安排和筹划，并在现有元素或结构已不敷使用的情况下，不断发明或发现各种新的元素或结构，从而丰富自己的意义空间和生活世界，创造出一个越来越好的生活。而主体意识对更好生活的创造，又能够很清醒地建立于各方面条件的均衡发展基础之上，而不是一意孤行，任意妄为。（G）此时的主体意识已经不是只知道关注自己的生活状况，只知道在应付目前的具体情境，而是能够有意识地作出主体努力，以尽可能提高自身的觉悟水平，即综合考虑影响自己的诸多因素，特别是那些社会性因素如历史传统、社会习俗、观念体系、经济结构、科技水平、伦理规范、政治法律或其综合环境等等，使它们共同得到更好的改善，以有益于自身能力的不断增强，提高自己的自觉程度，赋予“好生活”更为丰富和充实的内涵。

总而言之，主体意识把握生活的功能发挥得是否顺畅自如，即主体意识是否处于较为成熟的状态，可以从上述这些经验标志中判断出来，用更简单的话说就是，一个人始终感受到全身心的愉悦，对自己所把握的意义空间和生活世界感到真实、善意或美好，身心健康、态度积极、理性发达、情感丰富、品德高尚、意志坚强、思想活跃，整个生活了无窒碍、内涵充实、新意不断，而且面向未来无限开放，永无止步。

处于这种成熟状态的主体意识，可以说具有了真正的“生活智慧”，即能够很恰当地把握生活。因为这种成熟状态并不是静止的，并不是一旦达到，就可以一劳永逸地坐享其成的，也不是依据于某种绝对的标准来衡量的，更不是偶然得到的，而是始终处于动态的变化之中，只是由于主体意识良好的“生活智慧”，高度自觉，而能够使之保持在一个良性的发展轨道上，随时应对可能的干扰或挑战。这种“生活智慧”不是单纯的生活知识或生活技能，不是主体意识自身某一方面的发达，不是仅仅擅长于破除某方面的限制或仅仅依赖某种外在的力量，也不是偶一得之的创新发明，更不是暂时的身心愉悦或满意，而是主体意识能够通过自己的主体努力和把握生活的能力，自觉地使自己的生活整体上处于持续的健康状态之中。

处于这种成熟状态的主体意识，可以说构成一个人所应该有的生活方式。在现实生活情境下，每一个人都会有自己所喜好的生活方式，各有不同的理想和追求，对什么是“好的”生活也都有各自不同的答案，也都会因为各自的情境性状况，而有着各种具体不同的主体要求。而成熟状态的主体意识所具有的那些经验性标志，可以说正是个体主体意识各种不同的主体要求的归纳性结果。换句话说就是，综合各种不同的主体要求，可以归纳出上述那些经验性的判断依据，衡量个体主体意识是否达到了成熟的状态，即符合主体要求的期望、主体努力的方向或主体选择的目标。这表明，这种主体意识所“应该”有的生活方式，不是源自某种形而上的观念或理论，而是源于现实情境中个体主体意识的生存本身，是主体意识自身的现实成长和成就，是主体意识自身在其经验历程中的完善和成熟。

主体意识的自立期包括适应阶段和成熟阶段，描述了一个人开始独立生活之后主体意识的运作状况。尽管主体意识在适应阶段的自主能力还不很熟练，不能很好地处理许多问题，尚需磨合，与成熟阶段中的主体意识还有着一定的差距，但是这两个阶段的主体意识还是有许多共同的特征，主要有自觉性、社会性、创造性和开放性等，是主体意识要想从不成熟状态进入到成熟状态就始终需要具有和保持的。

除此之外，还有一些特征也存在于主体意识的自立期，对主体意识的成熟化有着积极的意义，如学习活动就贯穿于主体意识的成长期和自立期始终，是一个人始终不能忽略的重要事项，因为不通过模仿、学习或训练等，主体意识就无法不断提高把握思想和行为的能力，因而总是难免会有不能适应社会生活情境性变化的情况。还有，积极的生活态度也是自立期的主体意识应该始终保持的，主体意识应该不断作出主体努力，否则，消极的人生态度无法使其向更好的方向发展（这个“更好”的价值概念即意味着积极的倾向），而主体不做出努力也是无法改变惰性的消极倾向的。

第三章　社会主体意识与中国文化的发端

> 关关之鸠，在河之洲。窈窕淑女，君子好逑。
> 参差荇菜，左右流之。窈窕淑女，寤寐求之。
> 求之不得，寤寐思服。悠哉悠哉，辗转反侧。
> 参差荇菜，左右采之。窈窕淑女，琴瑟友之。
> 参差荇菜，左右芼之。窈窕淑女，钟鼓乐之。
>
> ——《诗经·国风·周南·关雎》

“社会的主体意识”这一概念是用于考察一个社会群体总体上把握社会生活的自主状况，亦可称为文化的主体意识。社会的主体意识与个体的主体意识有一定的相关性，但是又不完全一样。

由于现实社会历史发展的情境性特征，也就是世界上各个不同文明社会的发展过程很不相同，差异巨大，不能简单地按照某种一般性的标准来加以裁量，像我们在上一章对待个体主体意识那样，可以只就其一般情况而论。社会的主体意识最好是分别对不同的社会来做具体研究，如此才能恰当地评价一个社会文化的自主状况。本章就是以中国文化的主体意识的成长历程为分析对象，而暂不考虑其他社会文化的发展情况。尽管这并不能算是好的研究方式，因为比较性的视角往往能够让人们对研究对象有更好的理解，但是采取这种内生性的视角也可以让我们更专注于研究对象，不至于分散研究焦点。而且，近一百年来学术界的比较研究已经多如牛毛，对中国文化的评估又大体都是从西方文化的观点做出的，尽管成果斐然，却仍有不够充分或切己之感。这也是本书对中国文化做这种自我反省式的探察，所力求弥补的。

在结合中国社会主体意识的讨论开始之前，让我们先简要介绍“社会主体意识”这一概念的含义及其相关内容。

第一节　论社会主体意识

“社会主体意识”是类比于我们上一章所介绍的“个体主体意识”而提出的，是从个体主体意识的意义引申而出的。它的具体内容和特征是由一个社会共同体中各个个体的主体意识所综合而成的。一个社会由许多具有各种不同程度主体意识的个别人所组成，这个社会的主体意识就大体呈现出与个体主体意识相关联的某些结构和特征，反映了这个社会群体在多大程度上能够自觉地把握其社会生活（即自觉程度），并使之趋向恰当的（如健康、良性的）方向发展，能够使其中的大多数成员认为自己所身处的这个社会是“好的”（或对之感觉满意的），是对他们的人生有益的（或有帮助的），而不是相反。与前述一样，这里的“恰当的”、“好的”和“有益的”这些概念，都不具有形而上的性质，而仍然是经验性的概念，其具体内容是在该社会的文化发展历程中不断加以修正的结果。

社会主体意识源于个体主体意识的“你、我、他”和“你们、我们、他们”等观念的聚合。“我”和“我们”这种主体观念之所以得以产生，是在与“你”

和“你们”、“他”和“他们”这些客体观念的相互联结中逐步形成和扩展的。而“你、我、他”或“你们、我们、他们”等观念都不是一个单纯的自我概念，而是由“你的、我的、他的”或“你们的、我们的、他们的”这些所属性观念提供了经验内容赋予其经验性特征的，因而也完全是一个经验性概念，并非抽象的或空洞的。同样，“我的”和“我们的”这种主体观念，也是在与“你的”和“你们的”、“他的”和“他们的”这些客体观念的相互联结中逐步形成和扩展的。

由此，社会主体意识与其中的个体主体意识相互之间，不会形成完全对立的关系，因为前者就是由后者综合而成的。这说明这两者之间是开放性的或相互渗透性的，而不是封闭的或完全自足的。这也表示一个个体的主体意识在其经验历程中与其他个体的主体意识或该社会的主体意识之间，都是相互开放、渗透或影响的，而不是相互孤立、封闭或排斥的。当然，他们之间更不会相互彻底地消融、泯灭或完全地齐一，而又能够保持着相对的独立性和自主性，因而才构成各自的主体意识，即有其各自的独特性格。这也是由于个体或社会复杂的情境状况所导致的，即每个个体或社会都各有其独特的历史传统和现实状况。

一个社会群体的生活包含着多方面和多层次的内容，例如政治、经济、伦理、教育、宗教、科技、军事、文学艺术或与其他社会群体的关系等等不同的方面，或者自然环境、社会环境或思想观念环境等等不同的层次，其中还涉及各种不同的因素和结构。这些内容整体而言，可以体现出一个社会的文化状态，体现出该社会群体把握其生活的能力。我们也可以用描述个体主体意识的那些主要内容，如理性、情感、品德、意志、审美、信仰或创造能力等等来比喻性地描述文化主体意识某一方面的情况，以考察它在各方面的发展程度和均衡状况，探讨它是否有足够的自觉能力来把握自己的社会生活。

社会主体意识的观念和行为，与个体的主体要求和主体努力在宗旨或致力的方向上是一致的。社会主体意识的成熟也与个体主体意识的成熟一样，就是一个社会中的大多数人都能始终自觉地做出文化上的主体努力，始终获得全身心的愉悦，对社会文化所创造出的意义空间和生活世界感到真实、善意或美好；人们能够保持身心健康、态度积极、理性发达、情感丰富、品德高尚、意志坚强、思想活跃，使整个社会生活尽可能了无窒碍、内涵充实、新意不断，而且面向未来和未知的领域无限开放，永无止步。

这个社会的主体努力过程的展现方式，就是不断减缓或消除各种对个体和群体的限制或威胁，如来源于自然、社会或自身的思想观念方面的各种因素或力量等等。因而考察社会主体意识的自觉程度，也就是考察它是否有足够的意识和能力发现并消解自己所受到的限制或威胁，以尽可能顺畅自如地把握自己的社会生活。社会主体意识的努力效果也可以通过某些外显的方式得以体现，如该社会群体能够有意识地维持较为长久的社会和平状态、保持持续的经济繁荣和始终得到个体认可的公正的社会组织原则等等。除此以外也可以从社会伦理、教育、宗教、科技、文学艺术或与其他社会群体的关系等方面，以及各方面的平衡情况，反映出该社会主体意识的自觉程度，或者是不是可以被称为一个健康的或“好的”社会。当然，对一个社会文化各方面的评估衡量无论如何都不能离开对个体主体意识状况，也就是看它是否有益于个体主体意识把握生活的能力趋向于不断提高和丰富，这是最根本的判断标准。

社会主体意识与该文化体中的个体主体意识之间有着复杂的关系。社会主体意识是由该社会中的个体主体意识综合而成的，因而在本质上是不会与个体主体意识形成对立或冲突关系的。但是，在历史现实中，社会文化往往呈现复杂的情境状况，这两者之间的关系就不能一概而论了，而存在着十分复杂的情形，并非直接相对应或完全相一致的。例如，某个社会的文化主体意识在某些时候虽然还很暗淡，可是不排除其中有某些个体的主体意识很强；或者当社会主体意识已经明确而清晰时，其中的许多人却仍可能还处于某种程度的蒙昧之中。正是这一“复杂性”，使人类社会呈现出多样性的生活内容和文化内涵，以及错综曲折的历史发展过程。而且，只要人类社会一直持续下去，那么这种复杂状况恐怕也会始终如此，而不可能变得整齐如一。

这种情况是由个体或社会复杂的具体情境条件所导致的。具体原因我们可以归纳出以下几点：第一，一个社会中的每一个体主体意识本身就呈现出千差万别的状况，不会完全一致，因而无论其社会主体意识程度如何，都不可能与所有个体主体意识相等同；第二，社会主体意识作为社会整体状况的反映，相对来说有一定的稳定性，而个体主体意识的改变却经常可以很迅速；第三，社会主体意识自觉程度的改变也总是有一定的滞后性，相对较为缓慢，而部分个体主体意识却总是能够反应快速，具有前瞻性。因此，社会主体意识与个体主体意识的自觉程度，在现实社会中，就呈现出相互参差不平的状况。

社会主体意识与个体主体意识之间还有着相互促进或阻碍的关系。具体而言就是：第一，社会主体意识的良好状况可以有益于个体主体意识自觉水平的改善，帮助其顺畅地把握自己的生活；第二，社会主体意识的糟糕状况又会恶化个体主体意识的自觉水平，使其难以较好地把握自己的生活；第三，部分个体主体意识的高度觉悟可以在一定情况下引领社会主体意识自觉程度的提高，帮助其消解某些限制或威胁；第四，部分个体主体意识的蒙昧也会导致社会主体意识的暗淡不明，即加强了那些限制或威胁。

社会主体意识与个体主体意识之间的这种相互促进或阻碍的关系，并非是对等的，即，前者对后者的作用和影响要远远大于后者对前者的作用和影响。因为个体主体意识在萌芽期和成长期的时候就已经受到社会性的作用和影响，在自立期中的适应阶段，也主要由其社会化背景所主导，处于较为被动的地位。只有在个体主体意识的成熟阶段，他才有可能超越或摆脱社会化背景的完全控制，而能够较为主动性地把握周围的社会性因素和力量。而且，较为成熟的（或“好的”）社会主体意识，往往能够在很大程度上对其中的很多成员都形成有益的帮助，如在社会文化高度发达繁荣时期；而很不成熟的（或“差的”）社会主体意识，则又往往能够在很大程度上对很多成员形成严重的限制或威胁，导致他们难以把握自己的生活，如在战争时期。在另一方面，一个或少部分的个体主体意识对社会主体意识的作用和影响一般就要微弱许多。尽管也有偶尔出现的个别精英人物对社会文化的影响很大，但是一般而言，只有当一个社会中的大部分个体主体意识都已有所改变时，才能够对该社会的主体意识形成较为实质性的和长久性的作用和影响，即得到切实的效果，而不只是昙花一现的波澜。

正是由于社会主体意识对个体主体意识的作用和影响十分显著和范围广泛，因而我们判断一个社会主体意识的自觉程度的主要标准，就是要根据它与个体主体意识之间的关系状况，即是否为绝大部分社会成员提供了有益的帮助。这种“帮助”的方式在现实生活中自然是十分多样化的。这意味着，一个社会是否可以被判断为成熟的或“好的”（健康的、良性的），要根据其中的个体主体意识的状况如何，而不能诉诸其他的外在判断标准，或某种形而上的准则。也就是说，在一个较长的历史时期，视该社会文化的主体意识是否能够自觉地把握其社会生活，使之导向良好、健康的方向发展，也即能够对其中的大多数成员的主体意识产生积极、有益的作用和影响，而不是相反。

这些判断标准或价值尺度源于人的经验历程。个体或社会的主体意识从最初的经验生发之时起，就同时产生了最为基本的规范意识，如“恰当的”、“好的”、“健康的”、“有益的”或“良性的”等等，以及与之相反的观念，共同形成关于“好坏”、“对错”或“是非”的价值观念和判断原则。这使主体意识的变化有了导向性的展开方式，而不会是茫无头绪地随意而为了。这意味着即使是最基本的价值观念也并非是先天而有的，而不过是伴随主体意识的出现而经验性地形成的。并且其实质性的内容也仍然是在其经验历程中逐步修正和完善的。因而这些基本的价值规范不过是一些形式化的框架，以便人们可以随着现实生活的展开而不断赋予其不同的经验性内容。

当然，对任何个体或社会主体意识的评价实际上都是经验性的，也就是有其具体的历史情境关联性，而不会是永恒不变的先天判断。因此，评价的关键之处在于保持这种评价的开放性，也就是随时可修正性。这意味着一个社会应该始终保持敞开的状态，以不断校正自己的自觉程度，从而提高自己的生活智慧。特别是我们既不能从逻辑上排除这种评价有完全错误的可能，更不能从社会的历史现实中忽视这种状况的出现。例如，由于某种外在的压力，或某种内在观念的误导，一个社会中的绝大多数人可能表面上都认为这个社会是好的，而在一段时期之后再来看才知道这样的社会其实是很糟糕的。当然，在现实社会中，事实的真相往往是很难被完全掩盖的，例如人们总是可以发现这种社会中的很多人其实并不能获得真心的愉悦，总是在某些方面有着深深的忧虑。这一点在个别历史时期的艺术作品之中，表现得特别显著，较为易于察觉，例如唐代中期以后的诗歌或元明清时期的绘画。

对社会主体意识进行评价的经验性标准和规范准则，也反映了这个社会的生活智慧是否有足够的能力来把握社会生活，如看它是否能够有效地保持长时期的社会和平状态，以及是否能够努力保持其经济上的持续繁荣。这两者是身处其中的每一个个体得以健康生存和发展的基本保障，如果不能得到保证的话，那么这个社会无论如何都不能够肯定其为成熟的或“好的”。继而，我们还可以考察它的社会组织结构是否按照众所认同的公正原则组织起来的，以及审视其减缓或消除社会中“坏的”或“恶的”因素、力量、框架结构或观念思想等等的能力，这都能够表明该社会主体意识自觉筹划和创造其社会生活的程度。最后，我们还可以从结果上看该社会令其成员的满意程度，或其成员从其中所获得的幸福程度，以判断其主体意识是否可称之为具有较好的生活智慧。当然，除了社会的政治、经济和思想观念这些重要方面以外，另外还有许多经验性的角度也都可以提供给我们进行更细致和全面的评价，例如宗教、教育、习俗传统、文学艺术、社会伦理、科技水平或它与其他社会群体的关系等等。

总之，一个社会的主体意识如果具有很高明的生活智慧，那么往往表示它能够自觉地努力提高该文化共同体中的大多数成员积极地倾向于做出更“恰当的”或更“好的”的判断和选择的能力，倾向于做出更“恰当的”或更“好的”行为举止的自觉程度。换句话说，这样的社会文化旨在帮助其成员有意识地提高他们自己的主体意识以把握生活的能力，方有可能切实地丰富和扩展其自己的生活世界或意义空间，而不是简单地以某一个价值判断或行为选择去代替或统一其成员的主体意识，以免造成对个体主体意识的限制或威胁，而不是有益的帮助。

尽管如此，这些一般性原则都不能简单地套用在一个具体的社会形态上，毕竟社会群体的经验历程涉及太多的情境性因素，以至于一个社会主体意识各个方面的内容都始终处于不同程度的变动之中，不可一概而论。因而，当我们在 20 世纪初徘徊在要么彻底否定，要么重新倡导中国文化的时候，或者为了使中国文化顺畅地适应现代生活（所谓的“现代转化”），要么以为只要转变一下个别的内容就足够，要么认为必须全部翻新才行的时候，或者以为中国文化要么具有，要么不具有某些永恒性价值的时候，我们所应该做的，就是对中国文化的历史演进做认真反省和全面检讨，以免导致轻率的判断和选择，以至于那些历史悲剧很有可能在未来的中国文化、中华民族或中国社会中不断地重复出现。

第二节　陶器时代：自我意识的灵光初现

尽管我们可以用多种方式来标志一个文明的开始，如火的利用、石器打造、语言文字、墓葬或居住形式等等，但是就本书从主体意识的角度反省中国文化而言，我们更愿意以具有某种自我意识开始，考察这种最初的自我意识是如何一点点地转变为社会的主体意识的。因为一个社会的主体意识是由不同自觉程度的个体主体意识组合而成，并缓慢发展起来的。也就是说，社会主体意识是由“我”的意识开始，在“我的”以及“我们”和“我们的”意识中逐步充实和强化，最终联结为一个社会性的意识网络，成就出一个社会的主体意识。

我们不能以远古的传说为根据，来挖掘中国文化最早期的主体意识的发端，而至少应以较为可靠的考古学发现做出大体的认定。那么，在中国文化的主要发源地之一的黄河流域为中心的广大地区中，社会群体比较明确地体现出文化主体意识的萌芽或自我意识的大概是在仰韶文化时期，即距今约六七千年以前的新石器时代中期。仰韶文化以河南渑池的仰韶村遗址命名，用来代表这一时期整个华夏文化的考古学类型。因而泛称的仰韶文化跨越地域广泛，包括新疆沿河西走廊到陕西、山西、河南、河北、山东、辽宁、内蒙古和湖北等地区，形成了华夏文明最初的部落文化。

在仰韶文化中比较有代表性的考古发现是陕西西安东郊的半坡文化。半坡遗址出土了一种彩陶人面鱼纹盆（图 3–1），上面有很清晰、完整的人脸图案，而且还用鱼的图案加以装饰，把人的头发、耳朵和胡须都描绘成三角条状的鱼形。图案中的人脸很圆，眼睛闭成一条直线（也有张开的），额头上的头发左右两半是不同的（也有一样的）。代替耳朵和胡须的鱼，同盆中另外两条单独画的鱼也不完全一样。而盆里面的两个人脸和两条鱼形成了环

图 3–1　彩陶人面鱼纹盆，西安半坡遗址出土，距今约 7000 年前

状，处于盆中的位置也较合适。彩陶的盆沿上还有互相对称的八个符号，位于类似于八卦的方位。各个图案中的直线和圆都很标准，明显不像是以手直接画的，而是用了某种工具画出来的。人脸形象非常夸张而生动，构思独特，想象力十分丰富，技术娴熟，显示出这位原始的半坡艺术家已经有了令人惊叹的艺术创作能力。

虽然很多学者都认为这是某种部落图腾，用于祭祀活动，或者与以捕鱼活动为主的部落生活有关，但是从我们的角度来看，这个陶器图案的描绘者，已经非常关注人自身的形象了，可以说有了较为明确的关于"我"或"我们"的自我意识，显露出中国社会主体意识的萌芽。这包含了如下几层含义：

第一，以"我的"身体四肢构筑出关于"我"的形象。这种自我意识在这位原始艺术家那里，并不是那种纯粹只限于内心的反思性的自我意识，像后来的修行者在独处静坐时依靠闭目屏息静虑等方式来体验出的那种内心感受，而是有着经验性的具体内容，如"我"是由我的脸、眼睛、鼻子、嘴、头发、耳朵、胡须、脑袋或身体等等所组成的，是通过这些具体物的显示才得到关于"我"的这个形象的。如果没有这些身体四肢，那么原始人如何理解"我"将是很成问题的，似乎无法产生这种原始意识。实际上人们是通过各种关于“我的”所有物或各种感官感受以及在与“他人”的对比中，才经验性地得到关于“我”的意识的。然后，在很晚的时期，才会逐渐抽象出纯粹的“我”的意识。

第二，从“他人”那里，获得关于“我”的形象。关于“我”的意识，并不是单独限于绘画者本人，而是通过对其他人的描绘来得到的，因为那个时候并没有镜子（这位原始的渔民艺术家恐怕最多只能从水面上大概了解到自己的粗犷形象吧），只能描绘很多的其他人。而这就表明了这位艺术家是通过“你”或“他”同时来认识“我”的，知道了“我”也与“你”或“他”一样。由此，我们的艺术家就有了关于“我们”或“你们”的社会性意识。

第三，以一张人脸的图案代表“我们”的形象。从这幅画中简洁的线条和对称的两个人脸图案，我们可以大体判断出，不论这位原始的艺术爱好者是根据其部落中的哪一个人的形象绘制的这幅作品，这张人脸代表了这位渔民画家脑海中的“我们”形象，即代表了这个半坡村落中群体的形象，而不会是仅仅某个人的肖像画。另外，在半坡遗址的出土文物中，有着同样图案的彩陶人面鱼纹盆有好几件，也可以佐证这一点。这表明关于“我们”的意识也不是纯粹抽象的，而是以“我们的”身体四肢来展示的。

第四，以一幅艺术作品展示出作者自己的某种精神性特征，如制陶技术水平、个人的喜好趣味、自己的憧憬追求、对他人的祝福祈愿或深厚情感等等。根据人脸的绘制技术来看，这位原始艺术家已经能够使用某种较专门的工具（如笔、染料、直尺圆规之类的东西）在泥胎的表面上很准确、干净地绘出一幅画了。因而一般而言，这幅画应该不会是出于偶然的情况，不是一时心血来潮得到的，而是进行过精心的构思，表明了某种特别的意思。也就是说，在很大程度上这是某种自觉的创作结果，而不是随手涂鸦出来的，中间应该经过了有意识地思考和衡量。这与我们在很多原始人所居住过的洞穴里发现的那些壁上绘画，就完全不同了。因为那种“涂鸦”似乎不属于常规性的绘画，而只是偶然的即兴之作。而我们的渔民艺术家的大作，却是要“批量”性生产的，而且这一产成品也不是仅仅保留着做自我欣赏，而是有着公用的目的，如祭祀仪式或墓葬使用等（个别的这种盆就是在儿童墓葬处发现的）。

那么，这个装饰着鱼的人脸代表了什么含义呢？具体的含义对今天的我们来说，已经不太容易猜想了。不过，我们总是可以说，这幅图案应该不会是“必须如此画的”，而是这位有着艺术天赋的渔民自己的艺术创作。也就是说，带一个图案的盆可能是出于某种目的而制作的，但是，无论如何，画出这样一个带鱼纹的人脸图，却完全应该是出自这位艺术家自己的构思，甚至可能是绘画者的最得意作品，因而也体现出这位创作者的精神世界，如绘画者想以此展示自己的（或我们的）出色制陶技术，或者表达了自己的（或我们的）喜好（如鱼），也可能是希望“年年有余（鱼）”，就像我们今天一样，或者是对早逝的孩童的某种祝福，还可能是以此方式把自己（或我们）对这个孩童的情感灌注其中，等等。这种精神性内涵的表达丰富了“我”或“我们”的自我意识，而不是空洞的。这样，关于“我的”和“我们的”的意识，就从外在的身体四肢进入到了内在的精神领域。

第五，图案的绘画技巧表明绘制者已经形成了较为正常的思想能力或一定程度的心灵空间，如抽象、比喻、想象、布局、选择、判断、联想、意志、审美或信仰体验等等。不论这个图案究竟表达什么具体的含义，至少我们可以从中看出，这位富有艺术细胞的祖先在普通的思想能力方面已经与今天的我们大体相差不多了，仅仅是在经验上有很大的不足而已。例如，他（她）不是在制作这些陶器时才偶然地随手一画，而很明显地已经在自己的脑海中预先勾勒出一个意象性的图案，然后又筹划描绘的过程，最后再付诸实施。这其间他（她）能够很自觉地以圆、点、直线、曲线、三角形来勾画各种图案以代表某类事物，又能够娴熟地把这些笔画安排在一个恰当的结构内以组成自己意象中的某种构图。这个过程的每一步都不会是无意识的举动，而是有着自己的斟酌考量，需要权衡比较判断等等，因为每一步都存在着是“应该”这样画，还是“应该”那样画的问题，无不包含了大脑的综合思想能力。大脑神经所有这些想象、比喻、抽象、布局、选择、联想、审美或信念体验等等的思想活动综合起来，就构筑出一个人的心灵空间或意义世界。这个心灵空间的结构或层次与今天的我们在本质上几乎是一样的。即使是由现在的我们来绘制一幅图画时，我们头脑中的思想过程也不过如此。因而，就大脑的这种思想能力而言，这位原始的渔民艺术家与我们没有什么不同，差别只是程度上而已。正是这种思想能力或心灵空间成为个体主体意识的雏形，因为一个艺术品的创作与对生活的把握是一致的，而对生活的把握也就是这种思想能力的运用。我们看到，在仰韶文化时期，华夏大地上有许多地区的原始部落群，已经较为普遍地具有了这样的思想能力或心灵空间，可以制造出大体类似的艺术作品了。

不仅如此，从图案的构思我们还可以感受到，这位喜爱鱼的艺术家对于人脸和鱼这两个形象的运用并没有局限于常识中的写实性，而是将两者结合起来，形成了一个别具一格的图案。考古学家曾经在某些原始人群聚居的洞穴里发现过一些原始人画的岩画，也有一些更早期的石器或陶器制品上面都有动物或人的形象。但是这些原始造型艺术还是以尽可能写实为主，也主要以实用为目的。我们通常可以较为容易地看到原始艺术一般是在写实的努力中，逐步提高了艺术能力的。只有较少的艺术精品如半坡文化的这个人面鱼纹盆，能够匠心独运，迸发出独特的艺术灵感来，突破了普通的艺术习惯，而展示出心灵的创造能力。原始人类的意义空间或精神世界就正是由心灵的这种创造能力得以不断开拓和丰富起来的。

第六，以所属关系来表达“我”或“我们”的自我意识。这位原始的渔民艺术家作为制陶者之一，很可能与这些彩陶有着所属关系。因为那时的部落似乎还没有达到完全分工的程度，打猎捕鱼或采摘基本上还是共同合作进行，而且，那时也没有清晰的等级关系和私有权意识，这些陶器之类的制品往往都属于整个部落所有，而并不会仅仅属于某个人或某个家庭所有。但是，这些具有强烈个性特征的产物还是会慢慢触动原始部落的人们逐渐开始区分出“我的”或“你的”，“我们的”或“你们的”差别来。毕竟这不像猎物或植物果实那样不带什么个人的印记，难以相互区分。一方面，带有这类艺术图案的产品已经明显区别于其他部落的产品了。像出土的更早期一些的陶器就只有一些自然的花纹，如制作时的手掌印记或者简单的横纹，就不足以让人有一种个性的特征，从而可以与其他部落的产品区分开来。另一方面，这样的人面鱼纹也不是半坡村落中所有人都会制作的，因为同样的彩陶只有几个，其他大量的出土陶器就没有这样漂亮的图案。这说明很可能只有一个人（也就是我们说的这位渔民艺术家）才会画出这样的杰作。这也将难免触动同一部落中的人们开始有了“你的”和“我的”的制品之间有差别的意识。

正是这种个体制成品上的个性差别，慢慢为后来的私人所有观念的产生奠定了可能，构成私有观念的萌芽。例如，从“这个图案是他（她）而不是别人画的”到“这个彩陶是他（她）而不是别人制作的”，再过渡到“这个彩陶是他（她）的而不是别人的”是很自然的。由此，我们可以说，在半坡文化中，“我”或“我们”的意识隐隐然体现到了各种所有物上，以所有物的方式来加以表明。实际上，“我的”或“我们的”身体四肢和精神世界也都是所有物，只不过有着更为明确的所属关系，是与其主体不可分离的。而其他物品就不同了，是可分离的物体，可以属于这个人，也可以属于另一个人，或者一时属于这个人，另一时又不属于这个人了。这样，关于“我的”和“我们的”意识就有了可变动的内涵，而且从个体或群体自身扩展到了生活周围的事物，以至最后甚至要包括万事万物，不受限制了。

而如果在半坡文化中这位渔民艺术家确实就是以此图案作为自己所有物的标志的话，那么我们当然可以推论出，那时的人们已经有了明确的所有权的意识，即关于“我的”、“你的”、“他的”、“我们的”、“你们的”或“他们的”各类物品所有权的社会性规范。但是在仰韶文化阶段还看不出来这一点，那时这些部落群体毕竟还是共处一个小的村落，所有的打猎捕鱼或采摘获得物应该还是共有的，凡事也是大家共进退，而不会很清晰地区分彼此的权利。因而上面这个推论似稍显武断，我们不必遽尔得出。但是所有权的意识将基于这种所有物的区分方式而得到，并缓慢发展出来，这一途径却应该是不会错的。

第七，在这些“我”与“物”(身体肢体)、“我”与“你”或“我们”、“我”与“我的技术、性格或情感”、“我”与“我的制作品（或所有物）”等等之间关系形成的同时，部落中的人际伦理意识也随之出现了。一方面，像陶器这类东西的制作需要很多人之间的合作配合，而且这种合作不是简单的几个动作就能够完成的，如早期最简单的打猎、捕鱼或采摘之类，而具有了复杂的程序和技术内涵，或像大型打猎、捕鱼或农业耕作活动那样。这些较为复杂的配合在促进语言发展的同时，也以各种程序性动作开始形成个体行为之间的关系，这是部落内人际伦理关系的雏形，为“我们”的社会性意识提供了具体的内涵。另一方面，当每一个“我”有了具体内涵之后，如“我的身体、物件、技术或情感”等等，就为人际之间的交往展开了一个丰富的伦理意义空间。人们已经不再仅仅是毫无思想情感或所有物的无意识个体，而成为一个个活生生的“人”。因此，不同的人之间的交往就开始出现不同的情况，而不再像以往那样无须任何考虑了。由此，人际伦理开始为社会以某种方式结构组合提供了可能，而不是像早先那样一个部落群体仅仅是由于自然的发展，以纯粹自然的方式聚集在一起而已。

第八，如果我们把这位原始居民的艺术创作再结合半坡文化的村落遗址中其他方面的情况一起加以考察的话，那么，我们就可以看到，这位大概很爱吃鱼的制陶匠所具有的艺术灵感和自我意识不是偶然出现的，而有着广阔的生活背景，并且在这种生活背景中，他（她）的自我意识体现为一种社会意识，并进而发展成为日后的文化主体意识。

半坡村遗址在村落格局、公共墓地、壕沟围墙、木桩坑灶、居室仓库和制陶场所等方面，都表现出了当时的原始氏族群体是多么认真地经营着自己的生活，尽管简朴，却不失温馨。遗址中的村落分为三个部分：制陶作坊区域、居住区域和墓葬区域。制陶作坊有 6 座，集中在一起，说明当时的陶器制作已经较为专业化了，是许多人一起操作的技术活，而不是一个人自己在家搞出来的即兴之作。遗址出土的陶器众多，大多是碎片，不过可复原的也有上千件。复原后显示陶器大部分都属于生活用具，表明当时的陶器已经成为原始居民的主要日常用品了。各种陶器上有很多图案和纹饰，如动植物图案、几何图案或生活场景等等。有的陶器上还有刻画的符号，共 22 种 100 多个，意义不明，不过后来的原始文字应该就是从这类器物上的符号一点点地发展出来的。从制陶规模、日用程度和各种图案符号等情况来看，半坡居民已经有了较为长久的制陶历史，形成了较为成熟的制陶技术和丰富的制陶经验，还有不凡的原始艺术创作能力。因而我们这位爱好鱼的艺术家并不孤单，而是在其生前生后一定有着许多技术高超的制陶匠与他（她）一起创作。由此，我们可以判断，这位人面鱼纹图案的绘制者所具有的那些个性、情感、喜好、追求或思想能力等等，还有关于“你、我、他”、“你的、我的、他的”、“你们、我们、他们”，以及“你们的、我们的、他们的”等等的自我意识或社会意识，也都一定体现于其他人身上。

具有这些关联性意识的人组成了这个群落。他们当然不仅仅有制陶的本事，还有更多的关于生活的意识。例如，他们挖了一条沟道把自己的居住区域围了起来，以抵御敌人或野兽。这条沟有 300 米长，7 米左右宽，5 米多深。如果是今天的人来挖，那确实不算什么。但是半坡居民们只有石器和木棍可用，其难度还是颇有挑战性的。这需要他们下这个决心，做出非凡的努力，齐心协力，才有成功的可能。而这些又都需要众人能够充分理解做这件苦差事的意义才行。也就是，这是很需要“用心”筹划的事，而不是一时的心血来潮。

同样看得出来他们在用心筹划的事情还很多，例如在整个村落中间的居住区域分为两半，每半又各有一个大房子作为公共活动使用。这说明他们的日常生活已经不是纯粹自然性的生存了，而是能够经常性地聚集在一起，联络感情，舞蹈娱乐，或共同商议讨论各种生活中的大事。尽管这一定还是非常初级的，只有一些朦胧的意识，因为这时的原始居民尚无成熟的语言用以交流，而只能通过一些简单的方式交往。他们修建的住房也经过了很多道复杂的工序，而不是用土或木头简单搭建而成的。房屋有较为复杂的结构，需要事先设计，屋子、门廊、墙、灶坑、储物的窑穴都经过许多加工。半坡居民已经有了安葬死者的意识，村落就有专门的墓地，很多是用陶制的瓮罐安葬的。遗址中还出土有很多石器和用骨、角、牙或蚌等材料做成的工具或装饰品。他们还会饲养家畜，也会进行简单的农耕和纺织。

这些事情综合而成了半坡文化中原始居民的生活场景，成为他们的生活方式，反映出他们在艰难的自然环境中保持了一种积极、认真的生活态度。这让他们的群体性生活提供给了他们自己一定程度的安全和食物保证，让他们得以在这块土地上安心地生活。这些生活内容可以反映出半坡村落中的居民已经基本上脱离了原始生活的自然依赖性，不是那种杂处山林之中，随意采摘点野果或抓捕一些野鸡野兔之类的小动物勉强度日的情形了。他们有了自己的家园，并开始“用心”地经营这个家园，辛勤而劳累。慢慢地，他们知道要经营好这个家园并不容易，而需要学习很多东西，要“用心”去创造很多东西。这些“东西”已经不仅仅是日常使用的器物了，还有他们自己，还有越来越复杂的社会关系。而对他们创造新事物和把握自己生活的能力，我们从上面这个彩陶人面鱼纹盆上，已经能够看得非常分明了。

我们看到，正是通过对自己生活的“热爱”、“关注”和“经营”，半坡村的主人们发现了自己身上所具有的丰富内容，如身体四肢、性格情感、趣味喜好、愿望追求、艺术灵感、审美倾向、信仰体验等等，以至于还有体现出他们思想能力的那些劳动产物、创造作品或交际方式等各种行为的效果，当然，还有他们自己的配偶、孩子、屋子和家园，最后再到“我们的”部落这个小社会，无疑都将会被他们有意识地纳入于自己的掌握之中。不过，对于部落外的大自然和那些敌人，如其他部落或野兽，还有危险的河湖山林、电闪雷鸣，甚至令人恐惧的黑暗等等，恐怕暂时还不会被我们的半坡祖先所接纳，而只会被他们排除于“我们的”家园范围之外了。不过，这并不紧要，因为通过这个彩陶人面鱼纹盆上的创作所透显出来的灵气，我们已经可以认为，半坡居民思想意识的萌芽作为中华文明的发端，有足够丰富的内涵和健康的心灵趋向，完全可以得到不断充实和提高，从而延续至今，构成今日我们这些后辈的精神源泉。

我们选取这个彩陶人面鱼纹盆作为典型案例来加以细致地分析并不是随意的，而是因为恰恰是在仰韶文化所代表的新石器时代，华夏大地上各处聚居群体分别开始产生了文化上朦胧的自觉意识，也就是我们所说的社会主体意识的萌芽。而这个萌芽的灵光一现，就明亮地闪烁在这个人面鱼纹图案的艺术气息之中，如一颗耀眼的流星，划过漆黑的夜空，预示了随后的繁星点点，以及东方破晓的光芒万丈。

除了半坡遗址以外，在大体同时的仰韶文化阶段，还有其他一些考古发现也显示了类似的文化意识萌芽。例如，河北武安县的磁山文化遗址出土了一个石雕人头（图 3–2），河南新郑市的裴里岗遗址出土的陶人头（图 3–3），稍晚一些的红山文化遗址出土的彩塑女神头像（图 3–4），以及江苏连云港

图 3–2　石雕人头，河北磁山遗址出土，距今约 7000 年前

图 3–3　陶人头，河南裴里岗遗址出土，距今约 8000 年前

图 3–4　彩塑女神头像，内蒙古红山遗址出土，距今约 6000 年前

图 3–5　将军崖岩画，江苏连云港桃花村发现，距今约 7000 年前

市锦屏镇桃花村发现的原始人岩画（图 3–5）等等。这些石器、陶器制品或岩画也与半坡遗址的彩陶一样，都表现出某种对人自身的意识或感悟，表明这些原始群体也有了一定的自觉程度和模糊的精神空间。只是相比较而言，

这些制品的艺术水平似不如半坡遗址出土的这个人面鱼纹盆那么高超而已。因此我们这里才把它选为典型代表，来考察中国社会文化主体意识在萌芽时期的发生状况。

而在早于仰韶文化时期的出土文物中就不能说有这种较为清晰的自我意识的出现。例如，在旧石器时代，即距今 1 万年以前的时期，像山西朔州的峙峪人（距今约 2 万多年）、北京的山顶洞人（距今约 3 万多年）、内蒙古伊克昭盟的河套人（距今约 3 万多年）、四川资阳的资阳人（距今约 3 万多年）或广西柳江的柳江人（距今约 4 万多年）等等这些旧石器时代的原始群体，还处于从自然生存状态向文明状态过渡的早期阶段，还只会磨制石器或骨器。而河北徐水南庄头遗址（距今约 1 万年前）、湖北道县玉蟾岩遗址（距今约 1 万年前）或江西万年县仙人洞遗址（距今约 9 千年前）等这些新石器时代早期的文化遗址，除了石器和骨器以外，开始制作一些非常粗糙简单的陶器。这些原始人类已经会使用火，但是只能磨制一些较为简单的石器或骨器，也逐渐使用陶器。他们主要居住在洞穴或密林里，还不懂修筑房屋以建立一个较为安全的居住环境。他们也还不会较为专业的技艺，如有意识地制作较为精致的陶器、农业耕作或饲养家禽等能极大提高生活质量的方法，也还缺乏较为清晰的艺术灵感或文化意识。他们之间的相处，大体还与生物式的自然聚居相类似，而不是“人际”伦理。因而，由于生活各方面的状况还仍然较为原始，这些旧石器时代或新石器时代早期的祖先们尚不具备足够的能力创作出像人面鱼纹盆这样生活情趣和艺术气息浓郁的作品。这表明他们的精神领域还未能正式开启，尚处于较为蒙昧的阶段，自我意识暗淡，也就是社会主体意识的萌芽尚未产生。这是旧石器时代和新石器时代早期的原始群体与仰韶文化所代表的新石器时代中期部落群体的一个根本性差异，可以说在文化发生学上具有标志性的意义。

另一方面，在晚于仰韶文化时期的众多遗址文化中（一般称为龙山文化

图 3–6　舞人彩陶，甘肃马家窑遗址出土，距今约 5000 年前

图 3–7　人面纹玉器，山东龙山文化遗址出土，距今约 4500 年前

图 3–9　人头形彩陶瓶，甘肃大地湾遗址出土，距今约 5000 年前

图 3–8　人形玉器，湖北石家河遗址出土，距今约 4500 年前

图 3–10　青铜人面具，四川三星堆遗址出土，距今约 4000 年

时期，属于新石器时代末期），情况又有了明显的不同。例如，像甘肃临洮马家窑文化遗址出土的舞人纹图案彩陶（图3–6），山东章丘龙山文化遗址出土的人面纹玉器（图3–7），湖北天门石家河文化遗址出土的人形玉器（图3–8），甘肃秦安大地湾文化遗址出土的人头形彩陶瓶（图3–9），四川广汉三星堆文化遗址出土的青铜人面具（图3–10）等等，图案的繁复程度就大不一样，题材也广泛很多，花纹更加精美，构思也更加巧妙了。这些特点不仅反映出龙山文化时期制造技术上的极大提高，而且还显示出绘制者更为丰富的精神内涵，例如这些人物图案可能有更为明确的宗教意义，或者表示权力的象征和社会地位的等级差别。而且这些制品本身似乎已经不是由氏族部落中的任何人都能制作的，而是出于某些专业性的制作者之手了。因此上面的图案大概也不是出于制作者自己的使用目的进行的创作，而是按照主人的吩咐或要求而绘制的。所以这样的制品就不仅在一定程度上体现出制作者自己的精神世界，而且更多了一层社会性关联。

总而言之，我们看到，较为清晰的自我意识在仰韶文化之前的原始群体中尚未有所显示，而是到了仰韶文化时期，才开始浮现出来的。仰韶文化各个遗址出土的原始陶器或石器上那些闪烁着艺术灵感的图案，就向我们揭示了大约七千年前各地的原始居民所拥有的生活世界和心灵空间。这个精神领域又在人们持续的经验历程中不断得到丰富和充实，流传后世，创造出了灿烂的文化成就。

尽管如此，自仰韶文化时期之后，原始氏族部落的文化发展就呈现出越来越各具特色的风格。这首先有自然方面的影响因素，如远古时代的交通很不便利，距离较远的地方就比较难以进行充分的交流。各地的地理条件也相差较大，如燕北辽东、西北塞外、中原地区、四川盆地、湘楚平原、江浙地区、滇南黔贵或两广南越等地，都有着十分不同的地形、植被、物产或气候环境。这些自然环境上的差异在较早期的文化发展中是重要的影响因素，但是越到后来，人为因素或社会变迁的状况则逐渐发挥了更加根本性的影响，如社会政治结构、经济发展、战争局势、技术变革、宗教文化或思想理论等等因素在各地区的文化形态上都起了十分重要的作用，构成了各个区域文化独具风格的历史传统和社会习俗。

基于各地的差异，很多学者都强调了地方文化的特殊性。如苏秉琦先生（1909—1997）就把古代中国文化分为六大区域：

> 从全国范围来看，我们可以将现今人口分布密集地区的考古学文化分为六大区系，它们分别是：1. 以燕山南北长城地带为重心的北方；2. 以山东为中心的东方；3. 以关中（陕西）、晋南、豫西为中心的中原；4. 以环太湖为中心的东南部；5. 以环洞庭湖与四川盆地为中心的西南部；6. 以鄱阳湖——珠江三角洲一线为中轴的南方。　　六大区并不是简单的地理划分，主要着眼于其间各有自己的文化渊源、特征和发展道路。[①]

这样的划分自然是很有道理的，考虑到了各个地区所呈现出的不同状况，他也为此提出了许多考古学上的依据。我们不必拘泥于他这六大区域的划分是过多还是过少，或者每个区域所覆盖的范围是过大还是过小，或者划分的原则是过粗还是过细。毕竟，这种文化起源的区域划分是对各地文化发展上历史情境性因素的重视，表明了历史情境背景下的文化发展必然会逐渐形成自身的独特形态。这种独特形态，从我们的角度来看，也正反映出一个原始区域文化在把握他们自己的社会生活上自觉的不同程度，即由于各种历史情境因素的影响，导致其社会主体意识把握生活的能力上的差异状况。

不过，这种差异状况在仰韶文化时期还仅仅只是显露出一点端倪，还缺

① 苏秉琦：《中国文明起源新探》，辽宁人民出版社 2009 年版，第 29—32 页。

乏足够丰富的社会成分或文化内涵，尚不足以构成真正的文化风格或特色。只有到了殷周之际，也就是距今约三千年左右的时期，这些文化萌芽才较为成型，可称为各地的风俗了，如“国风”、“齐风”、“魏风”或“秦风”等等我们在《诗经》中所见到的那样。这段文化萌芽期持续了大约四千年左右，是从七八千年前的仰韶文化开始，直到西周时期。自西周之后，中国文化出现了明显的变化，就是已经有了非常明显的社会主体意识，即不是按照自然发展的状态在生存，而是氏族群体在共同商讨如何更好地建设自己的社会，如何避免那些可能毁灭家园的灾难了。当然，这种自觉把握生活的愿望、要求和行为，不是在殷周之际才开始的，而是基于长久的经验历程，即绵延自仰韶文化时期至殷周之际的数千年萌芽期。

下面我们再看看殷周时期各地氏族群体所表达出的那种对美好生活的渴望和主体诉求。因为正是这种“渴望”和“诉求”，促成了中国文化或社会自觉把握生活的主体意识的最终生成。

第三节　《诗经》：主体意识的心灵呼唤

当然，这种对美好生活的“渴望”和“诉求”是基于社会生活已经有了较大程度的改善，而不再特别恐惧于那些来自大自然的威胁了，因而开始关注起了自己的生活状况，并希望得到更大程度的提高。许多史书都有关于远古部落或三皇五帝前后时期的故事传说，如《尚书》、《史记》、《吕氏春秋》或《山海经》等等。不过这些传说的具体内容都经过了后人的大量加工，且基本成形在东周至秦汉之间，因此不能过于当真。如果我们把这些史书结合考古发现一起进行考察的话，那么对这几千年的社会状况就可以有较为明确的几点认识：第一，大大小小的战争不断。远古部族间的战争是很频繁的，有些战争规模较大，涉及较大的区域，例如，有熊部落的黄帝与炎帝、神农部落和九黎部落蚩尤之间的战争，后来颛顼与共工部落、大禹与三苗之间的战争，商（汤）部落与夏（桀）部落之间的战争，周（武王）部落与商（纣王）王朝之间的战争等等，都对华夏大地有着较为全面的影响。而至于局部性的争战，则更是连绵不绝了。第二，农业种植和畜牧业开始普及，农耕技术有了很大的提高。此时的人们知道要兴修水利、治理水患。夏代还出现了将天文、气候和农事相结合的历书性的歌谣，被后人编为《夏小正》。第三，陶器和玉器的制作都已经非常精致，而金属冶炼也开始出现，青铜制品逐渐得到广泛使用，成为权力、财富、地位、智慧、技术、审美或情感等的主要体现方式之一，在氏族生活的政治、经济、宗教、军事或娱乐等各种文化活动中占据了中心位置，闪现出耀眼的光芒，以至于有学者甚至把夏商周三代称为“青铜时代”①。第四，桑蚕养殖和纺织技术得到普及。第五，建筑和各种工艺技术都有了很大的提高。第六，语言文字发展逐渐成熟，出现了殷商时期的甲骨文和金文。第七，宗教信仰活动成为较为普遍的社会规范来源。不论是民间的巫筮活动还是朝廷宗庙的祭祀活动，也不论是自然神崇拜还是祖先崇拜，到了殷商时期都十分流行。例如，在河南安阳殷墟出土的甲骨文中，关于祭祀的卜辞就占大多数，表明当时社会对宗教活动的重视。而祭祀或占卜的结果也往往左右了当时人们的观念和行为。《易经》就是对这些占卜经验的总结性成果。

从当时的这些社会状况，我们可以看到，由于赖以生活的食物和衣物都可以有很大程度的保障，人们因此意识到自己应该不断开垦耕地和种桑养蚕，也意识到要尽可能改善劳动工具，要防治水患避免旱涝灾害等等。而为了更好地做到这些，又意识到语言文字和各种知识（如天文、治水或铸造技

① 张光直:《中国青铜时代》，生活·读书·新知三联书店 2013 年版，第 12 页。

术）在提高生活水平中的重要作用。他们的这些“意识到”什么是“应该的”，和什么是“不应该的”观念意识，又通过各种装饰品（如玉器、青铜器或金银珍珠等）的制作和使用，还有各种器物上图案的创作等方式得到培养和训练，也在宗教信仰活动中逐渐得到明确。

对于战争态度的变化则很典型地表现了人们自觉意识的提高。在早期的原始生活中，各部落间的冲突打杀是很自然的，十分常见。因为就其生物的本性而言，人也会产生对生存空间的争夺欲望，要占领自己的地盘，要抢夺自己的性伙伴并繁殖后代。到了部落氏族阶段，这个由来已久的习俗并没有改变，而且除了更多的地盘和女人以外，战胜者还能够从中获得其他的利益，如得到战俘以充作奴隶，或者得到食物和各种器物等来充实自己的库藏。这都让原始部落的勇士们兴奋不已。但是另一方面，在兴奋之余，他们也难免会产生对战争的恐惧，例如面对更强大的敌人就很有可能失败，而失败的结果他们也是都很清楚的，那就是自己被杀死或被俘虏做奴隶，本部落的老人和儿童也一般会被杀掉，而女人和财物则会被抢去成为他人的战利品。因此，这种对战争的兴奋和恐惧是并存的，也是很自然的态度。只有当他们的生活水平达到一定程度，能够开始较为认真地关注和经营自己的家园的时候，原始部落的群体才会慢慢地意识到：战争可能是破坏自己家园最危险的事情，因为他们是不可能永远获胜的，而一旦失败，那么他们就将面临灭顶之灾，大部分人将失去生命，苦心经营数代人的家园也将不复存在。能够反省到这一点的往往是部落中较年长的长老或女人，长老有较为丰富的战争经验，慢慢意识到了它的残酷性和不可预料性，而且已经不再参加战斗，跟女人一样是在自己的部落里等待着战争结果。这时他们都难免会有忐忑不安的感觉，不可能对战场上的情况总是很有把握，也已经不再对那些战利品有那么强烈的渴求愿望了，因为他们自己的辛勤劳作足以满足自己的需要，不至于常常受到饥寒交迫的煎熬了。这样的敏感情绪在一些较为弱小的部落中可能产生得很容易，而在较为强大的部落中就可能不容易被认可。不过，只要当人们的生活水平越来越好，寿命也越来越长，那么他们所见所闻的也就会越来越多，经验也就会越加丰富，这种反省意识产生的可能性也就越大。总有一天，原始部落的大多数人，甚至连那些智勇双全的头领们也都会清醒地意识到这一点，而不再随意开启战端了。那么，自此之后，这些原始部落的头领慢慢地也不再是那种勇武过人的战士，而逐渐演变成由经验丰富、有过人智慧又为人稳重的人来担任了。例如，尧、舜和禹就不像黄帝、炎帝、蚩尤、共工或颛顼那样武功盖世，仗剑横行天下，力能擒熊伏虎，而是凭借个人的品德和办事能力获得人们拥戴的。这时候，远古蛮荒时代的丛林规则就让位给了人际社会的伦理规则。

《尚书》中形容尧的执政特征就很好地说明了这一点：

> 帝尧曰放勋，钦明文思安安，允恭克让，光披四表，格于上下。克明俊德，以亲九族，九族既睦，平章百姓。百姓昭明，协和万邦，黎民于变时雍。《尚书·尧典》

这是说他处理政事谨慎周到，又谦虚礼让，品行宽厚，因而把天下治理得很好，使百官、民众或邦国都能和睦相处。同样，舜也是因为能够做到“慎徽五典，五典克从。纳于百揆，百揆时叙。宾于四门，四门穆穆。纳于大麓，列风雷雨弗迷。”（《尚书·尧典》）等等这些贤能之事，即能够使民众遵循良好的伦常，把政务管理得井井有条，待人接客又彬彬有礼，还有很好的聪明智慧，所以才被推选为帝的。而舜之所以把帝位传给禹，也是基于类似的考虑，如他评价禹说：

> 降水儆予，成允成功，惟汝贤。克勤于邦，克俭于家，不自满假，

惟汝贤。汝惟不矜，天下莫与汝争能。汝惟不伐，天下莫与汝争功。予懋乃德，嘉乃丕绩，天之历数在汝躬，汝终步元后。《尚书·大禹谟》

这是说禹有治水的大功，又辛劳国事，勤俭持家，还谦虚不自夸，因而自然受人爱戴，该当承担帝位的大任。舜还很清楚地知道不能轻言战事，否则难免有灾祸，所以他告诫禹“惟口出好兴戎”（《尚书·大禹谟》），不要动不动就轻启战端。虽然《尚书》的这些具体说法不过是后世儒者的附会（例如《竹书纪年》的说法就很不同。不过我们都不必过于当真①），但是从中反映出来的儒家这些观念却应该是渊源有自的，不会与当时远古的传说完全无关或相矛盾。这表明在原始氏族部落到早期宗族国家之间的过渡中，确实是会发生这种观念上的变化的，也就是意识到了战争也有“应该”或“不应该”的问题，而不再仅仅只抱有“兴奋”或“恐惧”的素朴情感了。战争可以说是远古时代对原始部落群体的生存影响最大的事情，因而战争观念上的变化就有着深远的意义，是原始群体自觉程度大为提高的重要一环。

我们可以理解，到了商周之际的宗族群体就不再过着完全自然性的生活，而是意识到了自己的观念或行为有着规范意义，也就是有“应该”做的，有“不应该”做的。或者说是，人们意识到有“恰当的”或“不恰当的”事情，有“好的”或“坏的”东西，有“对的”或“不对的”观念和行为。这就是人们对自己生存状态的自觉性意识的发端，也即是主体意识的萌芽。到了人们有了较为顺畅的语言表达能力的时候，这些意识萌芽就首先显露出来了。我们可以通过《诗经》中的某些歌词来例示这一点。虽然《诗经》也是后人所编（从孔子到汉代的儒者），且似乎主要反映西周时期的生活状况，

① 《竹书纪年·五帝纪》上记载说：“昔尧德衰，为舜所囚也。舜囚尧于平阳，取之帝位。舜囚尧，复偃塞丹朱，使不与父相见也。”

但是它大部分是由早期的民间歌谣所编成的，对殷商时期的社会生活也有一定程度的反映，而且这种远古的民间歌谣是有相当的传承性的，不会变化得很快，其中所反映出来的那种原始情感或欲求在相当长的时期内都基本上是很相似的。所以我们可以通过它来考察商周时期普通民众的生活情感和精神状态。

于以盛之，维筐及莒。于以湘之，维锜及釜。《国风·召南·采蘋》

这是说要装东西就应该用筐篓，要煮东西就应该用锅釜[①]，表明当时的人们已经对具体的日常行为或生活习惯有了很多、很仔细的关注，并进而产生了日常行为的规范意识，不再只是顺其（生物本能的）自然了。

百尔君子，不知德行。不忮不求，何用不臧。《国风·邶风·雄雉》

这是要求大家不要害人不要贪婪，要端正行为。这是一般性地对日常行为规范的注意和要求，有了较为抽象的规范意识，而不仅是普通的吃喝拉撒睡或生产劳动方面的规范意识了。

殖殖其庭，有觉其盈。哙哙其正，哕哕其冥，君子攸宁。《小雅·祈父之什·斯干》

这是对新建屋室简单直白的赞美，说我们的新家有着宽广平坦的前院，

① 本书《诗经》的译文参考了《诗经译注》一书。不过这里并没有严格按照文本做一字一句的翻译，而只是解释了一个大概的意思，个别的地方与该书的译注还有较大的差别，不再一一注明。见周振甫：《诗经译注》，中华书局 2015 年版。

还有高大挺直的柱子，在白天显得十分亮堂，晚上也能看到月光，住在这里的君子们都能睡得非常安适惬意。这种生活情趣也表露出，人们在关注或“打量”自己生活环境的同时，是伴随着“美”或“好”的审美意识一道出现的。正是有了对“美”或“好”的欣赏和感受，人们才有可能开始产生生活上的“情趣”，脱离了原始的麻木状态。这也表明，对生活的“关注”不是空洞没有内容的，而是充满了情感、价值或审美意识。这种“关注”也不是只知道要吃得更多、穿得更暖或住得更安全这些自然焦点而已，而是要开拓出一个丰富的意义空间和精神世界。因而“关注”的举动不单单是一种物理行为，更是一种精神性的表现。

七月流火，九月授衣。一之日觱发，二之日栗烈。无衣无褐，何以卒岁？三之日于耜，四之日举趾。同我妇子，馌彼南亩，田畯至喜。《国风·豳风·七月》

这首歌谣表达了对农耕生活的美好情怀：七月虽然还是盛暑也要开始考虑一年里的安排了，九月就要备好过冬的衣服，十一月寒风就来了，十二月已经天寒地冻了，这时如果没有厚衣裤，那怎么过年呢？一过完春节，就要准备春耕了，在正月里修修农具，二月里就开始犁田。男人们在地里耕作，女人们做好饭菜送到田里，这样的农耕生活不是很令人感觉幸福愉快吗？我们从中可以看到，生活本身对于此时的人们已经不再是依其自然本性的机械性生存，而是被赋予了丰富的情趣和思虑，需要认真地对待，仔细地加以筹划了。这种浓郁的生活意识是远古时代人们从原始部落生活进入到安定而有规划的农耕生活的转变过程中逐渐引发出来的，并由此而成为人们的美好愿望和生活追求。正是由这种愿望和追求促成了人们的理性、情感、审美、意志或信仰体验等等全方位的觉悟，且进而导致政治、经济、历史、军事、教育或娱乐等等各方面意识的萌动，也即有了主体要求和主体努力的各种具体内涵。

王事适我，政事一埤益我。我入自外，室人交徧謫我。已焉哉！天实谓之，谓之何哉！《国风·邶风·北门》

这是说大王让我做太多事，以致我都顾不上自己的家而受到家人的埋怨。这显示出人们对宗族内部的社会性事务也有了规范和评价意识，而不再视其为理所当然的活动了。也就是说，人们一方面不再无须考虑就自动地服从部落首领的征召，而开始有了自己的关注“领地”，即自己的家。在更早一些的原始部落生活中，人们往往是以部落为家的，而不会在其中又独立出自己的一块领地来。这表明人们的自我意识从部落群体中逐渐显露出来了。另一方面，人们有了“自己的”事务，而这是不同于“部落的”事务的，于是开始对部落的公共事务有了评价的规范意识。这成为人们最早的社会性意识。而这种社会性意识就渊源于人们自我意识的产生。当这种自我意识又能够把社会性意识包含在自身之内时，那么也就成了我们所说的“主体意识”。这就是在社会主体意识产生的萌芽期，自我意识向着主体意识逐步转化，而又尚未完成的时期。

静女其娈，贻我彤管。彤管有炜，说怿女美。自牧归荑，洵美且异。匪女之为美，美人之贻。《国风·邶门·静女》

这是赞美男女之情的歌谣，说美丽的女孩赠送我红色的管子和初生的茅草，彤管红艳艳的，茅草也很漂亮，这都是因为是你送我的才这么漂亮的。类似的歌谣在《诗经》中还有许多，如开篇第一首的《国风·周南·关雎》。

这些情歌显示男女之间的吸引已经不再仅仅是生物性的本能欲望或冲动，而被赋予上更多的情感内容，并又逐渐涉及宗族、财产、权力等等因素，因而使男女之情成为一种复杂的社会关系。男女之情是人类处于原始生活状态之时最为基本也最强烈的生命欲望和情感，会产生最早的抒发这种欲望和情感的方式，如唱歌跳舞等原始的求偶仪式。于是男女之间也成为最早的原始社会关系之一，区别于那种完全属于生物本能的自然关系。人们也正是在学会对待这种新关系的过程中，被不断社会化的。无疑，这一关系也是社会主体意识把握自己生活的主要部分之一。而是否能够处理好这一问题，成为一个社会生活能否进展顺畅的关键之一，也是我们评价一个社会是否被组织得足够完善成熟的依据之一。

知我者谓我心忧，不知我者谓我何求。悠悠苍天，此何人哉！《国风·王风·黍离》

这是对世事沧桑的感叹，特别是对人为因素造成的家国离乱的悲叹，质问苍天是什么人干了这样祸国殃民的事情呢，显示出人们已经有了较强烈的历史意识，对政治灾难不再熟视无睹、习以为常，而要开始总结社会性变化的经验教训了。

我生之初，尚无庸，我生之后，逢此百凶。尚寐无聪！《国风·王风·兔爰》

诗人表示我（或我们）以前过得很好，可是后来为何会遭逢这么多（人为的）灾难呢。这是以个人的身世遭遇来控诉君王们的胡作非为。正是这种源自个人经历的个体主体意识的觉醒使人们产生了对社会状况的自觉意识或历史感悟。

> 不稼不穑，胡取禾三百廛兮？不狩不猎，胡瞻尔庭有县貆兮？彼君子兮，不素餐兮！《国风·魏风·伐檀》

人们抱怨那些宗族首领或君王贵族们没有为大家带来利益却还是照样过着富贵豪华的生活，奇怪他们天天都不干正经事，可是仍然有酒有肉地在尽情享受，于是开始对这些人相对于社会群体的价值和作用进行质疑了。这是一种较为清晰的政治意识萌芽的表现。

> 淑人君子，正是国人。正是国人，胡不万年。《国风·曹风·鸤鸠》

这首歌谣表示那样的好人才是大家的榜样，是我们所爱戴的，可为何总是难以见到呢。作为一个宗族首领或君王，应该是什么样子，应该具备什么品质，人们对此也有了自觉的意识，流露出朴素的政治意识。

> 天保定尔，俾尔戬榖。罄无不宜，受天百禄。降尔遐福，维日不足。《小雅·鹿鸣之什·天保》

这是说上天保佑你能得到幸福美满的生活，显示人们不再满足于自然的生活状态，而有了一种“更好的”规范意识，并形成一种心灵的希望和精神上的追求。

> 采薇采薇，薇亦刚止。曰归曰归，岁亦阳止。王事靡盬，不遑启处。忧心孔疚，我行不来。　　昔我往矣，杨柳依依。今我来思，雨

雪霏霏。行道迟迟，载渴载饥。我心伤悲，莫知我哀。《小雅·鹿鸣之什·采薇》

心情不好，干活也不能顺利，就像今天的野菜都好难采一样。歌词说我等待的人怎么去了这么久还不回来，看来战事不大妙啊，好令人忧心。回来的人说我走的时候还是杨柳轻飘的春天，现在都是雨雪纷飞的冬天了。道路真艰难啊，还又饥又渴的，有谁知道我心里的悲哀呢？这表明人们已经不再把参加征战视为理所当然之事了，不像早期氏族部落中作为一名青壮年男子参加战斗几乎是无须多加考虑的本分之事，只需听从首领的号令，勇往直前去冲锋杀敌，而不必管胜利还是失败，更不能计较自家那一点悲欢离合的小事，也无须为生活前景担忧，因为只要战斗胜利了就什么都有了，而如果失败了那也是全族的灾难，不是自家一人一家的事情。我们上面已经提到过，这种对待战争的观念转变与那个时期人们生活形态上的变化有关，也与人们有了丰富的生活情感和自觉的主体要求有关。这一转变也表明人们对自己生活的关注也一点点越来越清晰起来。

南山有桑，北山有杨。乐只君子，邦家之光。乐只君子，万寿无疆。《小雅·白华之什·南山有台》

那些行为得当的君子就好像山上的大树一样可靠，能够为我们带来幸福，成为家国的骄傲。真希望这样的君子能够万寿无疆。人们从自身的经历遭遇和宗族天下的变化中感悟到那些君王或大臣们是可以区别出不同的两种来的，有“好的”，也有“坏的”。而“好的”就是大家的希望，能为大家带来幸福，“坏的”就是大家的悲哀，会给大家带来灾难。这种“好”或“坏”的价值意识被赋予在了政治人物和政治状况之上，成为政治评价的主要方式，也是后来所谓“民心”或“民意”的滥觞。

祈父，亶不聪。胡转予于恤，有母之尸饔。《小雅·祈父之什·祈父》

歌词说这位大人没有智慧啊，让我们陷入到忧患之中，都无法生活了。这就是那些“坏的”大臣们所受到的指责和抱怨。这些大臣尽管通过各种方式掌握了权力，得到了很高的职位，可是并不会被人们视为当然的领袖，也不会被始终承认他们手里权力的合法性。而只要他们没有尽到自己的职责，没有为大家带来幸福，那么就会被毫不留情地归为“坏的”一类人里，受到人们的抨击。这是富含价值意味的政治意识的一种表露。

此邦之人，不我肯穀。　　不可与明　　不可与处。《小雅·祈父之什·黄鸟》

这是某个人作客他乡，却受到很糟糕的对待时候的抱怨，也可能是这个作者被掠为俘虏到了另一个部落中成了奴隶后的感受，还有可能是他作为使者前往其他氏族那里后自己暗中的想法。作者说这个氏族的人对我很差，所以我们的氏族不可以与他们结盟，也不可以与他们相互往来。这种对他人或他邦的抱怨是一种社会性意识的启蒙，表明人们之间的相处已经不再是丛林中的自然关系了，也不是原始生活早期的那种要么是亲族，要么就是敌人的原始部落关系，而成为有“好”有“坏”的某种社会关系，即在“敌人”和“亲族”之间，出现了一个“友”的新关系。这个“友”与自己这一方基本没有亲族关系，却不至于成为敌人，而可以友善地相处，直到后来的“结盟”。这使得原始氏族部落的人们敢于走出自己的领地，而不一定会害怕自己只能受到敌人的攻击了，因为他们现在还有了“朋友”。不同部落或氏族之间的人们可以“友好地”往来，而不会只处于战争状态了。这使得一个真正“社会”的形成有了可能，因为所谓的“社会”就是由许多本来不相关的人所组成的，人与人之间才能够出现广泛的社会性关系。如果人们只敢在部落内部与自己的宗族成员安心相处，那么，这只是亲族关系，虽也属于一种社会关系，但是却狭隘了许多，即只是众多社会关系中的一种而已。除了这种亲族关系，人们就只剩下与其他部族的敌对关系了。在这种原始状况下，一个普遍性的社会是不可能形成，不可能出现的。因而这一状况必须改变，也就是要有“友好”的意识，这样才能够与其他各种人相互交往（或“打交道”），形成广泛的社会关系。而“友好”意识的出现，又与我们前面提到的战争观念的转变有几乎直接的关联。也就是说，只有当人们不再想与部落外面的敌人继续这种相互敌对的状态时，就需要他们之间能够形成一种相互友善的关系，不再相互威胁，才能真正结束敌对状态。这种与陌生人之间的“友好”关系，超出了原始生活的自然关系，而成为社会关系的雏形。同样，与陌生人之间的“友善”态度，也超出了原始生活中的自然态度，而成为社会伦理意识的雏形。

不吊昊天，乱靡有定。式月斯生，俾民不宁。忧心如酲，谁秉国成？不自为政，卒劳百姓。《小雅·祈父之什·节南山》

这是百姓对“乱政”的愤怒心声，既埋怨老天的不善，使灾难不断地发生，以致民不聊生，又谴责执政者的昏聩无能，没有管理好国政，害得老百姓苦不堪言。在原始部落阶段，人们尚处于自然神崇拜的习俗中，会把各种好运或不幸归因于上天的态度。如战争的胜利或失败、病愈或病逝、大型狩猎的成功或失败、农作物的丰收或歉收、风调雨顺或旱涝灾害等等，往往都被认为是上天降下来的结果。于是人们不得不想尽各种办法讨好上天，满足上天的要求，以得到上天的欢心，而不敢有一点疏忽大意。这就是自然崇拜，在原始部落生活中是很常见的情形。但是这种自然神观念在殷周之际有了转变，那就是要让上天满意不能仅仅依靠祭祀或祈祷，还需要日常的修德积善，行为端正，否则上天也一样会怪罪下来。这首歌谣就很清楚地说明了当时的人们已经不会再把社会的混乱状况仅仅归咎于上天了，而更要追究当政者的责任。这是中国文化能够很快从自然神崇拜文化转变为世俗文化的关键一环，就导因于这种观念上的变化。这种宗教信念上的转变也是民间政治意识得以萌发的可能性条件。如果人们始终被某种绝对的宗教信念所左右的话，那么，现实社会的政治状况就不会轻易让百姓来置喙了，因为那些君主帝王都会被视为这种宗教信念不可置疑的代表。

> 谓天盖高？不敢不局。谓地盖厚？不敢不蹐。维号斯言，有伦有脊。哀今之人，胡为虺蜴。　　心之忧矣，如或结之。今兹之正，胡然厉矣？　　忧心惨惨，念国之为虐。《小雅·祈父之什·正月》

这是对现实政治状况的哀号，说天那么高，可我们也不得不低头弯腰，地那么厚，可我们还是要小心翼翼地走路。我们这样的哀号是有缘故的，因此现在的人才会把那些君主贵族们视为灾难的根源。今日的政治为何这样暴虐无道啊，为何这样混乱啊，想起来就令人忧愁啊。一个氏族社会要混乱到什么程度，才会被人们这样咒骂呢？而且这种糟糕的状况并不是仅仅由于战争失败而引起的，也不是仅仅由于外部力量的侵入导致的，而主要是自己内部那些君主贵族的昏庸无能或胡作非为带来的。因此，对自己社会生活内部治理状况的强烈“关注”，就很自然地为政治意识的产生奠定了深厚的生活基础。

抑此皇父，岂曰不时？胡为我作，不即我谋？彻我墙屋，田卒汙莱。曰予不戕，礼则然矣。……黾勉从事，不敢告老。无罪无辜，谗口嚣嚣。下民之孽，匪降自天。噂沓背憎，职竞由人。《小雅·祈父之什·十月之交》

这是对君主贵族很具体的抱怨，指责君主贵族们说你们为什么不检讨自己的过错啊？就知道不断让我服劳役，都不与我商量，还拆毁我的房屋，不让我耕作自己的田地，以至于田里没水又杂草丛生，还说我并没有受到伤害，礼制就是这样定的。我一直勤劳做事，都不敢抱怨。可是周围的人都议论纷纷，都说老百姓遭受灾祸，不是来自上天，而就是由于你们仗势欺人、使劲抢夺我们造成的。从后来的历史现实，我们可以看到，对昏君和贪官的这种抱怨和谴责持续了三四千年。那么，面对这种状况究竟应该怎么办呢？这是今日的我们深感困惑的疑问，其实也是三四千年以前的人们所渴望知道的。而这一疑问和渴望，就源于这种深深的生活诉求。这种生活诉求也是一种心灵呼号的声音，特别能够促动人们心灵世界的开启，迫使人们发动起自己的精神力量以面对真实却惨淡的生活。但是在另一方面，虽然这种方式对于社会主体意识的产生有很大的刺激作用，然而可惜的是，这毕竟是以一种病态的方式发挥作用的，并不能有益于主体意识的顺畅运转或健康成长，很有可能反而会对其造成某种隐含的威胁或阻碍。这与我们在半坡部落的彩陶人面鱼纹盆的图案中所揭示出来的那种健康的、洋溢着清新气息的艺术灵感，就不可相提并论了。这种出现于主体意识萌芽期的原始情态，隐含着文化意识形成自身特色的土壤，对后面的历史现实有着深远的影响，是我们不能不特别注意的。

旻天疾威，敷于下土。谋犹回遹，何日斯沮？谋臧不从，不臧覆用。我视谋犹，亦孔之邛！　　不敢暴虎，不敢冯河。人知其一，莫知其他。战战兢兢，如临深渊，如履薄冰。《小雅·小旻之什·小旻》

这也是对昏君或贪官祸乱国政的指责，说如今天下灾祸遍地，都是你们胡乱谋划的结果，为什么有好的办法也不用呢？却偏偏按照邪僻荒谬的谋划管理国政！人们对那些来自自然的危害都懂得躲避，像猛兽或深水，可是哪知道还有来自你们的危害呢？你们的危害是大家都无法预料到的，以至于大家时时都不得不小心谨慎，就像临近深渊或在薄冰上行走一样战战兢兢。这首歌谣显示出人们对昏君昏官的愤怒，几乎已经到了不可忍受的程度。虽然据考证这是描写西周时期的事情，不过也能大体反映出殷商时期人们就可能经常会有类似的情绪和这种情感表达的方式，因而才会形成这样风行的民谣。当然在商周时期君王和诸侯，或者较大的宗族都已经实行世袭制，而不像在远古部落中通常是以推举的方式选定首领。商周时期即使是那些辅佐君王的百官，也往往都是世袭的，像商初丞相伊尹那样来自民间的实属凤毛麟角。而世袭制带来的问题就是后继者是否能够胜任其责。我们纵观历史，得到的答案基本都是否定性的，难得有个别一两个好一点的。从《诗经》中的这些歌谣我们已经可以看到，世袭制所带来的弊端在商周时期就已经较为明显地表露出端倪来了。原始社会生活的这种状况说明人们的文化意识在成形的最初阶段就受到了某种压抑，导致人们的心灵空间始终处于浓重的阴影笼罩之下，难以得到健康成长。只有当人们有能力且实际地彻底祛除这种阴影的时候，其精神状态才能真正地焕然舒畅。

弁彼鸒斯，归飞提提。民莫不穀，我独于罹。何辜于天？我罪伊何？心之忧矣，云如之何？《小雅·小旻之什·小弁》

这是表达对无法理解的社会状况的郁结情绪，抱怨说小鸟都在往来飞翔，人们都想好好地生活，可是我却罹患灾难，这到底是因为什么呢？好让人忧心如焚啊，怎么办呢？正常的生活状态被无缘无故地破坏，以至于人们感到无所适从。当人们刚刚脱离原始的自然生活状态，进入到开始能够自我把握的社会生活方式时，却经常陷入到这种难以适应的彷徨境地，这对主体意识的健康发展将是极为有害的。这里显示出人们有一种"正常的"精神趋向（源自陶器时代的灵光闪现和其后较为顺利的培育），却与当时的社会生活状况之间出现了不相适应的摩擦。这种"精神"摩擦如果不能得到有效的缓和并逐步消除，那么，就很有可能导致精神趋向逐渐产生不引人注意的"偏差"（即病态），再假以时日，也就是如果"偏差"成为常态的话，人们的精神状态就将以这种"偏差"为"正常"，以"病态"为"常态"了。这种有所偏差的精神趋向无疑还会影响人们在理性、情感、意志或信念等方面的健康发展，并造成社会主体意识的暗淡或滞涩，难以顺畅发挥作用。

> 溥天之下，莫非王土。率土之滨，莫非王臣。大夫不均，我从事独贤。　　或不知叫号，或惨惨劬劳；或栖迟偃仰，或王事鞅掌。或湛乐饮酒，或惨惨畏咎；或出入风议，或靡事不为。《小雅·北山之什·北山》

混乱的社会状况令百姓抱怨，也会令一些中下层官吏不满。就如这首歌谣说的，广大的天下都是君王的疆土和臣民，为什么有的人很轻松，我却干着极为艰苦的事情呢？有的人不被征召去干活，可以整天游手好闲，或狂欢饮酒，或只知高谈阔论，而有的人却一直都在辛劳地干活。这些官吏能够意识到政治生活的不正常，是从感受这种不公正的待遇上开始的。政治生活的混乱也意味着社会管理或政治行为不会是在大家所认可的公正原则下进行的，必然是上行下效，大部分官吏都在胡作非为。良好的政治行为和政治秩序在这种情况下几乎是不可能出现的。那么，有得势得利的官吏，也就会有不得势不得利的官吏。这些不得势不得利的官吏也同样会抱怨不止，指责那些得势得利的人。他们因此也与普通的百姓有了共同语言，一起来谴责这种“不好的”政治状况。进而，他们还会一起来想办法争取改变这种状况，以恢复成他们所希望的“好的”政治秩序。但是，这些失势失利的官吏与普通百姓的政治愿望是否能完全一致，是大成疑问的。在两千多年中国社会的政治现实中我们可以看到，这些失势失利的官吏往往只是策略性利用了普通百姓的政治诉求而已，一旦他们成功，他们的所作所为一般也与其前任没有根本的区别，可说是一丘之貉。因而社会生活如何能以众所认可的公正原则进行，是社会主体意识所即将面临的一个重要问题。这个问题产生自社会主体意识的萌芽时期，即在人们刚刚从原始状态转入社会生活的时候就出现了。当然，这也是任何政治生活本身所必然含有的本质性内容，即社会政治生活如何组织的问题。在中国文化的进程中，这个问题要到春秋时期才被人们自觉地提出并加以探讨。

不过这里有两句话需要我们给以特别留意，就是“溥天之下，莫非王土。率土之滨，莫非王臣”。这是说天下的一切都是属于君王的，并特别用“土地”和“民众”这两点来表示。这种“私有天下”的观念不知是源自于夏禹时代还是直到西周时期才出现的，但是在夏殷时期看来已逐渐显露出端倪来，例如夏桀和殷纣王的草菅人命，随意处置天下事物，都有“天下为我所有”的意识。尽管那时这种“私有天下”的观念可能并没有从法则上被确定，也恐怕没有被所有人认可。因为那时毕竟还没有完全脱离原始的宗族意识，对本宗族内的一切人或物，首领可以有支配权，却未必全部都能有所有权，而对本宗族外的其他部落宗族而言，就更不好说全部都“属于我所有”了，其他那些部落宗族只是愿意进贡，承认夏或商部落的领袖地位而已，并不代表完全“属于”夏或商。即使到了“周革殷命”，周朝取代殷商而成为天下的领袖，也不敢说各地那些部族就完全“属于”周朝了，特别是像周初时期的东夷、西戎、北狄或南蛮之类的地方和部落了。

不过，不论这两句话及其“私有天下”的观念究竟是什么时候开始得到普遍认可的，我们不得不承认这两句话对后世的影响是极其巨大和长久的。从此中国文化中传统的社会政治生活就是以这两句话为基本背景而组织起来的，又奠定了传统社会政治组织原则的基础。在这一观念下，儒家理想的“公天下”已经没有可能，传统社会始终都处于“私天下”的状况。这使得民众也不再能够有完全自立的意识，而只能成为君王的所有物或附属物。即使是作为社会精英分子群体的儒家知识分子，也同样逃不脱这一命运。当然，在西周时期，或甚至在春秋战国时期，这一观念即使有也还未能完全成为现实。“私有天下”的观念完全成为现实无疑是在秦始皇统一天下、建立秦朝之时才开始的。自此，中国文化的主体意识也走上了被长期抑制的历程，成为两千多年文化传统所面临的最重要问题之一，始终难以得到有效的解决。这是 20 世纪初期从辛亥革命到新文化运动时中国传统文化备受抨击的主要理由之一。这固然有儒家的责任，但也有更深层的原因。究其源头，《诗经》里的这两句话所表达出来的“私有天下”观念实在是难辞其咎。只是不知这首歌谣是汉代儒者所编，还是在西周之时就确有这样的民谣了，又或者是汉代儒者在原有民谣里加上了这两句话也未可知。① 我们这里只是提出这一观念在《诗经》中的出现，指出这是中国社会主体意识萌芽期一个十分重要的现象，后面还将继续追踪这一观念的逐步成熟和发展，并转成现实

① 六经的版本向来争议不断，《诗经》也同样如此。现有《诗经》版本源自西汉的毛亨所作《诗经古训传》，后传给毛苌，经东汉末年郑玄整理作注，逐渐盛行，致使汉代的其他三家版本在唐宋以前都失传了。毛诗称其版本来自孔子的学生子夏，而子夏是根据孔子所删定的诗经篇章整理保存的。不过这些说法也都有很多疑问，现在已不大容易考证清楚了。

化的社会意识过程。

> 哀我征夫，独为匪民！匪兕匪虎，率彼旷野。哀我征夫，朝夕不暇。《小雅·都人士之什·何草不黄》

歌谣哭诉说我们这些战士难道就不算人吗？又不是野牛或老虎，怎么不让我们休息，在旷野里没日没夜地行军打仗呢？从这首歌谣我们可以看到，普通民众对战争态度的转变已经不仅仅是由于想家或对生死的担忧了，而有了更深一层的感受或思考，就是不再只是把自己视为简单的战士，像原始部落生活中那样，只要来到军队中就应该只知道盲目地服从命令并英勇杀敌。此时的这些战士已经有了自己的日常感受和情感，也有了战场上的独立意识，要求自己应该像个“人”那样被对待，而不只是被“役使”或“驱赶”的野兽。自此之后，军队的将领不再能够只凭官职军衔的权威就可以轻易地统帅士兵了，而要尽可能做到“爱兵如子”才行，否则，普通士兵就可能牢骚满腹，难免酿出兵变来，至少是不那么愿意遵守军令了。这一点到了春秋战国时期才被较有见识的军事将领所清楚地认识到。

> 皇矣上帝，临下有赫。监视四方，求民之莫。维此二国，其政不获。维彼四国，爰究爰度。上帝耆之，憎其式廓。乃眷西顾，此维与宅。作之屏之，其菑其翳。修之平之，其灌其栵。启之辟之，其柽其椐。攘之剔之，其檿其柘。帝迁明德，串夷载路。天立厥配，受命既固。《大雅·文王之什·皇矣》

这是周朝建立后王朝对周文王和周武王的赞颂。这里的“二国”是指夏和商，说这两个朝代政治混乱，因而上天经过考察之后很生气他们的争权夺利，就打算挑选周围四方的其他部落国家中有德行的，把天下和天命重新赋予给他，就像修理枯树一样，把坏掉的除掉，再种植新的。周朝取代殷商，很经过了一番观念上的“革命”。因为殷商宗教意识浓厚，鬼神崇拜盛行，一向被认可是受了上天的眷顾而得以承受天命才统治天下的。因而要想取代殷商就必须把其身上的“天命”转移过来，才好获得新的统治合法性。这一“转移”就是认为只有“有德行的”人才能够保有天命，“无德行的”就不会再得到上天的眷顾从而也就失掉了“天命”。这种政治观念在《尚书》中有更多的阐释，我们后面再仔细讨论。而《诗经》里是以文学语言来表达这种政治观念的，比较容易得到普通百姓的共鸣，从而争取社会上对新朝代的认可。

民亦劳止，汔可小休。惠此中国，以为民逑。无纵诡随，以谨惛怓。式遏寇虐，无俾民忧。无弃尔老，以为王休。《大雅·生民之什·民劳》

可是新朝代（周）也与旧朝代（商）没有什么大的分别，经过若干年之后其原有的“德行”也逐渐荡然无存了。这首歌谣就是对这种政治的嘲讽，说百姓太劳累了，能不能让大家安定呢。不要再实行诡诈欺骗了，也不要再暴虐抢掠了，要好好爱护民众，不要让他们总是忧虑。这时的普通民众已经能够通过歌谣来表达自己的生活情感和主体要求了，而这是在那些青铜器的铭文或甲骨文上的卜辞中难以见到的，因为铸造青铜器和以甲骨占卜都是君王或贵族的专利，普通百姓是没有这个政治资格，也没有这个经济实力的。另外，尽管有一些歌词是朝廷专人写作的，可是要想让这样的乐曲在社会上流行开来，没有民间的情感基础就不容易了。因此，我们在《诗经》中能够见到较多这类主题的歌谣。

荡荡上帝，下民之辟。疾威上帝，其命多辟。天生烝民，其命匪谌。靡不有初，鲜克有终。《大雅·荡之什·荡》

社会政治的败坏令民众连上天的权威也敢蔑视了。这首乐曲就是诅咒上天已经完全不管百姓的生死，说上天与下面的暴君一样邪恶，既然生下我们这些民众，却不认真照管我们，开始还能好好对待我们，但是过后也暴虐无道了。我们从中可见人的生存欲望是多么强烈，如果被压迫到无法生存的地步，那就可以蔑视或挑战任何权威。这种生命力量在《诗经》中得到了很好的表达，以致后来的思想家们都不能不深切地顾虑及此，也就是意识到了社会治理的重点何在。这产生了一个意料之外的结果，就是这种生命意欲的强烈情感并没有使民众自身的政治意识变得成熟，反而只是作为“民声”、“民心”或“民意”提供给后来的统治群体作为社会治理的参考背景，即强调“民生”作为实行“德政”最为重要的政治原则之一。当然，民众深受暴虐政治的残害却只是对上天进行谴责，表明了原始的自然宗教观念对人们的影响尚未能够消除，还是把自己的命运系于某种神圣的外部力量。这种状况到了春秋战国时期才有了解决的可能，但是很快又不期然地受制于某种社会或观念权威的宰制，导致社会主体意识始终难以顺畅地展开。这是我们将在后面进行探讨的主题。

菀彼桑柔，其下侯旬，捋采其刘。瘼此下民，不殄心忧。仓兄填兮，倬彼昊天，宁不我矜？　　忧心慇慇，念我土宇。我生不辰，逢天僤怒。自西徂东，靡所定处。多我觏痻，孔棘我圉。　　维此惠君，民人所瞻。秉心宣犹，考慎其相。维彼不顺，自独俾臧。自有肺肠，俾民卒狂。《大雅·荡之什·桑柔》

这首乐曲的歌词较长，也是表达对混乱政治的质疑和抱怨，但是文学色彩浓厚许多。歌词说茂盛的大树有绿叶可以为大家遮阴，可是你们却把树叶都摘掉了，以至于晒苦了树下的百姓，让百姓好愁苦啊，上天为什么不哀怜我们呢？看来我们刚好是碰到上天正在发怒，弄得我们无处安身了。好的君王我们会很敬仰，可是昏庸的君王却独断专行，压迫得百姓都要疯狂了。殷商时期尽管有了甲骨文，西周也有了叙事功能更强的文字（如青铜器上的金文），但是就一般的百姓而言，还没有使用文字的可能，因此只能通过唱歌来表达自己的感受。那时人们的社会政治意识也仅仅处于萌芽的状态，只知道这样的社会管理让自己无法好好地生活，可是应该如何建立一个好的社会生活，或者遭遇到这种暴政又应该如何应付，却还没有相应的想法。例如那时的百姓还不会集中起来商量改换一个君王，更不会像后世那样揭竿而起，最多可能会逃跑去其他部落，也可能躲进深山老林，但是绝大多数人还是不得不忍受着，直至丧命。就那时人们的日常生活而言，会自然产生出一些表达情感的方式，如唱歌跳舞或逢年过节举办一些仪式活动等等，途径不多。在这些日常的情感宣泄中，人们的政治诉求、伦理交往、艺术灵感或理性能力等等文化意识都能得到触发和培育。这也是原始文明启蒙时期人们在自发地学习如何来培养自己各方面的能力，自发地来建构自己的社会文化。到了春秋战国时期，这种意识才算是较为自觉，能够有意识地为自己尽可能建构出一个“好的”社会生活。这也是中国社会主体意识把握自己生活的主要内容之一。

瞻卬昊天，有嘒其星。大夫君子，昭假无赢。大命近止，无弃尔成。何求为我，以戾庶正。瞻卬昊天，曷惠其宁？《大雅·荡之什·云汉》

这是出自官员大夫之手的歌词，说上天和星星都在关注我们的祷告，因此一定要诚心无假，不要放弃，这样才可以安定民众和百官。祭祀在远古到商周时期都可以说是十分流行的社会活动。这源自刀耕火种时代人们对自然力量如雷电水火等等的恐惧或惊叹，并逐步地转为一种崇拜意识，以此来规范自己的行为和观念。这种宗教心理也是最为原始的文明萌芽，是原始人类精神萌发的活动方式之一，在相当长的时期内对人们的行为举止都有很大的影响。这对原始部落生活中的人们消除恐惧、获得勇气，是很有帮助的。在殷商时期，人们的宗教意识还很强烈。但是到了西周时期，人们的宗教意识开始有了慢慢的变化，那就是时常发现占卜的结果并不准确，或者是被逼无奈也只好把占卜结果弃之不顾了。于是人们开始考虑，究竟怎样才能更合理地提高占卜的准确率，也就是什么因素能够影响占卜的结果。这就有了“德”的观念，即有德的人或行为，才能得到上天的眷顾，才能获得好签。而这一转变也正是西周以降儒家思想逐渐兴起的根源。

瞻卬昊天，则我不惠。孔填不宁，降此大厉。邦靡有定，士民其瘵。蟊贼蟊疾，靡有夷届。罪罟不收，靡有夷瘳。人有土田，女反有之。人有民人，女复夺之，此宜无罪，女反收之。彼宜有罪，女复说之。《大雅·荡之什·瞻卬》

这是说上天就是不给我们施恩，始终不让我们安宁，降下了这个灾难，国家没法安定，人们都像禾苗害了病一样，没有尽头，有罪的人到处肆虐，而有病的人却好不了。人家有了土地，你去占有，人家有了家奴，你也去抢夺过来，没罪的人被你抓去，而有罪的人却被你放掉。这也是一首较长的歌谣。此时的人们已经能够以歌唱的方式把政治生活中的各种不平都较为详细地表达出来了，而不再是简单朴素的抱怨而已。这说明人们对各种政治行为都产生了十分细致的观察，也能逐条地加以评判了。于是，人们的政治意识也随之不断变得更加清晰，也更加警惕，不会轻易地被政治谎言或手段所蒙蔽。当然，道高一尺，魔高一丈。普通的民众要想应对恶劣的政治环境毕竟不容易，只是统治群体要想在政治行为上任意妄为就不那么轻松了，总是难免会受到人们的激烈抨击的，因而促使他们不得不多动动脑筋了，或者就要好好考虑一下后果才行。这也在一定程度上对统治群体起到一点点的约束作用。

思文后稷，克配彼天。立我烝民，莫匪尔极。贻我来牟，帝命率育。无此疆尔界，陈常于时夏。《颂·周颂清庙之什·思文》

这是对周人的先祖后稷的赞颂，说他的文德可以配享上天的恩泽，以种粮养活了民众，德行广大，这是上天的赐福，让我们可以繁育昌盛，遍布四方都不忘农事。后稷主农耕，也是周部落得以强大起来的主要原因，并因此而替代了商朝。这一点也构成了中国文化传统逐渐成形的历史背景，特别是对儒家思想有着深远的影响。

以上这些《诗经》中的歌谣片段只是我们较为随意摘取出来的部分，不能说非常准确地代表了《诗经》的全貌，而只能说大体上体现了《诗经》所反映的殷周时期的精神状态。我们可以把以上这些解读做一个总结，归纳为以下几点：

第一，那时的人们有了对于普通的日常生活行为的规范意识，也就是开始较为清楚地知道这些事情“应该”怎么做才是“对的”或“好的”，而不能任性妄为、顺其自然，即不“应该”去做“错的”或“坏的”行为。并且这种意识还从很具体的行为规范上升到了很一般性的行为规范，即要讲究自己的“德行”。这种规范意识使人们产生了基本的价值观念，即有了“是非”、

“对错”或“好坏”的价值意识。

第二，那时的人们有了“自己的家”的意识，开始逐步关注自己家庭的生活是否幸福愉快。这使单纯的自我意识扩大到父母、配偶和子女身上，是自我意识社会化过程的必经阶段，即形成主体意识的开始。这也包括男女之情、与父母或子女关系的社会化过程，即男女之间、与父母和子女之间都不再是原始生物本能的自然关系，而被赋予了情感、责任、义务和理性等等社会性内容，且逐渐涉及政治、经济、军事、伦理或宗教等等方面的社会性关系，成为社会生活网络中的构成性单元。

第三，对自己小范围内生活环境的关注，使人们有了越来越强的生活意识，即有了“好的”或“坏的”生活的区别。这源于人们在自己的生活中感受到了美好的一面，而产生了对这种美好生活的情感和愿望。由此，人们开始有了明确的生活诉求，即盼望美好、幸福的生活，而不是令人痛苦的生活。人们也因此开始学习如何来建立和经营这种“自己的”生活，并力求把它建设得美好，即以这种情感和愿望作为一种积极生活态度的价值导向。这种原发的生活诉求成为个体主体意识力求把握自己生活的根源和促动力，同时也是社会主体意识力求把握社会生活的根源和促动力。

第四，随着人们生活上的变化，在生存能力、记忆能力、理解能力、自觉意识和规范意识等等方面的提高，社会生活变动频率的加快，人们开始有了较为清晰的历史意识，也就是能够运用规范意识于社会生活的变化上，把以往发生的事情与现实生活状况进行比较，感悟出社会事务的价值意味来。这种历史意识是对社会生活进行价值判断的基础。时间感越强，规范意识就越敏锐，价值意识也就越清晰。

第五，随着规范意识、生活意识和历史意识的提高，人们也开始有了越来越强烈的政治意识。这是由于人们最初对美好生活的诉求与混乱的政治现实状况之间产生了摩擦所导致的。这种摩擦越大，人们的政治意识也就会越来越强烈而清晰起来。看来在殷周时期这种政治混乱较为常见，因而在《诗经》中比比皆是这种原始的政治诉求，即通过歌谣的方式谴责那种给自己的生活带来灾难的政治状况。这种政治意识即是人们已经能够感悟到社会生活的政治状况是有“好的”和“坏的”之分的，因为它们分别给自己的现实生活造成了完全不同的影响。这表明，对政治状况的价值判断就源于它与人们的日常生活状况之间的关系，而不是其他什么标准。也就是说，人们的生活诉求与其政治诉求是一致的。

第六，人们的政治意识既有很具体的内容，也上升到一般性的价值判断。人们对社会政治状况的意识已经包括了很多方面的内容，如对政治人物（君王或贵族大臣）的价值和作用有了评价意识，对他们的具体行为有了评价意识，或对他们的品质有了评价意识，等等。人们开始区分什么是“好的”或“坏的”政治人物、政治行为或政治品质等。而这种价值判断也与人们的生活诉求是一致的，即都要视其是否能够为人们的生活带来幸福愉快为准则。

第七，从《诗经》的歌谣内容看，在这一时期人们的生活状况并没有受到太多自然因素的威胁，如旱涝灾害之类，而主要是被混乱的政治状况和战争活动这些人为造成的因素所破坏，因此人们把自己的生活困境基本上都归咎于君王或贵族大臣身上，认为他们大都不能胜任其责，要求他们反省自己的罪过。

第八，人们的生活诉求和政治诉求可以强烈到蔑视一切权威的地步，除了君王或贵族大臣以外，甚至还可以完全无视上天的至高权威，并没有绝对的力量可以束缚住人们对美好生活的愿望和追求。这也使得后世的人们不得不重视这种“民生”或“民心”，否则是无论如何都不能得到人们的认可的。

第九，人们对战争的观念也已经有了转变，不再把自己视为一个单纯的部落战士了，而有了自己独立的意识，如不再愿意参加战争，而更愿意守好自己的家庭；不再视战争为生活资料的必要来源，而更愿意在自己的一方田地上劳作，就足以满足自己的生活所需；即使在战场上人们也不再盲目地服从，而有了自己对军队生活的看法和要求。这都说明人们的自我意识在更广泛的范围内得到了体现，特别是在战争这种关系重大的事情上。

第十，人们对战争态度的转变也导致不再愿意与其他社会群体（如其他部族）处于战争的敌对状态，而希望能够与之建立友好的关系。因此，人们开始学习如何与陌生的他人相处，以建立一种新的社会关系，而不仅仅是宗族内的亲缘关系。这表明人们要开始适应一种人际关系更为广泛的社会生活了。

第十一，那时的人们也有了宗教观念上的变化，即不再是简单的自然神崇拜，而添加进了自身主体努力的因素来影响上天的态度，从而使完全被动的鬼神崇拜转变为较为主动的现实态度，增加了自己把握生活的权利，而不再视其为完全由上天所左右的结果了。这种宗教观念的转变促使人们注意自己日常的“德行”（而不仅是祭祀与否），也要注意祭祀中的诚敬态度（而不是祭品的好坏），否则将不会获得上天的眷顾。即使以前得到过上天的保佑，这种“天命”也会被转移而不再能够一直拥有。这一宗教观念的转变也成为后来儒家思想得以出现的历史缘由之一。

第十二，“私有天下”的观念开始出现。不过这在《诗经》中还只是孤证，不足以说明那时的人们普遍接受了这种观念。至少应该是到了春秋战国时期，甚至在秦汉之后，人们才逐渐了解了这种观念（而不能说认可了这种观念）的真实含义。在殷周之际，私有观念还较为朦胧，似乎仅限于部落内的范围，只是对一些具体财物（奴隶在当时也属于财产）的所有权和支配权意识，恐怕还没有清晰地扩展到一般性的法律上的私有观念，更谈不上扩展到“天下”如此大的地步了。不过那时也很可能产生了这种一般性所有观念的苗头，例如在某些君王或贵族大臣的思想意识里，只是还没有被民间的普通民众所意识到而已。

最后，随着这种一般性私有观念苗头的出现，政治生活中的君王或贵族大臣作为这种一般性私有观念的持有者和现实代表，开始逐渐与普通民众之间形成了一种对立的关系，成为抑制和阻碍普通民众主体意识成长的主要现实权威力量。在社会生活的形成和初期的发展阶段，普通民众只有对自己的家庭生活范围内的事物产生所有观念(如自己的家人、日用器具、房屋田地、奴隶及日常的生活方式等)，而不会对整个部落宗族甚至社会性事物产生所有观念。但是那些君王们就不同了。他们由于已经习惯于对部落宗族性事物进行支配、对狩猎或农耕等活动的组织或对战争及其战俘的决定等等，因而很容易产生更广范围的所有观念，并进而又上升为一般性的所有观念，同时他们也很清楚地知道他们自己就可以成为这种普遍观念的代表，也就是成为整个部落宗族的所有者，再进而成为整个社会的所有者，以至于整个天下也都可以成为他们的囊中之物了。但是，对整个部落的所有与普通民众的个人所有之间是很容易形成相互冲突的，而这正是《诗经》中的歌谣所反映出来的那种人们对美好生活的愿望和追求与混乱的现实政治状况之间的“摩擦”不断出现的观念上的根源。我们从后来的两千多年历史进程中看到，这种观念上的冲突始终没有得到恰当地解决。这也导致了20世纪初期的辛亥革命和新文化运动等许多激烈事件的爆发。本书将追踪这种冲突之所以无法得到有效缓解或消除的社会性和理论性原因。

如果我们把《诗经》中的三百多首歌谣都审视一遍，那么或许就能够对商周时期人们的精神状况有一个更好的了解，因为这些歌谣淋漓尽致地传递出了那时人们的心灵呼声或生活诉求。而正是这些呼声或诉求，引发出后来春秋时期众多思想家们的回应。尤其是儒家的思想发展，就与《诗经》中的心灵世界有着内在的关联。孔子曾说：“诗，可以兴，可以观，可以群，可以怨。迩之事父，远之事君。”(《论语·阳货》）而且孔子还教导自己的儿子孔鲤和学生们说："不学诗，无以言。"（《论语·季氏》）可见孔子对《诗经》的重视程度。

第四节　中国社会主体意识的萌芽

我们把新石器时代中期的仰韶文化到商周之际称为中国社会主体意识的萌芽期，并以半坡文化中的彩陶人面鱼纹盆为例探讨了萌芽初期人们的灵光闪现，又以《诗经》中的歌谣为例分析了萌芽后期人们的精神状态。这个彩陶制品的艺术图案富于创作灵感，洋溢着明快喜悦的清新气息，体现出人性萌动时整个身心处于较为明显的愉悦状态和健康趋向。这在仰韶文化时期的各类出土文物中都可以说堪称代表，尽管其他那些普通陶器、石器、骨器或玉器等等也或隐或显地展示出类似的心灵特质。而《诗经》是我们现在所能看到的反映远古时期普通民众内心世界最早的文字作品，是《尚书》、《周易》或《国语》所无法提供的，也是那些甲骨文或金文一般不会涉及的主题，尽管他们从侧面也对此有着或远或近的关联。从《诗经》的歌谣中，我们已经能够感受到那时人们的各种文化意识都有了较为丰富的内涵，并有着积极的生活态度，因而对自主地把握生活产生了强烈的欲求。同时，我们也能瞥见来自社会生活的阴霾一直笼罩着人们的灵魂，表明中国社会主体意识的成长不会是一帆风顺的，将难免充满坎坷和磨难。总而言之，这两个例证都不是我们随意选择的，而有着较为典型的代表性意义。

当然，仅仅对两个例证的分析就要得出一般性的结论，似乎是很不够的。我们无疑应该分析更多的案例，以丰富我们对远古时期人们文化意识萌芽状况的了解。比如，石器和骨器的形状，钻孔或材质的选择，陶器和玉器的形状、花纹、做工的精致程度或图案由简到繁的演化，房屋建筑的结构设计和装饰，居住场址的选择和构造，农耕、饲养和纺织技术的进步，青铜器到铁器的冶炼、制作和设计工艺，文字由象形图画到会意叙述的演进过程，历史传说的隐喻，宗教祭祀观念的变化，社会习俗的逐步形成，社会组织的结构过程等等，都可以从各种不同的角度向我们揭示远古人类社会生活的精神面貌，让我们更为全面广泛地欣赏和感受中国社会主体意识萌芽初露时的心灵气息。只是，就本书的主题而言，这两个例证已经较好地呈现出中国社会主体意识萌芽时期的精神状况。毕竟，这一萌芽还不能说已经破壳而出，还没有清晰地形成广阔的意义空间和完善的结构，在各个方面尚处于稚嫩朴拙的程度。也就是说，那时的人们自觉意识还不够明确，还不能主动地开始把握自己的社会生活，还仍然只是不由自主地展现出的心灵呼唤和情感倾向，尽管这一“呼唤”显得是那么焦灼和急切。

第四章　宗教意识：早期中国社会的意义之源

天命玄鸟，降而生商，宅殷土茫茫。
古帝命武汤，正域彼四方。
方命厥后，奄有九有。
商之先后，受命不殆，在武丁孙子。
武丁孙子，武王靡不胜。
龙旂十乘，大糦是承。
邦畿千里，维民所止。
肇域彼四海，四海来假。
来假祁祁，景员维河。
殷受命咸宜，百禄是何。

——《诗经·商颂·玄鸟》

我们并不好说中国社会主体意识的觉醒具体是在时候开始的，因为这种“觉醒”并非是突然之间发生的，也并非可以用某个具体的事件来加以证明，而应该是一个很长的经验过程，并且与前面的萌芽期还可以有一定的重叠。

由于现实情境因素复杂的影响，中国社会生活一方面在各地方发展得不是很平衡，例如黄河中游流域相对而言原始文化出现较早，文化意识较为浓郁，而在其他边远一点的地方，可能就相对淡薄一些。不过，这也不能绝对地讲，例如在长江上游的四川盆地和下游流域的江浙地区，文化意识就十分发达，这从四川广汉的三星堆和成都的金沙文化遗址或浙江宁波的河姆渡文化遗址中的出土文物上都能够感受得到。只是他们对中原地区的社会生活和历史进程的影响相对较小，因而人们不免有所忽视。另一方面，在殷周时期，中国社会的各个领域发展得也不是很平衡，例如周部落的农业较为发达，而商部落的人很会做贸易，古蜀国的人擅长冶炼青铜器，东夷部落的人又比较喜欢渔业等等。另外，除了经济以外，他们在社会政治组织、城市建设、语言文字、雕塑装饰艺术或宗教祭祀习俗和观念等等方面，也都各有参差，显示各地在自然地理环境差异的影响下逐渐产生出自己的文化特色。

我们还是要借助文字作品来了解远古时期人们自觉意识的产生情况，毕竟其他文物只能是间接地进行说明，而不像语言文字是内心世界的直接表达。不过，文字的出现也是一个长期的经验过程，像在仰韶文化时期的一些陶器上已经有了类似符号式的图画，如半坡文化的彩陶上就有符号，山东潍坊昌乐和大汶口文化的陶器，或甘肃临洮马家窑文化的陶器上也有一些象形符号。但这些符号还不大像是有叙事意义的语言表达，而可能仅仅是一些较为单纯的记号，如计数或表示归属之用，也可能只是画着好玩，觉得好看。虽然这也可以视为文字的起源，但还不能清晰地展示原始人群的心灵意向。

第一节　统治意识的出现

就我们现在的考古发现而言，较为正式的文字应该是殷墟出土的甲骨文

(其他地区也有少量、零星的甲骨文出土，如周原甲骨)。从目前已经破译的部分内容来看，甲骨文是殷商王室或贵族大臣占卜结果的记录（卜辞），主要是对战争、祭祀、围猎、人事任免、农业收成、生老病痛、婚姻生育、天文气象、外交或宴乐活动等等方面的事情进行占卜以问吉凶，好决定行止。从甲骨文的情况看，历史记载“殷人尊神，率民以事神，先鬼而后礼。”(《礼记·表记》）的说法是有根据的。这说明殷商时期人们有着很浓厚的自然神崇拜观念，还没有从原始的自然宗教阶段明显地摆脱出来。这同时也表明殷商时期人们的自觉程度还较低，还是完全依靠鬼神而不是力图依靠自己来把握生活。因此，我们只好把这种状况仍然归属于社会主体意识刚刚形成的时期，而不意味着主体意识的完全觉醒。

甲骨文随着殷商的灭亡而逐渐消逝，其后有周朝的金文取而代之，并逐步发展成我们现在的汉字[①]。金文即铭刻在金属制品如青铜器或铁器上的文字，也有的是刻在陶器雕塑或玉器上的，后来又开始刻写在竹简或布帛之上用来记述事情，就慢慢演变成现在所谓的“书”了。金文也与甲骨文类似，都是君王或贵族大臣们为记录重大事情而使用的，与甲骨文所涉及的主题基本相同，即关于战争、祭祀、围猎、人事任免、农业收成、病痛、生育、气候、外交或宴乐活动等等，只是对祖先或王侯们功绩厚德的宣扬赞颂方面的内容较多一些。

金文与甲骨文还有一个很重要的区别值得我们注意，这就是金文并非主要是对占卜结果的记录，而更多的是对一般性庆祝仪式的纪念性说明。这表明周朝的君王们已经不像商朝那样，把自己行为举止的规范原则都交于上天神鬼来决定，而是更为重视自己的品德和行为是否恰当，或是否能够像尧舜禹、周文王、周武王这些前代“圣王”一样，并按照这些祖先的

① 商朝也有铭刻在青铜器上的金文，只是数量很少，所刻字数也不多。

教导行事。因而在商周之间，君王大臣们对“恰当或不恰当”、“好或坏”、“对或错”、“是或非”等价值原则的具体内涵就有了很不相同的理解和规定。这些价值原则也就是这些君王贵族们治理国政举措的导向，是他们作为统治者的行为规范。当然，他们的行为宗旨很明显还是要竭尽全力保有帝位，也就是文王和武王打下来的天下。于是如何能够做到这一点，就成了周朝皇亲贵族们的头等大事。他们知道了要借鉴殷商灭亡的教训，否则天命也会从他们头上转移出去，失掉天下。但是借鉴什么，又如何借鉴，也就是作为统治者“应该”怎么做才是恰当的，才能成为一个合格的统治者而不会被推翻？这样的问题成为周朝统治者处心积虑所思考的，也因此促成了他们在治理国政观念上的转变，即不再像殷商那样凡事都直接交予鬼神去决断，而需要作出新的努力（“周虽旧邦，其命维新”《诗经·大雅·文王》）。

这一“新的努力”与我们在《诗经》中所感受到的殷商之际民众发出的“心灵的呼唤”有着很大的关系。周朝的君王大臣们与民众一样，其自觉意识也在逐渐萌醒，民众已经不再是可以随意摆布的愚民，而君王贵族们也不再是只知道任意胡作非为的昏君庸臣了，他们作为君王的自觉意识和把握国政（或整个社会生活）的能力也在逐渐提高。在他们看来，要想始终保有天下而不丢失，就要一直能够获得上天的垂顾才行；而上天的垂顾也就是要将管理统御天下生民的责任交予这个大地上的统治者；上天既然生下万千子民，就不会去任意蹂躏虐待他们，而会庇护他们；因此大地上的统治者就是要尽心尽力地替上天来庇护这些生民，照顾他们的生活，尽可能使他们免于痛苦；这样的统治者才是上天所满意的，一定会得到上天的垂顾，即把天下生民的统治权力一直交托给他。这一整套思路归结起来就是“敬德保民”，即尽心尽责地爱护照顾好天下子民。从这种考虑，我们可以看到，周朝的君王大臣们不再把君王帝位视为只是个人可以随心所欲的权力，只是个人享受荣华富贵的权力，而有着一定的责任和义务，是必须要尽到这样的责任和义务之后，才能够安心地保有和行使这种权力的。

这是中国文化传统中作为社会的治理者或所有者（即统治者）的主体意识萌发出现的肇端，也就是统治者（或统治集团）有了自觉的意识，不断思考或探讨统治的经验教训，总结出更恰当的统治思路，并以此制定出更好的统治策略。这也就是后世所谓的“帝王术”，在后来又不断吸收了儒家、道家、法家和阴阳家等等思想，逐渐趋向成熟，在传统中国社会甚至亦可称之为一门“博大精深”的学问了。

从下面几个西周时期青铜器上的铭文，我们可以大致了解那时的统治群体是如何努力去“对号入座”的。

这是西周早期的大盂鼎（图 4–1），上面的铭文（图 4–2）记载了西周早期周康王（生年不详—公元前 996 年）训诰和册命贵族盂的事情，非常典型地强调了殷商失掉天下的教训、周文王的教导、君王行为的规范（德行）和勤勉政事这几点。铭文有 286 个字，其中有：

图 4–1　大盂鼎，陕西郿县礼村出土

图 4–2　大盂鼎铭文，共 286 字，合文 10 个，刻在鼎腹内壁上

我闻殷述令，隹殷边侯田，与殷正百辟，率肄于酉，古丧自。　　今我隹即井秉于玟王正德，若玟王令二三正。今余隹令女盂召荣苟雍德巠，敏朝夕入谰，享奔走畏天畏。王曰："而令女盂井乃嗣且南公。"王曰："盂，廼召夹死持戎，敏諫罚讼，夙夕召我一人烝四方，雩我其遹省先王受民受疆土。"

大意是说：我听说殷朝丧失了上天所赐予的大命，是因为殷朝从远方诸侯到朝廷内的大小官员，都经常酗酒，所以丧失了天下。……我要效法文王的政令和德行，犹如文王任命几位贤能的执政大臣一样，现在我命令你，你要恭敬地协调纲纪，以德行为准则，勤勉地早晚入谏，奔走于王事，敬畏上天的威严。王说：你一定要效法你的先祖南公。王说：你要辅助我主管军队，勤勉而及时地处理赏罚狱讼案件，从早到晚都应辅佐我治理四方，协助我遵行先王的制度治理民众、治理疆土。①

班簋（图 4–3）上的铭文是西周中期周穆王（公元前 1054 年—前 949 年）时的贵族大臣毛伯告诫子孙毛班的话，强调了要敬德，认为没有君王的德行就会亡国。铭文（图 4–4）有 195 个字，其中说道：

公告氒事于上，唯民亡茁才，彝昧天令，故亡。允才顯，隹苟德亡攸违。

大意是说：毛公把他奉命灭掉东夷国的事迹告诉了上天，告诫他说，那些蛮夷是因为对宗庙和国家大事缺乏诚敬之心，违背了天命，才招致了灭

① 以下青铜器的铭文及其译文根据《商周铭文选注译》，译文部分有少许改动，以符合现代汉语习惯。见马如森：《商周铭文选注译》，上海大学出版社 2013 年版，第 130—137 页。

图 4–3　班簋，原清宫旧藏，出土无考

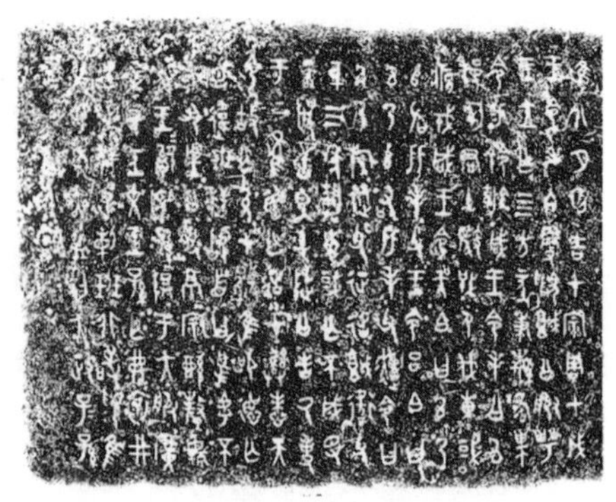

图 4–4　班簋铭文，共 195 字，重文 2 个，刻在鼎腹内的底部

图 4–5　毛公鼎，陕西宝鸡岐山县出土

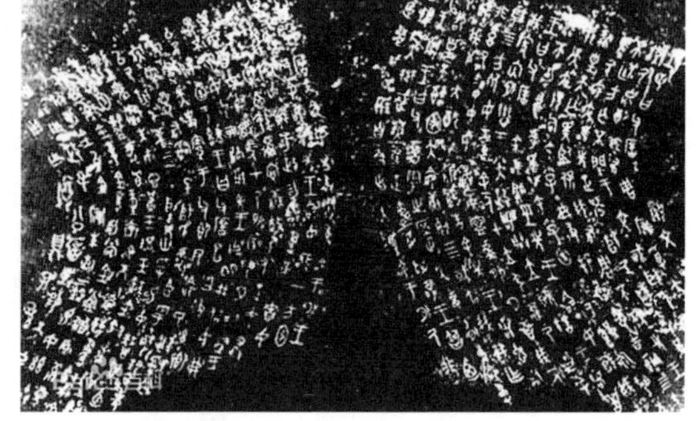

图 4–6　毛公鼎铭文，共 496 字，重文 10 个，合文 3 个

亡。所以要有虔诚纯正的德行，不要有一丁点的违背。①

毛公鼎（图 4–5）是西周晚期周宣王（约公元前 827 年—公元前 782 年）时代的青铜制品，是目前发现的所有青铜器中字数最多的，有 496 个字。毛公（名“歆”）是周宣王时的贵族大臣。铭文（图 4–6）记载周宣王册命和训诰他的内容，也堪称典范，可以很清楚地说明当时的统治群体对国家治理

① 马如森：《商周铭文选注译》，上海大学出版社 2013 年版，第 148—153 页。

问题已经有了较高的自觉程度，因此我们有必要全文引述如下：

王若曰："父歆，不显文武，皇天引厌厥德，配我有周，膺受大命，率怀不廷方，亡不閈于文、武耿光。唯天将集厥命，亦唯先正襄义。厥辟爵堇大命，肆皇天亡斁，临保我有周，不巩先王配命，旻天疾畏，司余小子弗彶，邦将害吉？蠢蠢四方，大從，不静。烏虖！惧余小子圂湛于艰，永巩先王。"

王曰："父歆，今余唯肇巠先王命，命汝辪我邦我家内外，惷于小大政，甹朕立，虩许上下若否，于四方死母童。余一人才立，引唯乃智，余非庸又聞，女母敢妄宁，虔夙夕惠我一人，雍我邦小大猷，毋折缄，告余先王若德，用印卲皇天，緟恪大命，康能四或，欲我弗乍先王憂。"

王曰："父歆，于之庶出入事于外，尃命尃政，蓺小大楚赋，无唯正闻引其唯王智，廼唯是丧我或。历自今，出入尃命于外，若非先告父歆，父歆舍命，母又敢惷尃命于外。"

王曰："父歆，今余唯緟先王命，命女亟一方，弘我邦我家。女推于政，勿雝律庶民。贮母敢龏橐，龏橐廼侮鳏寡。善效乃友正，母敢酗于酉。女母敢坠，才乃服，恪夙夕敬念王畏不睗。女母弗帅用先王乍明井，俗女弗以乃辟圅于囏。"

王曰："父歆，已！曰：彶兹卿事寮、大史寮于父即尹。命女籍司公族雩参有司，小子、师氏、虎臣，雩联亵事，以乃族干吾王身，取货卅寽。易女秬鬯一卣、祼圭瓒宝、朱市悤黄、玉环玉琭；金车贲辟较，朱嚣弘靳，虎冟熏裹，右厄画轉画輴金甬错衡，金童金豙，涑㝨金簟第，鱼葡。马四匹、攸勒、金嚼金膺朱旂二铃。易女兹弃，用岁于政。"

毛公歆对扬天子皇休，用乍尊鼎，子子孙孙永宝用。

这个铭文的大意是说：

周王这样说：父歆啊！显赫的文王和武王，上天施予他们恒久的德行，可以与周国相匹配，我们承受了上天的天命，安抚怀柔了那些不来朝觐的方国，他们没有不被文王、武王的光辉所照耀的。上天把这么大的成就交与我们周国，这是由于先辈大臣们很好地辅助了他们的君王，勤勉地奉事王命的结果。所以上天不懈地监护着我们周国，大大巩固了降给先王的天命。但是上天突然发出威怒，嗣后的我不及先王的德能，国家怎么能够吉祥呢？国内各地纷纷扰扰，很不安宁。唉！我真担心一直陷于这种艰危之中，将给先王带来忧惧。

周王说：父歆啊！现在我要谨慎地遵循先王的命令，命令你治理我们国家和我们家族的内政外交，操心大大小小的政事，屏护我的王位。你要小心按照上天的意志办事，就能得到上天的庇护，这样管理好四方的诸侯，就不会发生动乱了。我即位不久，你要发挥才智和谋略，我并不是那么平庸昏聩不问朝政的人，你不能怠忽苟安，要时刻恭敬地服从我一人，协调好我们国家各项事务，不要闭口不说话，要告诉我先王的美德，以便我能体念到上天，谨遵上天的天命，才能使四方诸国康乐和睦，让我不会给先王带来忧虑。

周王说：父歆啊！以前百官处理各种内政外交事务，发布命令施行政策，征收各种徭役和赋税，都不问是否正确，只按照君王的意志执行，这是可以造成亡国的。从今以后内外事务或颁布命令，都要事先请示你，必须经过你的批准才能对外施行。

周王说：父歆啊！现在我要重申先王的命令，命令你做四方的表率，光大我们的国家和宗族。你处理政事，不要荒怠，不要让民众困苦。征收赋税时，不要中饱私囊，这是欺负鳏寡孤独之人啊。你好好教导你的僚属，让他们不要酗酒。你不要失职，在岗位上要时刻勉力，恭恭敬敬地记住君王的威严，不能随意改变。你不能不遵循先王所树立的规范法则，希望你不要让你的君主陷入艰难的境地。

周王说：父歆啊！我已对卿事僚和太史僚这些官员们说过，叫他们都归你管辖治理。还命令你继续管辖公族和三种官员：小子、师氏和虎臣，以及我的一切生活诸事。你率领你的族属捍卫我的安全，可以领取禄金三十寽，赐你香酒一坛、祼祭用的圭瓒宝器、红色的蔽膝加青色的系带，还有玉环和玉笏；还有青铜装饰的车，上面绘有花纹的盖帘，有朱红色的软皮制成的车把手，马胸前有皮革，车上还有虎纹车盖，绛色里子，马具轭头蒙饰车厢前面栏杆都有彩纹，并用青铜装饰车辔，还有错纹衡饰，有鱼皮箭袋，还有四匹马的缰绳和笼头，还用青铜装饰马冠和马胸前的缨索，还有画着蛟龙的红旗两柄。赐给你这些器物，以便你用来祭祀和征伐。

毛公歆颂扬了天子的伟大和美德，铸造这个宝鼎，子子孙孙永世享用。①

上述毛公鼎的铭文内容有几点很重要：第一，西周君王特别重视周文王和周武王的功绩和德行，认为这是周朝之所以能够取代殷商的原因；第二，君王必须勤勉政事，小心王位，否则国家就会出现动荡不安的状况；第三，君王和大臣要一起共同理国，不能只依赖君王一人，以避免政事陷于昏庸怠惰；第四，要爱护民众；第五，要防止贪官。这几点说明，不论西周君王大臣的这些话与他们的实际所作所为是否有很大出入，即使只是装装门面，供人观赏，也已经显示出他们在国家治理和君王权位上都有了较清醒的自觉意识，即知道作为一个君王"应该"怎样行为做事才是恰当的，怎样行使权力才是合适的，也知道了作为一个国家"应该"如何进行治理，才能够得到长治久安。我们先不必说他们的具体想法是否正确，而要看到统治者的这种

① 马如森：《商周铭文选注译》，上海大学出版社 2013 年版，第 296—309 页。

“统治意识”就是这样得以一步步清晰起来的，“私有天下”的观念和现实也是这样一点点地逐渐显露出来的。

上述青铜器的铭文可以说是信史，而后来文献记载就难免有很多出入。据后来的儒家经典所述，西周君王的这种“统治意识”早在西周初期就已经十分明确了，例如春秋战国到汉代的儒者所编辑的《尚书》、《周易》或《礼记》等儒家经典中就有很多相关的论述。尽管这些说法在细节上不大可能是真实的历史状况，但也不能说完全是捕风捉影之谈，还是可以提供给我们很多参考。毕竟，儒家思想的根源也是一个长久演化的过程，不会是到了孔子那里才蓦然冒出来的。例如孔子就说自己“我非生而知之者，好古，敏以求之者也。”还说自己“述而不作，信而好古”(《论语·述而》)。因此，我们可以把这些儒家经典中的说法用来作为旁证，有助于了解早期君王们自觉的“统治意识”更为丰富的内涵，并且也有助于我们理解后面春秋时期的儒家、道家、法家或墨家等等诸子学说产生的历史背景。

殷商朝个别的帝王也有初步的“统治意识”，例如盘庚（生卒年不详，约在商朝中期）迁都到殷之后给臣下的训诰说：

> 予其懋简相尔，念敬我从。朕不肩好货，敢恭生生。鞠人谋人之保居，叙钦。今我既羞告尔于朕志若否，罔有弗钦！无总于货宝，生生自庸。式敷民德，永肩一心。《尚书·商书·盘庚下》

这段话的大意是：我将挑选考察你们，看谁最照顾体恤我的民众。我不会任用贪图财货之人，而勇于举用率民谋生之人。凡能养育人民，为人们谋划使其安居之人，都会依次受到敬重。现在我已经把赞成什么，反对什么的真意告知你们，不希望有人不敬重。不要聚敛宝货，要在率民谋生中建立功业，要把恩德广施于民，要能永远一心一意这样做。[①] 盘庚已经比较清楚地认识到一个君王需要什么样的大臣，即他所“赞成”的是能够“照顾体恤我的民众”的大臣，而“反对”的是那些“贪图财货之人”。但是殷商最后一个帝王殷帝辛（约公元前1105年—公元前1046年）却不能保有天下，被周部落取而代之。而帝辛（后称殷纣王）“荒淫无道”的观念和行为在历史上就始终被作为一个典型来衬托周部落的“美德”。例如殷纣王的大臣祖伊劝告他说：

> 天子！天既讫我殷命。格人元龟，罔敢知吉。非先王不相我后人，惟王淫戏用自绝。故天弃我，不有康食，不虞天性，不迪率典。今我民罔弗欲丧，曰：“天曷不降威？”大命不挚，今王其如台？《尚书·商书·西伯戡黎》

大意是说：“天子啊，上天已经终止我殷朝的国命了，圣人和大龟所卜都不吉利。不是先王不帮助我们，而是大王过分纵欲淫乐才自取灭亡的。所以上天抛弃了我们，让我们连粗食都要没有了，无法再取悦上天，祭祀也不能进行了。现在我们的百姓无不希望大王灭亡，他们说：‘老天怎么还不降下惩罚呢？’现今惩罚未到，大王如何打算？”可是殷纣王丝毫不惧，而且他的回答很妙：“呜呼！我生不有命在天！”（《尚书·商书·西伯戡黎》，也见《史记·殷本纪》“纣曰：我生不有命在天乎？”和《史记·周本纪》：“纣曰：不有天命乎？是何能为？”）就是说我是老天所定，并非凡人，他们能把我怎样！祖伊只好叹息说：“呜呼！乃罪多，参在上，乃能责命于天？

① 本书《尚书》译文参考《尚书译注》，部分地方有变动，不再一一注明。见顾宝田：《尚书译注》，吉林文史出版社1996年版。

殷之即丧，指乃功，不无戮于尔邦！”（《尚书·商书·西伯戡黎》）这是说你的过失太多了，老天都清楚，你还能指望老天的庇护吗？殷朝就要亡了，这是你的缘故，老天要灭亡你的邦国了。还有殷纣王的庶兄微子也说他：“沈酗于酒，用乱败厥德于下。”（《尚书·商书·微子》），即沉湎于酒色，乱政败德于天下。可见殷纣王没有很好地领会盘庚的教导，而是把君王的权威单单归之于上天已定的恩惠，因而他就大胆地敢于任意胡为、暴虐无道，无视生民的死活，却不担心上天的惩罚，也不惧怕诸侯的叛乱。最终的结果却是这位据说天资聪颖、勇力过人的帝王走投无路，不得不自焚而死。（“帝纣资辨捷疾，闻见甚敏，材力过人，手格猛兽，知足以拒谏，言足以饰非，矜人臣以能，高天下以声，以为皆出己之下，好酒淫乐，嬖于妇人。……周武王于是遂率诸侯伐纣。纣亦发兵拒之牧野。甲子日，纣兵败。纣走，入登鹿台，衣其宝玉衣，赴火而死。周武王遂斩纣头，县之大白旗。”《史记·殷本纪》。《史记·周本纪》中说他是“蒙衣其殊玉，自燔于火而死。”）

尽管如此，延续了600多年的商朝毕竟还是有很多关于如何治国理政的经验教训可以总结出来。总结的结果就浓缩在《洪范》一文中。根据史书传闻，这是帝辛的伯父箕子在西周建立后传授给了周武王的，合称为治国安邦的“洪范九畴”：

> 初一曰五行，次二曰敬用五事，次三曰农用八政，次四曰协用五纪，次五曰建用太极，次六曰乂用三德，次七曰明用稽疑，次八曰念用庶征，次九曰向用五福、威用六极。《尚书·周书·洪范》

这是说第一是用“五行”（金木水火土）来指导人们的耕种或制作器皿等活动；第二是要端正自己的“貌言视听思”等仪容仪表和言行思想，

以达到清晰明白、聪明睿智；第三是做好饮食、财货、祭祀、土地、教化、刑法、礼宾和军务这八个方面的管理事务；第四是制定好天文历法；第五是建立好君王的至上法则，即把“五福”（寿富宁德终）赐予民众（“敛时五福，用敷锡厥庶民”《尚书·周书·洪范》），任用贤能的人（“人之有能有为，使羞其行，而邦其昌”《尚书·周书·洪范》），行事要做到公正不偏（“无偏无陂，遵王之义，无有作好，遵王之道”《尚书·周书·洪范》）；第六是要养成正直或刚柔相济的美德；第七是要谨慎地用多种方法来决定各种疑难事情；第八是要仔细观察各种现象，以明了变化、考察得失；第九是用“五福”（寿富宁德终）作为奖赏，用“六极”（凶疾忧贫恶弱）作为惩罚。从箕子传授的这九种治国大法，我们可以看到，还是有许多明智的贵族大臣们在用心思考究竟应该如何治理国政，或应该如何当一个“君王”。很明显，这些治国理政所应遵循的法则或作为君王的行事原则，都是在长时期的社会管理经验中逐步归纳总结出来的。大体而言，这几方面需要注意的事项也成为后世帝王的基本行为规范，只是在内容上更为丰富而已。不论《洪范》是否真是箕子所授，还是春秋时期的人所编，至少说明在晚至春秋时期，统治者群体已经有了较为明确的“统治意识”，也有了较为专业的统治规范。而在殷商时期，要达到这样清晰的“统治意识”似乎还不太容易。

根据儒家的记述，最早开始认真地思考治国方略并谆谆训导臣民的应该是周公，即周文王的儿子、周武王的弟弟姬旦（约公元前1100年—卒年不详）。他也被推崇为儒家思想的奠基人。周公旦的忧患意识很浓，主要是鉴于原来高高在上的庞大殷商王朝转眼之间就轰然倒塌，而偏处西隅的弱小周邦居然也能取而代之、拥有天下，这让周初的统治群体在兴奋之余，也不免暗自惊心、顿生忧惧。他很清楚在殷纣王的暴虐之下人们的怨声载道最终酿成了巨变。因此周公旦就曾告诫康叔说：

古人有言曰："人无于水监，当监于民。"今惟殷坠厥命，我其可不大监抚于时！《尚书·周书·酒诰》

就是人不要用水来照察自己（因为这只是看到了外表容貌），而应该用民情来照察自己（因为这样就可以知道自己治国的得失了）；现在殷商已经失掉天命，我们怎么能不以此时时省察自己呢。

厥终，智藏瘝在，夫知保抱携持厥妇子，以哀吁天，徂厥亡，出执。呜呼，天亦哀于四方民，其眷命用懋。王其疾敬德！《尚书·周书·召诰》

周公旦说在殷朝末年，有智慧的人隐藏起来了，而奸恶的人占据高位，男人们只好拖儿带女悲哀地呼告上天，诅咒暴君纣王灭亡，才能摆脱这种困境。上天也怜悯四方民众，眷顾安慰他们，因此君王一定要谨慎自己的德行。"惟不敬厥德，乃早坠厥命。"（《尚书·周书·召诰》）只要不谨慎自己的德行，就会很快失掉天命的。

周公旦的治国原则主要强调了要敬德保民、慎用刑罚、勤勉为政和任用贤能等。他摄政时告诫其弟康叔说："惟乃丕显考文王，克明德慎罚，不敢侮鳏寡。庸庸，祗祗，威威，显民。"（《尚书·周书·康诰》）就是说功勋显著的先祖文王能够崇尚德教，慎用刑罚，不敢侮慢孤弱之人，要任用可用的人，敬重那些值得敬重的人，畏惧应该畏惧的事情，为百姓带来光明。因此他劝告康叔一定要遵从文王之道，"往尽乃心，无康好逸豫，乃其乂民"（《尚书·周书·康诰》），勤勉尽力，不要贪求安逸享乐，才能治理好民众。如果能够"敬明乃罚"（谨慎刑罚），那么民众就会"若有疾，惟民其毕弃咎。若保赤子，惟民其康乂，"（《尚书·周书·康诰》）即像对待疾病一样，完全抛弃罪过；你若像保护小孩子一样，民众就会安定有序。治国者还要能够体察民众的疾苦，“君子所其无逸。先知稼穑之艰难，乃逸，则知小人之依。”（《尚书·周书·无逸》）就是要了解百姓耕种收获的艰难，然后再去享受安乐，就能知道小民赖以谋生不容易。这种敬德保民、慎用刑罚、勤勉为政和任用贤能的意识在周公旦的言行中占有很突出的地位，表明他对民众的疾苦或心声有着较深切的了解。这也是后来儒家所始终强调的“德政”内容。不过，从周公旦对这些原则的强调也可以很清楚地看出，他的宗旨就是要使民众得到治理，整个国家安定有序，这样周朝的基业才能得到巩固，周朝的天下才能长治久安。

像殷纣王这样的商朝帝王是完全听不进去民众的呼声的，他也似乎完全不顾及民众的死活，甚至连群臣的死活仿佛也根本不放在心上。这导致殷商的灭亡。当西周的开国君臣们亲眼看到这一社会巨变，看到“天命靡常”，也就是上天是不能永久保证某一宗族或某一人作为君王的合法地位的，于是，他们也就意识到帝王的基业是需要自己认真“经营”的。经营得好，帝国可以永传万代，经营得不好，则很可能顷刻翻覆。这种“统治意识”或“政治意识”当然也不是仅仅从周武王或周公旦时才突然想到的，而是自夏商以来就开始一点点地有所发展。只是到了周公旦这里才较为鲜明地显露出来而已。

像周公旦这样能够自觉地做到对治国理政进行认真的筹划，一定是经过很长时期的历史过程才逐步成熟起来的。这种统治意识从原始形态发展到了一定程度就会在观念形态上有所表现。在中国历史上这一表现就是“万方有罪，罪在朕躬”的“替代”意识。这种替代意识是帝王统治观念在社会生活中得以现实化的具体方式。

第二节　替代意识："万方有罪，罪在朕躬"

《尚书》中的绝大部分篇章都表现出类似于周公旦的治国思想，有着明显的儒家特色。这种"统治意识"借助于尧舜禹和商周时期较为贤明的帝王之口得到了详尽的阐述。尽管很多具体内容可能只是后世儒者的附会渲染，但是也在一定程度上显示出西周时期统治群体确实有了朦胧的自觉意识，知道自己应该对民众的呼唤有所回应，而不能只是沉醉于权力的滥用之中了。

如果统治群体对民众心声的"回应"能够与民众刚刚萌发出来的生存意识相互融洽，满足双方的精神欲求，即民众对美好生活的"心灵欲求"和君王贵族对政治权力的"统治欲求"，那么，在原始文明的早期阶段，这也可能较容易形成一个良好的社会生活。当然要在现实中实现这一点是很难的，不过儒家毕竟还是意识到要力争达成这样的理想境地。于是我们可以看到《尚书》在这方面做出了非常大的努力。儒家的这种主体"努力"，在方向上就是要使一个帝王能够完全满足民众的生活欲求，即像周公这样敬德保民、慎用刑罚、勤勉为政和任用贤能等等，从而使天下出现"国泰民安"的升平景象。儒家的这一目标在《尚书》中有一个很形象的表现方式，体现出帝王与民众之间可以在观念上形成同一关系，即"万方有罪，罪在朕躬"。这一说法对后世的社会政治始终有着巨大的影响，例如几乎历朝历代都有皇帝为某事而下"罪己诏"，就是这种观念的具体体现。这也成为中国传统社会统治意识的核心理念之一。

一、统治权力的合法性

就我们目前所看到的古文献而言，这个说法最早是通过商汤之口说出来的。古本《尚书》记载商汤（约公元前1670年—前1587年）讨伐了夏朝最后一位帝王癸，即夏桀（生年不详—约公元前1600年），胜利之后回到亳都朝见各国诸侯，发表了《汤诰》。其中有：

> 凡我造邦，无从匪彝，无即慆淫，各守尔典，以承天休。尔有善，朕弗敢蔽；罪当朕躬，弗敢自赦，惟简在上帝之心。其尔万方有罪，在予一人；予一人有罪，无以尔万方。呜呼！尚克时忱，乃亦有终。《尚书·晚书·汤诰》

大意是：凡是我创造的邦国，不要遵从不合常法的规则，不要淫荡享乐，要各自遵守常法，以此秉承上天的命令。你们如果做了好事，我不会隐瞒；如果有罪，则由我自身来承担，我不敢自行赦免，这一切上天心里都有考量。如果你们各国诸侯有罪，罪在我天子一人身上；如果我天子有罪，不用连累你们各国诸侯承担。希望你们能够信守承诺，永保天命。

这是商汤表明自己是天下各个宗族邦国的代表（宗主），也是上天在人间大地上的代表。因此今后在上天面前，大地上所发生的一切事情将由他负责，即由他面对上天的问责。如果各方有功绩，就由他向上天禀告；如果各方有罪过，也由他代替承受上天的责罚。这看起来正是一个“天子”所应该含有的意思，即作为上天的“代理人”来统治天下，又代表天下万民向上天负责，而天下万民是无须向上天负责的。这一“代理人”也要付出一定的代价，就是如果各方有功绩，是可以分别受到上天的奖赏的，这个“奖赏”是不会只降落在“代理人”一人身上，但是罪过却要由“代理人”一人承受，而无须各方分担。这对各方而言，看起来是一笔很合算的“交易”，因为好处不会少，而倒霉的事又不用管。对各方而言唯一的代价不过是承认这个“代理人”的合法性而已，也就是认可这个“天子”或大地上最高的“帝王”。

当然，由于对这个“帝王”的“认可”，自此以后他们就要服从这个“帝王”的统治，要承受这个“帝王”给予他们的奖罚。但是这毕竟是第二步的事情，是不是真心服从这个“帝王”的统治还是需要一段时间的观察和较量的。或者说，如果这个“帝王”以后的治理措施“不好”（甚至像夏桀一样），那么他们还会反对；而如果这些治理措施很“好”，那么，就不妨服从他，毕竟他既然比前任（夏桀）好，大家也就不至于像在夏桀时那样叫苦连天了。这里“好与不好”的标准是既要考虑他们自身的利益，又要与前朝进行比较，还要看是否合乎常法等等。尽管人们可以有这样那样的心理来左右衡量怎样从这一“交易”中获得最大的利益，但是在认可这一“交易”的同时，也就等于把自己置于了从属的位置，要从此拜服于这个“代理人”了，也等于自愿放弃了自己与上天之间的直接联系，而把这一联系交给这个“代理人”作为中介进行了。

今本《尚书》中的《商书》也有类似的说法，例如在商汤之后的盘庚就说过这样的话。他在努力劝服贵族大臣们赞同他的迁都计划时提道：“邦之臧，惟汝众；邦之不臧，惟予一人有佚罚。”（《尚书·商书·盘庚上》）这是说邦国治理得好，是因为有你们众人；邦国治理得不好，只是我个人的失误（或没有对该罚者进行处罚）。这里盘庚是对自己邦国的兴衰负责。古本《尚书》的《泰誓》篇记载周朝从周武王开始就有这样的说法，如他在讨伐殷纣王时与诸侯盟誓的时候说道：“百姓有过，在予一人。”（《尚书·晚书·泰誓中》）即百姓有过错，都在我一个人身上。这里是指周武王要对普通百姓的罪过负责。春秋时期的秦穆公也曾说：“邦之杌陧，曰由一人。”（《尚书·周书·秦誓》）这也是说国家倾危不安，都是由于我一人的罪过。这也是要对自己邦国的兴衰负责。这一说法最标准的形式还是《论语》里孔子的引语：“予小子履，敢用玄牡，感昭告于皇皇后帝：有罪不敢赦，帝臣不蔽，简在帝心。朕躬有罪，无以万方；万方有罪，罪在朕躬。”

(《论语 · 尧曰》)[①] 这是说我商汤祷告上天，有罪我不敢自行赦免，不敢隐蔽不报，选择由上天决定；如果我有罪，与万方无关；如果万方有罪，罪由我一人承担。商汤的桑林祷雨如果是真的话，也是在他已经成为商朝的开国帝王之后说的。因此这里的“万方”应该就是指天下所有的人，既包括贵族也包括普通民众和奴隶。

这种承担万方之罪的观念当然不会是蓦然出现的，也应该会有一个很长的历史演化过程，且与远古的社会生活背景上的变化有关。具体来说，这一背景就是当时社会生活组织方面的变化，尤其是宗教和国家形式上的变化。《尚书》把“万方有罪，罪在朕躬”的说法安排在商朝时期，看来是有一定道理的。因为这一观念的缘起与早期的自然神崇拜和社会权力的结构变化分不开，而商朝又是特别重视鬼神祭祀的，君王和贵族大臣都把自己的思想和行为交与上天的意旨来决定。同时，就我们目前所了解的远古历史情况看，也是在商朝时期国家政权出现了较为明确的结构，作为天下宗主的商部落开始逐步对其他部落有了实质性的支配权，而不是像以往那样仅仅属于一般的同盟关系。而且，帝王君主对普通民众（不是奴隶）也开始逐渐有了实质性的支配权力。这样的社会背景使得商朝产生这种帝王意识是很顺理成章的。

---

① 《论语》中的引语似乎是出自《尚书 · 汤诰》，但话的背景又像是指商汤在桑林中祷告求雨的故事。《国语 · 周语上 · 内史过论晋惠公必无后》和《墨子 · 兼爱下》中都引述了《尚书 · 汤诰》中的话（但稍有不同，且说是商书的《汤誓》而非古本《尚书》的《汤诰》)。《帝王世纪》、《吕氏春秋 · 季秋纪 · 顺民》则引用了商汤在桑林祷雨的故事。不过，这些话究竟是不是商汤所说，也还未必肯定，因为《尚书》的今古文版本已经存在许多疑问。我们只能大体判断这种“万方有罪，罪在朕躬”的观念应该来源于商朝时期，而具体最早是由哪一位帝王说的，又是在什么情况下说的，现在恐怕已不容易考证清楚了，恐怕这也有一个长期演化的过程。我们不妨等待今后再有相关出土文物的证据支持。不过，这些争议还不太影响本书的讨论，因为我们的焦点是这种观念所传递出的统治意识，而不是故事本身。

二、“绝地天通”：宗教手段的政治意义

让我们先说商朝在宗教方面的变化。这就不能不先提到“绝地天通”的事情。据《尚书》记载，远古时代发生了一次宗教上的重大事件，即“绝地天通”：

民兴胥渐，泯泯棼棼，罔中于信，以覆诅盟。虐威庶戮，方告无辜于上。上帝监民，罔有馨香德，刑发闻惟腥。皇帝哀矜庶戮之不辜，报虐以威，遏绝苗民，无世在下。乃命重黎，绝地天通，罔有降格。群后之逮在下，明明棐常，鳏寡无盖。《尚书·周书·吕刑》

大意是说（可能在五帝的少皞时期）苗民们开始相互欺诈，社会纷乱搅扰，没有讲信用的，以至于背叛了对神明立下的誓约。酷虐的刑罚又使众多的人受到戮辱，他们一起向上天报告说自己是无罪的。于是上天来视察苗民，见那里没有芳香的美德，只有酷刑散发出的腥气。伟大的上天怜悯这些受戮辱的无罪之人，用惩罚报复了残暴的人，把他们隔绝到僻远的地方，不让他们的子孙在下国继续为君，又命重和黎分主天神、地民之事，断绝了地民和天神的直接交通，神与民不能再升降杂糅了。后继之君王与臣民，勉力辅行常道，使孤苦无依之人也不会受到伤害。《帝王世纪》中也提到这个故事：“及颛顼……命南正重司天以属神，北正黎司地以属民，于是民神不杂，万物有序。”（《帝王世纪·五帝》）

《尚书》和《帝王世纪》的文字只能说是讲了远古时期可能发生的一件事情，但是“绝地天通”的具体情况并没有说清楚。在《国语》中有一段记载对此作了补充和讲解，对我们了解这一事件很有帮助。这是春秋时期楚国的楚昭王（约公元前523年—前489年）与大夫观射父之间的一段对话。楚

昭王想了解“绝地天通”是怎么回事（他恐怕也很想自己能够登上天去亲自与神沟通吧），就问观射父。观射父告诉他说：古代的时候有专人能够与神通灵，男的叫“觋”，女的叫“巫”；在祭祀的时候这样的人就成为掌管祭品祭器或仪式程序等等的人，负责对一般神灵祭祀的称为“祝”，负责对祖先祭祀的称为“宗”。他们各司其职，不相混乱。这样百姓都能够做到忠信，天神也有明德，民和神分开各行其是，恭敬而不会亵渎，因此神也会降下吉祥，民众们献出牺牲，灾祸没有了，所祈求而得到满足的事物也不会少了。（“古者民神不杂。……在男曰觋，在女曰巫。……以之为祝、为之宗。……各司其序，不相乱也。民是以能有忠信，神是以能有明德，民神异业，敬而不渎，故神降之嘉生，民以物享，祸灾不至，求用不匮。”《国语·楚语下·观射父论绝地天通》）但是后来还是出了问题。苗民破坏了已有的秩序，连普通人都可以与神灵相通了，也搞不清真的假的，人人都自己祭祀，家家都有巫师，不要那些专业人士了，祭祀的方式也不讲究，胡乱进行。最后百姓们因为祭祀泛滥而匮乏，还得不到神灵的赐福。而百姓与天神都成了一样的人，没有区别了。于是大家都不把与神灵的盟誓看得太认真，毫无敬畏之心。神灵也看不上民众的祭祀，认为很不干净，祥瑞也不再出现了，不去享受那些祭品了，而灾祸却接连发生。（“及少皞之衰也，九黎乱德，民神杂糅，不可方物。夫人作享，家为巫史，无有要质。民匮于祀，而不知其福。烝享无度，民神同位。民渎齐盟，无有严威。神狎民则，不蠲其为。嘉生不降，无物以享。祸灾荐臻，莫尽其气。”《国语·楚语下·观射父论绝地天通》）君王看到这样的情况，认为不能再继续下去了。于是在黄帝之孙颛顼继承王位之后，就命令南正重去主管天神的事务，又命令火正黎去主管民众的事务，恢复以前的规矩，使这两者不再相互侵犯亵渎。这就叫做“绝地天通”。（“颛顼受之，乃命南正重司天以属神，命火正黎司地以属民，使复旧常，无相侵渎，是谓绝地天通。”《国语·楚语下·观射父论绝地天通》）绝地天通之后，持续了一段时间，可是苗民还是不愿意遵守规则，又开始按照他们自己的方式进行祭祀，于是尧又让南正重和火正黎的后人中那些还懂得掌天管地事务的，继承他们先辈的职责，重新掌管天地之官。一直延续到夏朝和商朝。（“其后，三苗复九黎之德，尧复育重、黎之后不忘旧者，使复典之。以至于夏、商。”《国语·楚语下·观射父论绝地天通》）

观射父的解释很详细，但是他的解释却显示出“绝地天通”一事似乎并非发生于远古的五帝时代，而很可能是在夏商朝时期出现的，特别是商朝的可能性更大。做出这样的判断有如下几个理由：

（1）“绝地天通”发生时祭祀活动似乎已经达到相当专业化的程度了。观射父提到“古时民神不杂”时，说到那些男觋女巫很讲究祭祀的规则、程序、器具和祭品等等，而不仅仅只是有一些通灵的能力。而且对宗教仪式的注重和细节的精致程度，都已经不是早期原始部落中原生态式的普通自然神信仰能够相比较的了。例如，观射父说他们：

> 是使制神之处位次主，而为之牲器时服，而后使先圣之后之有光烈，而能知山川之号、高祖之主、宗庙之事、昭穆之事、齐敬之勤、礼节之宜、威仪之则、容貌之崇、忠信之质、禋洁之服，而敬恭明神者，以之为祝。使名姓之后，能知四时之生、牺牲之物、玉帛之类、采服之仪、彝器之量、次主之度、屏摄之位、坛场之所、上下之神、氏姓之出，而心率旧典者为之宗。《国语·楚语下·观射父论绝地天通》

这是说那些巫觋定好各个神灵在祭祀中的位置和次序，并规定分别用什么牺牲、祭器、四时的祭服，再挑选先圣后裔中品行好的人，又知道山川名号、远祖神主、宗庙事务、祖辈世系的，还能做到庄重恭敬、举止适宜，有威仪的样子、容貌端庄、讲究忠信、祭服洁净的，就可以来做祭祀的主持人。再挑选知名宗族的后裔，能够知道四时物产、牺牲用品、玉帛类别、祭服规格、祭器数量、神主次序、祭者位次、祭坛布置、各种神祇、氏姓起源的，又诚心遵循旧典的，就可以作为祭祀的管理者。

从这些描述中我们可以看到，这时的宗教祭祀已经脱离了早期原始阶段的巫术活动，而成为较为正式的宗族事务，既有了很专业性的规则、程序和器具，还有了专业性的主持者和管理者。像建立宗庙、讲究祖辈世系、使用玉帛祭祀等等习俗，基本上都是到了商朝才开始出现的。而对祭祀者的服装、态度、品行、礼仪或容貌等等的讲究恐怕也到了很晚才会形成。在夏代以前原始部落的宗教活动中，人们一般是只会关注巫觋们与神灵的沟通能力，还不太可能去注意和讲究其他方面的细节，更不会达到这样精致专业的程度。而观射父说这样的情形还是出现在"绝地天通"之前，那么"绝地天通"更应该迟至商朝才发生的推断就是比较合理的。

（2）"绝地天通"恐怕不是一个单一的事件，而是在较长历史时期中不断出现类似的情况，只是到了商朝时期统治者才有可能进行这种有政治意义的宗教管制。民间的巫觋活动源远流长，早在仰韶文化时期（甚至更早）的原始部落中间就已经存在了。那时各个部落一般都有自己所供奉崇拜的神祇，从各种天神如上天、上帝、日月神或风雨雷电神之类，地神如山川草木神、四方神或龙蛇虎豹神等等，再有各种人神如祖先神、父母神或男女神等等。很多部落还有自己的保护神或"图腾"，如"熊"就是传说中黄帝部落的保护神，"牛"是炎帝部落的，西南部落用"虎"，南方部落用"蛇"，东方部落用"鱼"，还有用鹰、猴、鹿、狼、马等等的。如果某个部落战胜并吞并了另一个部落，一般就会将战败部落的人除杀死外其余的都掠为奴隶，同时还会将这个部落所供奉的保护神、祖先神或其他什么图腾之类的统统去除掉，但是往往又会将战败部落图腾中的某个特征加入到自己部落的图腾上来，一方面表示自己的胜利，另一方面表示把对方的力量或"法力"融入到了自己部落身上，使自己更为强大了。例如，“龙”作为中华民族的图腾就是这种不断综合的结果，即是把许多动物的特征结合到了一起之后的形象。图 4–7 的玉雕龙是在红山文化时期出现的，大概在夏朝以前不远的时候，是目前出土文物中最早的“龙”形象。图 4–8 是我们现在所熟悉的“龙”的形象。很明显，早期“龙”的造型还十分简单，因为没有被附加上其他各种动物的特征。而流传至今的“龙”就复杂多了，已经是多种动物特征的综合体了。

像这种原始部落之间的吞并战争其实也是一种对别的部落氏族的“绝地天通”，即断绝了战败部落的族人与其所崇拜的“神灵”之间的通联，更改了他们的崇拜对象，由原来的信仰转变为对胜利部落图腾的信仰。这样的情况在原始时代可以说是很常见的，因为那时的小部落多如牛毛，又处于不断相互争战之中，也就不断有吞并的情况出现，导致很多部族的民众所信仰崇拜的对象也不断变换。

但是这种原始的宗教现象还只是小范围之内的事情，即只关乎两个部落之间的自然崇拜问题，也只是部落间战争的一个附带结果，还不能说涉及大

图 4–7　玉雕龙，内蒙古赤峰翁牛特旗三星他拉村出土，距今约 5500 年前

图 4–8　“龙”的现代形象

范围内（天下）的统治意识。这种区别主要有两点：

一方面，原始部落战争主要关注的是实际利益，例如为了抢夺地盘、牲畜或奴隶等等，或者是由于双方有世仇，一般是不会以消灭或占有对方的图腾为主要的战争目的。另一方面，原始时代的部落图腾往往都有很具体的形象（如某种动物），不是那种较为一般性的神（如“上天”或“皇天上帝”）或抽象的观念神（如“天”或“上帝”之类），因而战争双方的图腾也会差别较大，不会很类似，更不会完全一样（除非原来就是同一个氏族，后来分开了）。这意味着原始的“绝地天通”一般是把战败方的图腾除掉，或者只吸收其中的个别特征。

这就与《国语》中观射父所说的情形，有了很大的不同。在观射父的“绝地天通”中，一方面是“颛顼”所派的“南正重”负责的“天”已经是较为一般性的“上天”，而不是某种具体的神灵。或者可能的情况是，“南正重”已经有了很大的能力，可以管理各种“天神”了，而不仅仅是某一种“天神”。另一方面，不论“南正重”是以一个大“巫”或“觋”的身份去代行通天的祭祀事务，还是以一个政府官员的身份去管理有关祭祀的事务，都很清楚地表明这一事件中包含着一种权力结构，而不仅仅是单纯的宗教事务。在这种权力结构中，“苗民”、“颛顼”、“南正重”、“火正黎”、“司天官”和“司地官”这些人物和官职，“九黎”和“颛顼”所代表的宗族，以及九黎的苗民所信仰崇拜的“神”和“颛顼”宗族所信仰崇拜的“天”等等，共同构成了一种政治和宗教相互交织的权力网络。而这样的权力网络是在原始时代的部落战争中还尚未出现的，只可能出现于夏商时期的帝国时代，因为原始时代的宗教意识还未足够发达，而政治意识是更晚才从原始战争状态中演变出来的，所以如果是在早于夏商时期的话，这两者之间就不大会被这么明确地交织起来。

我们再从两方面来看这种宗教观念上的变化也需要相当长的演化过程：

一方面，从仰韶文化或龙山文化时期的原始部落自然神崇拜到观射父所说的“绝地天通”中的祭祀方式之间，还有一段很长的路要走。这既涉及巫觋活动在方式上的习俗变化，又涉及神灵观念上的变化，还涉及部落氏族之间的宗教关系上的变化。这些变化在原始时代都不是短时间内所能发生的，可能需要上千年甚至数千年时间的缓慢演化。另一方面，从仰韶文化或龙山文化时期的原始部落关系到观射父的“绝地天通”中“颛顼”所代表的中原部落与南方九黎部落之间的关系，也同样要有很长的一段路要走。例如，在原始时代，部落之间如果不是处于敌对的战争状态，那么任何人是不能对其他部落的崇拜神或图腾当面表示出不敬的，甚至都不能对一个部落的巫觋或掌管祭祀的人有所不敬，否则就是对该部落的亵渎或侮辱，这一定会引起该部落中人毫不犹豫地抗议或反击，甚至不惜杀死亵渎者用来祭奠自己部落的崇拜神或图腾，以赎其罪过。这是为了使整个部落免于蒙受灾祸而经常发生的情况。而如果说有某一个部落中的崇拜神或图腾被一个外人所控制，或者这个部落中掌管祭祀的巫觋被一个外人所控制，那么，这几乎就等于说这个外人可以完全控制这个部落了，这个部落中的所有人（包括酋长首领）都不得不对这个外人俯首听命。因为在他们看来，这个外人的“法力”要大过他们所崇拜的神灵和巫觋。

所以，在原始时代，控制了一个部落的图腾、祭祀或巫觋，就等于说控制了这个部落。而这种情况在原始时代基本上只有一个可能，就是通过战争完全打败了这个部落。但是如果到了这一步，结果又往往是胜利方吞并了战败方，把他们掠为奴隶，消除他们的图腾，或者把其图腾上的某一特征加到自己的图腾上，这就等于完全占有或控制了对方的图腾。另外，如果两个部落之间是一种同盟关系，那么就不会出现控制或消除对方崇拜神或图腾的事情，一般反而会尊重对方的崇拜神或图腾。当然，这时也不会对各自的巫觋或祭祀活动横加干涉，而是会相互礼敬有加的。

因此，我们可以知道，在原始时代，一个部落的神灵、祭祀或巫觋对该部落来说，具有无比神圣的意义，意味着该部落兴亡的命脉，是绝不会轻易地将其转让给别人的。但是在观射父的“绝地天通”中“颛顼”所代表的中原部落与南方苗民的九黎部落之间，已经明显具有了上下属的政治关系，且这种政治关系似乎又得到了九黎部落的认可，这才使得颛顼派人对苗民“绝地天通”的行为有可能发生的。可是部族间的这种政治关系是迟至夏商时期才出现的，且夏朝时期中原王朝与四方部族也是处于同盟关系，而不是上下臣属的关系，一般是不会对其宗教信仰问题进行强制性改变的。要使九黎部族的民众认可这种政治关系，并接受中原王朝对他们宗教活动的管制，无疑也要经过更长的历史演变才有可能，是不会在突然之间就出现的。

如果我们看到历史的这种演化过程，那么就可以初步判断，从原始的“绝地天通”到观射父所说的“绝地天通”之间，一定有很多类似的事件发生，即从部落间吞并后原始宗教的兴亡，到部落间有了上下属的政治关系之后进行专业性的宗教管制，应该是经历了一个漫长的逐步过渡，而并非一次单一的事件。

（3）对其他部族进行具有政治意义宗教管制的必要性，也只有到了夏商时期才有可能出现。因为这种“必要性”是需要一定程度的政治关系和政治意识为基础的。也就是说，当中原部落注意到其他部落中的宗教状况有所异样时，会意识到这是自己的责任，或是自己管理职责内的事务，应该加以处理，就像观射父的故事中“颛顼”所做的那样。只是这在五帝时代恐怕还不大可能会出现，因此，这个“颛顼”的名字应该只是被借来担当这个角色而已。

早期原始部落间的同盟，主要还是为了尽可能地消弭相互间的战争冲突。同盟之间要达成某种协议，主要内容是承认相互的生存地位（合法性）或部族地盘等实际权益，再就是一致对外作战的盟友关系。在这种同盟关系中，各自的宗教信仰当然也得到相互的尊重。如果部落间发生了战争，但是一方并没有完全战胜一方，而只是将之驱逐或使之降服，那么胜者也只是获得一些实际的利益（如地盘、牲畜或盟主地位等等），一般也不会对败方的宗教信仰进行强制管理。像尧舜禹那样治理天下都是在自己的宗族（加上亲族合称“九族”）内进行“钦若昊天”和“类于上帝，禋于六宗，望于山川，遍于群神”（《尚书·虞夏书·尧典》）等宗教活动，而对外邦或四方诸侯只能做到“协和万邦”（《尚书·尧典》）或“合和万国”（《史记·五帝本纪》），还不至于涉及其他部族的宗教事务。舜曾经讨伐过三苗，也仅仅是驱逐而已（“串三苗于三危”《尚书·虞夏书·尧典》）。根据古本《尚书》，禹也只是以“文德”感化一下三苗，并没有去做彻底的征伐（“帝乃诞敷文德，舞干羽于两阶，七旬有苗格”《尚书·晚书·大禹谟》）。这说明那时中原与四方万邦之间也仅限于进献一些地方物产表示敬服，还没有形成上下属的政治关系。四方万邦没有缴纳赋税或徭役的法定义务，也不接受中原部落官员的委派和管理。四方万邦也还是按照自己的习俗生活，以自己的方式产生首领，并保持着自己的宗教习惯。因此在较为原始的部落时代，一般是不会出现观射父所说的这种带有相当政治内涵的宗教干涉的，既没有现实的可能，也没有这种现实必要。

但是到了夏商时期情况就有所不同了，那就是中原部落的社会生活出现了政治意义上的变化，即形成了初步的国家形式。不过我们关于夏朝的文献资料非常少，还不足以说明太多的问题，像《尚书·虞夏书》和《史记·夏本纪》里面也主要是讲尧舜禹的事迹，而对夏朝时期的内政外交情况涉及得很少。现在我们有河南偃师二里头文化遗址中的第二、三期被考古和历史学界基本认定为夏朝时期的遗迹，其中的青铜器、玉器、陶器、宫殿、墓葬、祭祀场所和建筑规模等等，都表明这时的文化发展已非龙山文化时期可比。其中有几个镶嵌绿松石的兽面纹铜牌饰品（图4–9）和青铜乳钉纹爵（图

4–10）初步体现了夏朝时期君王贵族们的政治意识。兽面纹铜牌饰品上的图案是目前已知最早刻在青铜器上的饕餮纹饰。“饕餮”是传说中的怪兽，面目凶猛狰狞，神态恐怖。传说中饕餮因为过于贪吃，见什么吃什么，特别是爱吃人，最后甚至连自己的身体也吃掉了，于是它的形象就成了一个只有头和嘴，没有身体的模样。《左传》中提到“饕餮”时说：“缙云氏有不才子，贪于饮食，冒于货贿，侵欲崇侈，不可盈厌；聚敛积实，不知纪极；不分孤寡，不恤穷匮，天下之民，以比三凶，谓之饕餮。”（《左传・文公十八年》）都是描述像“饕餮”那样贪婪成性的样子。“饕餮”纹被装饰在器具上，能够表现出一种神秘和威严的气氛，要吃人的狰狞面目对原始的普通凡人也能起到明显的威慑效果。因而这种“饕餮”纹后来成为商周时期青铜器、玉器或各种建筑器材上常用的装饰，尤其为帝王诸侯们所喜爱，用来显示他们的权力地位所具有的神秘性和威严性。这已经很清楚地表现出了一种政治意识

图 4–9　镶嵌绿松石饕餮纹铜牌饰品，河南二里头遗址出土，距今约 3800 年前

图 4–10　青铜乳钉纹爵，河南二里头遗址出土，距今约 3800 年前

在发挥作用。不过，“饕餮”纹也隐含了对权力和财富的贪婪欲望，暗合了帝王贵族们的心意，只是这是不会被他们公开承认的而已。

青铜爵是一种酒器，也可以作为祭祀或礼仪中使用的礼器。在夏朝青铜器还不是很多，属于十分珍贵的宝物，不是一般人所能使用的，只有王公贵族才会拿它来制作成饮酒的器皿。可见这种青铜爵是作为社会地位和政治权力的一种显示，也是一种政治意识的体现。

不过，对出现“绝地天通”这种宗教干预有政治必要性更为关键的是，在夏商时期政治生活上的一个变化是帝王权力的合法性产生了疑问，因而这些帝王们才有必要进行政治权力的巩固和加强。

根据古代典籍的记载，夏朝的建立方式与以往的传统方式有了变化。传说中从黄帝到尧舜禹，都是以某种自然的方式产生天下的部落联盟首领。例如某个首领可能是该部落的家长，部落中的年轻人都是他的后裔，于是他就很自然地成为这个部落的首领。或者他在部落中出类拔萃，有超常的智慧、勇力或很好的德行，于是就被大家认可为部落的首领。或者他是前任首领的子孙中最有资格继位的人，如他是长子或唯一的儿孙或唯一成年的儿孙，又或他是儿孙中最出类拔萃的，等等。这些方式在原始时代都是较为普通的产生部落首领的方式，比较容易得到部落中绝大部分长老们的接受。这是因为，一方面，这时人们的政治意识尚未出现，对谁成为首领这一问题还不会有什么过多的想法，基本都是以部落中长老们的意见为准，而长老们也不太会斤斤计较于这些问题。即使有一两个首领位置的竞争者，由于他们天天都是生活在一起，因而既互相了解，也一般会在日常的部落生活中就已经形成了主导与从属的关系，所以不大会产生争执。假如真有两个人条件几乎完全一样而出现继位的分歧，也很可能是相互推让或用抽签来决定。如果这样还不行，那么一般可能是将部落分为两部，各自独立生活。当然，也难免会有最后以暴力的方式来解决的时候，但并不能成为主要的解决方式，而只属于个案而已。另一方面，原始时代的部落首领并不意味着特别的权势和财富，因而人们的争夺欲望也没有膨胀到要处心积虑地去进行争夺。由于原始生活的朴素简陋和共享性质，在部落中首领与长老几乎有一样的地位和生活方式，也与部落里其他主要成员基本没有什么太大的差异。因此这时的人们还没有产生出后世常见的那种社会名誉感、权力欲、财富的占有欲、过度的情欲或迫切的感官欲求等等。同样，对部落首领的位置也就不会产生过于强烈的争夺欲望。

这种争夺欲望是随着社会生活的发展而逐渐出现的，例如财富（土地、奴隶、器具或珍宝）的增加、部落统治范围的扩展、闲暇娱乐时间的增多、与远方部落联系的频繁、支配权力的扩大、社会舆论的形成或社会等级结构的出现等等方面的变化。同时，这也是随着人们自我意识、生活意识、历史意识、价值意识、政治意识、理性意识、审美意识、社会意识或伦理意识等方面的渐次浮现而慢慢培育出来的。这些因素综合在一起，共同导致人们萌发了越来越强烈的社会名誉感、权力欲、占有欲、情欲或各种感官欲求。这些欲求发展到了一定的程度，人们就会不由自主地意识到，正是部落首领的身份，可以满足他们几乎所有的欲求。而且能够满足不仅他们个人的，还有他们家庭的，甚至是他们整个家族部落的欲求。最后，这些欲求在现实生活中就会很自然地集中指向大宗族的首领或部落联盟首领，再或者，最好的就是能够君临天下的中原帝位。在这种历史演变的背景下，宗族首领或部落联盟首领的位置开始显得格外醒目，逐渐成为人们极力争夺的对象。由此，中国社会比较正式的政治舞台也被徐徐拉开，不断上演一幕幕令人惊叹的政治大戏。这些政治剧目的核心焦点就是对中原王朝帝位的争夺。围绕着这个帝位，各种戏剧性情节充斥着无数的阴谋诡计和血腥暴力。当然，这些政治大戏也不乏道貌岸然的人物、冠冕堂皇的台词和灿烂辉煌的戏服。而这一切就构成了我们这里所说的“统治意识”。

对原始时代宗族首领或部落联盟首领的争夺细节，我们现在已经不太可能知道得很清楚了，而只能凭借有限的出土文物，再加上我们对其他原始文明的有限了解去做推断。但是对中原帝王的争夺，我们倒是有一些古典文献可以用来讨论。例如在《尚书》和《史记》中有一些相关的记载。另外，《墨子》、《孟子》、《国语》、《左传》、《战国策》或《吕氏春秋》也曾间接地提到远古的故事，但与《尚书》或《史记》所依据的古文献而转述的情节大体相同。根据《尚书》和《史记》的说法，我们可以判断出中原帝王的出现大概始于夏朝的建立，即大约在公元前2100年的时候。其实准确一点说，夏朝应该只是从原始氏族部落到商朝帝制国家之间的过渡阶段，还并没有形成那么清晰的帝国政治，例如在朝廷机构、法律法规、国策宗旨、军队建制、经济体制、帝王和百官的权限范围、各类仪式典章制度、外交方式、人事选任、民籍管理、赋税体制、文化教育机构、边境划定和关防等等方面，都还十分模糊，不像后来的商朝那么完备。这一时期稍微正规的可能主要是巫觋的祭祀活动，农耕也有了一定之规，如传说为夏朝历法的《夏小正》一书，就是中国最早的一部农事历书（“孔子正夏时，学者多传《夏小正》云。”《史记·夏本纪》）。不过这本历书是战国时才成书的，所以也难以断定是否真是夏朝时所有。

尽管如此，我们还是可以说，自夏朝开始，中原帝王对其治下的民众和其他部落、诸侯或方国开始逐步有了某种实质性的社会权力。或者说，社会权力在中国历史文化中的出现是自夏朝建立开始的。那么，这有什么理由呢？虽然我们关于夏朝的文献极少，不过还是可以根据考古发现和有限的文献记载大致总结出如下几个主要理由，而这几点与帝王之位的形成和内涵，以及帝王权力的合法性都有着内在的关联：

第一，夏朝帝国的开创者启是靠武力夺得联盟首领之位的。《史记》上说夏国是由启的父亲禹所建：“禹于是遂即天子位，南面朝天下，国号曰夏后，姓姒氏。”（《史记·夏本纪》）也说到禹治理江河、广辟领土、怀柔四夷的功绩，且禹还划分统辖领地和制定刑罚等等。不过，这些说法大多属于传说性质，具体内容的可靠程度不高。而禹应该是以传统的原始部落方式成为联盟首领的，禹去世前也是按照传统的原始方式把首领之位禅让给了伯益。因此，大体而言，禹似乎还应该算是传统意义上的原始部落联盟首领，而不是一个帝国的统治者。当然，由于原始资料的欠缺，我们也不能十分肯定禹和启之间的差别，或者也可以将两者合而论之，毕竟他们是一个时期的人，许多行为都应该是相似的。只是鉴于一般学术界和民间的传统看法，我们还是把禹视为原始时代的传奇式领袖，而把启视为帝国的统治者。因为正是在启身上，发生了较为典型的作为一个帝国统治者的特征，而他又没有传说中禹的那些丰功伟绩，也没有遵守传统原始部落的继位习俗。这就与禹的形象有了显著的差别。当然，如果要求更为严格的话，那我们就只能说，在夏朝的初期发生了社会政治上的变革，而具体是哪一位君王或者是怎样进行的，都还有待进一步的考证。

在禹死后，启与伯益的有扈氏部落为了首领之位相互攻杀起来，结果杀死了伯益，且把有扈氏的人除了杀死之外全部都降为奴隶。而这个有扈氏还是启的母族，即他母亲涂山氏的部族，因此这个伯益应该也算是启的表亲了。我们可以看看启在与有扈氏的军队大战前的誓师大会上是怎样说的：

大战于甘，乃召六卿。王曰：“嗟！六事之人，予誓告汝：有扈氏威辱五行，怠弃三正，天用剿绝其命，今予惟恭行天之罚。左不攻于左，汝不恭命；右不攻于右，汝不恭命；御非其马之正，汝不恭命。用命，赏于祖；弗用命，戮于社，予则孥戮汝。”《尚书·虞夏书·甘誓》

这个誓词的大意是说：即将在甘地发生一场大战，（启）召集来六军主将。夏王启说：啊！六军将士，我发布誓词告诫你们，有扈氏轻慢关乎民生日用的五行说，怠慢了天子任命的三卿，上天因此要断绝他的国命，现在我只有奉行上天对他的惩罚。战车左边的军士如果不精于以箭射敌，你就是不遵守我的军令；战车右边的军士如果不精于以矛刺敌，你就是不遵守我的军令；驾驶战车的御者如果不能使马车进退左右得当，你就是不遵守我的军令。遵守军令的，将在祖庙神主前给予奖赏；不遵守军令的，将在社神神主前给予惩罚，我就把你们降为奴隶，或者杀掉。这个誓词中的具体内容可能很多都是后世儒者的附会，因为像启提到的“六卿”、“五行”和“三正”之类的名称都是很晚才出现的。但是启这种以“天”的名义公然兴兵争夺联盟首领之位的举动，看来是很可能存在的。司马迁在《史记·夏本纪》中也引用了这一段“誓词”，内容大体相同，可以作为间接的证明。后来还有传说启的弟弟武观也来与启争夺帝位，结果又被启所杀，由此启的帝位得到巩固。另外，古本《竹书纪年》中也说：“益干启位，启杀之。”（《竹书纪年·夏纪》）

第二，夏朝的帝王开始改变了传统原始部落的传位习俗，即由禅让推举变成了世袭制。启不但依靠武力夺得君王之位，而且还不再像他父亲那样进行传统的禅让推举了，而是直接把君王之位传给了自己的儿子太康，并且由此世袭十四代的十七个帝王，直至最后一位夏桀才被商部落的汤所取代。虽然这样的传袭在原始部落中也不乏得见，但是毕竟是需要得到部落中大部分人，尤其是长老们和主要壮年成员的认可。而夏启的得位就似乎既没有得到他自己母族的认可，也没有得到自己弟弟的支持。不必说，有扈氏和武观能够起来兴兵向启挑战，以至于双方之间出现史有记载的大战，都说明他们一定得到了夏国中许多贵族大臣和宗族成员的拥护，而不可能只是几个人或一个小团体的反抗。夏启到了后来也是荒淫无道，天天饮酒打猎。至于说启的后代中那些继承帝位的人，就他们个人的德行、智慧、能力或功绩而言，恐怕就更难以服众了。例如，启的儿子太康就是一个昏庸放荡的人，一味只喜欢打猎游玩，以至于惹得民怨沸腾，最后被赶下台去。连他的几个弟弟都对他十分不满，公开进行谴责：

> 太康尸位，以逸豫灭厥德，黎民咸贰，乃盘游无度，畋于有洛之表，十旬弗返。有穷后羿因民弗忍，距于河。厥弟五人御其母以从，徯于洛之汭。五子咸怨，述大禹之戒以作歌。　　呜呼曷归？予怀之悲。万姓仇予，予将畴依？郁陶乎予心，颜厚有忸怩。弗慎厥德，虽悔可追！《尚书·晚书·五子之歌》

这是说太康居君位却不理国事，因贪图安逸享乐而丧失君主之德行，老百姓都怀有二心。他还是恣意享乐游玩没有节制，到洛水南岸去打猎，一百多天不回来。有穷国君主羿以民众不堪忍受太康的所作所为为缘由，就在黄河沿岸阻截太康，不许其返回国都。太康的五个弟弟侍奉其母也跟来了，他们在洛水转弯注入黄河处等候太康。由于太康长久不归，五个弟弟都怨恨他，遵循大禹的训诫而作歌。……（他们这样唱道）哎呀，我们能去哪里呢？我们心怀悲痛，百姓们仇视我们，我们将去依靠谁呢？我们心中郁结哀思，面带羞惭而内心愧悔。不认真修养品德，现在后悔也无法补救了。

可见太康这位帝王的胡作非为已经到了无人能够原谅的地步。这个羿后来掌握了夏朝的实权，扶植了太康的儿子仲康继位。当仲康死后，羿就把仲康的儿子赶走，自立为帝。但是仲康的儿子少康又率领忠于夏朝的人打回来，夺回了帝位。这期间的混战持续几近百年。少康的儿子杼继位，喜欢穷兵黩武，以举国之兵数次攻打东夷。后来槐、芒、泄、不降、扃和廑这几个继位的帝王都属平庸之辈，无所作为。到了孔甲当王的时候，他却迷信鬼神几乎到了疯狂的地步，据说还爱吃龙肉，又草菅人命。《史记·夏本纪》中说他“好方鬼神，事淫乱。夏后氏德衰，诸侯畔之。”各地诸侯都要反叛了。孔甲之后的皋和发都是短命的帝王，然后就到了最后一位的桀。这更是史上著名的暴君，司马迁说“桀不务德而伤百姓，百姓弗堪。”(《史记·夏本纪》)既没有德行又伤害百姓，百姓都忍受不了。据说夏桀倒是文武全才，力能搏虎擒牛，但是也喜欢穷兵黩武，对不来朝贡的诸侯大加挞伐，而且荒淫无道，暴虐残忍，制定酷刑惩罚臣民。以至于商汤讨伐他时说：“夏王灭德作威，以敷虐于尔万方百姓，尔万方百姓，罹其凶害，弗忍荼毒，并告无辜于上下神祇。”(《尚书·晚书·汤诰》)这是说夏桀泯灭道德，制作酷刑，对你们各国百姓施行虐政。你们各国百姓，遭受其凶狠摧残，不能忍受其残害之痛苦，都向天神地祇诉告自己的无罪。可见夏桀的暴虐已使得天下人都不得不造反了。虽然夏桀作为暴君的名气很大，可是就夏朝所有帝王整体而言，相比较后世的各个朝代，恐怕还算是好一些的。毕竟，夏朝还处于较为原始素朴的时期，远没有后来人那么奸诈、凶残和贪婪。不过无论如何，自启开始的历代夏朝帝王，似乎没有一个能在德行、智慧、能力和功绩上得到天下百姓或众多诸侯酋长贵族们的共同认可或赞许。如果这一时期还按照远古传统的禅让推举部落首领或部落联盟首领的话，那么，这些夏朝帝王大概是难以有机会胜出的了。因此，在当时世袭制还未被天下人所普遍接受的时代，他们依靠世袭的方式成为夏朝的帝王，其合法性或稳固性是大成疑问的，很容易被人们所鄙视或挑战。因而对他们而言，如何稳定自己的政权、加强自己的帝位，就难免成为他们帝王生活中的头等大事。

第三，夏朝的帝王开始有意识地扩展自己作为一个帝王的政治权力。而这种意识在原始的部落生活中一般是难以产生的，因为那时人们都生活在一起，过着共享共有的朴素生活，没有什么特别的诱惑让部落首领去拼命追逐权力的扩张，权力大一点或小一点都不会带来太大的差别。部落首领虽然对部落内的人和财物都有一定的支配权，但是主要还是对部落内的大事有较大的发言权和决策权，而一般是不会对部落成员有生杀予夺的权力的（除非某人已经引起了整个部落的公愤），也不会对部落内的所有财物具有绝对的占有权或所有权。但是到了夏朝时期情况已经有了很大的变化，就像我们前面说的，那时人们的社会荣誉感、权力欲、财富的占有欲、过度的情欲或迫切的感官欲求等等都有了较为明显的表现，因而才会对帝王的权位进行极力的争夺。争夺的目的，就是为了满足他们在这些方面的强烈欲求。争夺成功之后，也就是果真当上了天下的帝王，那么他们也将很自然在不断满足自己的欲求同时，会去积极地寻求扩展手中的权力。毕竟，作为天下的帝王究竟意味着什么，对每个人而言，都是分外的神秘，且充满了无数的惊奇的。这种诱惑对任何一个人来说恐怕都无法抵挡，今天亦然，就更不用说还处于较为原始阶段的夏朝人了。即使夏朝继位的某个帝王可能由于年龄小不懂这些，没什么政治经验，或只是胆子太小而不敢尝试去充分地运用并扩展自己的权力的话，他的那些亲近贵戚或王公大臣们中间也总是有几个人会不失时机地引诱、献媚或刺激他去大开眼界一番。即使是那些看起来完全是忠心报国的贵族大臣，也会不断地去进谏，把强化对臣民和四方诸侯的权威之事，视为稳固帝国基业的必要举措。因此，不管是为了使帝国事业能够延续千秋万代的正式理由，还是纯粹只为了满足个人私欲的非正式理由，社会政治发展到夏朝时期，不断扩张帝王或帝国的政治权力似乎都是难以避免的历史进程。例如，根据传说，大禹就铸了巨大的九个大鼎，象征他统一了天下九州，也象征了夏国至高无上的政治地位，当然，还象征了夏国君王个人的政治权威。

还有，夏朝帝王对自己的臣属也开始树立个人的权威。例如，仲康继位不久，就对负责天象的羲和没有尽到职责预报出日食而大为恼火，不但立刻下令杀了羲和（或为羲氏与和氏二人），还诛杀了他（们）的全族。这种做法就与原始氏族时期的情况很不同了，以往是不会轻易诛杀整个氏族部落的，除非这个氏族发生了叛乱，或者双方发生了战争。而仲康这样对一个臣子的全族进行诛杀，可以说已经对自己的帝王权力有了非常不同的意识。关于此事古本《尚书》里有较为详细的记载：

> 惟仲康肇位四海，胤侯命掌六师，羲和废厥职，酒荒于厥邑，胤后承王命徂征。告于众曰："嗟予有众，圣有谟训，明征定保，先王克谨天戒，臣人克有常宪，百官修辅，厥后惟明明。"每岁孟春，遒人以木铎徇于路，官师相规，工执艺事以谏，其或不恭，邦有常刑。惟时羲和颠覆厥德，沈乱于酒，畔官离次，俶扰天纪，遐弃厥司。乃季秋月朔，辰弗集于房，瞽奏鼓，啬夫驰，庶人走，羲和尸厥官罔闻知，昏迷于天象，以干先王之诛。政典曰："先时者杀无赦，不及时者杀无赦。"今予以尔有众，奉将天罚。尔众士同力王室，尚弼予，钦承天子威命。火炎昆冈，玉石俱焚。天吏逸德，烈于猛火。歼厥渠魁，胁从罔治，旧染污俗，咸与维新。呜呼！威克厥爱，允济；爱克厥威，允罔功。其余众士，懋戒哉！《尚书·晚书·胤征》

这段话的大意是说：仲康刚一继位统治四海，就任命胤侯掌管六军。羲氏和氏二人放弃他们的职责，回到封地去酗酒享乐，胤侯秉承王命前往征讨。他向众人宣告说：我的众位将士，圣人有谋略训诫，明白证明可以保国安民。先王能谨遵上天告诫，臣民能奉行常法，百官能循职尽责辅佐其君，诸侯之君也很贤明。每年孟春之月，主管宣教之官敲着木铎巡行于道路，官与师相互规劝勉励，百工也用他们的技艺谏止过去。如果上述之人有不奉行职守者，国家有常刑惩处他们。这羲氏和氏品德败坏，因酗酒而沉醉迷乱，违背官责，离开职守，开始搞乱了天道运行秩序，把他们主管的事务远远抛开。于是在九月初一这一天，太阳月亮没有在房宿会合而发生了日食，乐官敲鼓，田夫驱驰，民众奔跑，而主管此事之官羲和却毫无所知，他们昏暗迷惑，不明天象，干犯了先王应受诛杀之律令。政典说："对天时历数计算不精确，提前者杀无赦，落后者杀无赦。"现在我率领你们众位将士，奉行上天之惩罚。你们众位将士要对王室同心协力，希望你们辅佐我，恭敬地遵奉天子的威命。大火燃烧在昆山之上，美玉和顽石都被烧毁。天王官吏放纵其行为，造成损害比大火还要猛烈。我们只需歼灭罪魁祸首，对胁从之人就不要惩治了，以往沾染之污秽陋习，都准许改过更新。啊，如果严明能胜私爱，就确信会成功；如果私爱胜过严明，则确信不能成功。你们这些将士们，要勉力，要警戒啊！

对一个臣子兴兵讨伐是仲康被羿扶立为帝后不久所做的事情。显然他是要尽快树立个人的威信，所以才会借着羲和之事大张挞伐，以使自己的权力能够顺畅地运用。

夏朝帝王对那些不够敬畏自己的四方诸侯也进行了频繁地征讨，以期望得到天下之人对自己地位和权力的认可，同时也使得自己的权力能够应用于诸侯方国之内，以强化帝王的政治权威。除了夏启消灭与自己争夺帝位的有扈氏和武观之外，少康之子杼（公元前 1953 年—前 1895 年）几次出兵东夷，镇压不服从他的管制的部落和方国。他把东夷驱赶出了原有的聚居地，还消灭了海边的三个部落，打败了九个氏族。（"杼能帅禹者也，夏后氏报焉。"《国语・鲁语上・展禽论祭爰居非政之宜》）夏桀也是继位之初就穷兵黩武，先是征战畎夷（即后来的犬戎），后来又讨伐不来入朝参拜他的彤城氏和党高氏，并将这两个氏族都灭了族，留下"虽亲必伐"（虽是亲族也一定要讨伐）和"虽远必伐"（虽远至塞外漠北也一定要讨伐）的说法。可见其为了树威是不遗余力的。

为了合法地使用权力，夏朝帝王还颁布了刑法，即传说是由大禹时的皋陶所制定的一套刑法《禹刑》。这套刑法没有流传，而只有零星的片段。内容基本上根据帝王的需要对百姓的严酷统治，而并没有保障普通民众的基本权利（“度作刑，以诘四方”《尚书·周书·吕刑》）。这一宗旨对后世两千多年中国传统社会所应用的刑律始终有着深远的影响。

从上述通过铸鼎来显示权威、斩杀大臣、用兵四夷或颁布严刑酷法等等方面，我们可以看到夏朝的君王已经具有了较为典型的传统帝王的特征，可以说是中原帝王专制的滥觞。而之所以出现这种政治意识和政治行为，一方面与原始社会生活所发生的变化有关，另一方面也与自夏启开始的帝王之位是以武力争夺并以世袭制延续的方式有关。同时，也正是由于这两方面的原因，导致夏朝帝王有了必须进一步扩张自己政治权力的考虑和行动。而对其他部族的宗教干涉即是扩张政治权力的方式之一，也就是观射父所说的那种“绝地天通”。可见，在观射父故事中的“绝地天通”绝不是单纯的宗教事件，而有着深远的政治背景和政治意义。这种政治意义又是只可能从中原帝王的政治意识之中浮现出来的。

（4）与夏朝的情况稍有不同，商朝社会政治生活的特点表明，宗教干涉或管制在商朝几乎成为扩展政治权力的最主要手段之一。当然，在较为原始的社会生活中，人们主要还是依靠暴力手段争夺他人的权力或利益。在氏族内部较为激烈的权力和利益的争夺中是如此，与外族的权力和利益的激烈争夺往往也是如此。但是自古以来和平手段也始终存在，如传统习俗的因素对人们的观念和行为有着较大的影响力，可以解决许多争执或冲突。另外如宗教、和亲、谈判或结盟等等方式也都对原始社会生活中的人际或族际关系有一定的制约力。还有如能力、智慧、年龄或品德等等因素也是人们所看重的解决问题的依据。只是这些因素对于一般性分歧的解决有效果，特别是对一般性的内部纷争有效果，而对非常激烈的争端通常是难以奏效的，更不用说有着严重利害冲突的民族之间的对抗了。这时更多的解决方式还是通过武力。但是，在武力解决之后，随着而来的就是如何继续管制的问题。而这一问题对于夏商帝国而言，都是摆在帝王们面前的一个新问题。

在原始部落生活阶段，武力对抗之后的结果要么是一方吞并另一方，要么还是保持着各自的独立性。当一方吞并另一方时，胜利方一般会把失败方的土地和各种财物占为己有，把人员掠为奴隶。如果战争的结局还达不到一方吞并另一方的程度时，那么双方之间可能会出现这样几种情况：失败方被驱离，远走他方；失败方投降作为胜利方的附属部落存在；失败方投降作为胜利方的同盟部落存在；双方成为友好关系，不再对抗。一般而言，除非被吞并或驱离，失败方往往能够保留自己相对的独立地位，即对原有的土地和财物（如牛羊或日用器皿等等）仍然保有所有权和自主权（也可能会因失败而减少一些，但不影响余下的继续保持原有的状态），仍然保有对自己部落首领或长老的传统产生方式，特别是，仍然保有自己的原始宗教信仰和祭祀方式。因此，我们可以看到，在原始部落时代，就一般情况而言，还谈不上一个氏族要对另一个氏族进行“管理”的问题出现。也就是说，部族之间还没有发生实质性政治权力的应用。一个部族要么吞并或驱离另一个部族，要么就保持其原有的状态（最差也就是进贡的附属关系）的。原始的部落首领会满足于得胜后获得大量的奴隶和财物，也消除了一个竞争对手。但是还意识不到对另一个部族的“统治”可能会带来更大的利益。而这要到商朝的帝王们才有可能想得到，也是到了商朝才有进行这种异族“统治”的必要性和可能性。这就使部族之间的关系有了新的含义，需要统治群体创新自己的“统治意识”和“统治能力”。

夏朝对四夷讨伐之后的处理似乎还没有涉及对异族的管制问题，可能仍处于以原始方式处置战败部落的阶段，例如夏杼驱逐了东夷，吞并了海边三寿等几个小部落。夏桀也是驱散畎夷，又消灭了彤城氏和党高氏这两个部族，把他们的财富和女子孩童都抢回了自己的都城，而把土地和男奴都分赏给了共同作战的诸侯。对外族的这些征战虽然可以帮助夏朝帝王强化自己作为中原盟主的权力，威慑天下，但是其中的权力运作还没有具体到对异族部落内民众的管制问题。商朝前期的情况也大致如此，例如，在夏朝末期还是夏朝诸侯的商部落首领上甲微（生卒年不详，约生活于公元前 19 世纪初期）讨伐有易氏部族，胜利之后就是将财富和俘虏统统掠走。商汤在取代夏朝前还曾经消灭过葛部落、有洛氏、豕韦、顾氏族和昆吾族等几个部族，都是以直接吞并为主。而他与荆国之间的争战则以谈判达成协议，相互结盟，互不干涉。但是到了商汤在鸣条（今山西安邑）一战大败夏桀，从而推翻了夏朝并建立了商朝之后，问题就来了。因为商汤虽然彻底战胜了夏桀的军队，可是并不能简单地把夏朝整个吞并了事。毕竟夏部落在当时是最大的部族，商部落恐怕还没有这个消化能力全盘吞下。而且商部落和他的那些盟军部落原来还都是夏朝的诸侯，如果把夏朝贵族王室全部降为奴隶，很可能许多诸侯并不情愿，因为这些诸侯中有许多人与夏朝贵族王室都有通婚的关系。但是对这些夏朝贵族王室的遗民们又不能任其自然，否则他们很有可能又会“反攻倒算”，也就是所谓的“反叛”，那是“僭越”帝位的商汤所不能不防的。再加上商汤对自己做了这样一件亘古未有的大事，居然“革”掉了夏朝的“天命”，内心十分不安，担心自己以武力灭掉夏朝的做法一定会受到上天的惩罚（“俾予一人辑宁尔邦家，兹朕未知获戾于上下，戾戾危惧，若将陨于深渊。”《尚书·晚书·汤诰》），也一定会受到世人或后人的谴责（“予恐来世以台为口实。”《尚书·晚书·仲虺之诰》）。可是如果不吞并掉夏部落的话，即不把他们都降为奴隶或杀光，可是也不能把他们统统驱离，那么，又该怎么办呢？夏朝遗民的处置问题成为一个前所未有的政治问题，颇使新上任的帝国统治者大伤脑筋。这可以说是较为可信的上古历史中最早涉及的对异族部落的管制问题。

考虑到各方面的因素，商汤与他的两个相国伊尹（公元前 1649 年——前 1549 年）和仲虺（生卒年不详）决定还是保留夏部落，只是流放了夏桀

（“汤遂率兵以伐夏桀，桀走鸣条，遂放而死。”《史记·夏本纪》、“成汤放桀于南巢”《尚书·晚书·仲虺之诰》）。他本来打算把夏部落剩下的人迁到黄河下游商部落附近去，好监视看管他们，同时也要把夏部落的宗庙和社神（部落所崇拜的神位）都一起迁走。可是又听说夏部落的社神不可迁移或替代，否则将引起灾祸，于是只好作罢（“汤既胜夏，欲迁其社，不可。”《史记·殷本纪》）。那怎么办呢？伊尹建议把商朝的首都建在西亳（今河南商丘），这样就既可以坐镇中央控制四方诸侯，又可以监管夏王朝的遗民，一举两得。于是商汤就把都城定在了西亳，而商朝也在统御天下的事务中增添了管制夏朝遗民群体这一项新的内容。

可见，商朝起始就遇到了一个新的政治需要，即对其他族群进行政治管制的问题。而这种问题在更早的时代似乎还没有浮现出来，各个部族相对而言还是保留着较为自由的自治状态，不论是内部的政治事务，还是宗教或经济事务皆如此。只是在商部落取代夏部落成为天下部落盟主之后（“殷革夏命”），对前朝遗民的安置问题才需要进行认真的考虑，也就是既然不能将其吞并或驱离，又不能放任不管，而是采取某种政治措施加以监管。这样的话，在不同的部族之间就形成了一种新型的政治关系，是以往的原始社会生活中所没有的。

这种新型的政治关系在初始阶段显然还较为模糊，没有完全明确化，即对商朝统治者或夏朝王族遗民而言，都还不是很清楚地认识到这样的关系究竟应该如何处理。例如，双方之间的关系一定还包含着十分复杂的纠结，即表面上可能是平等的部落关系，或者像王朝与其诸侯方国之间的关系一样，因为夏朝遗民们并没有成为奴隶，他们于是会很自然地认为自己只不过是像其他部族那样，认可了商部落联盟首领的地位，只需要适时对其进贡，并跟随它去从事讨伐或治水等事情就行了。这相当于以前的夏王朝与商部落之间的关系一样，只是双方的地位现在颠倒互换了一下而已。但是在商汤、伊尹和仲虺等新就位的统治团体的意识中，双方的关系恐怕就没有这样简单了，因为他们对夏朝遗民们并不那么放心，或者说，他们对双方的关系已经有了更为复杂的政治计较和考虑，而不会再像以往那样只知道进行简单的处理了。现在的他们相比于夏朝或更早的远古人物，已经有了更为丰富的政治意识和政治经验，对社会生活或公众事物也有了更为深入的思考，也就是他们在政治上的远见卓识，已非比以往。例如，伊尹就曾经用“以鼎调羹”和“调和五味”的例子为商汤讲解治国的道理，（“调和之事，必以甘酸苦辛咸，先后多少，其齐甚微，皆有自起。鼎中之变，精妙微纤，口弗能言，志不能喻，若射御之微，阴阳之化，四时之数。……天子不可强为，必先知道。道者止彼在己，己成而天子成，天子成则至味具。故审近所以知远也，成己所以成人也。”《吕氏春秋·本味》）《史记》中也提到伊尹“以滋味说汤，致于王道”（《史记·殷本纪》）。孟子对伊尹赞不绝口，不认为他当过厨师仆人，而是说“故汤之于伊尹，学焉而后臣之，故不劳而霸。”（《孟子·公孙丑下》）对伊尹的政治才能推崇备至。仲虺也是能干的贤臣，留下了著名的《仲虺之诰》，论证了商朝帝位的合法性，打消了商汤对自己“革命”之举的“余悸”。

至于商朝统治集团具体是如何“政治管制”夏朝王室遗民的，现在还没有什么文献资料能够让我们清楚地了解。我们只是知道在商朝开国之时出现了如何管制前朝遗民的政治问题，也知道商汤、伊尹或仲虺等人都是具有深谋远虑的政治人物，还知道商朝时期人们笃信鬼神（“尚鬼”、“尊神”），帝王们也是依据上天鬼神的意志来统治管理整个天下的。因此，从这些方面推断，在商朝时期发生具有政治意义的“绝地天通”，就是非常自然的事情了。例如，商汤就对夏部落的宗教活动有所打算（“汤既胜夏，欲迁其社”《史记·殷本纪》）。

不过，商朝统治群体对政治管制这一创新举措的应用看来也不是很顺利。毕竟，这种政治方式对古代政治人物而言是不容易一下子把握好的，早期的民众（无论夏民还是商民）也不会一下子就适应这样的政治关系，总是难免出现很多摩擦纠葛。所以我们看到，在商朝建立之后的三百多年时间里，由于社会动荡的原因，商朝国都被不断迁徙。据文献记载，迁都之举有六次之多。最后一次是盘庚迁殷，才算稳定了二百多年，直至大约公元前1046年周武王兴兵将殷商灭亡为止。当然，多次迁移都城未必是由于夏朝王公贵族的后裔作乱所造成的，其原因可能很复杂。例如，有许多学者认为商朝帝位继承权的争夺、商朝王公贵族的相互倾轧、诸侯或方国的侵扰、黄河的水患等等都可能是导致迁都的原因。无疑，这些方面与商朝的不断迁都确实可能有着密切的关联。但是，就本书来看，商朝前期的帝王们对政治权力的不成熟运用，可能构成了更为深层的背景。也就是说，由于对夏朝遗留的王公贵族和民众的政治管制，将很自然地使得商朝帝王们开始由近及远进行联想，以至于对其他部族、诸侯或方国的内部权力产生了觊觎之心，但是他们还不能很顺畅地去贯彻这种政治意图，而难免在尝试政治权力的延伸中发生各种龃龉，正是这些政治摩擦可能达到了他们无法把握的程度，这才迫使他们不得不迁移都城，以躲避更大的冲突或战争。

我们目前没有文献提到夏商遗民在商朝建立之初有什么不安分的事件发生，不像周朝刚刚建立时殷遗民与被周武王分封来监视他们的蔡叔和管叔勾结一处发动叛乱，导致周公旦率兵进行镇压的故事（“周武王崩，武庚与管叔、蔡叔作乱，成王命周公诛之。”《史记·殷本纪》）。但是我们现在大体了解在商朝建立后商汤当政的十多年时间里，没有发生什么特别的战事；商汤死后的三位继承者在位的数十年时间里似乎也没有发生什么重大的事件，除了伊尹与太甲（生卒年不详，商汤的嫡长孙，商朝第四位君王）之间有一些故事以外。如果这种平静的状况不是由于我们欠缺史料所导致的话，那么，我们是不是可以猜测说，很有可能，夏朝遗民被处置得不错，因而他们始终没有造反。没有造反可能是真心归顺，也可能是想造反却没有找到合适的时机或条件造反而已。但不论是哪一种情况，至少还是说明商朝对他们的政治管制产生了相当的作用，并没有造成他们与新的统治群体之间出现激烈的对抗。就此而言，我们或者可以说商汤、伊尹和仲虺等人的创新举措（即对前朝遗民进行某种政治管制）应该是较为成功的。

如果这个推断是恰当的，那么，我们就可以进一步推断：伊尹、太甲或其继任者们会认为，既然对夏部落的政治管制是有效的，那么，是不是也可以把这种方式应用于其他更多的部族、诸侯或方国之内呢？这样的政治意识也就是我们上面所说的，产生了对其他政治单位内部权力的觊觎。这样一来，就不仅是一个夏部落，而很可能是许多其他的部族、诸侯或方国，都与商朝帝王之间形成了一种新的政治关系。在这种新的政治关系中，商朝帝王已经不像原始部落时期那样不会干涉其他部落的内部事务，相互尊重各自的“主权”，而是开始实质性地要对他们应用一种政治权力了，即对其他政治实体的内部事务如首领的选拔、财富的分配、重大事务如农耕的进行、宗教活动或决策程序等等，都要有所涉及或分享。这种对其他部族、诸侯或方国的内部事务进行的权力渗透，其政治意义或政治利益无疑是很明显的，那就是使得商朝统治集团能够更为有效地控制他们的动向，保证他们不会突然起来发动叛乱，对商朝帝王们产生致命的威胁，就像商汤的商部落对夏朝所做的那样。而这一点正是商汤“心有余悸”所意味着的内容，如他说“予恐来世以台为口实。”（《尚书·晚书·仲虺之诰》），即他很担心后世有人把他的所作所为当作以臣伐君的借口。而且，仲虺在商汤讨伐夏桀之前很久就为商汤制定了一个政策原则，即“兼弱攻昧，取乱侮亡，推亡固存，邦乃其昌。”（《尚书·晚书·仲虺之诰》），这是说应该兼并弱小的国家，攻伐昏庸的国家，夺取动乱的国家，轻慢灭亡的国家，促使该灭亡的国家尽快灭亡，稳固该生存的国家好好生存，这样我们的邦国才能昌盛。这一策略也已经表明，其他政治实体的内部状况对商朝的政治决策来说是十分关键的影响要素，以至于决定了商朝对他们的政治态度。这样的政治意识可说是在商朝建立之初才得到明确的。

不过，从这种政治权力的“觊觎”到最后现实化为对其他部族、诸侯或方国的有效政治控制，还有很长的一段路要走。这个意思是说，商朝帝王（或后朝的帝王们）还需要较长时期的政治经验来学习如何恰当地运用这种政治权力。同时，这种政治控制要得到有效地实施，也需要社会生活中的许多其他方面进展的配合。例如，这种政治举措的对象一方能够从心理上接受来自朝廷的政治干预，再从行政事务上加以配合而不是进行拼命地抵抗，这样才能保证这种政治措施能够得以切实的施行。还有，帝国内部的政策制定和执行人才的成熟也是一个大问题，因为这并不是某个帝王或相国的偶然念头，而是一种长远的政治规划，因而需要有许多大臣僚属们能够理解这种举措的政治意图，并按照某种详细的规划进行恰当地执行。

正是在商朝时期，朝廷有了较为正式的职官，也就是专业处理政治事务的“大臣”。而商朝的大臣还分为在朝中任职的“内服官”，与在王城（“王畿”）以外任职的“外服官”。外服官主要是由那些诸侯方国的首领和贵族兼任，也有自己派出的官员。让诸侯方国的首领或贵族兼任朝廷重要的官职，这是使中原朝廷与其他氏族群体内部的权力相互交织，从而为政治权力的延伸做了隐蔽的铺垫。所谓“隐蔽的铺垫”是说，中原朝廷首先表现出自己的“诚意”，“邀请”诸侯方国的首领或贵族来中原朝廷上担任重要官职（至少是名义上的高官显宦），也就是让出帝国自己的一部分权力给予这些诸侯方国，按照关系远近、功劳高低或实力大小授予其不同的官职，而并不要求他们作为交换也让出自己部族内部的权力，因而这种做法是很容易被这些原始领袖们所接受的。例如商朝在武丁（生年不详—公元前 1192 年）时期开始设立“三公”，在甲骨文和金文中还有“侯、甸、男、卫、伯”等外服官职，在周朝进一步制度化为“王、公、侯、伯、子、男”的爵位形式，这些爵位地位高贵，不过大多属荣誉性质，在朝廷中一般没有实际的行政权力。

但是，这些爵位的设立本身还必然伴随着有任命和罢免的政治行为同时出现，而对这些爵位任免的权力无疑是操在帝王之手的。这也就意味着帝王对这些诸侯方国的首领或贵族慢慢有了一层上下级从属的政治关系，在他们之间可以有直接的政治权力的应用了，而不再是部落间相互独立的友好关系了。当这些诸侯方国的首领或贵族们“习惯”于这种崇高的声誉地位之后，帝王就可以用自己手中的任免权对他们展开实质性的影响或干涉了。尽管这种政治影响或干涉一开始还是针对他们个人的，但是慢慢地必然会从他们个人身上延伸到他们的氏族内部中去。而这一过程是缓慢而不引人注意的，特别是看起来还是这些外地“土豪”们自愿入套的。因此，我们才会说，这些外服官职的设立为中原帝王政治权力的延伸做了隐蔽的铺垫。如果用学术语言来说的话就是，商朝在政治制度上的这些举措表明，自商朝开始中原朝廷对外部事务已经有了制度性的政治权力运用。

当然，这些方面都不是几年时间就能够做到的，而应该是在长期的政治实践中不断磨合的结果。正是这样的“磨合”，可能导致了商朝统治核心与其他政治单位之间出现了各种不愉快的事情，也就是所谓“社会的动荡”。而由于这些动荡，很可能迫使商朝帝王们不得不迁移都城，以避免受困甚至发生大规模的战争。因此，我们才判断说，商朝不断迁都的史实很可能与他们对其他部族、诸侯或方国进行不够成熟的政治干预有密切的关联，是这种不成熟的政治举措所引起的社会动荡造成的。毕竟，我们可以想象得到，在雄视天下的帝国朝廷中担任一个地位显赫的官爵，对来自四方各地的原始人物而言，其诱惑力一定是很大的，特别是那时人们刚刚开始萌发出对社会声誉、政治权力、土地奴隶或金银珠宝等财富、情欲或上天神意的原始渴求时就更是如此。这些刺激与原始部落生活所能提供的水平已经是不可同日而语了，难免引诱出许多人的贪婪和疯狂。而在这种贪婪和疯狂面前，商朝帝王们的政治经验和政治能力相对而言是远远不够的，还显得十分稚嫩，不足以把握越来越复杂的政治局面。而这种稚嫩还表现在，夏商时期的帝王们还都不能恰当地把握他们自己，也就是说，他们希望不断扩展帝国的政治权力以满足自己的贪婪欲望，却又总是按捺不住自己的贪婪甚至疯狂，以至于暴露出自己太多的弱点，无法迫使那些诸侯方国首领们真心顺服。而这种“统治意识”是到了周朝才开始有所自觉，在汉朝得到了顺利发展，到了唐宋时期则较为成熟。而对明清时期的帝王意识，我们不得不说，几乎已经达到了炉火纯青的地步。当然，在历朝历代都有许多帝王荒淫残暴或昏庸无能，我们这里只是就核心统治集团的帝王意识而言。

让我们再来看看在历史的早期，中原的权力中枢有哪些方式可以将政治权力渗透进诸侯方国的内部，以对他们进行有利于己的政治管制。最初级的方式自然是武力。依靠武力可以消灭、吞并或驱离那些弱小或不服从号令的部族，但是武力对那些从自己宗族中分封出去的属国，或者其他友好的诸侯方国，或者已经顺从自己的诸侯方国就只有威慑的作用，而不能轻易地兴师动武了。对这一类政治实体原始的关系只是盟邦而已，对盟主进贡，服从盟主的号令一起攻伐或治水等等。如果攻伐得胜了，那么盟主会将失败方的土地、奴隶或其他财富分赏给这些盟邦。然而盟邦的内部事务一般还是保留着独立自主的权利，盟主也不会轻易地横加干涉。

但是在商汤之后，我们根据上面的推断可以看到，这种原始情况开始有了很大的变化，就是说中原帝王开始对其他部族、诸侯或方国有了进一步政治管制的必要和欲求。在保留武力作为背景性的威慑力量下，中原王朝还会用土地、奴隶或其他财富对他们进行间接的控制。这种经济手段也在一定程度上让中原帝王对其内部政治事务加以掌控的政治行为具有了合乎情理的借口，是古代政治生活中不可缺少的方式之一。特别是随着武力扩张范围的扩大，吞并的土地越来越多，俘虏的奴隶也越来越多，掠夺到的牛羊、青铜器或金银玉器等等也不可胜数。这都使中原帝王手里可运用的资源大大增加，既满足了自己一方的贪婪需求，也满足了跟随出战的诸侯方国首领贵族们的贪婪需求，还增加了自己的威望和权势，使得政治权力的进一步扩展有了更强大的后盾。但是，这些经济手段仍然有其限制的一面，还不足以成为政治权力延伸的充足理由。也就是说，单单依靠经济手段还不能让中原帝王对其他政治实体内部的权力干涉完全合法化。因为这种经济手段毕竟还根源于原始时代的习俗，一般的部族首领和贵族都会认为这些经济利益是自己通过战功而应该得到的，也没有因此就让盟主有权力来干涉自己的这种原始习俗，因而并不会仅仅有了经济利益就出卖自己的政治权力。当然，这样的人也总是会有的，可能还会越来越多，但是也需要其他方面的配合，经济手段才能更好地发挥作用。无论如何，经济手段只是古代帝王扩张权力的主要方式之一。因此为了有更多的经济资源可以利用，我们看到历朝历代的中原帝王都不乏穷兵黩武之辈，只要有一点可能，就要想方设法去进行征伐，以获得更多的土地、奴隶或其他财富，从而能够分封更多的贵族，以巩固和强化自己的权力。像商朝时期到了武丁继位之后，商朝所统治的疆域已经扩展到北部达到东北辽宁一带的肃慎族（以后的金人和满族）和孤竹国，内蒙古和山西境内的鬼方和土方，南抵长江中游的濮和楚，淮河流域有淮夷，西到陕西黄土高原的周、氐、羌方、犬戎和獯育，西南有巴和蜀，东至大海边的东夷等等。范围之大，在远古时代可以说是蔚为壮观了。在殷墟出土的甲骨文中，我们也能看到有许多关于征伐的记录或关于某项出兵计划是否吉利的占卜记录，如“王省土方”、“伐土方”、“征土方”或“贞卜土方贝与不贝”等等。据统计光是武丁就曾经与六七十个方国部落进行过交战，连他的夫人妇好都是英勇善战的女豪杰。在殷墟出土的妇好墓中有两把铸有“妇好”字样的大铜钺，据说就是妇好所使用的兵器。

除了武力和经济手段以外，中原帝王还可以通过权力的交换进行权力渗透。例如我们上面所讨论的那样，拉拢这些“外地土豪”们到中央朝廷来担任职务，授予他们某些爵位或称号，以使他们更加忠心耿耿地服从于帝王的命令和支配。这种方式可能对于外地土豪们的个人诱惑更大一些，特别是那些并不很缺乏土地奴隶或金银珠宝，而又有强烈的社会荣誉或地位欲求的诸侯和方国首领可能就更是趋之若鹜了。如果再把这些爵位称号与经济手段结合使用，效果自然更佳。这是对下属部族、同盟或友好的诸侯方国十分有效的政治手段。

当中原帝王把爵位有选择性地授予某个诸侯方国中的这个人而不是那个人时，或有选择性地增加爵位的等级时，就意味着对该诸侯方国的内部事务有了一定的话语权。例如当诸侯首领的继承权出现内部争执时，中原帝王就可能会发挥自己的影响力进行干涉了。这一点到了春秋战国时代表现得最为明显，那时周天子与诸侯之间，或诸侯相互之间都会通过王位继承问题进行深度的政治渗透，从而影响对方内部的政治局势，以使其尽可能导向于自己有利的方向发展。这种政治手段在商朝时期还不十分突出，或许是因为我们没有太多的文献资料可以了解更多的情况，但是可以肯定的是，这种方式在商朝时期已经有所尝试了。因为商朝帝王自身的继承问题在当时就已经屡次造成天下的动荡，例如有“九世之乱”，而且还引起周围强势的诸侯方国不断来进行干扰（“自中丁以来，废適而更立诸弟子，弟子或争相代立，比九世乱，于是诸侯莫朝。”《史记·殷本纪》）。而这种干扰当然不会只是单方面进行的，一旦这些政治人物尝到了这种政治手段的甜头，必定是会无所不用其极的。

武力手段是在双方形成敌对关系的时候使用，在和平时期对待那些友好盟邦武力就只能作为一种威慑力量备而不用了。而政治手段和经济手段则是和平时期主要的权力扩张方式。但是在这两种手段之外，还有一种特定的手段在商王朝时期具有现实的效用，这就是宗教手段，也就是通过宗教活动方面的干涉和控制，对其他部族、诸侯或方国的内部事务进行渗透，以达到政治监管的目的。

殷商社会刚刚脱胎于原始的部落生活，还有着非常浓重的自然崇拜观念，对天地之神、祖先之神或自然万物之神都保持着虔诚的敬畏态度，巫术和祭祀活动始终在社会生活中占据着十分重要的地位。例如在甲骨文、《尚书》、《列子》、《庄子》、《楚辞》、《史记》或《吕氏春秋》里都多次提到商朝的“巫咸”。这可能是一个叫“咸”的巫师，但是“巫咸”更可能是一个官职，即是专门负责为帝王和其他王公贵族作巫筮活动的一个大巫，同时也是管理天下巫筮活动的官员，如《史记·殷本纪》说：“巫咸治王家有成”、“帝祖乙立，殷复兴，巫咸任职。”《尚书·君奭》说：“在太戊时则有若伊陟、臣扈，格于上帝，巫咸乂王家。在祖乙时则有若巫贤。”实际上商朝的开国帝王商汤自己可能就是一个有着巫术能力的大巫，这在原始部落时期是常见的事情，即部落首领往往就是部落里最有法术的巫师。我们前面提到过商汤曾经有过“桑林祷雨”的故事，是说商朝发生了连续数年的大旱，大家都认为这是上天降罪所导致的结果。商汤先是命令那些官员巫师们占卜、祈祷或作法，但是老天还是不下雨。于是商汤决定亲自去求雨。他在一个叫做“桑林”的地方设好祭坛，举行了隆重的祭祀活动。可是还不起作用。这时那些负责祭祀的巫师们建议说必须用最高等级的牺牲做祭品才行，也就是不能只用牛羊之类的一般祭品，而要用活人来祭祀。商汤反对说，那怎么行呢！我祈雨就是为了给大家带来幸福，怎么还能再用活人来祭祀呢？如果上天真要一个活人做祭品，那就把我当祭品拿去吧！于是他就爬上祭台的柴堆，让下面的人火烧自己。可是那些巫师和官员们不能真的这么做，于是就想了一个替代的办法，就是把商汤的头发剪下来烧掉，再把商汤的手夹起来以示受苦和做牺牲的样子。这样总算感动了上天，降下了大雨。这个故事在《墨子·兼爱下》中有记载：

汤惟予小子履，敢用玄牡，告于上天后，曰："今天大旱，即当朕身履，未知得罪于上下，有善不敢蔽，有罪不敢赦，简在帝心。万方有罪，即当朕身，朕身有罪，无及万方。"即此言汤贵为天子，富有天下，然且不惮以身为牺牲，以祠说于上帝鬼神。

这段话在孔子的《论语·尧曰》中也有引用。另外，在《吕氏春秋·顺民》里说到商汤祈祷下雨时"剪其发，磨其手，以身为牺牲，用祈福于上帝，民乃大悦，雨乃大至。则汤达乎鬼神之化、人事之传也。"《帝王世纪·殷商》中也有较详细的记载（"汤自伐桀后，大旱七年，洛川竭，使人持三足鼎祝於山川，曰：欲不節邪？使民疾邪？苞苴行邪？讒夫昌邪？宫室荣邪？女谒行邪？何不雨之极也？殷史卜曰：当以人祷。汤曰：吾所请雨者，民也。若必以人祷，吾请自当。遂齐戒剪发断爪，以己为牲，祷于桑林之社，曰：唯予小子履，敢用玄牡，告于黄天后土曰：万方有罪，罪在朕躬。朕躬有罪，无及万方。无以一人之不敏，使上帝鬼神伤民之命。言未已而大雨至，方数千里。"）这就肯定了商汤具有通神的能力。据说商汤的贤相仲虺也会高明的巫术，能够呼风唤雨。《史记·殷本纪》还提到商王太戊（生卒年不详，约公元前 1535 年—前 1460 年在位）"德灭祥桑"和武丁"飞雉登鼎而鸣"的故事，都是商朝帝王十分笃信鬼神的著名例子。

殷商时期浓厚的宗教观念具有特别的政治意义，成为一种特殊的政治手段，是将形上观念与现实权力结合在一起的最早形式，对后来中国社会的政治生活产生了深远的影响。而这是在祖甲（生卒年不详，为商朝第二十五代帝王，是武丁之子，大概在公元前 12 世纪时执政）所进行的一系列"宗教改革"之后，才逐渐显露并成熟起来的。

这要从殷商朝廷的祭祀系统说起。因为原有的祭祀活动缺乏系统性，祭祀对象和祭祀的顺序都没有什么规矩，因此祭祀活动举行起来就显得很零乱，不好安排。于是到了祖甲继位后，就把祖先和祖先的正式配偶编成顺序，以天干编号（庙号），挨个祭祀，每十天的日子也按天干编排（即一旬），到了某日就祭拜某个相应天干庙号的祖先，如甲日就祭拜太甲或上甲，乙日祭拜太乙或祖乙等等。以“彡”、“羽”、“劦”这三种祭祀法轮流全部轮祭一遍，周而复始地进行，这就是“周祭”。到了后来需要祭祀的对象太多，几乎每天就要祭祀一个祖先了。这种方式的应用就是一种宗教改革，使整个王朝的宗教祭祀活动更加规范，成为一种制度性的正式活动，具有很强的政治意义。

除了对祭祀的形式进行了规范化以外，商朝还设立了专门负责宗教活动的官职，即“祝”、“宗”、“卜”、“史”四种宗教性职务，分别管理祈祷鬼神、祭祀祖先、占卜、记载和保管典籍这四项事务。所以我们在殷墟出土的甲骨文里会发现有大量关于祭祀或占卜的记载，就不令人感到意外了。商朝帝王们的政治生活和个人生活中的方方面面，大事小事几乎都离不开祭拜神灵之后再占卜以问吉凶。这大概是规范他们观念和行为的最重要依据和标准。因此祭祀和占卜活动就成了殷商时期的首要之事，简直比一般的政治和军事事务还重要。这也构成了殷商社会生活的一个主要特征。所以《礼记·表记》中说商朝“殷人尊神，率民以事神，先鬼而后礼。”这样的刻画倒确实是比较准确的。

“祝宗卜史”的官职和周祭制度订立，并不是单纯的宗教改革。它的政治意义是逐渐才显露出来的。因为，一方面，商朝帝王有了这些专职官员和制度建设之后，逐渐应用他们来强化和扩张自己的权力；另一方面，这些祝宗卜史作为专业性的祭祀官员，也在不断强化自己领域内的专业知识和技能，以更好地服务于帝王，并可以更稳固自己的地位。因此，当他们在帮助祖甲进行祭祀系统的规范化时，是不会仅仅浅尝辄止的，而是将他们所面临的问题一步步推向前进。例如，商朝的祖先崇拜或自然神崇拜从原始阶段已经转变为有一定的自觉意识了，即不再是随意地祭拜几下就了事，也不再是随便找一个地方把祖先之神、天地之神和自然万物之神都放在一起祭拜，甚至也不是在某一次的祭祀活动中把这三类神都祭拜一下就满意了，而是注意到了这些祭祀活动是否恰当。

他们的宗教意识就开始于对自己的宗教行为进行这样的“关注”，当这种“关注”达到一定程度，他们就会感觉到自己以前的祭祀活动实在是太草率和简朴了，这对于一个庞大帝国而言似乎显得十分不相称。而且随着帝国的扩张，祭祀活动参与的人也越来越多，规模越来越大，所祭告的事情也越来越重要，涉及越来越巨大的利益，因此原有的祭祀形式开始逐渐不适合形式发展的需要了，而有必要进行全方面的改善。这也是对祭祀活动本身“关注”的原因。商朝最早设立专门的宗教官职或任命御用的专业巫师，都是这种“关注”或宗教意识有所表现的效果。随着担任王家的专用巫师或祭祀官员越来越多，祭祀的形式也逐渐越来越复杂，越来越讲究仪式的专业程度，凸显了他们对于所祭拜神灵活动的重视、敬畏或虔诚。

于是，商朝统治集团的宗教意识就开始一点点越来越清晰。作为起始，他们很自然地会注意到以下三个方面的问题：第一，祭祀活动应该有一套专门的仪式，而不能简单应付一下了事（如只是叩几个头是不行的）；第二，祭祀活动应该有一个像样的专用地方，而不能总是临时草草搭建一个祭台；第三，不同的神灵应该设立不同的牌位，然后分门别类地安放，而不能随意地共用一个牌位或杂乱地共置一处。祭祀活动考虑到这三个方面的细节，商朝帝王和宗教官员们才算是能够初步表明自己对于神灵是多么的崇信和敬畏，因而又是多么的认真和重视对神灵的祭拜活动，在祭拜中自己的态度和行为又是多么的虔诚。他们浓厚的宗教观念会使他们认为，只有这样郑重其事地进行祭祀，上天和大地之神、各个祖先之神，以及所有的万物之神，才一定会庇佑他们及其子孙的一切，如战争的胜利、农耕的丰收、风调雨顺或驱离病魔等等，特别是保佑至高无上的帝王权位能够永传万代。

在注意到这些问题之后，祭祀活动的形式就被设计得逐渐复杂起来，慢慢成为专门化的一套程序。这套程序根据不同的祭祀对象、不同的祭告事由、不同的主祭人（如商王或贵族大臣）或不同的祭祀时间等等因素而会有各种不同的内容，如有不同等级的主祭人来主持，分为不同的专门时辰、不同的先后顺序或不同的祷告辞，还要配合不同的舞蹈和音乐、穿不同的服装、用不同的器具和祭品，以及持续不同的时长等等。这些烦琐的仪式程序已经不是一般人所能掌握得了，只有达到一定级别的专业巫师才有可能熟练运用。商朝时期所制定的这些祭祀仪式对后世有很大影响，例如当把这些仪式的宗教内容逐渐淡化之后，演变为周朝时期的礼乐制度，再配以也是从商代开始的宗法制度，就成为沿用两千多年的礼制，即一整套社会的伦理系统，也就是在20世纪初期的新文化运动中被视为“吃人”的传统礼教。

紧接着祭祀仪式的改善之后，商朝帝王和宗教官员们还考虑了修建专门的祭祀场所。我们在仰韶文化和龙山文化时期的许多遗址中还看不到像样的祭祀区域或祭祀建筑，在可能属于夏朝的河南偃师二里头文化遗址中只能发现有一些可能是祭祀所用的建筑，如墓葬区附近的高台和祭祀坑。这说明早期原始部落中的宗教活动还没有很专门化，还没有达到在固定区域或建筑内进行的程度，应该还只是以较为简单和素朴的方式进行。这种状况正是到了商朝时期才有所改变的。例如，在河南安阳的殷墟遗址中，我们已经可以看到大规模的祭祀坑或祭祀窖藏。还有在江西樟树发现的吴城文化遗址和四川广汉的三星堆文化遗址也属于商朝时期，其中都有专门的祭祀场所和祭祀坑，出土了大量的专用祭祀器皿。这说明在商朝时期人们的宗教活动有了较大的变化，反映出那时人们的宗教观念与原始时代有了很大的差别，宗教活动在社会生活中的作用具有了很不同的意义。根据甲骨文的记载，商朝开始设立了宗庙制度，也就是祖先世袭的具体规定。以此推测的话，商朝应该已经有了专门的宗庙建筑，即把天地或祖先神位固定安置其中的专用建筑，并在其中进行祭拜活动（甲骨文和青铜礼器上都有提到宗庙大庭之类，但还没有专门的说明性文献）。特别是商朝的帝王之家应该不会是只修建一个祭台，等到该祭祀某位神主时，再把其牌位拿到祭台上来拜，而应该是在专门的宗庙建筑之内，固定放置神灵的牌位，等到应该祭祀哪一位神灵之时，就到这个建筑中去祭拜。尤其是在祖甲编排好祖先谱系之后，就更有这种可能了。因为这些祖先牌位恐怕不大会总是被搬来运去得折腾，而完全可能被安放在固定的地方。只是殷墟遗址中虽然可以确定有某些专门的祭祀场所，但是由于已经没有了地面上的建筑，因而我们还不能肯定地面上宗庙建筑内部的情况。不过至少我们可以肯定的是，在商朝时期人们已经开始有了专门的祭祀区域，并修建了专门的祭祀场所，分别祭拜上天神灵、万物神灵或祖先神灵。

第三个“关注”就是对神灵的分门别类。例如，根据甲骨文的内容来看，商朝时期人们大体上区别了天神、地神和人神。天神包括有上天、上帝、日、月、云或风雨雷电等等，地神有四方、大地、社、山川河海或动物植物之类，人神则有先王、先公、先妣或以往重要的大臣等等。这里较为麻烦的是商朝帝王对自己祖先的世袭排位。对祖先的排位看来并不是一开始就有这个意识的，而是到了祖甲继位之后才考虑到了这一问题。因为祖甲已经是商朝第二十五代帝王，前面的帝王及其法定的配偶已达好几十位。因此他对祖先的祭祀就很容易搞乱，也不好安排。而且由于商朝帝位的继承一开始并非是只传嫡子（“父亡子继”），而是由兄弟先继位（“兄终弟及”），再传给下一代。像商汤死后，因为大儿子太丁已先病逝，就由另一个儿子，即太丁的弟弟太乙继位，后再由太丁的弟弟外丙继位。外丙死后再由其弟弟中壬继位。中壬之后帝位又回到太丁的儿子太甲这里。到了第十一任帝中丁死后，他的儿子和弟弟们互相争夺帝位，甚至连侄子也不甘示弱跑来争抢。后来商朝帝王的继承问题始终都不太顺畅（即所谓的“九世之乱”），这一方面引起了政局的动荡（商朝同四方的不断交战和频繁的迁都恐怕都与此有一定的关系），另一方面也造成后世帝王朝廷对祖先排位的顺序和祭拜也变得十分麻烦。因为帝位的传袭十分混乱，祖先谱系就不容易理清。例如兄弟之间往往不是同母所生，有嫡有庶，因此就要追溯不同的先妣。而侄子继位后要追溯到的祖先可能还没有做过帝王，这就更容易产生排序的紊乱了。于是祖甲与其祭祀官员们才创立了我们前面所提到的“周祭”制度，就是先把祖先按照天干编排成一定的顺序，然后再按照这个顺序轮流祭拜。这个专业的技术成就恐怕不能不说是那些专职祭祀官员们的功劳了。

当商朝统治集团的宗教意识关注并逐步解决了上述三个方面的问题之后，他们开始进一步考虑到自己可以做得更好，也就是说：第一，在每次祭祀之后应该对祭祀的具体情况做详细的纪录，以便以后进行参照。这一方面可以检验其效果是否灵验，另一方面也可以为以后的祭祀活动提供范本。第二，祭祀仪式应该有专门的道具，不能每次使用不同的东西。第三，每次祭祀活动应该只祭拜某一个神灵，而不能一下把所有神灵都祭拜了。

我们现在已经能够看到，大量的甲骨文就是专门用于对卜筮结果的记录，也包括对祭祀活动本身的记录。后来这种记录还延伸到对各种国家大事的记录，如战争、帝王继位、帝王生育或官职的授予等等方面的事情，而不仅仅限于卜筮或祭祀活动的记录了。慢慢地，这些记录也演变成了早期的历史记载，如《国语》、《春秋》和《史记》等等这些史书。

至于道具，最为突出的就是青铜器了，另外还有陶器和玉器之类。青铜器就是在商朝时期发展到了顶峰阶段，不仅种类繁多、富丽堂皇、工艺精湛，而且形状倾向于浑厚凝重，特别适宜于祭祀活动中的使用。例如作为商朝青铜器的代表作就是后母戊鼎（图 4–11），据考证就是祖甲所制作，为祭祀时所专用的礼器。

有人面纹鼎（图 4–12），也是专用的祭祀礼器。在湖南出土这样的礼器，说明商朝时期中原王廷对边远地区在宗教活动和青铜器的工艺制作上已经有了十分明显的影响。

这时期的青铜器上所刻的铭文也开始加长，显示出文明初期人们对语言文字的运用开始熟练起来。这也像甲骨文一样，都与宗教祭祀活动有着密切的关联。例如，像殷商晚期商纣王时所制作的四祀邲其卣（图 4–13）上的铭文（图 4–14）就说：

乙子王曰："尊文武帝乙宜。"才召大庭遘乙羽日丙午𩛥酉。丁未鬻。己酉王才梌邺其易贝。才四月隹王四祀羽日。

这个铭文的大意是说，在乙巳日，殷纣王说要对祖先帝乙进行祭祀典礼，在召地的宗庙大庭中举行，在祭祀商汤之日的第二天，又在鬻祭之前；

图 4–11　后母戊鼎，河南安阳殷墟遗址出土，商朝中期

图 4–12　人面纹鼎，湖南宁乡县出土，商朝晚期

图 4–13　四祀邲其卣，河南安阳出土，商朝晚期

图 4–14　四祀邲其卣铭文，共 42 字，刻于卣底的平面上

纣王赐给邲其贝币，在纣王四年四月的庚戌日。①

这里提到了殷纣王的祭祀活动是在一个特定的祭祀场所（即召地的宗庙大庭）中进行，而且还有频繁的祭祀活动。据考证召地在现今陕西岐山县西南部，是商朝晚期的一个重要地区，建有商朝帝王的宗庙，且经常在那里举行祭祀活动。召地这些祭祀活动又是针对不同的祖先神主的。看来是每次祭拜活动都只祭拜一个神灵或祖先。这种祭祀的安排程序显然是在祖甲与其祭祀官员们编排好神主牌位之后，才会考虑到并加以实施的事情。这也就是我们上面提到的商朝“周祭”所包含的内容。

还有一件商朝晚期青铜器上的铭文也反映了商朝时期的宗教状况，就是在河南安阳出土的戍嗣子鼎（图 4–15）。鼎上的铭文（图 4–16）说：

丙午，王商戍嗣子贝廿朋，才觙宔。用乍父癸宝𩰫。隹王䆃觙大

① 马如森：《商周铭文选注译》，上海大学出版社 2013 年版，第 78—79 页。

图 4–15　戍嗣子鼎，河南安阳出土，商朝晚期

图 4–16　戍嗣子鼎铭文，共 27 字，合文 3 个，刻在鼎腹内壁上

室，才九月。犬鱼。

大意是说在丙午日，商纣王在管地的宗庙里赏赐给戍嗣子的货币廿朋；铸这个宝鼎来纪念父癸；在九月商纣王在管地宗庙里的中央大厅举行祭祀；(这个鼎) 由戍嗣子的猃氏族 (制作)。[①] 这个铭文虽然较为简单，但是已经把时间、地点、人物和事件都交代清楚了。这里也提到了一个特定的地点，就是“管地的宗庙”，而且还有一个大厅。同时这个铭文也说到祭祀的名称，即“裷”。铭文中的这个字我们并不能很准确地认得，只知道这是指一次专门的祭祀。像四祀邲其卣的铭文中也有类似的祭祀名称，如“宜”、“皀酉”(这两个字应该合为一个字)、“鬻”这三个字，也都是指某种专门的祭祀活动。

在甲骨文和其他青铜器中也都有很多这样专门的祭祀名称。我们现在看

① 马如森：《商周铭文选注译》，上海大学出版社 2013 年版，第 92—93 页。

到的周朝时期的青铜器中这样的名称就更多了。这说明自商代开始人们对宗教祭祀的制度性建设已经比较专业化了，不然不会对各种不同的祭祀活动进行分门别类地做出标签来。祭祀被命名为不同名称，这与把各种神灵编排成某种次序，特别是以干支记序的方式将众多祖先缕出一个谱系来，都是对原始祭祀活动的规范化改革。这些举措很鲜明地反映出商朝统治群体的宗教意识有了相当程度的自觉，而这种宗教自觉又必然会与其政治意识的自觉产生内在的关联。

祖甲与其祭祀官员们（“祝宗卜史”）把天地万物的神灵、祖宗先辈和祭祀活动都加以分门别类地规范化，也表明这时期人们的理性能力有了很大的提高。因为分类正是理性发展的基础，是心灵抽象能力的体现，即能够把现象事物抽象地视为一个单元，然后只分别赋予这些单元某一种特殊的性质。那些具有这种性质的单元可以被归为一类，而那些没有这种性质的单元就被归为另一类。例如祖甲的祖先和非祖甲的祖先，天上的神灵与非天上的神灵，与战争有关的祭祀和与战争无关的祭祀，等等。在原始部落生活阶段人们似乎还没有形成这样自觉的理性能力。但是到了夏商时期，我们看到这种理性能力在人们的社会生活中开始逐渐有了较为明确的表现。例如，具有这种理性能力的一个典型表现就是计时或日历的编排和刑法的制定。

最早的日历应该是从夏朝就开始有了，不过我们目前还没有什么证据能够肯定地说明这一点，只有一些远古传说提到夏朝已经使用了计时用的“漏壶”，即用滴水或流沙来计算时间的器具（“挈壶氏，下士六人，史二人，徒十有二人。”《周礼·夏官司马》，注曰：挈壶水以为漏。[①]）。据说中国传统的农历也是在夏朝时期出现的，所以叫“夏历”。另外，还有把天文、气象、物候和农事结合起来编成口诀用以指导人们日常生活的《夏小正》。这些情况虽然我们目前还不能完全证实，对计时或日历在夏朝发展的确切情况还不是很了

① 见《周礼注疏》第 879 页，《十三经注疏》（整理本），北京大学出版社 2000 年版。

解，不过我们知道日历在商朝时期确实是有了，是用干支纪日(年）法进行的，这在殷墟的甲骨文里有着明确使用。当然，这应该不会是商朝人的突然创举，而应该是在夏朝上千年的经验历程中逐渐演化过来的。干支纪日（年）法是用十个天干和十二个地支相互配合来计数，每六十为一循环。这种方法既可以用于计数，也可以拿来排序，还可以作为分类的工具。这是很有数学头脑的一种设计，没有相当程度的理性能力几乎不可能创制出这种干支计数法。

同样，刑罚规则的制定相对于原始人类来说，也是一件十分困难的事情。当然，早期的原始部落群体的刑罚规则一定是很简单的，可能只有几条。像传说中的五帝时代就是这样，只有五种刑罚（墨、宫、劓、刖、大辟）和五种远近不同的流放（“帝曰：皋陶，蛮夷猾夏，寇贼奸宄。汝作士，五刑有服，五服三就；五流有宅，五宅三居。惟明克允。”《尚书·夏书·尧典》)。但是从最简单的刑罚开始，总是会逐渐增加和细化，以至于复杂到不是一般人所能记住或了解的。据说夏朝有《禹刑》，商朝有《汤刑》(“夏有乱政，而作禹刑；商有乱政，而作汤刑。”《左传·昭公六年》)。《禹刑》即托名大禹所作，《汤刑》应该是商汤所颁布的。但是估计《禹刑》不会有太复杂的规定。而《汤刑》就很难说了，因为西周的周穆王时期，吕侯主管狱讼刑罚之事，他在修订《汤刑》时说过：“墨罚之属千，劓罚之属千，剕罚之属五百，宫罚之属三百，大辟之罚其属二百,五刑之属三千。”(《尚书·周书·吕刑》）这是说单单“五刑”就包括三千条之多，还不算“五流”或其他刑罚呢。可见《汤刑》的内容已经相当复杂了。虽说吕侯的说法可能有所夸张，但是其数量不在少数，大概确实是可信的。而《汤刑》在商朝中期经过一次认真的修订，主持者正是我们这位颇有数学天赋的商代帝王祖甲。他应该是在完善了干支计数法之后，用它来编排了神灵谱系，特别是自己的祖先世系，然后再制定了复杂的“周祭”。可是看来他在这些创造性工程之后仍然意犹未尽，于是又继续修订了《汤刑》，使之更加完备。只不过《汤刑》现在已经失传（《禹刑》也已失传)，具体情况我们不是很清楚。但是就西周的吕侯所言，经过祖甲修订的《汤刑》一定已经包括了颇为庞大详细的内容，即使没有好几千条，可能也应该有几百条。我们能够了解，千百条的细则规定应该不会是完全杂乱无章地堆放在一起的，而是会有某种系统的条理，也就是应用了某种分类体系才能做到，尽管可能是较为简单的分类体系（是不是以干支法对刑罚条文进行分类编排这一点我们并不知道，但是想必应该有很大的关系）。这在当时，大概也只有祖甲与他的几位祭祀官员们能够掌握，其他一般人恐怕是一下子难以学会的。因而相对于商代的人们来说，这样复杂的一部刑法，可以说已经是十分深奥和专业的了。毕竟，那时的人们绝大多数还没有什么数学概念，也没有什么分类概念，更缺乏抽象思维的训练，因而要掌握起数百条的细则规定，似乎是绝不容易的。我们知道，当时能够使用干支记数法的可能就只有祖甲和他的几位小伙伴（“祝宗卜史”）而已，那时还没有什么方法将之在社会上迅速普及开来，人们也难以了解到这种知识所潜在的重要价值。

祖甲和他的小伙伴们对干支计数法的运用看来已经得心应手了，从历法到神灵谱系，再到祖先世系，然后再到祭祀秩序，最后再到刑法大全，真是无所不用。他们好像还有其他方面的应用，例如祖甲也对文字和占卜的方法进行了整理。① 这在甲骨文里有所表现，只是现在还没有太多资料能够让我们了解得

① 据李学勤先生考证，从祖甲的父亲武丁执政时期到祖甲之子康丁再到殷末之时，殷商的礼制已经具有了较为明确的制度性的连贯特征：“《萃编》1000 卜辞和始尊两者，与《花东》龟甲的年代，相隔甚远。《萃编》1000 属于我们所说的无名组的王卜辞，而且是该组偏晚的，估计在康丁前后。始尊由形制纹饰看，年代更迟，应该是在商末。可是它们反映出的礼制，却和武丁时的《花东》两辞几乎全同。这个例子充分表明，‘殷礼’前后固然必有不少演变，但在很多方面是一贯的，具有明显的制度性。”《从两条〈花东〉卜辞看殷礼》，原载《吉林师范大学学报》2004 年第 3 期，后收录李学勤著：《文物中的古文明》，商务印书馆 2013 年版，第 128 页。李学勤先生这里所说的《花东》是指《殷墟花园庄东地甲骨》，《萃编》是指郭沫若于 20 世纪 30 年代出版的《殷契萃编》，“始尊”是指 1965 年在陕西长安大原村发现的商代青铜器，拓本见《殷周金文集成》6000。

很清楚，不过想必这些应用与他们的数学爱好一定有很大的关系。使用甲骨来进行占卜可能很早就有，但是在甲骨上刻字记载占卜或其他重要事情的经过和结果，却大概是自祖甲时期开始的。最早的那些甲骨文上大部分的字都是天干地支，就可以初步说明这一点。而且绝大部分出土甲骨文上的主祭人也都是自祖甲之后的殷商帝王，就更表明了祖甲的宗教改革对商朝祭祀活动的影响是十分巨大的。看来是祖甲把干支法用于纪日和纪年，再编排好祖先世系之后，这种文字记录才提高了必要性。同时，经过改善之后的文字也逐渐有了记述事件的功能，即有了较为明确的时间、人物和顺序的语言意识和相应的语言能力。这使得这种文字记录可以给予商朝帝王们更好的帮助作用。

祖甲的宗教改革还包括对占卜方式的改革。这应该是很自然的事情，因为祖甲的小伙伴们本来就是专门负责祭祀活动的官员，这些人也很可能本来就是从事巫术或占卜的巫师。因此他们对干支计数法的熟练掌握也一定与占卜活动本身密切相关。只是我们目前没有资料能够搞清楚他们在占卜方式上所作出的具体改革，而仅仅知道干支法与《易》的卜筮之法有一定的关系，都是看到了天地之间存在着某种密切的联系。干支法是以十个天干(甲、乙、丙、丁、戊、己、庚、辛、壬、癸）与十二个地支（子、丑、寅、卯、辰、巳、午、未、申、酉、戌、亥）进行组合，依次相配，形成了六十个基本的计数单元。《易》是以六十四个形成序列的象征性符号作为六十四个卦，每个卦中又有六个爻，代表天、地、人三者。每个卦代表不同的意义，有吉有凶，占得某卦就意味着某种吉凶的可能。这两种方式都涉及天上与地下之间具有某种对应的关系，把万事万物的复杂变化归纳为六十（干支法）或六十四种（《易》）基本变化的循环往复。因而我们可以说，这两种方法是基于相似的观念而构建出来的。用甲骨占卜的方法则稍有不同。甲骨占卜是把动物骨甲用火灼烤，当烤到一定程度时，骨甲就会产生裂痕。然后占卜师就根据裂纹的走向、形状、大小、粗细或多少等等特征来判断其意义，这些意义也说明所占卜之事可能具有的吉凶情况。这种方法看起来与数字或序列没有什么太大的关系，但是《易》的卦象或爻所象征的原始图像，其实就来源于甲骨上所出现各种裂纹的形状，是对这些裂纹进行简约的形式化结果。而且，以这些裂纹代表了某种意义，是说这些裂纹是神灵的某种启示，也就是神灵通过这样的裂纹来告诫人们事情可能会有什么样的吉凶情况。因此这也是在上天神灵与地上凡间建立起了某种神秘的联系，与干支法和《易》的占卜之法有着相同的思维结构或观念背景。

祖甲和那些负责祭祀占卜的官员们对宗教活动所做的改革，就我们已知道的来说，有祭祀上的规范制度如“周祭”，还有宗庙制度的规范如祖先世系的编排。同时以干支纪日和纪年在当时也都具有宗教意义，因为这都被视为是涉及天上神灵世界的事情。于是，这些措施综合起来看就是一系列的宗教改革，而不是一些偶然的举措。因此，在这一系列改革措施之中，也包括对占卜方法的改进就是很自然的事情了。

另外，在殷商末期还发生过一件意味深长的事情，也能从侧面反映出殷商统治集团在祭祀和占卜方面似乎具有某种特别的优势地位，在当时的社会政治生活中影响巨大。这件事就是那时周部落的首领西伯（即姬昌，后称周文王）曾经被殷纣王帝辛囚禁在殷地（今河南安阳市）附近的羑里，殷地是商朝后期的都城。他在被囚禁期间专门研究了《易》，也就是卜筮的方法，并做了整理和创新，结果就有了后来的《周易》（“西伯盖即位五十年，其囚羑里，盖益《易》之八卦为六十四卦。”《史记·周本纪》）。①

① 西伯姬昌很可能是将夏代流行的卜筮之法《连山》和商代流行的卜筮之法《归藏》整理改进之后，而成了《周易》。虽然《连山》和《归藏》的名称在学术界历来争议不断，据说是西汉刘歆伪作。不过，叫什么名称并不重要，我们毕竟还是可以相信在夏代和商代都流行过各种不同的卜筮之法，而且在各地不同部族内的卜筮之法也肯定各不相同。这些多种多样的卜筮之法也自然经过多次改进，在远古时代却未必都会有专门的名称。

这件事看起来只是一件偶然的事情，但实际上绝没有这么简单。因为我们都知道，商朝是以宗教神权观念统治天下的，把祭祀和占卜活动视为国家的头等大事。这从甲骨文的内容中是可以判断出来的，商王几乎是每一件事都要诉诸祭祀和占卜，每天都要询问负责占卜的官员进行占卜的结果是什么，可能会预示有什么事情发生。这几乎成为商王朝统治群体的政治行为所奉行的最重要依据。因此占卜的效果如何对他们而言自然就是最为关键的了，既关乎他们自己的身家性命，也关乎商王朝的国运兴衰。他们一定是认为这些占卜的结果确实就是万能的神灵所透露给他们的信息，启示他们应该如何如何去做，才能逢凶化吉，遇难呈祥。殷墟前后出土的数十万片甲骨文大都是占卜的记录，可见殷商帝王们对此的笃信程度。

那么，在宗教意识与帝国统治如此紧密关联的情况下，我们可以想见到，在他们眼里，占卜的方式和对占卜结果的诠释方法恐怕是这个帝国朝廷最高级的秘密了。因为，毫无疑问，谁掌握了这套方法，谁就可以在帝国内成为最高地位的巫师或负责祭祀占卜的官员，再通过祭祀占卜，又可以控制商朝帝王的观念和行为，从而也可以在某种程度上控制整个帝国。另一方面，一个外人也很有可能会认为，如果他掌握了这套方法，那么他就很有可能可以通过对祭祀占卜的操控，来颠覆商朝的某个帝王，或者甚至颠覆这整个帝国。当然，这是在他们都对神灵的权威和祭祀占卜的方式确信无疑的情况下才会出现的。这时他们都一定相信，祭祀占卜的恰当方法，就是至上神灵与地上凡人之间最佳的沟通方式，祭祀得当的话就可以取悦神灵，从而让它降福于己，降灾于敌，而占卜准确的话，就可以事先洞察“天机”，以趋利避害。由此，他们也都会虔诚地相信，法力越大的巫师就越能够清楚地知道如何来取悦神灵，又如何来解读占卜的结果；相反，法力越小的巫师，就难以取悦神灵，也很可能获得不了占卜结果中所隐藏着的神秘信息。

正是在这种背景下，早已暗藏反叛之心的西伯想必也早已对商王的祭祀和占卜之法觊觎已久了（“西伯归，乃阴修德行善，诸侯多叛纣而往归西伯，西伯滋大，纣由是稍失权重。”《史记·殷本纪》）。因为他一定也会认为，商王身上有着“天命”，要想取代他恐怕会遭“天谴”的，因此必须首先获得商王祭祀占卜的秘密，才能设法破坏商王与神灵之间的有效沟通，从而“卸除”掉他的“天命”，使神灵不再眷顾纣王帝辛，然后再去攻打他，大概就万无一失了。

我们从殷纣王对自己所承受的“天命”深信不疑这一点上就可以看出，当时人们的宗教观念是如何牢固的了（“纣曰：我生不有命在天乎！”《史记·殷本纪》；“纣曰：不有命乎？是何能为？”《史记·周本纪》；“王曰：呜呼！我生不有命在天！”《尚书·商书·西伯戡黎》）。几乎所有人都看到商王朝已经分崩离析，倾覆在即了，而殷纣王仍然相信他所承受的“天命”是不会轻易弃他而去的。所以他才会对危如累卵的局势丝毫不以为意。

很明显，西伯对殷商王朝的“天命”也一定深怀戒惧，因而也必然会处心积虑地希望能够获得其祭祀占卜之法。但是他作为一个外人要想得到商帝王的最高机密恐怕是十分困难的。所以尽管他一直在暗中收买人心，结交诸侯，铲除殷纣王的羽翼，扩大自己的势力，但还是始终不敢对商王朝正式宣战。连纣王帝辛的众臣也都知道周部落西伯对商王朝的野心，几乎是“司马昭之心，路人皆知”。不断有大臣警告帝辛（“崇侯虎知之，以告纣，纣囚西伯羑里。”《史记·殷本纪》“纣之臣祖伊闻之而咎周，恐，奔告纣。”《史记·殷本纪》）。甚至连帝辛的庶兄王子微子也预感到大难临头，因而要出逃避难（“今殷其沦丧，若涉大水，其无津涯。殷遂丧，时至于今！曰：父师、少师，我其发出狂？吾家耄逊于荒？今尔无指，告予颠跻，若之如何？”《尚书·商书·微子》）。那些诸侯也都心知肚明，最后也跑到周部落这边大献殷勤，以免将来受到殷纣王的连累（“诸侯皆曰：‘纣可伐矣’。武王曰：‘尔未知天命’。”《史记 · 殷本纪》）。周武王看来是很清楚父亲文王西伯的担忧，才会跟诸侯说“你们还不了解天命的情况”。所以他一定要等到确有把握通过某种方式将殷商的“天命”彻底消除，使神灵不再庇佑帝辛之后，才敢动手。

看来西伯最终还是如愿以偿，因为他在羑里被囚禁期间所研究的《易》，正是商王朝的占卜之法。至于他是通过什么方法搞到这个秘密的，目前没有任何文献能够让我们了解这一点。不过很有趣的是，我们有一个可能的线索，那就是西伯居然娶到了商王帝乙（殷纣王帝辛的父亲）的妹妹太姒，也就是殷纣王的姑姑（好像与帝乙不是同母所生），周武王和周公旦等兄弟的母亲。

《诗经》中有一首关于这个故事的歌谣：

> 天监在下，有命既集。文王初载，天作之合。在洽之阳，在渭之涘。文王嘉止，大邦有子。大邦有子，伣天之妹。文定厥祥，亲迎于渭。造舟为梁，不显其光。有命自天，命此文王。于周于京，缵女维莘，长子维行。笃生武王，保右命尔，燮伐大商。《诗经 · 大雅 · 大明》

这首诗的大意是：上天监视下方人间，天命聚集起来。降落到文王的身上，这是上天促成的婚姻。在那洽水的北面，在那渭水的天涯。文王嘉礼已经订好，大邦有个好姑娘。大邦有个好姑娘，好比天帝妹妹的模样。订婚卜卦都很吉祥，大家迎接新娘到了渭水旁。用船作为浮桥，显耀迎亲的光芒。有那天命从天而降，命令这个周文王，把周城定为国都，还娶了莘国的女儿为妻，生了长子很有德行，又生了武王可以继承，上天保佑命令他，与各个诸侯国一起去讨伐殷商。

这个故事也被称为“帝乙归妹”，在后世传为盛事，特别是被周人视为

“天作之合”①。但是，“天作之合”这四个字，却是颇令人寻味的，值得人们仔细琢磨，而不能想当然地以为这仅仅是对一桩姻缘的赞美。我们能感受到这句话的“弦外之音”吗？大概不容易，这需要将前面的三句话放在一起来看，并结合西伯的谋划才有可能获得正解。我们知道，在“胸怀大志”的西伯眼里，娶一个商朝的公主恐怕并非是看上了公主的美丽，也一定不会是简单的“男大当婚”而已，最起码这也是一桩政治联姻，目的在于巩固和发展自己的势力。有许多史料（如《国语》、《诗经》和《孟子》等等）都说西伯成为周部落的首领时，周部落还只是一个“蕞尔小邦”，经他苦心筹划，才终于在政治、经济和军事实力上都超过了“大邑商”的商王朝。从他拜姜尚为太师，先对殷商帝辛虚与委蛇，然后利用自以为是、闭目塞听的帝辛对自己的信任去剪除异己，培植亲近的势力，暗中又不断收买人心，加强经济和军事力量等等事情可以看出，西伯始终都是在有计划、有谋略地悄悄削弱殷商王朝的统治基础，扩大自己的实力，等待时机再向强大的商王朝做最后的一击。

因此，从这个角度看，西伯与殷商帝乙妹妹的婚姻就不是那么简单了，一定有其特定的政治目的。他的目的除了借此扩大自己的实力和影响，又可以麻痹帝乙和殷纣王帝辛对他的猜疑之心以外，是否还有其他的目的呢？这

① “帝乙归妹”的故事历来有很多争议。《诗经》中的“缵女维莘”是否指殷商帝乙的妹妹还不能肯定。在《周易》“泰”卦的“六五”爻辞也出现了“帝乙归妹”：“帝乙归妹，以祉元吉。”另外还专门有一个“归妹”卦：“兑下震上。归妹：征凶，无攸利。”其“六五”爻辞说：“帝乙归妹，其君之袂，不如其娣之袂良。月几望，吉。象曰：帝乙归妹，不如其娣之袂良也。其位在中，以贵行也。”不过《周易》中的“帝乙归妹”是否指殷商帝乙将自己的妹妹太姒嫁给西伯姬昌这一件事，学术界也有许多不同意见，还不能给以肯定。尽管如此，如果《周易》确为西伯姬昌所作或改进，那么，这里的“帝乙归妹”一词还是很可能与他有相当关系的。本书对此事的讨论采用学术界主流的观点，就是大体承认“帝乙归妹”就是指殷商帝乙的妹妹太姒与西伯姬昌之间的联姻。《诗经》中的另一首歌谣也可以作为佐证：“思齐大任，文王之母。思媚周姜，京室之妇。大姒嗣徽音，则百斯男。”《诗经·大雅·文王之什·思齐》。

一点我们当然无法知道，恐怕也只有西伯自己和他的儿子，可能还有军师姜尚等十分有限的几个人知道而已。毕竟这也可以说是头等军国机密了，一旦泄露，恐怕就要大祸临头。因为在这次“天作之合”的时候，周部落的实力还远不及商王朝。我们只是进行合理地猜测，这件事难免与我们这里所提到的商王朝的祭祀和占卜之法有着内在的关联。也就是说，西伯很有可能是想通过帝乙之妹来接近祭祀和占卜之法。这样的计策对老谋深算的西伯而言，是很有可能的事情。

在殷商时期，帝王的配偶还没有那么多的清规戒律来禁止她们参与国家大事。这些“后”们往往深度介入朝廷的政治。例如，商朝的“中兴之主”武丁（生年不详—公元前1192年，为商朝第二十三任君主）的夫人妇好，就不但带兵打仗，而且还是帝国的主要祭祀主持人（祭司），经常主持祭天、祭祖活动，甚至还直接担任占卜的官员。这些情况在甲骨文中有很多记载，安阳殷墟遗址中妇好墓的出土文物也能够证实，商朝王宫中的女性占有着很重要的政治地位，这是与秦汉以后的习俗很不相同的一点（除了个别的情况如武则天或慈禧等人以外）。而武丁距离帝乙的时间也不长，大概也就一百年左右。因此，我们就可以合理地推测到，帝乙的妹妹在商朝宫廷之中是很有可能接近到商王的祭祀和占卜之法的。这样，西伯作为商王的“驸马”得以有机会将《易》或《归藏》弄到手里，也就是很自然的事情了。

因此，《诗经》中的这四句话（“天监在下，有命既集。文王初载，天作之合”）就显得别具深意了。这是说上天在监察着人世间，将天命集聚到了文王身上，文王刚刚开始自己的事业，上天就成就了他。如果我们只把这四句话解释为这件婚事本身，无疑就忽略了这件婚事所具有的特殊意义，那就是这件婚事与西伯始终在处心积虑的长远谋划有着密切的关系。因为这个谋划的关键之一，就是殷商的“天命”问题。这在商、周双方来看，似乎都是如此。像纣王帝辛就认为自己有天命在身保佑，别人不可能把自己怎么样。而在很多人都劝周武王起兵时，他认为他们还不了解天命的归属尚未转换（“纣曰：不有命乎？是何能为?”，以及“诸侯皆曰：‘纣可伐矣’。武王曰：‘尔未知天命’。”《史记·殷本纪》）。无论如何，姬昌最终还是掌握了殷商帝国的最高机密，就是占卜之法《易》，并且看来他一直都在进行演算，以探究殷商帝国和自己周部落两者之间“天命”的变换什么时候将会发生，这才使得他在羑里被囚时能够对《易》做出很大的改善，显然已经成为个中高手、《易》卜专家了。所以《诗经》这首诗歌的后面两句也就很准确地描绘出西伯的政治意图，即“有命自天，命此文王”。可惜的是，文王西伯壮志未酬，尚未等到亲手完成自己终生的抱负就撒手西归。于是转换天命的重任就由其子周武王（姬发）在姜尚的辅助下继续承担（“笃生武王，保右命尔，燮伐大商。”《诗经·大雅·大明》大意是生个武王，上天命令保佑他，与各个诸侯国一起讨伐殷商）。

由此可见，祖甲与他的那些小伙伴们（“祝宗卜史”）在数学或理性上的出色能力并不是无关紧要的，其中的很多结果不论在当时的社会上，而且在中国后来的三千多年历史文化中，都影响深远。且不说天文历法的不断完善与人们的日常生活息息相关，刑罚的详细规定也对社会秩序作用明显，专业化的宗教活动甚至主导了当时社会的政治局面，文字的改进更是对华夏文明的发展意义重大。而且，他们的行为还为中国社会的其他变化做出了铺垫。例如，以干支计数法对祖先世系的分类就导致了宗法制度的产生，并在后来周朝的极力提倡下，成为中国传统社会中的主导性人际伦理规范体系，也构成了后来儒家思想的核心内容之一。当然，祖甲所完善的宗法制度还比较简单，就是以父系血缘的父子关系为主干，按照母亲是否正配来确定儿子是嫡子还是庶子，只有嫡长子才可以正式继承父亲的世系，继承地位、财产并主持祭祀和宗庙，称为大宗，其他的儿子则称为小宗。在有嫡长子的情况下，其他儿子不能承继父业，而是被分立出去独自成为一族。分立的儿子在自己的族内又被称为大宗（“别子为宗”），由其嫡长子继承，他的其他的儿子再被分立出去，另立一族。祖甲就是以这种宗法形式把自己的祖先自上甲微开始直到他自己为止都按照天干法加以排定世系。这一套方法很好地划分了家族内部各个父系子孙的等级地位，使帝位的世袭可以进行得更为清楚一些，也为各个诸侯国与天子之间的远近亲疏关系提供了一个依据。后来这个宗法分类方式被周朝人继承，并做了更多的细节规定，成为一套完整的宗法制度，一直沿用到辛亥革命才算是结束。但是这套制度中所隐含的观念意识对中国人的影响则是根深蒂固的，时至今日都并不容易得到消除。

不过无论如何，很有数学天赋的祖甲和他的那几个小伙伴们恐怕并不会想到干支法的应用会产生那么深远的影响，否则他们一定会再接再厉，以干支法为基础，继续在数学领域或其他相关方面做出更多的创造来。比如建立某种教育机构，培养一些数学人才，使之普及到社会上去，为社会生活的改善做出贡献。那样的话，倒是中国文化的真正之福了。当然这只是我们的一厢情愿而已，因为历史并没有这样发展。这些帝王们仍然控制不住自己对权势、地位或财富的贪婪，面对“三千粉黛”也控制不了自己的情欲，三千年以来几乎都是如此，就更不用说还处于较为原始阶段的殷商帝王祖甲了。这位数学皇帝好像还是一个沉迷女色之辈，司马迁在《史记》里关于他只说了一句话：“帝甲淫乱，殷复衰。”（《史记·殷本纪》）颇令人嗟叹。

尽管如此，在另一方面，疯狂的贪婪和强烈的情欲却刺激这些帝王及其统治群体尽可能扩展他们手中的权力。因为这几乎是满足他们那不可遏止的欲望的唯一途径。否则他们是难以坐稳这个宝座的。他们知道有无数比他们还要贪婪和淫荡的人在他们背后时刻觊觎着这个位子，并等待着时机随时会以无比狡诈的手段置他们于死地。只要他们一旦有所懈怠或暴露出某种弱点，那么很可能他们就离死期不远了。因此，我们完全可以理解，处于统治权力核心的群体在几乎任何时候，都将会绞尽脑汁地寻求权力的扩大和强化。由此我们才会说祖甲在宗教祭祀上面所进行的改革，是不可能仅仅停留于祭祀活动本身的，也不可能仅仅限制于宗法世系的编排之上，当然，更不会只是为了满足一下他们的数学爱好，而一定会顺势延展到政治权力的扩张中去的。这些改革措施和理性方法最终也都只是作为统治集团获得更多、更大的政治权力工具而已。

三、宗教意识与社会权力

在对祭祀活动进行这些改革之后，可以说，商朝的宗教意识已经达到了较高的自觉程度，形成了相当系统规范的宗教体制，并且还逐渐有了一个非常专业的从事宗教管理的官员队伍。当这一切齐备了之后，我们可以很自然地推测出来，殷商朝廷在那个时代相对于其他部族而言，具有了相当的宗教优势。它在宗教活动上明显“高级”的形式首先一定会对民众产生十分巨大的影响。因为刚刚脱离于原始部落生活的普通民众主要还是依据神灵的喜怒来规范自己的观念和行为，对氏族首领或贵族权力的服从意识也是在敬畏神灵的基础上产生的。当然，氏族社会生活在长久的历史演化中已经形成了根深蒂固的日常习俗，或所谓的“常道”。一般而言，人们是按照这些习俗或“常道”生活并形成相互间的社会关系的。原初的习俗无疑是原始人类的生物性本能和欲望与特定的自然环境长期相互磨合所形成的结果。但是，随着人们自觉意识程度的提高，必然会将自己的意图逐渐渗入到这些原始习俗之中，从而使原始习俗中的“自然”成分相对减少，而“心灵”成分逐步增加。例如，原始人类制作石器、陶器或骨器的行为都已经不能说是单纯的生物性本能了，而显然是心灵的有意识活动的结果，尽管这其中的区分有时可能还很模糊。不过，就我们前面所讨论到的像半坡文化的彩陶人面鱼纹盆，毫无疑问已经闪现出了智慧的灵光。在此之后的文明发展，也就是从仰韶文化和龙山文化开始之后，原始部落生活可以说已经基本上完全脱离出自然的丛林时代，而形成了我们能够称之为“人的生活”的社会状态。在这种相对于原始丛林生活而言十分新颖的社会状态中，人们建构出了一个专门的“居住区域”，用某些材料盖建了“房屋”，在其中修出一个“火坑”可以用火来取暖或烤制食物，还制作了生活用品如“陶盆、陶罐或兽皮衣服”等，以及生产用具如“石刀、石斧或弓箭”等，还开垦出“农田”，等等。所有这些活动及其产物综合在一起，共同构建出人们的一种“生活方式”。人们正是围绕着这样的区域，使用着这些物品，从事着这些活动，享受着日出而作、日落而息的部落生活。而人们的社会“习俗”也是在长久的这种生活中逐渐形成的。这些习俗或生活方式，已经不是纯粹的生物性本能活动，而是由人们自己有意识地逐步构建出来的。这种“构建”正是与“居住区域”、“房屋”、“火坑”、“陶盆”、“弓箭”或“农田”的构建一道开始，相互伴随始终的。这一“构建”的过程，也正是人们的主体意识形成并发展的过程，即是人们开始逐步自觉地把握自己生活的过程。这样形成的习俗成为人们日常生活的规范，也就是对人们的观念和行为都有着切实的规范作用。

但是，这些看起来似乎已经成为“常道”的习俗，并非是一成不变的，而是伴随着经验生活的拓展，始终处于“更新”之中。这是因为人们会不断产生新的观念和行为，从而又不断形成新的规范内容，导致有些旧的习俗被人们调整修改，而有的就干脆被抛弃，形成了完全新的习俗。尽管有一些习俗可能不会轻易改变，被人们遵循得较为长久一些，似乎成为真正的“常道”，简直亘古不变了。但是实际上这种常道只是被赋予了新的内容而已。在原始部落生活中的人际伦理就是这样，除了战俘被当作奴隶对待而几乎没有任何权利以外，一般的首领与普通的民众之间的关系开始时一定还是较为自然的，并没有过多的含义，像后世的君臣关系之间那样。也就是在原始部落群体的朦胧意识中，还不会出现严格的社会等级意识，也不会有基于这种社会等级的权力支配意识。只有当人们的自我意识达到一定的程度之后，人们才会逐渐有相互差别的意识。原初的差别意识还主要体现在较为自然的方面，例如“我的身体四肢、感官感觉、意识活动、观念行为、父母子女、使用器物或周围环境”等等，然后逐渐蔓延至更为社会性的方面，例如“我的家庭亲属、经济财产、社会关系、名誉地位或人生事业”等等。

差别意识的社会性内容也是在长期的经验生活中逐步丰富和扩展起来的，因而基于这些社会性内容的伦理意识也有一个逐步发展的过程。就原始部落生活而言，最初产生差别意识的社会性内容很可能是由暴力和经济因素所导致的，也就是那些在部族中各方面能力超过其他人的人成为首领的原因已经不是基于自然的选择，如尧舜禹时期或更早的原始生活那样，而是由于某个人或某些人拥有了其他人所无法抗衡的武力（个人的超强能力或仅仅是人多势众）或财富（包括奴隶、田地、工具或技术等），才成为人们不得不服从的首领或贵族的。在这种情况下，原有的习俗或常道就需要作出相应的改变。例如，人们在夏朝之后（如夏启），就不再依据自然的推选来确定氏族首领和贵族了，而是凭借武力和财富。自商代开始就更是如此，如商汤以武力灭掉了夏朝的“天命”。夏朝自启以后和商朝自商汤以后的帝位继承，尽管只有前任帝王的弟弟和儿子有资格，但也往往是通过武力在众多的弟弟和儿子之间进行残酷的争夺之后才得到的。相比较于后世的方式，我们可以说这种状况还是中原社会刚刚脱胎于原始部落生活的一个较为初级的阶段。而进展到稍微高级的阶段，情况就不一样了，即在暴力和经济手段之外，人们又发现了宗教手段，并开始有意识地运用这一崭新的手段来达到社会政治目的。这一创新之举正是祖甲与他的那些擅长数学和祭祀的官员们做出的，具有深远的思想史意义。

这种以宗教手段的方式实现某种政治目的，是社会权力形成过程中的一个飞跃，即超越了武力和财富这种初级的形式，而具有更高级的观念形态。

宗教手段的政治作用之所以能够实现，一方面是基于原始社会在武力手段和财富手段的长期运用下，社会差别已经形成，这奠定了宗教手段能够发挥有效作用的基础；另一方面，宗教手段又对原有的这些社会差别进行了强化，即使得这些社会差别具有了某种神性的意义，从而更容易为当时的人们所接受，甚至深信不疑。于是依靠武力打下来的江山或帝位就多了一层来自上天的保障，也为帝位权力的进一步延伸增添了更丰富而有力的手段。

这种权力在氏族内部的延伸就表现在：氏族成员之间的关系已经不是原始的自然关系了，即上面所指的那种出现在原始部落生活中的人际关系，或者随后出现的那种由于武力或财富所导致的差别关系，而是具有了明确的社会权利关系。这也可以说是以社会权力为特征的社会结构的最初形成。这种社会结构意味着，氏族成员在氏族生活中如果不是处于同样的等级地位，而是有着明显的上下高低之别，那么，等级地位高的人就有权力支配或控制等级地位低的人，而这种权力不是个人之间偶然出现的，而是得到了整个氏族全体认可的。这种“认可”还包括对“违背”的惩戒，即如果有人不服从这种权力的支配或控制，那么就会受到氏族群体的惩罚。这种人际关系不同于部落生活的早期自然阶段。在那时，即使某个人对另一个人有这种支配权或控制权，也是自然形成的，是偶然的，或有或无，也未必得到整个部落群体的认可，同样也没有对“违背”的惩罚。当由于武力或财富而出现了较为固定的支配或控制权时，这种关系也不是很明确，未必有全体的认可。有的人可能服从而有的人未必服从，或者有的时候服从而有的时候就未必服从。这时对“违背”的惩罚也没有明确化，时有时无，基本上还是根据具体的人视情况而定。

当这种人际关系发展到一定程度之后，情况就完全不同了。这时人们之间的从属关系被整个氏族群体确定，形成了所谓的“自然法”，也就是以某种氏族规范的形式得到所有人的公认和遵从，如果违背了就必须接受已定的惩罚。这些“惩罚”的方式也是事先已经确定好的，如死刑、作为祭祀的牺牲、伤害身体的某一部位作为代价、鞭打、苦役或赔偿物品等等。这种社会权力的出现是法律的最初形成，也是人际社会伦理规范的最初内容，表明氏族内部的人际关系已经从自然状态进入到社会状态。或者说，氏族内部的自然关系变成了社会关系，氏族内部的自然生活转为了社会生活，氏族内部的自然性结构进化为社会性结构。

从氏族内部的自然关系、自然生活或自然结构到社会关系、社会生活或社会结构的转换，并不是单单由于武力或财富的因素就获得完成的，还需要某种观念形态的意义赋予，也就是这种社会权力要呈现为某种观念形态，才能得到氏族群体的公开认可。以武力获得的权力（武力型权力），不容易被人们所公开认可，尽管弱势的人们只能忍受，但是这种忍受往往是暂时的，一旦有机会就会受到挑战。这种“挑战”并不是说以武力回击，那样的话等于还是确认了这种武力型的权力，而是以其他可能的观念对武力予以否定。毕竟，武力手段还属于普通生物所遵循的丛林规则，氏族生活到了一定程度之后是不会满足于在其内部仅仅认可武力型权力的。以财富获得的权力（财富型权力）也同样如此，尽管会引起人们的羡慕或嫉妒，也可以以此交换到许多权力，但是不会成为众所公认的规范原则，仅仅以此来规定社会权力的本质。武力和财富自然都是社会生活中十分重要的影响因素，尤其是在较为原始的古代社会当中。但是随着社会的发展，当人们开始有了规范观念的时候，这两者似乎从来未能得到人们理性上和情感上的认可，尽管很多时候人们不得不暂时地忍受一下，但是却不会发自内心地接受和遵从。

当然，一个氏族部落的人要明确地认识到武力和财富还不足以成为他们所心甘情愿地接受的规范原则，是要经过一个很长的历史过程的。这意味着，氏族内部的自然状态转变为社会状态经过了很长期的历史演进。这个演进的起始阶段就是我们这里讨论的宗教意识，也就是最初是由宗教观念赋予了初期的社会权力以确定的形式的，使氏族内部的几乎每一个人都认可这种权力对自己的支配或控制，成为众所公认的规范原则。这也正是殷商时期祖甲的宗教改革所包含的政治意义、社会意义或文化意义。到了周朝，宗教原则就让位给了以德行观念为核心的礼乐宗法制度，礼乐宗法制度继续保证了帝王权力机制在中国社会结构中的基础性作用。

宗教意识成为中国历史上社会权力最早的意义赋予者，并非是必然出现的。这很可能只是一个历史的偶然状况而已，在其他文明体的发展过程中就未必如此。我们只能说，这种现象是可以理解的，十分自然，但是还不能说每一个文明的起步阶段都必然会有这一特征。

当然，在许多文明中宗教意识也确实是远古阶段一个非常普遍的因素，因而看起来这似乎就成了一个必然的现象。或许，我们需要对“宗教意识”这一概念给以新的理解，以把它视为文明意识的起步阶段。在一定的意义上我们可以说，宗教观念是人们主体意识初步发生的状态，即刚刚开始寻求自己行为的指导原则。也就是说，人们隐然有了意识，想要“依据”某种原则来行动，而不是仅仅凭靠自然的本能冲动去生活。这可以说是主体意识的初级阶段，即只是有了这种意识，却还不能自觉地自己把握自己的生活。这时人们还没有这种能力独立自主，而只希望根据某种权威性的引导去行动。

在原始生活中，人们最初意识到的最令人畏惧的“权威”就是“上天”，如雷霆闪电一般令万物震骇不已，迫使人们不得不匍匐于地，对“上天”敬畏万分。这也是原始宗教的自然起源，以后又逐步演化到对其他自然物的崇拜，如山川河海或飞禽走兽等等。如果从广义上来说，那么，后来周朝对德性的重视，以至于对“仁义礼智”的强调，再上升到“天理天道”的最高原则，都与“神佛仙”或“上帝”等等的宗教观念有着相似的心理结构。这种“心理结构”的特征就是对某种权威的膜拜，即当认可了某种至上权威之后，就把自己的观念和行为完全交予这一权威来引导，而不再考虑其他的可能。在这种情况下，人们的主体意识只能说还没有独立，还不能仅仅依靠自己的力量来把握生活。所以，在这种意义上我们可以说，依赖某种权威的宗教型意识也表明人们的主体意识尚未成熟，还处于成长时期的学习阶段。当然，这是指对“宗教意识”这一概念的广义理解，而我们这里对殷商时期宗教意识的讨论，还属于狭义的范围。

祖甲及其祭祀官员们的宗教改革对氏族内部民众的影响，成为社会权力制度化的观念基础。也就是说，当氏族内部的人际关系出现了某种得到氏族群体一致认可的规范原则时，这一规范原则即成为该氏族内部的原始法律，规定了氏族内部不同等级地位成员之间的权利和义务，包括政治关系、经济关系和人伦关系等等，构成了该氏族内部社会生活的基本结构。基于这种基本结构，氏族成员的社会状况将逐步形成后来的成文法，并涉及氏族社会生活的方方面面。在殷商时期，这一最初的规范原则就是宗教观念，即由“上天”授予、确认和保障了如此这般的社会权力。宗教性也就成为中国文化中最早的社会结构特征。例如，在甲骨文和金文中都发现了很多殷商时期的官员名称，除了帝王的近臣或军事武官像“百僚庶尹”、“惟亚惟服”、“师”、“亚”、“射”、“马”等等之外，还有专门管理地方民众的官员，如“百姓里君”。

“百姓里君”的设立，表明在氏族君主与普通民众之间出现了一种具有普遍性意义的政治关系。不像早期的原始部落里首领与其成员之间仅仅有的自然关系，人际伦理已经从普通的血缘关系中被抽象出了具有一般性特征的社会关系，形成包含支配权和控制权的社会权力。这种社会权力已经得到了氏族成员的认可，所以他们能够遵从由这种社会权力所发布的规则和命令，接受来自这种社会权力的给予物(如奴隶、土地或行为规范）或者惩罚物(如已定的各种刑罚或行为限制)。这种权力当然主要还是依靠武力或财富手段取得的，但是这并不能获得民众的普遍认可，而需要宗教性观念作为进一步的保证，才能成为具有普遍意义的政治权力。这是氏族内部原始的自然权力转变为社会权力的关键一步。

当然，殷商时期这种具有政治意义的宗教意识是不会仅仅限于氏族生活内部的，而一定会延伸到氏族的外部，即各氏族之间的社会关系上去。例如，殷商朝廷在宗教活动上明显“高级”的形式也会对其他部族、诸侯或方国产生十分明显的影响。一方面，由于那些部族、诸侯或方国的首领或贵族在商朝王廷一直担任各种显赫的职务，因而他们必然是会参与商朝帝王所举行的各种较重大的祭祀活动的，所以难免会对这样庄严、隆重和专业化的祭祀活动留下深刻印象，羡慕不已。特别是对那些还没怎么见过世面的地方“土豪”而言，一定是会大感“震撼”的。毕竟在还处于较为原始状态的地方部落生活中，这么“高级”的宗教活动对他们而言一定显得极为新奇和刺激。同时，这无疑也会增加他们对商王朝所祭拜神灵的神秘感和敬畏感。

另一方面，这些地方首领或贵族也一定会认为商部落之所以取代夏部落而成为天下盟主，又一直能不断扩张领土和权势，一定与他们对鬼神如此这般的崇敬有关。也就是说，这些“外人”会以为，殷商帝王这种“高级”的祭祀方式一定博得了上天或其他神灵们的喜悦，因而才对商王朝格外垂青，加以护佑的；而他们自己不能具有商王朝这样显赫的功绩和权势，也一定是因为没有像商王这样去祭拜上天或各种神灵的缘故。在他们看来，商朝帝王一定掌握了最神奇的“秘密”，即如何与神灵们进行沟通的最佳方式，知道神灵们有什么样的喜怒好恶，会对什么事情高兴或生气，会对什么样的凡人欣赏或厌恶，又是根据什么赐福或降灾的。而很明显，他们这些外地氏族的祭祀方式与商朝王廷的相比较而言，就显得十分原始简陋了，恐怕根本不足以打动上天或各种神灵。

我们可以想到，正是地方首领或贵族的这些观感和念头，即中原王朝全新的祭祀体制对他们所产生的心理影响，构成了商朝帝王们延伸自己权力的一个良好基础。甲骨文的资料显示，当商朝帝王举行重大祭祀活动时，许多诸侯或方国也要进贡数量不等的祭品，其首领或贵族也会参加祭祀活动一起祭拜，这样祭祀所参拜的神灵或祖先也会一并保佑这些诸侯或方国的利益，满足他们各自所祈求的愿望。《史记》中对此也有较为详细的记载。例如，周穆王的大祭司谋父曾经对穆王提到前代的外邦参与祭祀的制度时说：

> 甸服者祭，侯服者祀，宾服者享，要服者贡，荒服者王。日祭，月祀，时享，岁贡，终生。先王之顺祀也，有不祭则修意，有不祀则修言，有不享则修文，有不贡则修名，有不王则修德，序成而有不至则修刑。于是有刑不祭，伐不祀，征不享，让不贡，告不王。　　是以近无不听，远无不服。《史记·周本纪》

据说甸服等区划贡品制度是由大禹在“涂山大会”（今安徽蚌埠）上所定，即天子帝都以外五百里的地区叫“甸服”，再往外五百里的地区叫“侯服”，再往外五百里的地区叫“绥服”（或“宾服”），再往外五百里的地区叫“要服”，再往外五百里的地区叫“荒服”。（见《史记·夏本纪》）不过，这种传说的可信度不高，很可能这种制度的具体施行是在商朝时期，特别是祖甲的宗教改革之后才有这种政治上的可能性。谋父上面说的话就表明这种制度首先不是指单纯的政治势力划分，而是宗教祭祀活动的参与方式：甸服区的部族首领参与祭祀天子的父亲和祖父，侯服区的部族首领参与祭奠天子的曾祖和高祖，宾服区的部族首领要贡献祭品，要服区的部族首领要进贡物品，荒服区的部族首领要承认自己臣服于中原王朝的君王。甸服首领是每日参与祭祀的，侯服首领是每月参与祭祀，宾服首领是每个季度贡献祭品，要服首领是每年进行纳贡，荒服首领要终身遵从君王的命令。先王推行这样的祭祀制度，如有部族首领不来参与日祭的话，君王就要先修养和改善自己，做到真心诚意；如有不来参与月祀的话，君王就要注意自己的言语是否恰当；如有不来贡献祭品的话，君王就要修缮规章典礼；如有不来进贡的话，君王就要修订尊卑职责的规定；如有不来表示臣服的话，君王就要修正自己的德行了。按照次序在这五个方面都修治成功了，如果还有不来的，那么君王就应该整顿刑罚了，于是就可以惩罚不来参加日祭的，攻伐不来参与月祀的，亲自出兵征讨不来贡献祭品的，责备不来按年进贡的，晓谕不来表示臣服的。……这样那些较近的部族就没有不听话的，较远的部族也没有不臣服的了。

谋父的说法很清楚地表明这种区域势力划分是与宗教祭祀活动有着直接关联的，表示政治地位首先是由于天子与各个诸侯在上天或祖先神灵面前的宗教地位不同而造成的，并不仅仅是由于武力或财富的缘故。只有被赋予宗教性意义，政治权力才可能具有普遍性的意义，能够得到各个部族的公开认可或诚心接受。同时，也只有对宗教祭祀活动进行了明确的改革之后，才有可能产生这种祭祀活动本身和祭祀对象的等级制度。传统的武力和财富手段可以使中原帝王获得其部落联盟首领的政治地位，却不能直接证明这一君王所具有的政治权力也是合法的。而只是证明了君王与上天神灵的密切关系，以及君王的祖先具有强大的力量而已。在此之后，上天和祖先神灵才能进一步赋予该君王对其他部族所具有的政治权力是合法的。因此，商代所进行的宗教改革就是为了使商朝所供奉的神灵能够被当时的人们视为具备涵盖天下的强大法力，也就是具备了可普遍化的潜在力量。而正是借助于这些神灵的“阳光普照”，商朝帝王的政治权力也就很自然地顺势伸进了那些诸侯方国的势力范围之内，可以对这些地方势力“合法”地加以干涉了。

可见，宗教活动在商朝时期的政治意义就在于，商王朝具有了区别于原始部落生活的某种政治权力，而这种政治权力就是通过宗教上的优势地位而逐步建立起来的。以宗教手段来扩展政治影响，可以说既不必花费太多的成本，又不引人注意，使人毫无防备，几乎可以在兵不血刃的情况下，就让那些地方豪强们甘心情愿地听从号令，俯首帖耳了。而且更为重要的是，只要他们能够真心虔诚地崇拜商王朝所供奉的上天和祖先神灵，那么，这些上天和祖先神灵的强大威力就可以更好地防止诸侯方国的首领或贵族们心怀不轨，妄图叛乱。

这种宗教手段之所以能够起到充分的政治作用，是有相应的社会观念背景为其基础的，即当时人们对于上天或各种神灵的普遍信仰。而且，这种信仰还得是人们所深信不疑的最高权威，即除此以外没有其他的观念性权威能够对几乎所有人都起到威慑的作用，让几乎所有人都甘愿顺从而不敢反抗(除了那些尚没有明确鬼神观念的更原始族群)。这样的观念性权威就是社会权力的精神基础，是保证社会权力得到所有人承认和遵从的观念基础。由这种观念权威构成了普遍化的社会权力，再进而构成社会的人际关系或等级结构，从而形成真正意义上的“社会”，而不是原始的自然部落。像早期原始部落首领是通过自然的方式选择出来的。这种首领对其成员还不具有社会权力。尤其是通过武力或财富手段获得的自然权力还不足以对人们产生普遍性的支配权和控制权，并不能使人们完全屈服和顺从。只有当这种权力被人们所崇尚的最高精神权威所赋予意义时，才具有了众所公认的合法性，成为社会生活中人际关系的联系纽带或支配力量。

在某一个时代被绝大部分人所信奉的最高精神权威，就类似于我们现在所说的“真理”或形上理念的力量。正是这种真理性的观念力量，赋予现实生活中的社会结构以价值性导向，使得一个群体脱离出生物性的原始自然状态，而进入到人的社会性状态。这成为人类文明出现的标志，也就是人类群体具有了精神性特征，从此区别于原始状态下的自然特征。在这种“人的社会性状态”下，掌握了“真理”的某个人或某个集团，就掌握了社会的价值导向或合法的社会权力，而不论这种社会权力是通过什么方式得到的（如武力争夺或财富交换的方式）。商代的宗教意识，可以说就是中国社会最早的

“真理”性观念。后来西周的“德性”意识和汉代以“仁义”为核心的礼制意识也都是这种规定社会价值和规范的“真理”性观念，与商朝的宗教观念属于同样的社会心理结构。

商朝帝王的宗教意识就是通过对“上天”这一最高权威的垄断，来达到稳固和扩展自己的政治权力。当然，除了几乎所有人都应该服从的“上天”之外，殷商帝王还会将其他所有神灵都尽可能地纳入到自己的神灵谱系之内来，如山川河海、风雨雷电、狮熊虎狼、东西南北等等神灵，还有自己氏族的祖先也是自然包括在内的，尤其是那些有着显赫功绩的祖先如始祖契，以及其后的昭明、相土、冥、亥和微等人，更不用说商汤了。我们没有什么文献能够让我们非常清晰地了解殷商时期人们具体是如何看待和理解“上天”这一神灵，只能从甲骨文或金文中了解到，在商代的人们眼里，“上天”是最高的神，法力无边，天下万物和人类都是他的子民，他有喜怒好恶，情绪不定，不受世间万事万物的限制，却能宰制世间的一切。那些山川河海、风雨雷电、狮熊虎狼、东西南北等等神灵都是“上天”的从属，法力要低一些，管辖范围有一定限制，但是在自己的辖区内却也是威力无穷的。同样，这些神灵也有喜怒好恶，情绪不定，会依据自己的心情好坏给人们带来福瑞或灾难。

在殷商帝王的祭祀系统中，这些神灵都是要祭拜的对象，因为他们都能对世间的事物发生实际的影响，从而也影响了人们行为的结果。帝王的权力是由“上天”所赐予的，上天选择了商部落成为世间最高的统治群体，选择了商汤及其后裔作为世间的代理人，代替上天行使权力，管理着世间的万事万物。因而对“上天”的祭拜必须是虔诚到无微不至的地步的。而其他神灵不能不服从上天对世间代理人的选择，但是如果他们被得罪的话，也可以破坏帝王的统治，扰乱世间的秩序，以至于引起混乱和动荡。这又可能会让上天生气，而迁怒于人。毕竟，那些神灵也是上天的附属，相比于人，可能与上天的关系更为密切一些。所以，无论如何，像山川河海、风雨雷电、狮熊虎狼、东西南北等等神灵也都是不能不小心侍奉的。至于祖先神灵，恰恰是因为他们最为懂得如何与神灵沟通，因而与上天或其他神灵始终能够保持最密切的关系，得到了这些神灵的庇佑，因此才会成就出那些伟大的功绩，并为自己的子孙后代带来无尽的福荫。同时，这些祖先因其功业和与神灵的密切关系，而具有了强大的力量，可以帮助自己的后代帝王们趋吉避凶，化解万难，保持长久的繁荣昌盛。这些宗教观念从甲骨文和金文中可以很明显地反映出来。当然，在每一个殷商帝王或祭祀官员们心里，可能都会有些细微的差别，但总体而言，大体上是相似的。

这样的宗教观念也必然促使商朝帝王们要设法成为上天在凡间的唯一代理人。他们可以通过武力或财富手段成为世间力量最强大的氏族，以至于再进一步成为部落联盟首领，可以号令天下。但是，这还不足以让他们具有众所认可的权力支配和控制其他氏族的人，甚至也不足以具有支配和控制自己部族内部的民众。因为，原始的联盟首领只是一个模糊的概念，究竟具有怎样的权力和地位还是一个未知数。他可以对那些不服从号令的民众或其他部族进行武力讨伐，但是这武力讨伐的合法性还有待明确，也未必都能得到认可。而且，在讨伐之后，他对恭顺的失败者又有什么权力，也还是一个模糊的意识，缺乏具体的内涵。不像早期的原始时代，那时只要简单地杀死失败者，或者将他们降为奴隶，并掠夺其一切财富即可，不存在更多的问题。

但是自夏商开始，情况就有了变化。由于农耕和制作器具（如陶器、玉器或青铜器）的需要，也由于征服地域的逐渐广大，涉及人口的众多，胜利者已经不再把失败者全部杀死了事，也不仅仅是将他们变为奴隶（这需要严密的看管），而更愿意保留其部族原有的生活状态，只是将这一部族全部归属于胜利者的管辖。那么，如何对他们进行管理，就是一个十分迫切的政治问题。同时，还有一种情况也是夏商帝王们所要考虑的新问题，即对亲族的管理问题。这也像商汤伐纣胜利之后对夏部落的管理问题一样，都面临一个人际间或部族间的权力问题。例如，夏启刚刚继位之后，对自己母族涂山氏和弟弟武观的封国进行了剿杀，胜利之后似乎并没有将他们全部杀死和降为奴隶的，因为毕竟是十分亲近的族人，不会采取对待外族那样的办法。后来夏朝出于对帝王之位的争夺而引起的相互杀戮，也是如此，如仲康、少康与后羿和寒浞之间的争斗就没有灭族或完全驱离，而是大体保持了其部族的原貌，因而也才会出现不断的相互争斗。

商朝建立之后，这一问题尤为严重。像开国不久就出现的伊尹和太甲之间的矛盾，大部分史书（如古本《尚书》的“伊训”、“太甲”和“咸有一德”三篇；《史记·殷本纪》、《孟子》和《左传》等）都说是由于太甲的行为让伊尹失望，所以伊尹就将太甲放逐到了桐邑（今河南虞城），自行摄政。数年以后，太甲改过自新，于是伊尹就迎回太甲，归政于他（“帝太甲既立三年，不明，暴虐，不遵汤法，乱德，于是伊尹放之于桐宫。三年，伊尹摄行政当国，以朝诸侯。帝太甲居桐宫三年，悔过自责，反善。于是伊尹乃迎帝太甲而授之政。帝太甲修德，诸侯咸归殷，百姓以宁。伊尹嘉之，乃作《太甲训》三篇，褒帝太甲。”《史记·殷本纪》）。

这看起来很像是一段佳话。但是，《竹书纪年》上的记载却完全不同，似乎更像是真实的情况：“伊尹放大甲于桐，乃自立也。伊尹即位，放大甲七年，大甲潜出自桐，杀伊尹。”（古本《竹书纪年·殷纪》）不过，我们可以不必去考证这段历史真相究竟如何，而只看到不论是哪一种情况，太甲在重新掌权之后并没有灭掉伊尹的部族，而是立了伊尹的两个儿子（或后裔）继承了伊尹的有莘部落，继续当商朝的大臣和其部落的首领。这是连《竹书纪年》也承认的（“大甲杀伊尹，乃立其子伊陟、伊奋，命复其父之田宅而中分之。”古本《竹书纪年·殷纪》）。那么，在这种情况下，商朝帝王如何对待伊尹的有莘部落就是一个问题。这一问题到了后来越发的严重，特别是在太甲之后的“九世之乱”时期，商朝帝位的争夺达到了长期的白热化程度，每个先王的弟弟、儿子或侄子都为了王位而争相残杀，以至于天下长期不得安宁，商朝都城也不得不一再迁移，一直到盘庚之时这一情况才有所缓解。每次的王位争夺几乎都是在那些被分封出去的王子之间展开的，因为他们有了自己的地盘，形成了自己的势力，也就有了争夺王位的野心和实力。而每个最终赢得王位的人，也缺乏足够的实力将其余的争夺者及其属国全部斩尽杀绝，只好保留其原有的状态，重新建立合作或上下属的政治关系。可是，如何保持合作或上下属的关系，对商朝帝王而言，都是十分头疼的事情，以至于不得不以频繁迁都的办法来防止亲族间的冲突，缓解事态的进一步恶化。这从《尚书·盘庚》中可见一斑。

在祖甲时期，对亲近部族的管理问题几乎达到了最为严重的地步。这些部族的首领即王公贵族们大都是朝廷的重要大臣，可是那时他们到朝廷当差处理政务也是想来就来，不想来就不来。亲族对朝廷的进贡也是想给就给一点，不想给的就不给，该给的也不给。这时的朝政可以说大臣们都在各自为政、自作主张，帝王也几乎快要没什么权威和实权了。这种情况的出现与祖甲的身世有关。他的父亲是殷商的“中兴之主”武丁，母亲戊是在著名的妇好死后才被立为后的（迄今出土最重的青铜器后母戊鼎就是祖甲和他的弟弟祖庚为纪念他们的母亲戊而制作的。见图 4–11）。妇好的儿子孝己是嫡长子，本应继位。可是祖甲的母亲戊却不断中伤孝己，导致孝己早逝。于是武丁想立祖甲为继承人。可是据说祖甲羞于此事，自认为愧对哥哥孝己，就出逃隐居了起来。帝王就由他的弟弟祖庚继承。十多年后祖庚病逝，祖甲这才回到王宫继承了帝位。这时他的其他兄弟都已分封在王都之外的各地作为诸侯国，很有实力。而祖甲由于原来隐居在民间，并没有自己的部族民众和土地财富等等，因此也没有可依靠的势力来威慑各个诸侯国以及这些诸侯国的首领们，也就是他的那些兄弟和其他血缘较近的诸侯，而他们又基本上都是商朝王廷中的重臣。这样，祖甲被轻视以至于形成“君轻臣重”的局面，就是很自然的了。

正是这一状况构成了祖甲和他的那些祭祀官员们进行宗教改革的政治背景。他显然是希望通过宗教手段来强化自己的帝王权力，这也可以说是他在对政局无奈之下的精明之举。因为他既没有强大的武力可用，也没有充足的财富来树立自己的威信。那么，他的优势在哪里呢？在传统方法之外，他还能依靠什么力量呢？或许我们可以开玩笑地说，祖甲的优势就在于他有数学天赋。当然，对这一点我们还不能非常肯定。因为很可能只是他的那些祭祀官员们才有这种数学能力，而祖甲自己并没有。但是，无论如何，即使他真的并不是数学专家，那么他至少也应该是能够理解这些数学原理及其应用的。而且，他也应该很清楚地知道这些数学应用可能会带来什么样的宗教变化，以及由此又可能会产生什么样的政治意义。

祖甲和那些祭祀官员们进行的改革实际上是一系列的，不仅仅限制在宗教范围以内，还包括以天干地支法纪日和纪年的天文历法上的革新、改革文字、修订刑法、细化和规范官职制度、完善爵位等级制度、建立宗法制度等等。这一切都围绕着如何能够重新界定政治权力的含义，并加以实质性地强化而展开的。所谓的“重新界定”，就是要在传统的武力和财富等手段之外，发掘出新的政治权力的来源和本质。当然，这些改革措施都是从祭祀方法改革开始的，例如，其中最主要的一项宗教改革措施就是“周祭”，也就是将祖先排序，然后逐个进行祭祀，周而复始。由于这项改革，殷商时期人们对祖先的崇拜也达到了前所未有的地步，并且形成了制度化的政治规范。在甲骨文中，对祖先进行祭祀活动的纪录卜辞在数量上超过其他所有的类别，像祭祀上甲微的卜辞就有1100多条，祭祀商汤的有800多条，祭祀祖乙的有900多条，祭祀武丁的有600多条。而且这些卜辞的内容还表明，祭祀祖先的规模、祭品的等级和数量在各种祭祀活动中也都是最隆重的，例如祭祀祖先时经常会出现使用人牲的情况。这属于最高等级的祭品，说明了他们对祖先祭拜的重视程度。而对祖先的排序和祭祀之所以重要，又是与殷商帝王（如祖甲）的政治目的有着内在的关联的。因为由祖先的排序可以确定这些功绩显赫的先辈直接的继承人就是帝王自己（如祖甲），所以帝王的权威（如祖甲的权威）也是由这些先辈所赋予的，而不论这个帝王本人（如祖甲）是否有足够强大的实力（如武力或财富等）。这样，即使一个看起来弱不禁风、无权无势的帝王，也由于祖先的福荫而能够具有无上的权威。因为这种福荫是不会降临在那些非继承人头上的。或者说，如果你不是直系继承人，也没有实际上当上君主，那么，这就说明你没有享受到这种福荫。而如果你是直系继承人，也顺利地当上了君主，那么，这就说明你确实享受到了祖上的福荫。当然，现实的政治生活中，即使你是直系继承人，但是只要你没有当上君主，那么也说明你没有享受到祖先的福荫。或者，只要你当上了君主，那么，即使你不是直系继承人，也说明你享受到了祖先的福荫。所以，后来的帝王继承者们都很清楚，关键的问题是你是否能够当上君主，而不管你是否有资格。只要占据了那个位置，自然就说明你鸿运当头。因此，他们还是想方设法采取一切可能的手段去争夺帝王之位，而不必去管谁有福荫。祖先神灵只保佑成为帝王的后裔，而无论他是通过什么手段当上的。等到他当上了帝王，祖先神灵也将保佑他拥有无上的权威和力量，以制止那些暗中觊觎的企图。不过这是后话，至少在殷商时期人们对神灵的崇尚还对帝王政治有着十分重要的制约作用。

最终的结果是，在武力和财富手段之外，祖甲确实发现了一个新的渠道来达到自己的政治目的。也就是通过宗教改革，使他掌握了祭祀占卜的最高秘密，由此他就占据了信仰上的优势，垄断了与神灵密切沟通的特权，成为上天和祖先在人世间最高或唯一的代理人。这大概并非出于他偶然的灵光一现，而可能是他与那些小伙伴们长期总结体验出来的经验，或者是某些宗教改革的举措带来了意外之喜激励了他们，使他们再接再厉不断地进行下去，最后竟完成了一系列的宗教、法律、政治和文化等方面的改革。而这些改革的实施落实逐渐也产生了越来越大的宗教和政治影响，终于达到了祖甲最初所希望达到的政治目的，甚至还超出了他的期望，即，一方面，这使他能够对自己的兄弟或其他王公贵族起到政治威慑的作用，使他们心甘情愿地服从他的号令；另一方面，这又使商部落内部的普通民众心甘情愿地认可了他所任命的那些中央或地方官员（如“阿、保、尹”、“百僚庶尹”、“惟亚惟服”或“百姓里君”等）具有确定的政治权力，可以支配或控制民众个人的生命、财产、地位以及人身自由等等；再一方面，这还使商部落以外的那些部族、诸侯或方国的首领及其民众也心甘情愿地认可了他所任命的那些外服官员（如“公、侯、伯”或“卫”等）也具有确定的政治权力，可以在一定程度上支配和控制他们的生命、财产、地位以及人身自由等等。而这些政治目的是通过传统的方法（如武力和财富等）不容易达到的，反而是新的方法被使用来支配和控制其他政治力量（如民众、诸侯或方国等）的武力和财富。（“天命多辟，设都于禹之绩。岁事来辟，勿予祸适，稼穑匪懈。天命降监，下民有严。不僭不滥，不敢怠遑。命于下国，封建厥福。”《诗经·商颂·殷武》这首诗的大意是说：上天命令各地的诸侯，设立都城在大禹所治理过的地方。年年到时候要来朝见商王，否则要责问降祸，耕种也不许懈怠。上天监视着人间，天下万民谨慎而惊惶，不敢越礼，不敢过度，不敢懈怠。上天降命令给诸侯，分封的各国都有了福禄。）可见，“上天”已经具有了对民众和诸侯的政治权威。

除此之外，祖甲的宗教改革还有一个重要的结果也具有深远的政治意义，需要特别强调，那就是，他作为帝王与自己的官员（特别是那些负责祭祀活动的官员）之间建立了相辅相成的政治关系，共同构建了一个以帝王为中心的权力机制，为后来的政治权力的重构和强化提供了一种政治范式。祖甲的那些祭祀官员们（如“祝、宗、卜、史”）可以说为他的宗教改革作出了创造性的贡献，也由此为他在政治法律和各种文化事物上的改革提供了全新的样板。这些人可能是看到了祖甲的政治窘境，于是通过献计献策的方式，发挥自己的擅长，以宗教手段力图帮助祖甲战胜那些政治对手，获得政治上的优势地位。这一方案自然与愁闷中的祖甲不谋而合。通过宗教途径使一个弱势的帝王获得政治上的优势地位，或许对祖甲来说是难以考虑到的。于是这一切改革措施就顺理成章地开始实施起来。不论改革的结果如何，就此事本身而言，这些祝宗卜史们自此成为帝王权力机制中的一个有机构成部分，逐渐形成政治舞台上一支不可忽视的力量，发挥着重要的政治作用。例如，春秋战国时期的那些“士”，以及秦汉以后的官僚集团，特别是其中的儒家知识分子，都在帝王权力机制中有着举足轻重的影响。

第三节　社会权力结构与中国社会的主体意识

三代（夏商周）时期的社会状况可以说是介于原始形态的部落生活与渐渐进入文明形态的社会生活之间。这时期的人们开始慢慢关注自己以及周围的一切，对美好的生活有所向往，期待着能够把握和筹划自己的生活，就像《诗经》所记载的各地古风反映出来的那样。如果这种社会意识能够逐渐清晰起来，并得到良好的培育，那么，人们的自觉意识以及把握和筹划自己生活的能力也将随之提高，并由此促进社会状况趋向良性的发展。

然而，原始时代普通民众的这种主体意识在刚刚萌芽之后还是十分脆弱和稚嫩，受社会环境影响的程度非常高，尚不具备独立成长的能力。如果此时的社会处于较为宽松的状态，例如，没有大规模毁灭性的战争出现；自然环境较为适宜，没有灾难性的生态问题出现；自然物产较为丰富，没有严重的饥荒出现；没有大规模致命的传染病流行，造成人口急剧下降，等等，那么，人们在身体和精神状态上都应该能够得到较为顺畅的发育，由此社会文化的主体意识也无疑应该能够较为顺利地成长。但是，文明的发展却并没有那么简单和顺畅。因为，这个时候社会本身的基本结构组织状况如何，凸显出来成为影响文化主体意识发展的主要因素。

所谓“基本的社会组织结构”，是指一个社会的内在结构是由什么基本的力量组织而成的。这种基本力量在人类社会中发生作用，并不是指某种物理性的力，而是指以“众所公认”的方式所形成的社会权力。这种社会权力是在一个社会长期的经验历程中缓慢形成和不断演化的，并非一成不变。社会的整体组织结构就由这种社会权力构成基本的框架，并影响甚至决定了社会机体中的其他组织成分，且影响甚至决定了社会组织主要的结构原则，如社会的基本伦理规范、政治原则、法律基础、经济结构或教育机制等等。换句话说，这种基本的社会权力也就是一个社会组织的基础性构成原则。

一般而言，作为社会基本组织的构成性原则的社会权力，是由该社会中绝大部分成员（我们不必给出一个确定的成员比例）的个体主体意识而构成的，即得到了该社会中绝大部分成员的主动性认可。因而这种社会权力也体现为社会文化的主体意识。但是，一个社会在形成初期，就是刚刚从原始状态脱胎而来的时候，其绝大部分成员的主体意识并不成熟，还需要相当长时期的发展，才能达到自觉把握自己生活的成熟程度。这时的社会主体意识可以说还处于学习阶段，并在学习过程中逐渐形成其社会结构。这个学习过程也是原始部落群体社会化的过程，起先总是依赖各种外在的因素和力量以滋养自己的身心机能，进而形成初始的社会组织结构。当社会主体意识成长到一定时候，这些外在因素或力量又可能成为阻碍其进一步发展的成分，需要加以克服或消除，由此形成一个自我完善的良性生长趋势。因而早期的社会主体意识由于十分脆弱，存在着较多的缺陷，很容易受到各种外在因素或力量的限制，有时甚至会处于被动的受奴役地位。这时候人们的主体意识会出现一种被动性的认可，即在被动状态下对某种观念或权力给予认可。不过，在被动状态下的社会权力一般不具有长久和普遍的效力，只会在短时间内发生局部作用，因而也不容易构成社会文化的主体意识。但是，如果这种被动状态达到难以解除的程度，或者又有其他原因加强了这种被动性认可，那么，这样形成的社会权力就很有可能得到较长时间的持续，以至于融进社会主体意识之内，成为其重要的，甚至是很主要的部分。

就中国社会的历史发展来看，普通民众的心灵之声在《诗经》中可以说有最早的直接显露。如果要追寻更早的“民心”，我们恐怕就只能从考古文物、甲骨文或金文中间接地进行推测了。《诗经》中各地的古风已经表明，商周之际中国社会主体意识在萌发时期就很不顺畅，也就是受到我们上述所讨论的这种“统治意识”的干扰和阻遏。并且这种统治意识在夏商时期，通过宗教祭祀、宗族宗法和政治法律等各种文化方式，配合着传统的武力和财富手段，得到了明显加强，开始形成了“众所公认”的社会权力，有意识地延伸到了普通民众和其他部族、诸侯或方国内部，构成了中国早期社会的基本组织形态。

这种状况的典型表现就是“万方有罪，罪在朕躬”所体现出的帝王意识，即只有帝王一人才是天下万民的责任人。这看起来是一种责任的担当，实际上却是以帝王的主体意识取代了民众的社会主体意识，限制了民众主体意识的进一步发展，而代之以帝王的主体意识无限地扩大。帝王对万民有了责任意识，而万民自身却是没有这个能力和资格去负担责任的，甚至对自己的观念和行为都不能负责，而只能由帝王去负责。这样一来，万民没有了责任，就只剩下服从帝王的义务了，似乎只要将自己的全部奉献给帝王，就可以轻松地省略掉所有的责任，而无须任何操心。不能“操心”的结果，事实上就是消除了自己把握生活的能力，因而也无须对自己及周围的一切有更多的关注，更无须自觉，只放任自己的麻木和混沌就可以了。

这种主体意识上“替代”行为，是从两个方面进行的：一方面是通过宗教观念上的“代理人”意识，即帝王是上天或祖先等所有神灵在凡间的最高或唯一代理人。从前面的讨论我们可以看到，夏商时期已经由原始的自然神崇拜逐渐过渡到了较为自觉的宗教意识阶段，并在殷商中期祖甲所进行的一系列改革活动中达到高潮。这一系列改革措施是从祭祀占卜活动的改革开始的，并扩展到天文历法、语言文字、官吏制度、法律体系、宗法礼制或内政外交的各个方面。而商代自觉的宗教意识也使得“绝地天通”事件的发生成为可能，即由中原帝王垄断了与上天神灵之间的沟通渠道，其他人只有通过中原帝王及其负责祭祀的官员们作为中介，才能享受到上天神灵的庇护。宗教观念上的这种“代理人”意识，使得帝王成为人世间最高的精神权威，并由此赋予帝王的政治权威以明确的合法性，等于是为帝王的至高政治地位进行了“背书”，即给予其法律意义上的保证。这样，民众的主体意识就无论如何都不能超越帝王的主体意识，而只能屈居其下，以认可帝王的政治权威为前提。这导致民众的主体意识始终笼罩在帝王意识的阴影之下，难以得到真实地树立。

另一方面，这一主体意识的“替代”又是通过现实生活中的“所有”意识进行的，即天下万事万物都属于帝王所有，甚至连贵族官吏和普通民众本身也都没有自身的独立地位，而只能被归属于帝王一人。就像《诗经》中所说：“溥天之下，莫非王土。率土之滨，莫非王臣。”（《小雅・北山之什・北山》）而我们知道，个体的主体意识最初就是从“我的”这样的所有意识观念开始生发出来的。社会文化的主体意识也同样如此，也是从“我们的”这样的所有意识开始。没有“我们的”意识，也就没有“我们的社会生活”，那么，“自主地把握我们自己的社会生活”这一主体意识，也就无从谈起。因而只有帝王的主体意识在把握着所有人的生活。民众既然连自己以及自己的一切都属于帝王所有，那么也只好将自己的生活交于帝王来把握，而不必也不可能由自己来把握了。这样的结果自然就消除了民众的社会主体意识，而只剩下了帝王的主体意识。

在传统的武力和财富手段之外，商代帝王集团利用了宗教观念赋予政治权力以全新的意义，并使之逐渐成为社会机体最初的结构原则，即一种自上而下的社会权力或帝王意识。以此为基础，中国社会形成了新型的组织结构，即以帝王为最高或唯一的精神和政治权威，以帝王为天下万民和万事万物的所有者，以帝王为一切社会生活或社会活动的唯一责任人，并以此构建社会伦理的基本规范、社会政治法律的基本原则、社会经济的基本结构以及社会文化的价值导向等等。对这种帝王权力机制的形成，具有政治意义的宗教意识在商代发挥了决定性的影响作用。例如，夏桀和殷纣王都同样是暴虐荒淫，都制作酷刑、滥杀无辜，又骄奢淫逸，但是这两人却有着一个很大的区别，就是对帝王的特权有着不同的意识。像夏桀的暴虐荒淫似乎还属于原始欲望的自然发泄，把帝王的特权只视为意外的惊喜，而没有意识到这是帝王权力的必然附属物。而殷纣王就不一样了。他已经清楚地认识到，宗教观念赋予了帝王权力以必然的合法性，这样的“暴虐荒淫”并不是他“不应该”做的，而是“理所应该”的，因此在他脑海里，他的行为是完全“正当的”，其他人没有质疑的权力，更没有反对的权力（“纣曰：不有天命乎？是何能为？”《史记·周本纪》）。

尽管如此，宗教意识对商代帝王而言毕竟只是一种政治手段。这在大多数帝王来说都是很清楚的，即宗教观念并不会反过来构成对他们自己的限制，而能够从心理上明确认识到宗教观念的政治功能。例如，殷商帝王武乙（生年不详—公元前 1113 年）的淘气行为就暴露了他的爷爷祖甲的宗教改革其目的并不在于真心虔诚地祭拜“上天”或“祖先”的神灵，而不过就是利用人们的崇拜意识以达到统治群体的权力渗透而已（“帝武乙无道，为偶人，谓之天神。与之博，令人为行。天神不胜，乃僇辱之。为革囊，盛血，卬而射之，命曰射天。"《史记·殷本纪》)。

不过，殷纣王的观念、行为和最后的结局说明，这种帝王权力机制在商代还只是初步形成，尚不能说十分成熟。祖甲及其小伙伴们的改革措施在宗教和文化领域的应用虽然可以说比较成功，然而在政治领域毕竟还只能算是试探性地开始，尚不能说有什么明显的效果。所以我们也能理解史书上对祖甲的记载极其简单，也不见好评的缘故了（"帝祖庚崩，帝祖甲立，是为帝甲，帝甲淫乱，殷复衰"《史记·殷本纪》。在《帝王世纪》和《竹书纪年》中更是连一个多余的字都没有。只有西周的周公旦算是给了祖甲几句好话："其在祖甲，不义为王，久为小人于外，知小人之依，能保施小民，不侮鳏寡，故祖甲飨国三十三年。"《史记·鲁周公世家》。这几句话在《尚书·周书·无逸》中的记载是："其在祖甲，不义惟王，旧为小人，作其即位，爰知小人之依，能保惠于庶民，不敢侮鳏寡，肆祖甲之享国三十有三年。自时厥后，立王生则逸，生则逸，不知稼穑之艰难，不闻小人之劳，惟耽乐之从。"）。同样，殷纣王对自己祖先的宗教改革也无疑存在着许多误解，远未能体会和明了其中的精义和深远的宗旨所在。这或许是商朝灭亡的一个深层原因。这一切都要等到周代才有了更大的推进。只是那时商代的宗教意识已经被周代的礼乐宗法意识所取代了，而因此周代的帝王意识及其权力机制也得到了更充分的发展。

但是从另一方面来看，自夏商时期开始，民众稚嫩的社会主体意识却始终处于受压抑状态，难以摆脱被动性地位，一直在暗淡和蒙昧中认可着帝王的权力机制，强化和稳固了这种自上而下的社会权力，从而使自己承受着越来越沉重的精神负担，导致社会主体意识终究难以明晰起来，无法自主地把握自己的社会生活。这一状况意味着中国社会始终没有能够自下而上地形成社会权力，并以此为基础来建构整个社会的组织机制。也就是说，作为中国社会生活中的基本结构力量的社会权力，不是由民众的社会主体意识自下而上地“产生”出来，而是由帝王意识自上而下地“贯彻”下来。这一状况在中国社会历史中维持了几乎三千年时间，一直难以改变。直到辛亥革命和新文化运动时，这一状况才算得到了初步调整。基于此点，我们也很可以理解20世纪初期，人们为什么会对中国传统文化产生那么强烈的愤怒了。

所谓“自下而上地形成社会权力”，是指基于一个社会中绝大多数成员的主体意识所形成的共同认识而产生的社会权力。这包含如下几层意思：(1) 大多数成员的共同认识是社会权力形成的基础。一个社会在从原始自然状态脱胎而出之际，其中的绝大部分成员会逐渐形成一些初步的共同认识，即共同认可了某些观念和行为。这些共同认识是基于这些成员的某些共同行动或共同的生活方式（如图腾崇拜、居住地选择、衣食的获得、日常用品的制作、性关系和配偶方式、繁育后代方式、人际伦理或其他生活习俗）而形成的。(2) 这些“共同认识”具有一定的价值导向。这些观念和行为被这些成员视为有益于他们自己的共同行动或日常生活，或者是在长期的经验过程中一直(或大部分时候）都使他们实际上受益，帮助了他们获得更好的生活，避免了损失或灾难。(3) 基于“共同认识”的普遍观念和行为准则。这些观念和行为于是逐渐成为他们的日常规范（以“习俗”的方式)，引导着他们未来的每一个观念和行为。一个社会在形成初期的最高规范往往是神灵的观念和对神灵的崇拜。一个社会的最高规范就构成了该社会最普遍的观念形态(即该社会中人人都会具有)，而对最高规范的遵从就构成了该社会最严格的行为准则（即该社会中人人都必须遵守)。当最初的普遍观念和行为准则形成时，就构成了该社会最初的社会权力，即无须该社会中的一般成员再去考虑是否理解和认同，而已经成为该社会中的人人都“应该”具有的观念和“应该”遵从的规范原则，对该社会中的几乎所有人都具有了约束力，每一个人也都有了相应的权利和义务。(4) 由该社会的成员决定这种社会权力的现实化。这种社会权力逐渐开始有专门的人作为其代表，也有专门的人在实际社会生活中实行这种权力。专门的人依据已定的方式对遵从的人给以奖励，也对违反的人进行惩罚。这些专门的人以及社会权力实行的方式，由该社会成员所选择，选择的方式由长期的传统形成某种习俗。（5）自我完善的原则也基于绝大多数成员主体意识的利益。对代表和实行社会权力的人的选择及其实行方式，需要由该社会中的大多数成员在长期经验过程中不断加以调整和改善。这些调整和改善的原则是依据绝大多数成员主体意识的发展程度和良性趋势而规定的。（6）这样形成的社会权力结构从产生根源和方式上就表明，它的宗旨在于促进其绝大多数成员主体意识的良性发展，提升其自主把握生活的能力，以尽可能获得更好的生活。而且，基于这种宗旨而不断自我完善的结果也不容易导致这种社会权力结构反过来成为对其成员主体意识的阻碍或限制，出现与其初衷相违背的现象。（由于历史情境的复杂性，社会权力结构出现背离现象是可能经常发生的，因此才有必要按照其原有宗旨不断进行自我完善。事实上就人类文明发展至今的状况而言，绝大部分历史时期都存在程度不等的背离现象。这也是本书的研究所针对的问题。）

与此不同，所谓"自上而下地形成社会权力"，是指基于一个社会中的某一个人或某一小团体的主体意识所形成的认识而产生的社会权力。这也包含如下几层意思：（1）某一个人或某一小团体的认识是社会权力形成的基础。这个人（或这些人）的认识与该社会中绝大多数人的认识有一定的相同之处，但并不完全一样。在社会生活中，这个人（或这些人）往往有更强的自我意识，即有更为强烈的自我欲望和所有意识，例如希望能够获得更好的衣食住行，占有更多的财富，占有更多的配偶和繁育更多的后代，在部族社会生活中占据更强势的地位，有更多的话语权，等等。这些欲望和所有意识逐渐演变为强烈的政治权力欲望，或者是对周围环境以及环境中的人和物进行支配和控制的意愿倾向。基于他（或他们）的这些欲望所产生的观念和行为有可能形成一定的社会权力。(2) 这样的观念和行为也有一定的价值导向，即很可能有利于实现他（或他们）的权力欲望，而不是削弱或阻碍他（或他们）的权力欲望。(3) 当他（或他们）的观念和行为与该社会中绝大多数人的观念和行为有所“契合”时，就使他（或他们）的观念和行为成为该社会的“共同认识”，并形成了将会逐渐强化的社会权力。于是他（或他们）的观念和行为成为该社会的最高规范和普遍准则，人人都应具有，也人人都必须遵守。无论普通民众或外族人是否理解和认同，都将对他们具有强制性的约束力，也由此规定了他们的权利和义务。这种社会权力是由上往下笼罩在绝大多数成员的主体意识之上，支配或控制了绝大多数成员的观念和行为，而不论这些成员的主体意识本身是否愿意接受。例如，在殷商时期，以帝王为首的统治集团对“上天”和“祖先”神灵的观念以及对他们的祭拜，是与普通民众的认识基本上一致的，于是这一点被利用来确认他们在宗教上的优势地位，并进而转换成普遍化的政治权力，也就是具有了对民众和其他部族进行支配和控制的政治权力。这也成为中国社会最初的社会权力，构成了中国社会最初的组织结构。(4) 这样的社会权力无可选择地由帝王所代表，并由他所任命的官吏集团来具体实行。他们也按照已定的方式对遵从的人给以奖励，对违反的人进行惩罚。但是对官吏的选择和执行权力的方式（刑法），其他人是无权质问的，只能被动地服从。(5) 自我完善的原则不是基于该社会中的绝大多数成员主体意识的利益，而是简单地基于帝王意识（或统治意识)。代表社会权力的帝王及其官吏在历史发展中也会变更，统治集团实行社会权力的方式也会随着具体情境条件而变化，这也是一种调整和改善，但是这种调整和改善不是依据绝大多数成员主体意识的发展程度和良性趋势而规定的，而是按照帝王的统治意识如何更为有效而规定的，即尽可能有利于统治能力或帝王权力机制得到进一步地扩展和加强，以形成自上而下、无所不在的权力之网。(6) 这样的社会权力从其产生根源和方式上就已经表明，它的宗旨不在于绝大多数成员主体意识的良性发展，也无意于提高他们自主把握生活的能力，甚至成为阻碍或限制绝大多数成员主体意识趋向健康状态的因素或力量。

从这种自上而下的权力之网的产生根源和方式上看，某个人(或某些人)的权力意识要想成为对一个社会具有支配或控制效力的社会权力，关键在于要能够与绝大多数成员的主体意识在某些方面有所“契合”。所谓的“契合”就是指某个人（或某些人）的权力意识要能够在一定方面或一定程度上满足民众主体意识的社会性要求。如果双方能够有所契合，那么，社会生活就会表现出较为安定的局面；而如果双方不能契合，或契合得很少，那么，社会就难免出现动荡，以致发生或大或小的战争和王朝的更替。

我们从上一章对《诗经》的分析中可以看到较早期的民众主体诉求是怎样的，从本章前面的讨论也可以看到较早期的统治（权力）意识是怎样的。这两者间最初的“契合”就是统治意识对民众心灵之声的有所呼应。例如，在《诗经》中各地的古风反映出的民众那种“心灵呼唤”，实际上已经很清晰地展现出早期的民众主体意识所诉求的主要内容，例如，人们从自我意识开始逐渐有了对于自身和周围事物的私有观念，从自己的身体、感知和心灵到物品、家庭、创造物或个人生活的所有意识；人们也开始有了普通的日常生活行为的规范意识，并上升到了一般性的价值判断，即关于“是非”、“好坏”或“对错”的规范意识；人们还开始逐步关注起了“自己的家”及其周围的事物，有愿望使自己的家庭生活能够幸福愉快，形成了越来越强烈的生活意识；人们的宗教观念也从原始形态逐渐转变得清晰起来，并由此发展出了历史意识和政治意识，以及人际伦理意识和社会责任意识，等等。民众主体意识的这些诉求体现在社会生活中，就是期待着能够创造一个良好的社会生活环境，人们在其中可以安心地生活，从事生产，繁育后代，并能够在身体和精神的各个方面都获得顺畅地发展，从而提高自己把握生活的能力，以使自己的社会生活趋向于健康美好。对此，人们基本的自我意识是希望自己的所有意识和规范意识能够正当地扩展和丰富。所有意识就是人们的人身自由、私有财产、个人家庭和社会财富（如社会地位、社会声誉、社会关系或社会环境）等等。规范意识就是人们从日常感知和日常生活中获得的基本规范观念，如关于“是非”、“善恶”或“好坏”等的价值判断和社会组织结构的正当性原则。在此基础上，人们的宗教意识、历史意识、伦理意识、政治意识或社会意识等等都要求自己能够正当地进行宗教信仰、教育学习、文化生活、社会活动或政治事务。

而作为个别人的统治（权力）意识如果考虑到应该呼应上述民众的这种主体诉求的话，那么，就至少应该提供一个良好的社会生活环境，以使人们在其中可以安心地生活，从事生产，繁育后代。同时也要认可人们基本的所有权限和规范观念。另外，还应该保障人们基本上能够进行宗教信仰、教育学习、文化生活、社会活动或参与政治事务等等。但是这种“呼应”可能达到什么程度，还是很有疑问的。因为，毕竟，权力意识的本质是寻求尽可能大和强，以及尽可能持久和稳固的社会权力，甚至力图完全取代民众的主体意识，如我们在商汤的“万方有罪，罪在朕躬”这种统治意识中所感受到的那样。而民众主体意识的成长则必然要求摆脱或消除这种自上而下的社会权力对自己的阻碍或限制，以免受到身体和心灵上的支配或控制，不能顺畅地健康发展。因此，帝王的统治意识与民众的主体意识相互之间就总是处于一个较为尴尬的状况。

在原始部落生活中，民众的主体意识与君主的权力意识这两者自身都尚未觉醒，可以说是混沌未分的，或者都处于萌芽状态，尚未形成较明显的冲突。等到这两者各自开始有所自觉，即当绝大多数成员有了模糊的自我意识或自觉能力，而某一个人（或某一些人）也有了模糊的权力意识（或帝王意识）的时候，这两者之间就渐渐有了差别，开始相互分离。这其实是说这两者开始明了各自不同的主体诉求：一方面，绝大多数成员希望尽可能自主地把握自己的生活，提高自己把握周围事物的能力，以获得尽可能美好的生活，就像我们在《诗经》中所看到的那样；而另一方面，帝王的权力意识则希望获得尽可能多、尽可能大、尽可能充分切实和持续稳固的权力，以支配或控制整个社会中尽可能多的人和事物，好满足个人身体和精神上的各种欲望，就像我们在夏商周时期的许多帝王意识中所看到的那样。当这两种不同的主体诉求发展到一定程度时，就必然会发生相互的冲突，从观念上的冲突发展到行为上的对抗。然后，这种冲突又会因为某种原因得到缓和，双方都会有所调整，相互适应。但是过了一定时候，冲突又会出现。这都是两者是否"契合"或"契合"程度不同的相应表现。

民众的主体意识与帝王意识之间的这种相互冲突，也就是指它们之间处于互不"契合"的状态。这无疑会在现实社会生活之中表现出来。例如，夏桀和殷纣王的荒淫暴虐就激起了几乎是整个社会全面的反抗，并导致大规模的战争发生，结果造成了朝代的更替，夏朝和殷商分别灭亡（"桀不务德而武伤百姓，百姓弗堪。"《史记·夏本纪》。"帝纣……好酒淫乐，嬖于妇人……厚赋税以实鹿台之钱而盈钜桥之粟，益收狗马奇物，充仞宫室……以酒为池，县肉为林，使男女倮相逐其间，为长夜之饮。百姓怨望而诸侯有畔者，于是纣乃重刑辟，有炮格之法。"《史记·殷本纪》）。小规模的冲突更是不时出现，例如夏朝时的"太康失国"（见古本《尚书·五子之歌》和《史记·夏本纪》）和"孔甲好龙"（见《史记·夏本纪》和《左传·昭公二十九年》），商朝时的"九世之乱"和仲丁、武丁、武乙等帝王的四处征伐（见《史记·殷本纪》）等等，都导致社会灾难不断，以致民不聊生、民怨沸腾。

而如果民众的主体意识与帝王意识之间形成了某种"契合"，那么，在现实社会生活中的体现大概就是所谓"国泰民安"的政治局面。例如，夏朝时有个"少康中兴"时期，由太康的儿子少康（公元前 1972 年—前 1912

年）执政。由于少康曾经在民间流浪过，知道民众的疾苦，所以不像太康那样“尸位，以逸豫灭厥德，黎民咸贰，乃盘游无度，畋于有洛之表，十旬弗返。”（古文《尚书·五子之歌》），而是能够重视人们的农业和畜牧业生产，还督促兴治水利，修订夏历，总算使百姓过了一段安稳的日子。除此之外夏朝就很难得有安定的时候了。商朝的情况也相差不多，安定兴盛的时期也很少出现。除了开国之时，商朝社会在贤相伊尹的治理下还算稳定，但是很快就进入内忧外患的“九世之乱”时期，不是内部相互残杀，就是穷兵黩武、东征西讨，与外邦长期处于战争状态。直到武丁继位，在贤相傅说（约公元前1335年—前1246年）的辅佐下出现了一段繁盛的时期。《史记·殷本纪》说武丁“举（傅说）以为相，殷国大治。”又说“武丁修政行德，天下咸欢，殷道复兴。”不过武丁与他的夫人妇好却都喜欢四处征战，光是目前出土的甲骨文中就记载了他们与六十多个方国的战争。其后直到殷纣王的暴政时代，就再也没有过社会安定的时候了。其实我们看后面的各个朝代基本上也是如此，国泰民安的时候少得可怜，只有很短暂的几次“天下大治”的时候（如汉代的“文景之治”、唐代的“贞观之治”或清代的“康乾盛世”等都只有几十年光景），大部分时期社会都处于动荡不安的状态，或者是大大小小的战争，或者是暴政苛政导致民众怨声载道。这说明民众的主体意识与帝王的统治意识之间是很难相互“契合”的。

当这种“契合”现象发生时，原始时代的人们是较容易接受这个人（或这些人）的统治地位或统治身份的。而如果这种“契合”现象没有发生，也就是说，统治意识不能满足民众的主体要求，那么，他们的统治地位或身份就难以获得人们的认可。这个时候作为帝王而言可以有两种选择：一方面，统治意识转变态度以尽可能地满足民众的主体要求；另一方面，统治意识需要其他的手段来保障自己的统治地位或身份得到人们的认可。例如，传统的武力或财富手段可以在较为原始的时代达到这一目的，但是随着人们主体意识自觉程度的提高，这两种手段就难以持续有效，而只有短时间的或很有限范围内的效力。这时统治意识就需要寻求其他手段来保障自己的统治地位或身份，例如商朝帝王所采用的宗教手段相对而言就比武力和财富手段具有更为持久和稳固的渗透力，也具有更为强大的精神力量来克制其他社会群体（如普通民众、贵族官吏集团和外邦部族等）的主体意识。

从中国历史的现实状况来看，民众的主体意识与帝王的统治意识之间是很难相互“契合”的。这两者经常出现不能契合的情况，或者在大部分时间里契合得很不够，即只不过有很少的契合部分。这导致社会生活总是出现动荡不安的状况，很不利于统治秩序的稳定，使君主的统治地位和身份时常受到威胁和挑战。因此，对于帝王而言，就需要不断寻求各种不同的手段来强化自己的统治地位和身份。同时，在尽可能保证民众主体要求的情况下，又要想方设法来尽可能降低或限制民众主体要求的底线，这样就可以对民众的主体要求给予一定程度的满足，从而实现某种程度的“契合”。

这就是帝王统治意识所形成的社会权力始终遵行的“底线原则”，即尽可能降低或限制民众主体意识所诉求的最低程度，然后再给以适当的满足。例如，使民众尽可能满足于最低程度的物质生活水平，最好是只要勉强能够维持个人或其家人的基本生活保障即可，这样就可以减少满足民众生活需求的成本；尽可能减少民众拥有的私人财产，如土地、房屋、陶器、青铜器、玉器、衣物或其他金银珠宝等等，以减少民众对私有财产的更进一步欲求，这样就可以使统治集团获得更多的财富，以及这些财富所可能带来的更多、更大的权力；尽可能给民众灌输有利于统治意识的基本价值判断和日常规范意识，以使他们的观念和行为更容易顺应统治意识的需要；尽可能降低民众对生活幸福愉快的满足底线，以使他们安于现状而难以产生太高的追求；尽可能降低民众的社会性诉求，如对人身自由、个人权利、人际伦理、社会环境、社会地位或社会关系等等方面的可能要求，以使社会生活的维护和建设可以保持在最低的程度；要经常制造小规模的战争或外来的战争威胁，以便稍加安定就能够满足民众对社会和平状态的渴望；要经常纵容社会生活中的某些不公正的人和不公正的现象，以便稍加纠正就可以获得民众的赞颂，从而有效地掩盖社会整体的不公正本质；尽可能阻止或限制民众在宗教、历史、政治或其他文化意识上的顺利发展，或者尽可能避免提供良好的教育机会以开启民智，以使社会文化生活尽可能始终处于最低限度，这样既可以较为容易地满足民众的各种精神需求，又可以较为方便地利用人们的模糊意识达到统治意识的权力渗透。

如果用经济学的话语来形容这种“底线原则”的根本宗旨，就是尽可能减少统治成本，减少统治行为的政治付出，以获得更好的统治结果，达到更高的统治效率。所谓的“统治”就是对天下万民的社会生活进行支配或控制的行为。因此，万民的主体诉求无疑在“统治成本”中占有主要的比重（“万民”以后还要进一步区分为“臣”和“民”，两者各自所占的比重几乎不相上下），构成了统治群体不得不付出的统治成本。特别是当古代中国的统治区域越来越广大时，民众主体诉求的“底线”是高一点还是低一点，就对统治成本的影响很大了。统治成本与统治效率之间是成反比的关系，即：如果统治者把这一成本控制在很低的程度，那么，统治效率就会很高，也就是以少量的代价获得了较高的权力收益，这意味着统治者可以安然地稳坐江山，并且能够成功地拥有无上的权力；而如果这一成本很高，那么，统治者就需要付出更多的代价才能获得相对而言有限的权力，这样统治效率就变得很低，以至于维持起来都会发生困难，这意味着统治者的地位和身份处于一种动荡飘摇之中，难以安坐，且很可能处处受到其他因素或力量的限制。

统治成本是可高可低的。这主要由两个因素所决定：一个因素是民众主体意识的自觉程度。这与统治成本之间成正比关系，即，民众的自觉程度越高，统治成本也就越高；民众的自觉程度越低，统治成本也就相应地越低。

而且，一旦当民众具有足够的主体意识能够自主地把握自己的社会生活的时候，那么，这就意味着该社会不再需要这种自上而下的社会权力（或统治意识）了。这当然是作为统治集团而言，要极力避免出现的情况；另一个因素是统治群体的统治水平。这与统治成本之间成反比关系，即统治水平越高明，统治成本就会相应地越低；而统治水平越平庸，则统治成本就会变得越高。这在统治者而言，也可以说是“运用之妙，存乎一心”。例如，在“桑林祷雨”中，商汤以“万方有罪，罪在朕躬”的方式，巧妙地以自己的帝王意识来取代民众的主体意识，在不知不觉中使自己的帝王地位和身份进一步得到天下万民的认可和赞美，又能达到阻碍和限制民众主体意识顺畅发展的目的。这不能不说是古代社会中一个十分高明的政治举措，以最少的代价获得了最好的统治效果。同样，殷商帝王对祭祀方式的改革也是充分利用了当时人们的宗教观念，使帝王家族的世袭得到了人们普遍的认可，又能够将帝王的政治权力以兵不血刃的方式，很自然地渗透进普通民众和外邦部族的内部，让他们心甘情愿地接受并习惯这种以往所未有的权力干预和控制。这也可以说是中国古代社会生活中经典的政治手段。

从统治成本的这两个决定因素，我们可以看到，民众和统治群体有着不同的主体努力方向：一方面，对民众而言，应该力求提高自己的主体意识，尽可能减缓和消除统治意识对自己造成的限制，以自主地把握自己的生活；另一方面，对统治者而言，自然是极力希望提高自己的统治水平，尽可能降低民众主体需求的底线，以达到既能拥有无限权力，又能稳坐江山的程度（甚至还能传至千秋万代就更加满意了）。

尽管十分缓慢，民众的主体意识在社会历史的发展中还是会逐渐提高的，以至于也不断抬高了帝王统治的社会成本。这一“抬高”的过程，如果达到一定的程度，统治集团可能就难以应付，无法支付出如此高昂的代价去取得社会权力的稳定运用。到最后，统治集团总是会有不得不退出竞争的时候。这种情况也就表明民众主体意识达到了相当程度，具有了自主地把握自己生活的能力，可以走上社会的政治舞台，成为社会生活中的主角，而不再受制于某种自上而下的权力支配和控制了。中国社会直到20世纪的辛亥革命，可以说才出现了这样的状况。只是，从夏商时期开始，民众主体意识在萌发时受到夏商帝王统治意识所形成的自上而下的社会权力的支配和压制，却已经经过了大约四千年的时间。如果从殷商时期的宗教改革到殷周之际开始算起（公元前1200年至公元前1000年左右），也已经至少有了三千年的历史。就像我们在本章所讨论的，这段时期（距今3000—3200年前）是中国社会的统治意识开始有所自觉的滥觞阶段，统治群体开始逐渐意识到，自己通过武力和财富所拥有的社会权力，是可以用某种方式（如宗教意识）赋予其普遍的意义，使之得以实质性地渗透进天下万邦万民的社会生活之中，从而形成自上而下地对天下万邦万民的支配和控制，使自己获得至高无上的统治地位。到了西周以后，统治群体又变换了其他方式（如礼制意识），更进一步地加强了统治权力的普遍意义和渗透力量，从而使之在中国社会中持续了三千年的时间。这个令人悲叹的历史事实让我们了解到，民众的主体意识要提高至自主的程度以消除自己所受到的限制，是一件多么缓慢而艰难的事情。由此，我们也能理解《诗经》中所体现的民众主体意识为什么会散发出那么浓重的哀伤和怒号，那种“心灵呼唤”为什么会那么焦灼和急切了。

第五章　德性观念与统治意识的重建

文王在上，於昭于天。周虽旧邦，其命维新。
有周不显，帝命不时。文王陟降，在帝左右。
亹亹文王，令闻不已。陈锡哉周，侯文王孙子。
文王孙子，本支百世。凡周之士，不显亦世。
世之不显，厥犹翼翼。思皇多士，生此王国。
王国克生，维周之桢。济济多士，文王以宁。
穆穆文王，於缉熙敬止。假哉天命，有商孙子。
商之孙子，其丽不亿。上帝既命，侯于周服。
侯服于周，天命靡常。殷士肤敏，祼将于京。
厥作祼将，常服黼冔。王之荩臣，无念尔祖。
无念尔祖，聿修厥德。永言配命，自求多福。
殷之未丧师，克配上帝。宜监于殷，骏命不易。
命之不易，无遏尔躬。宜昭义问，有虞殷自天。
上天之载，无声无臭。仪刑文王，万邦作孚。

——《诗经·大雅·文王之什·文王》

社会组织结构的形成是一个长期的经验过程，会在不断磨合中逐渐固化为相对稳定的形态。其中的主导型社会权力如果具有较好的自我完善的能力，就会继续强化成为社会组织结构的核心力量，越来越难以被改变。除非在某种条件下它丧失了自我完善的能力，变得越来越背离发展中的社会整体形态，否则的话，就只可能在强大的外力影响下才会出现社会结构上的变化。中国的社会文化在这一点上表现得较为明显，即统治意识自我完善的能力较强，而民众的主体意识相对而言却始终举步维艰，难以得到顺畅的发展。这导致中国社会的组织结构也一直处于统治意识所形成的社会权力主导之下，并持续到了 20 世纪初期才得到稍为根本的改变。

中国社会的统治意识是在周朝获得了极大的提高，而在汉代则被现实化于社会生活之中，构成了实际的社会组织结构。夏商时期的帝王权力机制还只是处于初步的建立阶段，并不成熟。宗教意识也只是刚刚为帝王的政治权力赋予了普遍的社会意义，并在殷商中期之后才逐渐被统治群体有意识地加以运用。而且这一运用直至殷商末期的殷纣王都不是很熟练，以至于其生硬的理解葬送了“大邑商”那“宅殷土茫茫”（广大的殷朝国土）的“邦畿千里，维民所止”（千里国都，民居相连）的万世基业，败于方圆不过百里的“小邦周”之手，而不得不“侯于周服”（臣服于周朝）。而这个“小邦周”由此知道了“天命靡常”（天命无常），警戒自己要“宜监于殷，骏命不易”（以殷为鉴，知道保持天命不易），感受到自己的“周虽旧邦，其命维新”（周虽是旧邦，却承受了新的天命）的历史使命。这种统治意识主要体现在西周初年的周公旦及其周围的帝王群体身上，而后又在东周的春秋战国时期进一步上升到了观念形态，例如孔子、孟子和荀子等人的儒家思想，商鞅、韩非、慎到和申不害等人的法家思想，以及苏秦和张仪等人的纵横家和孙子等人的兵家思想那里。而通过《诗经》中的“心灵之声”所流露出的民众主体意识，则在春秋战国时期反映在老子和庄子的道家思想、墨子的墨家思想，以及杨朱、告子、名家、阴阳家、杂家、农家、小说家或医家等等的思想那里。当然，这其中很多人的思想较为复杂，并不容易被清晰地区分，例如孔孟的儒家思想和老庄的道家思想都可以说在相当程度上是对这两者的综合考虑，并以此既加强了统治意识自我完善的能力，也提高了民众主体意识的自觉能力，从而都对中国社会生活发生了十分重要的影响，成为中国文化主体意识的有机部分。不过，无论如何，春秋战国时期诸子的思想除了基于当时的社会生活状况之外，也与西周时期的社会生活和社会思想有着内在的密切关联。因此，我们有必要仔细讨论西周（特别是西周初期）社会文化意识的发展状况。

第一节　“周虽旧邦，其命维新”

由武力和财富所获得的社会权力需要观念形态来赋予其普遍性的意义，以使其得到稳固性的力量。并且在稳固化的过程中，这一具有了普遍意义的社会权力又自然产生了延伸扩展的强大动能，力图渗透进社会生活中的每一个角落。在殷商时期，为帝王的社会权力赋予普遍意义的是宗教意识。这在早期的、尚处于较原始状态的社会生活中，可以说是十分有效的。因为那时的人们几乎普遍具有浓厚的宗教观念，宗教行为是普遍性的社会文化现象，构成着当时社会生活的主要观念形态。所以，统治群体的社会权力与宗教意识的结合，就使这种自上而下的权力成为具有普遍意义的现实化力量，得以形成中国社会最初的社会组织结构。但是，在西周取代殷商之后，宗教意识的意义赋予能力受到很大削弱，以至于不足以单独承担社会权力的普遍化功能。这促使西周初期的统治群体不得不寻找新的意义源泉，来保障“小邦周”的“陈赐哉周”（周部落承受到上天的厚赐）。这也就是所谓的“周虽旧邦，其命维新”（《诗经・大雅・文王之什・文王》）中“新旧”含义所指向的意义所在。

殷商时期社会生活的主导型观念形态是宗教意识，即虔诚地信奉天地和祖先神灵的无上权威。并由此决定了人们在社会生活中最重要的事情就是对他们的祭拜，以获得观念和行为的选择导向。这成为殷商时期最为基本的社会规范原则或意义之源。对此，不仅殷纣王等统治群体大多是深信不疑的，即使是周部落的西伯姬昌和周武王姬发，也都深怀戒惧，丝毫不敢大意。例如，根据我们上一章的讨论，西伯数十年来就一直在暗中培植自己的势力，以图推翻殷商王朝（“周西伯昌之脱羑里归，与吕尚阴谋修德以倾商政。”《史记・齐太公世家》）。但是他却对殷商所承受到的天命顾虑重重，因而始终不敢轻易地与殷纣王帝辛公然作对，总是小心翼翼地与之周旋，以等待天命的转换。他并不是害怕帝辛本人，实际上是害怕帝辛后面的上天和殷商祖先神灵的巨大威力。

于是，殷商帝王是如何能够取悦上天和祖先神灵的，并因而得到了他们的垂青和庇佑，使殷商帝王成为这些神灵在人世间最高或唯一的代理人，这无疑成为西伯最想知道的秘密。显然，祖甲及其祭祀官员们所作的宗教改革，在殷商时期对普通民众或其他部族都产生了深远的影响。不过，这一秘密当然是殷商王朝头等的军事机密，外人自然是难以接近的。可是，西伯毕竟是个老谋深算的政治家。他居然娶到了殷纣王帝辛的姑姑，也就是他的父亲帝乙的妹妹太姒。要知道殷朝王室的女性成员是可以全盘参与朝政的。这一政治联姻不仅极大地缓和了帝乙和帝辛父子二人对西伯的猜疑，还使西伯很可能如愿以偿地接触到了殷商帝国的最高机密，即祭祀和占卜之法。殷纣王后来还是怀疑西伯要造反，而把他囚禁在羑里。这一事件很可能促使西伯下定决心提前动手推翻殷商王朝。因为他在自己的生命危在旦夕之际，所做的唯一事情似乎就是全心钻研殷商朝廷的祭祀和占卜之法，以期破解殷纣王与上天或其祖先神灵之间的神秘联系，好将之斩断，再将天命转移到自己或周部落的头上（“西伯盖即位五十年，其囚羑里，盖益《易》之八卦为六十四卦。”《史记·周本纪》）。他很清楚，只有他能成功地做到这一点，才有必胜的把握去讨伐殷纣王。在当时的人们看来，战场上的对决似乎是次要的，双方的实力对比好像也是次要的，而最重要的是，究竟是谁才能最后赢得上天的眷顾，承受天命，以及，究竟是谁的祖先才能发挥出更强大的威力，助佑自己的后辈战胜对方。也就是说，西伯认为自己是否能“革”掉殷纣王帝辛的“天命”，才是他与殷纣王之间最终谁胜谁负的关键。而这在他看来是不能单单通过传统的武力方式去解决，必须首先以宗教的祭祀和卜筮之法才能完成的。

西伯姬昌未能如愿就撒手归西了，周武王继承了他的志业（“武王即位，太公望为师，周公旦为辅，召公、毕公之徒左右王，师修文王绪业。”《史记·周本纪》）。武王显然很清楚自己的父亲一直所担心挂怀的事情是什么，所以才会出现“盟津观兵”这一非常蹊跷的一幕。本来文王和武王为讨伐殷商帝国已经暗中准备了数十年的时间，到了武王即位的第九年，基本上可说各项工作都全面就绪了。于是武王就在长期屯兵的盟津（今河南孟津）大会诸侯，誓师伐商：

> 九年，武王上祭于毕，东观兵，至于盟津。《史记·周本纪》

这时各地闻风而来的诸侯有八百多个，都很愿意跟随武王去对殷纣王作战：

> 周武王之东伐，至盟津，诸侯叛殷会周者八百。《史记·殷本纪》
>
> 遂兴师。是时，诸侯不期而会盟津者八百诸侯。《史记·周本纪》

可是，在武王与众将士和诸侯军队历数了殷纣王的种种恶行，又宣布了作战纪律，但在大军出发渡河之际，武王却突然下令还师停止了军事行动，并让各地诸侯返回原地。这一变化令所有人都感觉非常诧异，不知究竟发生了什么事情。因为在大家看来已经明明可以讨伐殷纣王了，还需要再顾忌什么呢？在众人的追问之下，武王才说出了原因：你们不知道啊，现在天命还没有确定下来，我们还不知道天命是不是已经从殷纣王那里转移到了我们这里，因此这时候去讨伐殷纣王可是胜负难料啊，所以暂时还不能开战：

诸侯皆曰：纣可伐矣。武王曰：尔未知天命。乃复归。《史记·殷本纪》

诸侯皆曰：纣可伐矣。武王曰：尔未知天命，未可也。乃还师归。《史记·周本纪》

武王遂至盟津。诸侯不期而会者八百诸侯。诸侯皆曰：纣可伐也。武王曰：未可。还师。《史记·齐太公世家》

由此可见周武王与他的父亲文王一样，都对殷商王朝在宗教上的优势地位心有余悸，因而顾虑重重，对天命的转移如果没有十分的把握，是无论如何都不敢擅自妄动的。因此，这次盟津誓师大会也只能被称作“盟津观兵”，也就是我们现在所谓的“军事演习”。

不过，其他的人却不一定像文王和武王这样有那么强烈的天命意识。例如，他们的军师太公望姜（吕）尚就是如此。这可能与他个人的经历有关。他生为庶人，一直贫困潦倒，因此他对上天或祖先的神灵好像都没有什么好感，甚至有所仇视也说不定（“吕尚盖尝穷困，年老矣。以渔钓奸周西伯。”《史记·齐太公世家》）。他也不是巫师出身，没有祭祀占卜的本事来养家糊口，而是以其谋略著称于世（“周西伯昌之脱羑里归，与吕尚阴谋修德以倾商政，其事多兵权与奇计，故后世之言兵及周之阴权皆宗太公为本谋。”《史记·齐太公世家》)。对文王和武王以周革殷的大计，姜太公起了非常重要的作用（“天下三分，其二归周者，太公之谋计居多。”《史记·齐太公世家》）后来“小邦周”能够成功地推翻历时六百多年的殷商帝国（“大邑商”)，而建立起历时八百多年的周王朝，也主要得益于他的辅助（“迁九鼎，修周政，与天下更始，师尚父谋居多。”《史记·姜太公世家》）他的功劳使他得以在西周初年被分封到齐国成为周朝的诸侯（“于是封功臣谋士，而师尚父为首封。封尚父于营丘，曰齐。”《史记·周本纪》。“于是武王已平商而王天下，封师尚父于齐营丘。”《史记·姜太公世家》)。也正是他，改变了周武王全然依凭天命而行的观念和习惯，从殷商时代浓郁的宗教意识中解脱出来。

在“盟津观兵”的两年后，由于殷纣王又干了许多祸国殃民的事情，以至于周武王不能不再一次兴兵真的要去讨伐他了：

居二年，闻纣昏乱暴虐滋甚，杀王子比干，囚箕子。太师疵、少师强抱其乐器而奔周。于是武王遍告诸侯曰：“殷有重罪，不可以不毕伐。”《史记·周本纪》

这样周武王与各地诸侯又来到盟津举行誓师大会，历数殷纣王的种种罪行，宣布作战纪律，然后大军准备出发。可是这时候老问题又来了，就是周武王还是要等待上天的指示，知道天命的归属之后，才能放心地去正式作战。于是他就命人进行占卜算卦。可没想到占卜算卦的结果不吉利，而且这时又碰巧来了狂风暴雨。于是大家都有些害怕了，担心这是不是上天对他们发怒了，不赞成他们去讨伐殷纣王：

武王将伐纣，卜龟兆，不吉，风雨暴至，群公尽惧。《史记·齐太

公世家》

正在这关键的时候，姜太公挺身而出，“捽袖拂蓍草，举脚踏龟壳”，把占卜和算卦用的蓍草和龟甲都扔掉，力劝周武王不要动摇，按照原计划继续进兵。于是这才有了“牧野之战”，大败纣王，推翻了殷商帝国，建立了周朝的天下：

唯太公强之劝武王，武王于是遂行。十一年正月甲子，誓于牧野，伐商纣。纣师败绩。《史记·齐太公世家》

对擅长韬略而非巫术的姜太公而言，这种举动是很自然的。但是这对受到父亲深深影响的周武王而言，心情似乎就没有那么轻松了。武王的人生经历好像比较简单，一直是作为一个诸侯的嫡长子在周文王身边长大：

武王同母兄弟十人，母曰太姒，文王正妃也。其长子曰伯邑考，次曰武王发，次曰管叔鲜，次曰周公旦，次曰蔡叔度。　　及文王崩而发立，是为武王。伯邑考既已前卒矣。《史记·管蔡世家》

并没有什么艰苦的生长环境磨炼他的意志和能力。后来他之所以敢于举起大旗率领天下诸侯前往攻伐殷纣王，也都是仰仗周文王的威望和积蓄已久的实力，甚至还要借助周文王的神灵给自己壮胆，也使自己的军事行动尽可能名正言顺。例如他总是把文王的木制神位用车载着，跟随中军一起行动：

九年，武王上祭于毕，东观兵，至于盟津。为文王木主，载以车，中军。武王自称太子发，言奉文王以伐，不敢自专。

于是武王遍告诸侯曰：殷有重罪，不可以不毕伐。乃遵文王，遂率戎车三百乘，虎贲三千人，甲士四万五千人，以东伐纣。《史记·周本纪》

所以武王也像文王那样，对殷商帝王在宗教意识上的优势地位表现出十分纠结的心态，非常忐忑不安，是很可以理解的。看来文王虽然获得了殷商帝王的祭祀和占卜秘密，并作了深入研究和改进，在生前却似乎并没有能够通过《周易》而得到上天的特别垂顾，没有以此成功地转移殷商帝王的“天命”，最后不得不含恨而逝。而天真的武王也一等再等，如果不是姜太公的当机立断，或许他们就要错失良机了也说不定。

当然，像讨伐殷商帝国这种令天下振动的重大军事行动，是不会仅仅进行一次两次祭祀和占卜就算数的，一定会通过各种方式不断地进行测算。例如，他们在第一次盟津大会之后渡河时，有鱼跃入船中，武王也要祭祀：

武王渡河，中流，白鱼跃入王舟中，武王俯取以祭。《史记·周本纪》

随时看见天上的星象变化也都要进行祭祀和占卜：

既渡，有火自上覆于下，至于王屋，流为乌，其色赤，其声魄云。《史记·周本纪》

图 5–1 利簋，出土于陕西临潼县零口镇，西周早期青铜器

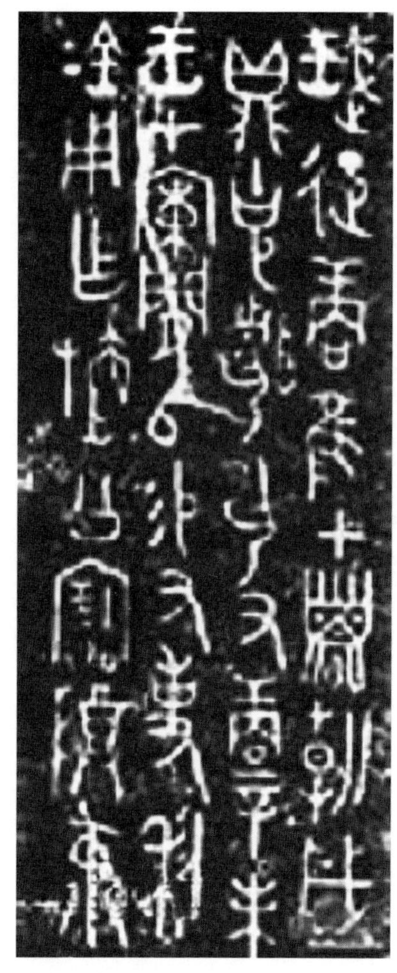

图 5–2　利簋铭文，共 32 字，刻于器内底部

目前出土的一件西周早期的青铜器利簋（图 5–1）也可以证明这一点。利簋上的铭文（图 5–2）说：

武王征商，隹甲子朝，岁鼎克闻夙又商。辛未王才阑自易又事利金，用乍檀公宝䵼彝。[①]

铭文的大意是：周武王征伐商纣王，在甲子日早晨（据推算是公元前 1046 年 1 月 20 日），岁星当空，在一夜就战胜了商朝，报告给武王。在辛未日（之后第八天），武王在阑地驻军时，赐给右史官利青铜，让他铸造纪念其祖父檀公祭祀的礼器宝䵼彝。

这是在大战之夜一个叫“利”的右史官对星象进行了占卜，并得到了吉利的结果。因此武王极为高兴，在胜利后大大赏赐了利。从中可见武王对祭祀占卜的重视。显然，多次祭祀占卜总是会有不同的结果，有的吉，有的凶。而武王似乎是见到吉象就非常高兴，而见到凶象就黯然失色。无论如何，这都揭示出他的行为规范基本上还是基于宗教性观念的，并没有脱出殷商时期人们的一般性宗教意识范围。

① 马如森：《商周铭文选注译》，上海大学出版社 2013 年版，第 99—100 页。

在第一次“盟津观兵”和两年后第二次的“盟津誓师大会”上所出现的这些插曲，并不是戏剧性的历史场景中一点偶然的点缀。实际上这些事件的背后有着至为深远的含义。周武王和姜太公两人的行为也都不是一时的心血来潮，而体现了他们长久的思虑和内心深处的疑惧。这对于远古时代的人们来说，实在是很自然的现象。只是对于现代的我们来说，就不那么容易理解他们了。毕竟，如果没有像那个时代人们的那种宗教信仰和宗教情感的话，就很难产生他们那样的思想感受。

两次盟津大会上的插曲所具有的政治意义在于，社会变更的同时，也意味着作为社会组织结构的社会权力，需要寻求一个新的意义之源，以超越或代替原有的宗教意识所发挥的功能。这也可以称为“观念革命”，即需要人们思想上的一次更新或飞跃。而对此，很明显，这些历史情节表明，文王、武王和姜太公这三个推翻殷商、建立周朝的最关键性人物还尚未做好思想准备。阅历尚浅而缺乏政治经验的武王虽然有所意识到这一问题，可是凭他的能力还无法完成这种观念上的“革命”。阅历老到而具有丰富政治经验的姜太公对文王和武王的顾虑一定是十分清楚的，可是他的擅长并不在思想观念方面，所以他似乎对此也无能为力，这可不是靠他的那些“阴谋诡计”就能解决得了的。于是，他们两人只好走一步看一步，觉得还是先“革”掉殷纣王的命要紧，其他的事情等推翻了殷商帝国以后再说了。

可是，令他们两个没有想到的是，观念上的“革命”没有完成，给新王朝带来了几乎是致命的威胁，马上就使新政权面临着重重的危机。而这一切，都落在了同样尚无太多政治经验的周公旦的身上。因为武王在克殷之后两年就去世了，而姜太公由于被分封在东边的齐地，也马上就离开了西周王朝的政治权力中心，急匆匆地赶赴就任，当他的诸侯王去了（“于是武王已平商而王天下，封师尚父于齐营丘。东就国……太公夜衣而行，犁明至国。”《史记・齐太公世家》）。

司马迁在《史记》中看似无意的记载，还是透露出在早期社会历史中政权更替的重大一刻所发生的许多事情并不是无关紧要的，而是别具深意。对盟津大会的具体细节，司马迁恐怕未必知道得很清楚，毕竟他与殷周之际已经相隔上千年了。他的记载很可能只是综合了流传已久的传说而已。然而，这寥寥数笔所刻画出来的历史场景，还是明显反映了这些情节在千年以来的人们心目中一定有其非凡的意义。例如，武王的两次纠结和姜太公在关键时刻的当机立断，就表明了此次政权更替在观念上的更新有着迫切的必要性。

我们知道，文王和武王看来受殷商时期天命观念的影响很深，也一定对殷商帝王在祭祀活动上的庄严隆重和细节上的精致讲究印象深刻，很自然地会以为殷商帝王与上天或其祖先神灵之间一定存在着某种神奇的特殊联系。因此他们两个似乎始终都抱有一个希望，就是自己除了在获得人心和实力上能够战胜殷纣王之外，还能够在宗教意识形态上也超越殷纣王，且后者在他们眼里看来无疑还是十分关键的一步。否则，如果不能取代殷纣王在神灵面前唯一代理人地位的话，那么，他们前期所做的一切准备工作很可能都将前功尽弃，即使在武力上打败殷纣王恐怕也无济于事，还是难免给自己的部落带来灭顶之灾的悲剧性命运。文王的壮志未酬和武王在两次盟津大会上的行为表明，他们两个在宗教意识上还并没有十足的把握能够克制殷商朝廷，也表明他们两个始终都在这一思路上处心积虑于取胜之道，而又不得其解。而姜太公的行为则表明，在他看来通过宗教途径克制殷商帝国的道路已经走不通了，必须改弦易张，要么就还是以通常的方式，即直接以武力解决好了。周武王无奈之下，也只好接受姜太公的劝诫，“于是遂行”。毕竟当时的事态已经是箭在弦上，不得不发了。姜太公的“强劝”固然把周武王拉回了常道，却使武王在精神上明显缺乏睥睨殷商帝国的气势，不能居高临下、理直气壮地将殷纣王及其商朝王廷一扫而空。也就是说，周武王虽然在战场上打败了殷纣王，可是在思想上却蒙上了一层淡淡的阴影，不仅是他自己，连同他所率领的大军似乎都难以完全释怀，更不用说去期待改朝换代时能够出现那种“廓清寰宇”的爽朗气象了。

姜太公的当机立断看起来很可能只是一次偶然的举动，他本人好像并没有太多思想上的顾虑，也没有什么理论上的建树或观念上的卓越之处，只有一些权谋诡计而已，就像《六韬》所反映出来的那样。尽管如此，他的这一举动实际上却不啻正面向武王宣布：按照殷商帝国的意义赋予传统是不行的，我们必须去寻求新的意义之源。武王明了这一点，可是这个任务还没有完成，再去讨论研究已经明显来不及了。于是也只好暂时作罢。

在这一历史时刻，武王的纠结和忐忑从他后来的行事中可以看得很清楚。例如，在牧野之战大胜殷纣王之后，他对殷商遗民十分“客气”，全没有新霸主的气势。他是真的如此谦逊呢，还是仅仅摆出一个姿态以收买人心呢，抑或是心里别有所属？

武王至商国，商国百姓咸待于郊，于是武王使群臣告语商百姓曰：上天降休。商人皆拜再稽首，武王亦答拜。《史记·周本纪》

接着，武王又以十分戏剧性的方式，“隆重”地表示自己“消灭”了殷纣王：

遂入，至纣死所，武王自射之，三发而后下车，以轻剑击之，以黄钺斩纣头，县大白之旗。《史记·周本纪》

其时殷纣王早已经“自燔于火而死”，可是武王还是要演一出“戏”，在车上亲自朝殷纣王的尸体射了三箭，再下车用剑刺几下，然后再拿黄色大斧把纣王的头砍下来，悬挂在大白旗的旗杆上。这场“戏”是给周围的人（自己手下和殷商降官）看的吗？还是演给自己看的呢？我们应该注意到这里的一个细节：他是用“轻”剑击刺纣王尸体的。这个“轻”字可不是指剑本身很轻薄，而是指他击刺的动作很轻柔。这是不是表示一种很小心翼翼的心态呢？再接着，武王又继续去到纣王宠妃的住所，把同样的动作又表演了一遍：亲自射了三箭，再用剑刺了几下，然后拿黑色的大斧把她们的头砍下来，悬挂在小白旗的旗杆上：

> 已而至纣之嬖妾二女，二女皆经自杀。武王又射三发，击以剑，斩以玄钺，县其头小白之旗。武王已乃出复军。《史记·周本纪》

这次“击剑”的动作不轻了，而是用正常的力气。这次也不是用黄色的大斧（“黄钺”），而是换了黑色的大斧（“玄钺”）。这次用的旗帜不是“大白之旗”，而是“小白之旗”。可见武王的用心之谨慎。

第二天还有正式的“表演”，就是武王大军正式进入殷商都城朝歌（今河南鹤壁淇县）接收殷商王朝，成立了周朝。入城仪式自然十分盛大隆重，要先打扫道路，修缮殷商的社庙和宫殿。到了吉时要有先导部队，再是威武的中军。仪式上有严谨的程序和专用的器物，如酒水、地上的铺垫、彩帛和祭祀用的牺牲。仪式上也少不了专门的祝辞和宣告等等。

> 其明日，除道，修社及商纣宫。及期，百夫荷罕旗以先驱。武王弟叔振铎奉陈常车，周公旦把大钺，毕公把小钺，以夹武王。散宜生、太颠、闳夭皆执剑以卫武王。既入，立于社南大卒之左，左右毕从。毛叔郑奉明水，卫康叔奉布兹，召公奭赞采，师尚父牵牲。尹佚策祝曰：殷之末孙季纣，殄废先王明德，侮蔑神祇不祀，昏暴商邑百姓，其章显闻于天皇上帝。于是武王再拜稽首，曰：膺更大命，革殷，受天明命。武

王又再拜稽首，乃出。《史记·周本纪》

司马迁的文笔很仔细，有条不紊。对历时八百年的周朝历史，司马迁仅仅挑出了寥寥几个场景加以描绘，铺陈笔墨，可以想见这一时刻在他看来有多么重要，而且这些细节又蕴含了多么深远的含义。这个场景中的每一个动作都值得人们仔细地咂摸。像“除道”、“修社”、“修宫”、“荷旗”、“陈车”、“把钺”、“执剑”、“奉水”、“奉兹”、“赞采”、“牵牲”、“策祝”和“稽拜”等等，我们当然可以解释为这都只是普通的庆祝仪式或成立庆典上所常见的内容。然而真的是这样吗？那需要我们仔细地体会司马迁在写作这段历史时所可能有的心理背景。

如果我们把武王自两次盟津大会直到最后的庆典仪式上的表现贯穿起来观察思考的话，或许就能够感受到，武王心里似乎始终都存在着某种疑虑或纠结。这个疑虑一定是他从文王那里承继而来的，有着文王深深的影响。而这一疑虑无疑也是与“周革殷命”之事有着内在关联的，否则，其他的事情恐怕是不会让这父子两人一直都焦灼于心，而又苦于不能得到顺畅地解决的。

根据我们上面的分析就可以理解到，这一疑虑正是关乎周部落取代商部落成为天下之主的合法性问题的，也就是周部落究竟凭借什么来获得掌控天下的社会权力呢？“商部落的统治权力是合法的”这一点，是由当时的社会宗教意识所赋予的。那么，周部落的统治权力怎么才能是合法的呢？周部落有什么资格取代商部落而成为“上天”在人世间的代理人呢？天下百姓和各地诸侯凭什么认可周部落来得到社会权力呢？要知道此时的统治权力已经与更早期的原始部落生活时代有了很大的不同，那就是中原帝王的统治权力已经能够在很大程度上延伸进了普通民众和各地诸侯的内部生活之中，而不再仅仅限于名义上的盟主地位了。这即是说，这种统治权力已经开始涉及几乎每一个人的日常生活和精神世界，要对他们产生生杀予夺的支配或控制了。而帝王意识的这一重要“成果”，是殷商帝王在进行了宗教改革之后才逐渐取得的，几乎可以说殷商帝王的专利。那么，周部落是否也能获得这样的统治权力呢？天下人如何能够认可周部落所攫取到的这一权力呢？也是根据宗教意识吗？从文王和武王的种种行为表现可以看出，他们对此似乎缺乏自信，因为他们并没有找到恰当的答案。他们父子无疑一直是这样希望的，企盼已久。可以看来他们始终没有得到“上天”的明确启示。这当然实在是令他们两个感觉十分沮丧。要知道他们潜心谋划了差不多六十年左右的时间，特别是文王，可说是终生都在处心积虑地筹划着推翻殷商帝国（“西伯盖即位五十年”到武王十一年的牧野之战。如果再算上文王父亲季历的所为，时间就更长了），即所谓“积善累德”、“阴谋修德以倾商政”。总不能只是因为天命而使数十年的准备都前功尽弃吧，也不能使数十年来所刻意承受的委屈都白白地承受，更不能不报那杀父杀子和囚禁之仇吧。①

司马迁对千年以前的历史时刻做出这样细致入微的描述，似乎并不是简单地出于文学上的雅好，而更可能是受到历来史家记载的影响。也就是说，他对商末周初历史性的一幕所作的刻画，应该是承袭了西周初年以至汉代的各种史书所渲染出的场景和氛围，因此才会显得如此逼真的。这无疑能够让我们联想到，商末周初以来的政治家和史官都特别注意到了上述这些细节，而且都能够感觉到这其中所具有的意味。尽管其中的一些细节很可能是周朝史官们的文学创作，不过还是表明了自西周开始以来人们所一直关注的焦

① 据文献记载，文王的父亲季历被商王文丁囚禁至死，文王自己也被殷纣王囚禁，而且他的嫡长子伯邑考又被殷纣王处死，并做成肉饼给囚禁中的文王吃。由于实力悬殊，季历和文王一直都对殷商帝王曲意逢迎，贡献大量的土地、珠宝、美女和名马等等，但还是受到商王的许多侮辱。（“纣囚西伯羑里，西伯之臣闳夭之徒，求美女、奇物、善马以献纣，纣乃赦西伯。西伯出而献洛西之地，以请除炮格之刑。”《史记·殷本纪》。《史记·周本纪》中也有较详细的记载。）

点。因此，史书上的这些细节可能并不重要，重要的是这些记载或有意或无意地落在了什么焦点上。而这些焦点背后的意义，就不是那些史官们所能臆测或编造的了。

只是具体来说，这些历史故事里面究竟隐藏着什么政治秘密，恐怕就不足为外人道了。我们只能尽我们所能去进行推断。不过，就我们的分析来看，很可能，文王和武王父子两个人所真正担心的事情恐怕并不仅限于“上天”的眷顾问题，而是由于“上天的眷顾”指向了另一个更为重要的问题。而这个问题才是真正令他们忧心的，那就是，即使他们在战场上打败了殷纣王，却由于某种疏忽以至于没有得到相应的社会权力，而仅仅只获得了一个天下盟主的名义或地位，那就不免美中不足了，甚至在他们两个看来这简直毫无意义也说不定。

如果我们考虑到这一点，那么，对于武王在两次盟津大会上的所作所为，以及在牧野之战后的所作所为，就应该大体上能够理解了。他心中所一直真正挂念的，不仅仅是战场上的胜负，而是殷商帝王手中所具有的那至高无上的统治权力。也就是说，在文王的影响下，武王大概很清楚，如果他不做好充分思想准备的话，那么，他就很可能只是获得了一个空洞的名声和地位，却并不一定能够顺利地承接到殷商帝王所掌握的神权（神灵在世间的唯一或最高代表）和政权（人间最高的政治权力）。而这，恐怕才是文王和武王根本的目标所在。

是否能够在推翻一个帝国的同时，还能顺利地继承它所具有的社会权力（神权和政权）？这可以说是中国社会历代候选统治者最为关心的首要任务。春秋战国时期的君主大臣和思想家们对这个问题已经较为清楚了。而秦汉以后的那些帝王君臣们更是不会有这样的难题。因为他们经历过了春秋战国时代的熏陶，显然早已对此了然于胸、驾轻就熟了。

只有西周的建立者，可以说是第一次面对这个政治问题，因为只是在殷商时期，才出现了被宗教意识所赋予其普遍意义的社会政治权力，并由此才形成了普遍化的社会规范，构建出真正意义的社会生活。而在此之前，中国早期的原始部落生活大概只能说是遵循着自然的丛林原则，还没有出现具有普遍意义的社会规范，因此也谈不上具有普遍意义的社会权力，只能说是一种缺乏社会化的自然生活而已。殷商统治群体所建立的宗教神权政治，已经与原始部落生活中的自然神崇拜观念系统全然不同了，具有了本质性的差别。这一点我们已经在上一章作了详细讨论。因此我们可以说，殷商帝王的统治意识在中国早期的社会生活中是具有开创性意义的，第一次构建出具有普遍意义的社会权力，成为中国社会组织结构的发端。

所以，正是因为这一点，我们才说，文王和武王所面对的问题，是前人所从未有过的，是全新的。他们已经不像原始部落的酋长们那样，只考虑打败敌人即可满足，能把敌人抓来“吃掉”就开心不已了。在一定程度上而言，商朝前期的帝王君主，甚至也包括夏代帝王和传说中的三皇五帝一起，都可以说仍然还处于较为原始的状态，在丛林争战中仍然保持着较为原始的思维习惯，而并没有关于“社会性”的新意识。或者说，他们的统治意识尚处于较为蒙昧的阶段，尚未清晰起来，还属于“原始的”形态。而只有到了殷商之际，这一切才可以说出现了本质上的变化。

当然，这种变化绝不是短时期内就可能突然出现的，而是在漫长的原始生活演变中逐渐清晰起来的。我们前面已经说过，夏代大概已经有了初步的帝王意识，只是还很朴素。商代前期的情况恐怕也是如此。尽管后人构想了许多关于商汤和伊尹的故事，看起来他们的政治意识已经较为成熟了。不过，就我们目前所看到的文献资料和考古实物而言，这种统治意识应该是在祖甲的宗教改革之后才逐渐形成和清晰起来的。但是即使是祖甲他们开始有了这种全新的帝王意识，也并不是每一个殷商帝王或其统治群体的成员都了解这一点的。事实上直到殷纣王时，大部分殷商统治成员以及各地的诸侯方国的首领们，似乎也都没有很清楚地了解到这些社会变化。

但是，从文王和武王的种种行为来看，他们两个明显有了这种意识，只是还并没有想得很透彻而已，也并没有寻找到恰当的应对之道。例如，在文王西伯的爷爷古公亶父时代，周部落可以说还处于较为原始的部落生活之中，并没有接触到社会性的权力渗透。但是在西伯的父亲季历成为周氏族的首领之后，情况慢慢出现了变化。这时候的殷商帝王已经逐渐将中原朝廷的政治触角伸到了外地各个诸侯的内部，对诸侯首领的所作所为开始横加干涉了。季历就由于政治权力的冲突被当时的商帝文丁（帝纣的爷爷）囚禁至死。这件事一定让刚入中年的西伯姬昌悲愤难平，或许就此种下了对殷商帝国的刻骨仇恨。正是在这个背景下，出现了"帝乙归妹"的一幕，姬昌居然与商王帝乙的妹妹，也就是文丁的女儿，结为夫妇。从我们前面对这一政治婚姻的讨论可以知道，这之中的政治意义和隐含着的策略手段其实是很显然的。后来姬昌又被商王帝纣囚禁起来，而且把姬昌的嫡长子伯邑考杀死，且做成肉羹送给狱中的姬昌吃（"纣既囚文王，文王之长子曰伯邑考，质于殷，为纣御，纣烹以为羹，赐文王，曰：圣人当不食其子羹。文王得而食之，纣曰：谁谓西伯圣者？食其子羹尚不知也。"《帝王世纪·周纪》）。后来姬昌得知真相，其心情的惨痛是可以想见的。估计此事也让年幼的武王姬发（伯邑考的二弟）印象深刻。

殷商帝王与周部落之间的这些纠葛在殷商时期恐怕不是孤立的事情，那个阶段这类纠葛大概是较为普遍地发生在中原王朝与地方势力之间。例如，殷纣王将朝廷的三公（西伯、九侯和鄂侯）中的后两位都杀死，且做成了肉酱或肉干（"以西伯、九侯、鄂侯为三公。九侯有好女，入之纣。九侯女不喜淫，纣怒，杀之，而醢九侯。鄂侯争之强，辨之疾，并脯鄂侯。"《史记·殷本纪》），又把西伯囚禁在羑里。如果不是西伯部下的机智，估计西伯也同自己的儿子一样，被做成肉羹了（"帝纣乃囚西伯于羑里。闳夭之徒患之，乃求有莘氏美女、骊戎之文，有熊九驷，他奇怪物，因殷嬖臣费仲而献之纣。纣大悦，曰：此一物足以释西伯，况其多乎？乃赦西伯。"《史记·周本纪》)。

表面上看，这似乎只是殷纣王的暴虐无道，实际上背后都是中央与地方的权力之争。西周和东周的春秋战国时期的史官们都把殷纣王描绘成一个十恶不赦的暴君形象，对此我们是不必太过当真的。因为这很明显地都是为了衬托西周建立者的正面形象。从这些故事中我们能够肯定的一点是，在殷商末期，中原的殷商统治者与其民众和各地的诸侯之间，发生了严重的权力冲突。而这种冲突无疑又是因为，一方面，殷商帝王对崭新的社会权力的不成熟运用；另一方面，刚刚从原始自然状态脱离出来的民众和各地诸侯也都有了初步的主体意识，因而都还完全不能习惯于这种社会权力对自己的约束和限制。

例如，在牧野之战前的第二次盟津大会上，周武王与各地诸侯的大军进行了誓师动员，从誓词中我们可以看到殷商朝廷与地方势力之间的主要矛盾所在。以周武王名义发布的誓词列举了殷纣王的三大罪状：第一，听信妇人之言；第二，忽视对祖先的祭祀；第三，不任用亲族兄弟，而任用各地罪恶多端之人，让他们暴虐百姓，犯法作乱：

> 王曰："古人有言曰：'牝鸡无晨；牝鸡之晨，惟家之索'。今商王受，惟妇言是用，昏弃厥肆祀弗答，昏弃厥遗王父母弟不迪，乃惟四方之多罪逋逃，是崇是长，是信是使，是以为大夫卿士，俾暴虐于百姓，以奸宄于商邑。今予发，惟恭行天之罚。"《尚书·周书·牧誓》

《史记·周本纪》中的记载稍有不同，且说成是《泰誓》而非《牧誓》：

王曰："古人有言：'牝鸡无晨。牝鸡之晨，惟家之索。'今殷王纣惟妇人言是用，自弃其先祖肆祀不答，昏弃其家国；遗其王父母弟不用，乃惟四方之多罪逋逃是崇是长，是信是使，俾暴虐于百姓，以奸轨于商国。今予发惟共行天之罚。"

这段话的大意是说：古人说，母鸡没有清晨啼叫报晓的，母鸡报晓，这家就要败落。现在商王纣只听妇人的话，又轻蔑废弃对祖先的祭祀而不闻不问，还轻蔑废弃同祖同宗的兄弟而不任用，却对各地犯罪逃亡到商国的罪恶多端之人，推崇尊敬，信任使用，让他们当大夫卿士之官，使他们残暴地虐害百姓，在国内犯法作乱。现在我姬发只是奉行上天的惩罚。

这段话很"纯朴"地反映出武王以及各地诸侯的心理。因为还没有像后来的类似"檄文"中那些冠冕堂皇的说辞，也没有用过多的文学性语言来装点门面，所以并不显得特别"义正词严"的样子。而且那时的人们还较为率真，远没有后世政治人物那般诡诈和城府深藏，所以很直截了当地说出了众人的想法。这可以让我们较为容易地看到，在大张旗鼓的军事行动背后他们所真正关注的焦点是什么。

第一个理由无疑与父系社会男尊女卑的观念有关。但是否到了这么明确的程度，还是大有疑问的。因为在殷商时期尽管女人不能继承祖先的地位和财富，但仍然在社会生活中有着参与事务的自然权利，如商王武丁的妻子妇好在朝廷中就有很大的政治和宗教权力。这种社会权利只有在儒家思想那里才被逐渐剥夺，而在现实社会生活中是到了宋代以后，由于宋代理学思想的影响，女人才退出了主要社会性事务。在尚处于较为原始的殷商时代，似乎还没有人去刻意地贬低女人的权利。因此，誓词中的这个理由如果确实是真的，而不是后人所加，那么，这恐怕并非是男尊女卑观念的结果。尽管当时的人们也会有一点男尊女卑的倾向，如只有男性子孙才有继承权。但是这时的这种观念还远远不会达到“绝不许女人参政”的程度。这里的关键词在于“惟”字，就是说纣王在国家大事上“只”听妇人之言。因此，这个意思就等于是说，女人虽然可以参政，但是总不能只听女人的话，而不听别人的话吧。

于是，这个理由的关键之处就不在于是否听妇人的话，而在于纣王不听“谁”的话。那么，他不听谁的话呢？当然就国家大事而言，最有说话权力的应该是朝廷的三公。而殷纣王的三公正是周文王姬昌、九侯和鄂侯（“以西伯、九侯、鄂侯为三公”《史记·殷本纪》）。这三人都是当时地方上的较大部族，有着相当的实力。其次有议政权力的应该是那些主要的王公贵族，如纣王的叔父箕子、比干和弟弟微子等，还有一些地位次于三公的大臣。九侯、鄂侯和比干都被纣王杀了，西伯和箕子都被囚禁，微子逃跑了，大臣祖伊的话就更不听了。所以，在这种情况下，誓词才会指责殷纣王“惟妇言是用”。这无疑是一种抱怨，是对受到忽视的抱怨。而这种“忽视”在这里当然不会是指普通的人际情感上的忽视，更不会是对女人本身的抱怨，而应该是指在政治权力上受到的忽视。也就是说，周武王与各地的诸侯（特别是那些势力较大的诸侯，因为他们往往在殷商朝廷中也占据着较高的政治地位，即有着较高等级的爵位。）感觉到自己所应该有的政治权力遭到了削弱。这种关于权力问题的抱怨，如果放在秦汉以后的历代朝廷中，那是很常见的。可是，这是在早期中国社会政治权力刚刚出现的时候，这种抱怨的意义就与后代的情况有所不同了。

我们再来看誓词中的第二条理由：殷纣王对上天和祖先神灵的祭祀轻忽怠慢甚至不闻不问。这个理由看起来似乎是最为正当的，因为那时人们的宗教观念十分浓厚，而殷商帝国的精神支柱也正是对上天和祖先神灵的崇拜，并以此建立了组织社会生活结构的政治权力。不过，也正因为如此，这一条反而显得十分可疑。因为，其他人忽视祭祀是有可能的，而殷商帝王们却恰恰是最不可能忽视这项事务。祭祀占卜不仅仅是殷商帝王们头等重要的国家大事，事实上还是他们日常行为活动的规范和依据。这一点从现有的甲骨卜辞中是可以判断出来的。他们几乎凡事都要祭祀占卜，看看神灵们是怎么说的，然后才知道自己应该怎么做。所以，他们每天一起床第一件事大概就是要去祭祀占卜，否则恐怕就将手足无措了。而且，特别是殷纣王本人，对于上天和祖先神灵的迷信程度是最深的。在他看来，只要有了上天和祖先的天命在，其他任何事情都可以无足称道了。即使天下人都反叛他了，他也可以毫不畏惧（“殷之祖伊闻之，惧，以告帝纣。纣曰：不有天命乎？是何能为？”《史记·周本纪》）。让我们想想，殷纣王究竟凭什么理由才敢于说“我不是有天命吗？他们能把我怎么样？”这句话的。如果他不是一直都在认认真真地祭祀上天和祖先的神灵，不是每天都为神灵们提供丰富的牺牲贡品的话，那么他一定是不敢说这句话的。从《史记》对纣王的描述来看，他虽然暴虐荒淫，却似乎是一个很率性的人，没有什么城府，不善耍弄诡计，缺乏高明的政治手腕。在这方面他与西伯姬昌和太公姜尚之间，刚好形成了鲜明的对比。因此，从他对天命的虔诚态度来看，他好像是不会轻忽怠慢对上天和祖先神灵的祭祀的。即使偶有耽误，恐怕也远远谈不上被指责为“昏弃厥肆祀弗答”或“自弃其先祖肆祀不答”。他至少也比其他人对祭祀活动要重视得多吧。况且，那时对祭祀活动的规范权和解释权也是掌握在殷商帝王的手中。只有他才有权力和资格来说，谁对祭祀活动重视或是不重视，什么样的祭祀行为恰当还是不恰当。而其他人要想反过来指责他不重视祭祀，其可能性似乎是比较低的。如果这样的分析是有道理的话，那我们就要另外考虑誓词中的这一指责究竟是什么意思了。也就是说，为什么周武王和各地诸侯会抱怨殷纣王对祭祀活动太疏忽了呢？如果殷纣王还是比较认真地天天在进行祭祀的话，那么，这一所谓的“疏忽”究竟是指什么呢？或者说，殷纣王的祭祀行为中有哪里存在问题，而让这些地方诸侯们十分恼火呢？

史书中看起来没有任何迹象能让我们找到恰当的解答。不过，从上一章和这一章的讨论，我们已经大体了解了殷商时期祭祀活动的一般情况。总体而言，殷商帝国的祭祀占卜活动在祖甲改革之后，成为天下各地的样板和模范，令各地诸侯“钦羡”不已，因而对殷商帝王所承受的“天命”和商族祖先的强大威力格外敬畏崇拜。随着这样的宗教观念被逐步普及，一种普遍性的社会权力也由此产生，即各地诸侯们也参与到殷商帝王的祭祀活动中来，以一起分享这一“天命”和祖先神灵的保佑庇护。诸侯们在殷商帝王祭祀活动中的“参与”程度与他们的实力大小、爵位高低、血缘关系远近或政治声誉大小等等因素都有着一定的关系。如诸侯的势力越大，政治地位越高（爵位等级越高），或血缘关系越近（属于很近的亲族），那么他们参与的程度就越深；反之，参与的程度也会越低。这些“参与”是多方面的，例如：(1）一起参加祭祀的礼仪活动。按照那时的宗教规定或习俗，诸侯参与朝廷祭祀活动有着不同的等级要求：有的诸侯应该参与殷商帝王的每一日祭祀，有的参与每一月祭祀，有的参与每一年祭祀，有的只能提供祭品。另外，有的人有资格可以与殷商帝王一起行礼，而有的人只能在现场远远地观礼，有的人可能都没有资格进入到祭祀的现场。或者不同的祭祀也会有不同的等级规定。(2）加入祭祀的神位。某些部族的祖先神位可以放入殷商帝王的宗庙里，与商族祖先共处一堂，如某些别子为宗的祖先，又为商朝立下过较大贡献的商王子孙。或者是个别非常重要的贤相（如商汤时的伊尹或武丁时的傅说），也会被列入商帝的宗庙。(3）提供祭品。商王朝的祭祀十分频繁，因此需要大量的祭品牺牲。祭品中相当一部分就是由各地诸侯贡献来的，贡献的种类和数量又是由其爵位高低、距离远近或血缘关系等等因素所决定的，有着一定之规。提供祭品越多的部族，表明它与商王朝之间的关系越近；反之，就越远。(4）管理诸侯的祭祀活动。由于殷商朝廷在祭祀活动和宗教意识上的优势地位，某些部族诸侯的祭祀也会由殷商朝廷派人来主持、指导、参礼或观礼等等，当然殷商帝王也会让派遣的使者带去某些特别的礼品或祭品之类的东西，甚至还会有额外的封赏。这些使者及其礼品也都是有等级之分的，以表示上下关系的亲密程度或某种特别的政治意义。

从这几个方面来看，在祭祀活动当中，各地部族、诸侯或方国与殷商帝王之间形成了非常明显的政治关系，绝不仅仅是单纯的宗教行为或宗教关系，而是表明了他们在整个社会权力结构之中的地位和状态。这正是宗教意识作为一种意义之源，在殷商时期所发挥出来的特殊作用，即赋予社会群体在社会生活中以一定的组织结构。

在这种宗教意识的政治背景下，我们就可以理解了，为什么周武王和各地诸侯们会在祭祀问题上对殷纣王十分不满：那并不是指责殷纣王自己没有认真祭祀，而是指责他在诸侯们的“参与”问题上没有认真对待。或者说，这并不是指责殷纣王自己没有尽到宗教责任，而是说他轻忽了诸侯们的“宗教责任”或“宗教权力”。这种“宗教责任”或“宗教权力”，在殷商时期就意味着政治责任和政治权力。至于说具体在什么地方殷纣王忽视了诸侯们的“参与”权力，我们没有更多的资料来证明。但是，我们可以估计到，刚愎自用、自以为是的殷纣王自己对祭祀虽然不大会怠慢，然而大概确实是不会太在意诸侯们对“参与”祭祀活动的感受的。例如，由于他与这些诸侯们的关系不是太好，因此他很可能经常不邀请他们来一起参加祭祀活动（“昏弃厥肆祀弗答”）。而这无疑是会大伤他们的自尊心（或虚荣心）的，令他们在自己族人和外族人面前都大丢脸面。这样的感受在今天的我们看来可能不容易理解，可是在宗教意识极为浓厚的时代，却是非常自然而强烈的。这些诸侯们也一定会时常忍不住要向殷纣王提出参与祭祀的要求（或其他的谏言），而脾气暴躁的他也难免会无视这些要求。并且殷纣王又“暴虐滋甚”和“淫乱不止”（《史记·殷本纪》），因此他恐怕更不愿意这些诸侯总是到都城来“打搅”他了。所以，对“不闻不问”（“弗答”或“不答”）这一罪名，看来殷纣王的确是跑不掉的。如果我们对誓词中这个理由的理解是恰当的话，那么，这就表明，一方面殷纣王的宗教意识还不够成熟，比较单纯，没有认识到这是普遍性的社会权力，运用起来自然很容易出现问题；另一方面各地诸侯（包括周武王在内）也已经深深地被嵌入到了这种社会权力结构之中，但是还没有习惯于这种权力的束缚，因而总是在顺从与反抗之间纠结。

最后再让我们分析一下誓词中的第三个理由：任用了不该任用的人。这是一个很有趣的理由，涉及了政治机构中的人事组织问题，非常清楚地说明了当时社会生活中政治权力的运作状况。而且誓词中使用了很多字来陈述这个理由，说得很具体，似乎显示出周武王和各地诸侯们对这一问题的特别重视，几乎算是向殷纣王兴兵问罪的最主要原因了。因此这个理由值得我们认真对待。

我们在上一章已经讨论过，商朝时期的中原朝廷开始设置了具有实质性政治权力的官吏体制，如“内服官”和“外服官”。这一点已经与夏朝时期的情况有了很大的变化。这些官员一般而言有两个来源：一个是商族内部自己的族人，另一个是外族中的酋长首领。自己的族人依据血缘关系远近或能力大小担任不同的职位，有的关系很近，如帝王的直系亲属，是可以参与最核心政治事务的。有的关系较远，就专门干一些跑腿打杂的工作。而外族首领往往只是担任名誉性的职务，依据其实力大小、关系远近或功劳大小（如在随同商王进行的征战中所立的军功）等授予其高低不等的爵位。他们平常住在自己的部族中，只是定期的或在有重大事务时（如重大的祭祀或征伐）才会前往都城的中央朝廷。当然，个别的重要人物就不一定了，可能会经常在都城与商王一起商议国家大事、参加祭祀或聚会宴乐等等。除了这两种人以外，偶然也会有个别的外人被商王任用，例如商汤时的伊尹原来的身份很低微，是跟随商汤妻子的陪嫁奴隶，后来因其才能而得到商汤的重用，成为商初最重要的大臣。还有武丁时的傅说，本来是个囚犯，也因其特殊的才能被武丁拜为丞相。其他部族也会有这样的情况，例如周文王和周武王所重用的军师姜尚姜子牙，本来也只是市井中的一个小人物，穷困潦倒，且来历不明。可是由于他擅长谋略，诡诈非凡，而得到了文王和武王的重用，成为周部落的国师，在打败殷商王朝、建立周朝的过程中起了十分关键的作用，后来被分封到齐地成为齐国的始君。因此，像这种个别的情况，周武王和各地的诸侯是没有理由指责殷纣王的。

从他们对殷纣王在人事任命问题上的抱怨，可以明显看出殷纣王的举措一定是侵害到了这些诸侯们的政治利益。最可能的情况应该是这样的，就是殷纣王将那些本该授予给各地诸侯首领的爵位中的很大一部分，却授予给了各地诸侯部族中的“非主流人士”（“四方之多罪逋逃”），如囚犯、奴隶或地位很低微的成员。其中还有一种人需要我们特别的注意，因为他们才真正是中原帝王与各地诸侯矛盾的焦点。这些人一定也很容易得到殷纣王的重用，那就是在各地部族内部的权力争斗中失败的人，如部族首领的兄弟或非嫡长子的儿孙之类。这些人没有斗过部族首领（或新任的部族首领），往往不得不远走逃难，以免惨遭杀害。由于殷纣王与各地诸侯之间的关系很差，相互充满敌意，因而这类人如果逃难到了殷纣王那里，殷纣王大概都是会很欢迎的。他们那时的身份就很可能是囚犯、奴隶或地位低下的官员。

有一个重要的原因逐渐促使殷商时期的中原朝廷非常喜欢任用这一类人，那就是我们在上一章讨论到的，在祖甲的宗教改革之后，殷商时期中原帝王们开始有了越来越明确的合法名义将统治权力逐步延伸进各地诸侯部族的内部事务当中，使其统治权力具有了实质性的力量和内涵，从而构成了社会权力的本质功能。具体执行这种权力的就是中央朝廷的“外服官”或临时简派的“使者”。这些外服官或使者一般是从商族的王公贵族中选任。但是由于这些人对外地部族的内部情况不会很了解，因此执行起这种政治权力来恐怕就难免“生硬”或“隔膜”，既容易发生纠纷，也难以取得有利于中央王朝的政治效果。因此，如果有一个来自外地部族的人，却又能够为殷商朝廷忠心服务，那就最合适不过了。因为这样的人既了解外地部族的内部情况，又不得不竭诚为商帝效命，以使自己得利，否则商帝会轻松地处死他们，或者将他们绑送回原族。

不用说，各地诸侯中的"非主流人士"恰恰就十分符合这样的角色。这是中原朝廷在实质性地延伸自己的统治权力中，一个非常重要的政治策略。不仅如此，中原帝王还可能有一个更深层的政治谋略，即，要想对其他部族内部事务进行实质性地干涉，最有效的方式就是插手他们首领酋长的继位问题。如果在部族内部的诸多继承人中，选择一个与自己关系最为密切的人，帮助他获得了部族首领之位，那么，这个首领无疑将会对自己感恩戴德，言听计从。这个部族自此以后也无疑将会成为自己最可靠的同盟军，从而就可以为自己带来最大的政治利益。在春秋战国时期这种情况发生的最为频繁，各诸侯国相互之间几乎都要插手君主的继承权问题。而到了秦汉以后，中原帝王则以郡县制的方式，直接派遣自己的官员担任地方上的最高政治首脑，已经不屑于只是去"干预"地方部族的政治事务了，而是要直接"掌握"在自己手里了。而在殷商时期（西周时期也一样），氏族群体还是各地最主要的社会单元，中原帝王尚没有直接管理的政治权力，因此部族首领的继承人问题就成为当时社会生活中最为敏感的政治事务。

正是在这一政治背景下，我们就可以理解，周武王与各地诸侯为什么会对殷纣王任命各地部族中的"非主流人士"（"惟四方之多罪逋逃，是崇是长，是信是使，是以为大夫卿士。"）大为恼火，而在誓师大会上郑重其事地提出这一指控。因为这很可能涉及这些诸侯们（包括周武王自己）的最切身利益，那就是他们在自己部族中的首领之位大概受到了明显的威胁。而当时能够造成这种威胁的，自然就是那些原本有一定机会可以当上诸侯首领的人，也就是这些首领自己的亲兄弟或子侄之辈（或嫡出或庶出或旁支）。他们多数是因为在与这些部族首领争夺继承权中落败，而奔逃到了殷纣王那里去寻求支持（这之中是不是还可能包括周武王的弟弟管叔或蔡叔呢？可惜我们找不到相关的资料）。各地诸侯的这些政敌们躲到殷纣王那里，而殷纣王恐怕是不会将他们绳之以法，或交回给本族去处理。他很可能厚待这些人，还让他们担任了“大夫卿士”的官职，以至于他们可以名正言顺、耀武扬威地公开露面，甚至还可能作为殷纣王的使者返回到本族这里，对这些诸侯们“公然”指手画脚起来。

当出现这种情况的时候，我们可以想见，这些诸侯们将会是多么惊诧莫名、怒火中烧了。秉性率真任性又刚愎自用的殷纣王无疑也不大可能会圆滑地处理好这些事情，因而导致各地诸侯对他产生强烈的反感看来是不可避免的了。因此，从誓词中提出的这一说法，我们可以很清楚地看到，在殷周之际社会权力结构初步形成之时，中央王朝和地方势力两方面都还不是很熟悉这种权力的运作机制，但是又不由自主地受到这种社会权力的吸引和制约，在被嵌入这种权力结构的过程中，难免出现挣扎和冲突，反映在社会现实生活中往往就是以战争的方式加以解决。

在中国社会历史的早期，这种冲突几乎可以说是必然会出现的。最为明显的表现就是导致了春秋战国时代那样争战不断的社会状况。这种冲突也表明，殷商帝王的统治意识确实已经具有了较为普遍性的社会意义，在一定程度上成为当时社会生活中有实质性内涵的规范力量。同时，这些纠葛或冲突还表明，这样的社会现象还只是刚刚出现，所以殷商后期的几任帝王对这种普遍性的社会权力还不是很透彻地了解，仅仅只有初步的意识，运用起来显得十分笨拙，因此不免引起了周氏族和其他部族强烈的敌对情绪和反抗行为。

中国社会早期的统治意识开始对社会权力的不成熟运用也可以说是一个学习的过程，直到秦始皇时期的帝王们都可以说是处于这种磨合练习的阶段。只有在汉代以后，他们才算是运用得较为纯熟了。而早期的不成熟运用很容易导致整个社会的改朝换代，或者像春秋战国时期那样的所谓“天下大乱”、“礼坏乐崩”。这个“乱”字，虽然表面上是形容社会生活的现实状况，但是用来刻画当时人们对社会权力不成熟运用的现象似乎更为准确。通俗地说就是，他们是在“乱”用这种社会权力。因为他们确实还不知道究竟应该如何来运用这种社会权力。可是，这种权力的诱惑力实在是太大了，所以即使不会用也要用，而且用得激情洋溢，肆无忌惮的。

殷商帝王对社会权力的不成熟运用一方面固然激发了文王和武王的仇恨心理，另一方面也让他们看到这种社会权力的潜在威力。其威力之大已经达到对天下各个部族诸侯的人都能够有生杀予夺的程度。于是，很自然地，文王和武王一方面发誓要推翻殷商帝国，而另一方面也无论如何都要攫取到这种统治权力。可是究竟如何能够做到这一点，对他们而言却完全是一个崭新的难题。以武力推翻殷纣王这一问题，到了两次盟津大会之时，看来已经没有太大的困难了。因为当时的所有人几乎都说了“纣可伐矣”，这说明就连普通人都看清楚了当时的形势，知道殷纣王肯定大势已去，甚至无须吹灰之力都可以将其打败。因此，这个时候战胜殷纣王的军事问题显然已经退居其次，而如何顺利地获取到殷商朝廷所掌握的社会权力，就成为周武王要考虑的首要政治任务和战略目标。

这样，我们现在就可以理解到这一点，即，面对殷商帝国，武王要做的不仅仅是在战场上战胜它，获得它的盟主名称和地位，而是要将它手中的社会权力转移到自己手中来，要使自己成为当时社会组织结构中的最高枢纽或掌控者，而不仅仅是其中的普通一员或一个成分而已。而要达到这个目的，既然没有找到其他途径，那么看来就只剩下唯一的一条道路，就是仍然沿用殷商帝王的统治意识和宗教观念，作为社会权力的意义之源。于是，承继殷商帝国的统治精神，就成了武王无奈之下的唯一选择。可是，殷商帝国的统治精神又如何能够顺利地得到“承继”呢？这就是周武王那些“刻意表演”真正的意图所在了。也就是说，在武王看来，通过这些具有象征意义的行为，就可以（或很可能）将殷商帝国的统治精神承袭下来。所以，正是在这种思想背景下，周武王在已经崩塌的殷商帝国前面，就有十分的必要来“表演”那些戏剧性的动作，以能够完成（至少是在他自己看来）这种观念上的“承继”关系的。他当然也很无奈，因为他在宗教意识上没有自己的发明，因而也无法给予自己以充分的自信，所以只好用这种“刻意”的方式，期待能够完成“社会权力转移”这一根本的政治目标。

我们看到，文王和武王在此之前时时不自觉地流露出了某种疑虑和焦灼。这表明他们两个在宗教意识上始终没有找到能够超越殷商朝廷的办法。更具体一点说，就是在祭祀或占卜之法上，他们大体上还是依循了殷商帝王的宗教观念和体系，并没有自己的全新发明。所以文王在羑里演的《周易》，也只是在商代《归藏》基础上“增加”（“益”）了卦数而已（“益易之八卦为六十四卦”），没有发展出某种新的东西来。这恐怕是西伯文王抱恨而逝的主要原因。文王已经是《易》中高手了，况且都不能完成这个任务，那么，年轻识浅的武王就更难以完成了。而军师太公姜尚以及周氏族的其他核心成员，好像也都不擅长此道。所以，这个问题也就一直没有得到很好地解决。这一状况无疑是导致武王在两次盟津大会上和战后的行为之所以表现出非常谨慎态度的最主要原因。

周武王对殷纣王及其宠妃的象征性动作和庆典仪式上胜利者的表演，对当时身处现场的人们来说，这种精神意义的承袭，大概是只可意会而无法言传的。当时能有几个人会明白武王的这些“做作”呢？我想，恐怕绝大部分人都会觉得十分惊奇。像殷商遗民看到周武王对他们这些“降人”还这样尊重，是一定会非常感动的，从而会很愿意归顺于周。而那些外地诸侯将帅对此也无疑会十分动容的，会以为周武王一定据此承受了殷商帝王原有的“天命”，成为“上天”新的代理人，从而也会很愿意承认殷商帝王原有的统治权力归诸周武王。至于周部落中的下属们也同样不免会觉得神奇，以为这样一来武王一定会神灵附体了，成为“神圣”的新帝王，从而也会心甘情愿地拜服在他的脚下，听从他的号令。那么，假如有人明白武王的这些心思，如管叔、蔡叔、军师姜尚或周公旦之类的核心人物，他们又会如何着想呢？假如那些投降的殷商王公贵族中有人看穿了周武王这套“把戏”的真意所在的话，他会因此暗中嘲笑周武王及其周部落这些胜者们的无能吗？这个识者会因此在精神上感到自己作为殷商王朝的成员而自豪骄傲吗？虽然已经是战败者了，可他是否仍然会产生对周武王一种自上而下的蔑视感呢？他一定还会叹惜殷商王朝的一时堕落，丧失掉了大好的河山，并因此暗中希望有朝一日他们还能够重振旗鼓，夺回政权。因为，这样的“有识之士”很清楚，殷商帝国的精神还在，气势还在，天命还在，所以，它的命脉也就还在。而这些东西在他看来，是不会被周武王这一点小伎俩就夺走或消除的。我们看到，殷纣王的叔父箕子有这样的想法（因此周武王才会去向他讨教治国之道），伯夷和叔齐也有这样的想法（因此他们两个才“义不食周粟”），殷纣王的儿子武庚更是会有这样的想法（因此他后来才会造反吧）。

武王的这种窘境曾经在牧野之战前被姜太公暂时地解脱过一次。不过，虽然姜太公在第二次盟津大会上以截然的态度和行为，阻止了武王执着地按照祭祀和占卜的结果采取军事行动，但是他恐怕并没有真正清楚武王这种举措的真实目的所在。擅长谋略诡道的他似乎也对这种思想性问题不感兴趣，所以在胜利之后一当被分封到了齐地，他就立刻去当自己的诸侯王了，而不再关注武王的难题（“于是武王已平商而王天下，封师尚父于齐营丘。东就国……太公夜衣而行，犁明至国。”《史记·齐太公世家》）。或许他暗中并不希望武王得到这种普遍性的社会权力也说不定，因为这无疑也将使他自己与周武王或周王朝之间形成一种完全是上下臣属的政治关系，而不再是相互有着知遇之情的朋友关系了。这当然是深谙韬略的姜尚所不愿意面对的处境。尽管如此，他当时对武王的“强之劝”，还是不期然地暗示出武王的这种思路是有问题的，即，要依靠在宗教意识上继承并超越殷商帝国精神气质的办法恐怕是行不通了，不能解决“社会权力转移”的政治难题，或许必须另谋出路。只是这一“暗示”在当时还不容易被他们所明了，要到数年以后发生了许多其他的事情时，周朝的统治者（那时已经是周公旦和召公奭了）才懂得了这个道理，不得不去创造新的意义之源了（“其命维新”）。

而周武王的思路却似乎始终没有转变过来，一直期望着承继殷商帝国的宗教意识传统，以能够继续行使帝王统治的社会权力。因此，他对殷商帝国和遗民的态度就显得格外小心慎重，以免不能成功地承袭到殷商帝国的精神传统，或不能完整地承袭这一精神传统。所以，我们看到，作为开国之君，周武王完全不像商朝的开国之君商汤那样襟怀坦荡、心无窒碍。因为面对夏朝遗民，商汤是没有任何精神负担的。夏朝帝王可没有什么强大的社会权力或精神传统需要商汤去继承。因此他只要把其遗民简单地降为庶民就行了，而控制好夏朝遗民的精神领域（如自然神崇拜）对商汤而言更是不在话下，因为商汤自己在这方面就比夏朝人有过之而无不及。而周武王却始终没有这份自信，只好通过战后胜利仪式上的“表演”，来弥补这一缺憾。

紧接着，他又小心翼翼地善待了殷商遗民，以期能够获得他们对他的认可。在他看来，这样做对于传承殷商帝国的精神气质，也一定是会有帮助的。于是，他分封了殷纣王的儿子武庚禄父为殷商遗民的首领，作为周的一个诸侯；命人释放了被纣王关押的箕子（“箕子惧，乃详狂为奴，纣又囚之。”《史记·殷本纪》）和其他官吏百姓；表彰了殷商时期的贤者商容（“商容贤者，百姓爱之，纣废之。”《史记·殷本纪》）；修缮好帝辛的另一个叔父比干的坟墓（“比干乃强谏纣，纣怒曰：吾闻圣人心有七窍。剖比干，观其心。”《史记·殷本纪》）；再散发殷商帝王的钱财赈济贫弱；又让人展示殷商帝王权力象征的九鼎和宝玉；举行祭祀祭奠阵亡将士；还让诸侯分享了殷商宗庙中的祭祀器物等等：

封商纣子禄父殷之余民。已而命召公释箕子之囚；命毕公释百姓之囚，表商容之闾；命南宫括散鹿台之财，发钜桥之粟，以振贫弱萌隶；命南宫括、史佚展九鼎保玉；命闳夭封比干之墓；命宗祝享祠于军。封诸侯，班赐宗彝，作《分殷之器物》。《史记·周本纪》

当然，他也不忘派人管制监视武庚禄父和那些殷商遗民：

武王为殷初定未集，乃使其弟管叔鲜、蔡叔度相禄父治殷。《史记·周本纪》

封纣子武庚禄父，使管叔、蔡叔傅之，以续殷祀。《史记·鲁周公世家》

武王已克殷纣，复以殷余民封纣子武庚禄父，比诸侯，以奉其先祀勿绝。为武庚未集，恐其有贼心，武王乃令其弟管叔、蔡叔傅相武庚禄父，以和其民。《史记·卫康叔世家》

周武王对殷商遗老遗少的这些处置看起来是十分宽容大度的了，也一定达到了收买人心的作用：

殷人咸喜，曰：王之于人也，死者犹封其墓，况其生者乎？王之于贤仁也，亡者犹表其庐，况其存者乎？王之于财也，聚者犹散之，况其复籍者乎？王之于色也，在者犹归其父母，况复征之乎？《帝王世纪·周纪》

而更为关键的是，至少在他自己感觉起来，通过这些举措，他在某种意义上就有可能承继到殷商帝国的精神传统或统治权力。只是，从当时的现实情况来看，仅仅依靠这些动作似乎还并不足够，仍然不能使他真正实现这种思想意识上的政治目的。也就是说，殷商帝国的精神气质或社会权力尚没有因为这些政治手段就完全转移到他和周王朝的身上。于是，我们看到，许多殷商王朝的卓越之士好像并没有认可周武王或周王朝在观念形态上的权威地位，而仍然在精神上崇奉着殷商帝国的传统。例如，箕子尽管受到周武王的百般优待，被周武王从殷纣王的囚禁中解救出来，可还是不愿意成为周朝的臣民，而带着一些殷商遗民远赴朝鲜，建立了一个自己的方外之国去了。而周武王无奈之下也只好给予承认，不把箕子视为周朝的臣民（“于是武王乃封箕子于朝鲜而不臣也。”《史记·宋微子世家》）。多年之后，箕子返回故土，路过殷墟旧址时，在感叹之下唱出了《麦秀歌》，表明了他的思想意识中，始终都是坚守着殷商帝国的精神传统的：

> 其后箕子朝周，过故殷墟，感宫室毁坏，生禾黍，箕子伤之，欲哭则不可，欲泣为其近妇人，乃作《麦秀》之诗以歌咏之。其诗曰：“麦秀渐渐兮，禾黍油油。彼狡童兮，不与我好兮。”所谓狡童者，纣也。殷民闻之，皆为流涕。《史记·宋微子世家》

司马迁的这段描写很感人。这样的场景在今天的我们看起来，很像是普通的国事感怀或兴亡咏叹，几乎没有什么特别之处。后来的历朝历代类似的人物和情景简直太多太常见了。可是，我们要知道，这是在三千多年前的时代，是在距离原始部落生活不远的时候，出现这种情怀可就很不寻常了。原古时期的人们已经习惯了部族间的丛林战争，胜利和失败可以说都是习以为常的事情。胜利者就要狂欢，把失败者杀死甚至吃掉，或者统统降为奴隶。

而失败者自然也只好认命了，即使是被作为用于祭祀的牺牲或烤熟了吃掉，也好像没有什么好埋怨或哀叹的，最多只会因痛苦而号叫几声而已。如果侥幸没死，就算是当奴隶那也都是让人高兴的事情了。幸存的人对那些被杀掉的同族人也未必会产生什么同情或哀怨，甚至对他们临死前的哀号可能都无动于衷，顶多只会有些许恐惧，担心同样的命运也会降落到自己的头上。要说到什么“国破人亡”的家国情怀，恐怕是没有的。这种东东应该是在春秋战国以后才会稍微常见一些的。而在三千多年以前的殷商时期，似乎才刚刚有了产生这种情感的社会观念背景。因此，对箕子这种思乡怀旧情绪的描述在细节上很可能只是后人的附会，但我们能够从这种传说故事中有所肯定的是，那时的人们大概也是刚刚开始有了一点点朴素的家国意识，知道怀念以往的王国及其社会生活了。这可不是怀念以往商部族及其部族内的生活，因为商部族还在，几乎与以前一样，没有什么差别，仍然还在过着通常的部族生活。那么，箕子和那些殷民“皆为”什么而“流涕”呢？这应该就是那个有着宗教精神气质和普遍性社会权力的殷商帝国。只不过这一点对他们来说还只是隐约的感受而已，还不会有很清晰的意识。也就是说，后来历史中常见的那种家国情怀，在殷末遗民这里刚刚开始出现了苗头。而这一“苗头”的出现，也说明了殷商帝国初步形成了构成社会组织结构的社会权力，起到了对社会群体（当然主要是统治群体及其部族）的一种凝聚作用，因而才使得很多殷商遗民产生了某种隐隐约约的精神倾向。同时，这种精神倾向也对他们造成了某种约束作用，以至于他们在观念和情感上久久都难以释怀。

我们很难确定《麦秀》歌是否真是箕子所作，抑或是后人的手笔。不过，这毕竟是中国社会出现最早的关于家国兴亡的文学作品。其中的主基调明显有着后世的特征，就是将一个王朝的倾覆完全归咎为某一个（或某几个人）的责任，特别是把某某末世君主或奸臣的昏庸暴虐视为天道转移的主因。《麦秀》歌对殷纣王的指责与其他许多历史文献的思路可以说是完全一致的，就像《尚书》、《史记》或春秋战国到秦汉时期的其他著作那样。这些作品仿佛都在让我们很“自然而然”地感受到，暴君殷纣王背后那个商汤所开创的商帝国是伟大的，有着辉煌的历史和功绩，只是由于他个人的缘故，才导致了国破家亡的悲惨结果。这种“兴亡”模式是如此根深蒂固地埋藏在我们中国人的心底深处，以至于想摆脱掉“自然而然”的那种感觉，似乎都很困难。把亡国责任归咎于末世暴君或奸臣个人的做法还有一个目的，就是可以以此反衬出下一个开国君主及其王朝“顺应天道”的伟大之处，也使其“义举”堪称为一种合法“承受”天命的行为。这种孔子式的“春秋”笔法于是成为定式，每一个新帝王或新王朝一上台都不免亟亟于组织史官撰写前朝历史，以期尽快树立“众所公认”的统治权威。

不过，我们应该注意到的是，这种历史笔法不期然地揭示出作者（们）另一个潜藏着的心思，就是一般不会对前朝作为一个朝代从整体上加以否定，就像《麦秀》歌中箕子对殷纣王个人的指责，是不会转移到对殷商帝国身上的。就箕子而言，这或许是由于他本人的身份使然。但是，作为后世的历史笔法，却是出于对自身统治权力的考虑而做出这种价值判断的。也就是说，以帝王意识为本质的社会权力来作为中国社会生活的基本组织结构，这一统治精神几乎是每一个帝王及其统治群体都梦寐以求的。因此他们无论如何都要从前朝政权那里继承下来这一精神，而不能在改朝换代的同时，丧失掉这个对他们而言最为宝贵的东西。那是他们敢于以自己的身家性命为代价而希望换取到的最高目标。如果不能得到这个东西，那么，他们几乎所有的努力，他们提着脑袋去推翻前朝政权的“义举”，恐怕在他们自己眼里，都将变得毫无意义了。

因此，他们自己对此是很清楚的，那就是他们所要力图推翻的对象，仅仅只是前朝的帝王及其统治群体而已，而绝不是整个统治体系本身，更不是具有普遍意义的统治权力。他们的唯一目标，也只是要取代前朝的帝王及其统治群体，而绝不是要改变社会权力结构，就像我们在周文王和周武王的观念和行为上所分析出来的那样。只不过这一点当然是不大好被摆到桌面上来的，更不能写到史书里去让后人诟骂，而只能通过大张旗鼓地谴责前朝末世暴君或奸臣个人的方式，来隐晦地遮掩。

这或许正是这种历史笔法的“精髓”所在，也清晰地表现出了这种“春秋”式笔法所隐含着的纠结之处。从这个角度来看，就算《麦秀》歌确实是箕子本人所作，那我们也只能“夸赞”他，说他真是开了个“好头”，尽管他很可能只是无心之举。而如果我们天真地妄图去探究像殷纣王这样的末世昏君或奸臣的本来面目究竟是怎样的话，那一定也会很“自然地发现”，几乎找不到不利于他们作为“昏君”或“奸臣”形象的任何信息，要么就是信息少得令人难以进行，就像我们后面要讨论的周公旦的那些政治敌人似乎都仅仅剩下一张张苍白的“面具”，而其内心的思想情感等等都难以了解了。很明显，这些信息大概都在后世不断“修史”的过程中被“光明正大”地屏蔽掉了，以至于今天的我们手里只剩下了“一面倒”的说法。而这种有倾向性的“屏蔽”，也无疑属于“春秋”笔法的一个必要步骤，决不能缺少。否则，这种笔法的“大义凛然”或“义正词严”就难免失效了。

除了始终沉浸在殷商帝国的这种精神氛围里之外，作为殷纣王的叔父，也作为殷商朝廷中一个难得的贤人，箕子这个殷商帝国统治集团中的核心人物之一，有着远较一般的殷商遗民更为强烈的帝王意识。这一点甚至吸引了周武王在建立周朝之后马上来找箕子。他说要向箕子请教治国或治民之道，还有自然的天道：

> 武王既克殷，访问箕子。武王曰：“于乎！维天阴定下民，相和其居，我不知其常伦所序。”《史记·宋微子世家》
>
> 武王已克殷，后二年，问箕子殷所以亡。箕子不忍言殷恶，以存亡

国宜告。武王亦丑，故问以天道。《史记·周本纪》

实际上，周武王与箕子具体谈了什么事情，后人恐怕已经不太可能知道了。传说中箕子向周武王传授的《洪范》大法，更像是周朝人的长期治国总结，而非殷商时期的统治经验。当然，其中的许多内容也无疑源自殷商，与殷商的统治意识一定是有某些传承关系的。只是我们现在已经不容易对之做出清楚地区分而已。我们大体能够肯定的是，如果周武王与箕子之间的接触是真的，那么，这种接触恐怕不会限于普通的胜利者与失败者之间的关系，而很有可能涉及殷商的统治意识问题。也就是说，周武王对殷商帝国的某些东西，有着特别的关注。而我们前面的讨论已经说明，周武王的这种"关注"，也应该是他的长期疑虑和焦灼的一种表现。因此，他向箕子问政的故事，就不能仅仅以"开明君主"的"虚怀若谷"这种后世儒者所标榜的解释来看待，还要看到殷商帝国所创立的社会权力对周武王的巨大吸引，以及这一权力又使他欲进不能的两难境地。

周武王或周王朝没有成功地获得精神上的权威地位这一点，也很典型地反映在著名的伯夷和叔齐二人"不食周粟"的故事里。他们两人原是孤竹（今辽宁秦皇岛一带。当时为殷商的诸侯国）国君的儿子，后投到西伯姬昌那里，所以他们对周部落的情况应该是有了解的。后来武王率大军讨伐殷纣王，他们两人加以阻拦，但不成功。于是在西周成立之后，二人不愿意成为周的臣民，逃匿到深山老林里，最后不免悲惨结局：

伯夷、叔齐，孤竹之二子也。父欲立叔齐，及父卒，叔齐让伯夷。伯夷曰：父命也。遂逃去。叔齐亦不肯立而逃之。国人立其中子。于是伯夷、叔齐闻周西伯昌善养老，盍往归焉。及至，西伯卒，武王载木主，号为文王，东伐纣。伯夷、叔齐叩马而谏曰：父死不葬，爰及干戈，可谓孝乎？以臣弑君，可谓仁乎？左右欲兵之。太公曰：此义人也。扶而去之。武王已平殷乱，天下宗周，而伯夷、叔齐耻之，义不食周粟，隐于首阳山，采薇而食之。及饿且死，作歌。其辞曰：登彼西山兮，采其薇矣。以暴易暴兮，不知其非矣。神农、虞夏忽焉没兮，我安适归矣？于嗟徂兮，命之衰矣！遂饿死于首阳山。《史记·伯夷列传》

这里说他们以“孝”和“仁”为理由责备周武王的行为，应该是后来儒者的附会。“以暴易暴”的说法也不能全信，但却透露出武王似乎并没有其他什么“过硬”的理由让他们信服其伐纣的行为是正当的。即使这显示的很可能是后人的看法，也表明后来的人没有看到武王在“以暴易暴”之外，还占有什么观念上的制高点，例如“顺乎天命”或“应乎民心”之类。

伯夷叔齐“不食周粟”的故事得以广泛流传，很可能是因为当时类似的情况不少，而他们二人的传奇行为只是作为一个典型而已。他们的行为被后人盛赞为刚直不阿的“气节”，如宋代画家李唐所作的《采薇图》（图 5–3），就通过描绘这两个人隐居在首阳山里的情形，表达了对他们这一“壮举”的欣赏。画中的二人面容清癯，却目光炯炯，精神饱满，显示出坚定的意志。旁边的一松一枫也奇倔坚硬如铁，枝干针叶都画得充满劲力。而用大斧劈皴的笔法勾勒出的山石，也质感强烈，透出清高不凡的气势。

图 5–3　采薇图，（宋）李唐画，绢本，27 厘米 ×90 厘米

不过，他们两人的“气节”恐怕并不与后世的完全一样（尽管可以相互类比）。因为后世的气节一般源自浓厚的家国民族意识或某种义理（如仁义忠信之类）。而这些东西都是在春秋战国以后才逐渐形成观念形态的，在殷商时期则仅仅是刚刚有一点“苗头”而已，就像我们在箕子身上所看到的那样。可是，这一点点的“苗头”，难道就足以使伯夷和叔齐具有如此坚定的意志和充沛饱满的精神力量，以至于饿死都“不食周粟”吗？要知道他们两个可不是殷商帝国统治集团中的核心人物，而不过是边远小诸侯国中的人物。这确实是一个十分令人困惑的问题。可能的情况是，他们从其父亲孤竹国君那里感染到了殷商帝王的宗教精神，甚至亲身跟随父亲观礼过殷商帝王的祭祀活动也说不定。对此，我们现在大概已经无法准确地说出他们当时的具体情况。但是这与殷商时期宗教性的精神气质之间有着内在关联的可能性还是很大的。

箕子远赴朝鲜和伯夷、叔齐的“不食周粟”，都是因为不愿意臣服于周。而这两个盛传于久的商末周初故事很典型地说明了，当时一定有许多殷商遗民（不论是王公贵族还是平民百姓）大概都或多或少的有这种意识和心理。这种情况在夏末商初似乎没有出现，而在殷末周初却表现得非常突出，不能不说是与殷商王朝的社会组织结构或精神传统有相当的关系，也表明殷商帝国在精神领域占据了较为明显的优势地位。正是在这一背景下，另一件更加激烈的事情在西周初年爆发了，就是殷纣王的儿子武庚禄父率领殷商遗民，与周武王的弟弟管叔和蔡叔一道发动了对周朝（或者说是对周公旦）的叛乱（“管叔、蔡叔群弟疑周公，与武庚作乱，畔周。”《史记·周本纪》）。从我们前面的讨论可以看出，殷商遗民的这次叛乱是有着很深的思想背景的。

不过武王并没有见到这次叛乱，而是在叛乱之前就过世了。此时距离他推翻殷商王朝，建立周朝天下，才仅仅两年左右的时间。而在这两年里，他始终都睡不安枕，苦思焦虑，耿耿于怀。在他看来，如果不能创造或超越殷商帝国的统治意识，又不能成功地承袭其宗教精神传统，那么，他这个新帝王的合法性就还是个疑问，更谈不上顺利地掌握那种威慑天下的社会权力。因为简单地以武力战胜殷纣王（“以暴易暴”）并不能完成赋予意义的任务。这一点连伯夷和叔齐这样的“边远小民”都已经认识到了，更不用说各地的诸侯和周部落内部的大臣百姓了。所以，武王本人很清楚，在意义之源付之阙如的状况下，不用说他自己的帝位，就是整个周朝天下都无法得以安稳，随时都可能被殷商复辟，或者转入另一人之手。他认为这个问题一天不解决，他就一天都不能安睡。于是他在登基之后，去世之前向周公旦吐露了这个心事：

> 武王征九牧之君，登豳之阜，以望商邑。武王至于周，自夜不寐。周公旦即王所，曰：“曷为不寐？”王曰：“告女，维天不飨殷，自发未生于今六十年，麋鹿在牧，悲鸿满野。天不享殷，乃今有成。维天建殷，其登名民三百六十夫，不显亦不宾灭，以至今。我未定天保，何暇寐？”
>
> 王曰：“定天保，依天室。悉求夫恶，贬从殷王纣受。日夜劳来，定我西土，我维显服，及德方明。自洛汭延于伊汭，居易毋固，其有夏之居。我南望三涂，北望岳鄙，顾詹有河，粤维雒伊，毋远天室。营周居于洛邑而后去。纵马于华山之阳，放牛于桃林之虚，偃干戈，振兵释旅，示天下不复用也。”《史记·周本纪》

如果武王与周公旦之间的这次对话确实发生过，那么后来也只有周公旦一个人知道其具体的内容。而我们了解，西周以后的历史文献基本都经过了周公旦及其史官们的“润饰”，因此只留下了对周文王、周武王和周公旦一面倒的溢美之词，用后世儒家擅长的词句把他们形容为“圣人”，而统统隐去了那些对他们不利的史实，以显示他们三人“之德之纯”（《诗经·颂·周颂清庙之什·维天之命》)。司马迁的记载无疑也受到这些文献的影响，不得不认可和使用这些传统的说法。

只是在这些说法中，偶然保留下来的一些看似无关痛痒的词句，反而更可能具有历史的真实性。就像我们前面所讨论的武王在两次盟津大会上和庆典仪式上的种种不经意似的行为，实际上都反映出了更深层的含义，而这往往是那些周朝的史官们所想象不到的。这段对话也同样如此，明显经过了不知是周公旦还是史官的删削。我们大概可以从中肯定的是三点：

第一，武王在登基之后，始终挂怀着某件事情，以至于无法安睡。

第二，这件事情很可能是“未定天保”，就是还没有能够确定地获得上天的保佑或天命。而至于在武王心里，究竟如何才能获得上天确定的保佑，这段话里的说法就不足为凭了。因为在周公旦问完“为什么睡不着觉”之后，武王的回答里有很多意思错乱的地方，句子前后都不搭界，思路不连贯。不过，好在这并不影响我们这里的分析。从我们前面的讨论可以知道，武王的忧心或焦虑是由来已久的，甚至可以上溯到文王那里，而绝不仅仅只是在建立周朝之后，对于如何治国问题的关心。

第三，从这段对话中我们还可以肯定的，就是直到去世为止，周武王对自己所一直挂怀的事情都未能加以满意地解决。这导致了他的愿望（“纵马于华山之阳，放牛于桃林之虚，偃干戈，振兵释旅，示天下不复用也。”）也只能落空。待他刚一闭眼，天下即刻大乱，烽烟四起，干戈相见。只不过，这个思想性的政治难题和现实中的混乱局面都只好遗留给周公旦去面对了。

第二节　重建统治意识的社会政治背景

从上面的讨论我们可以看到，西周在成立之初，还没有能够建立自己的意义之源，而是大体承袭着殷商帝国的统治意识，即以宗教观念为其根本的规范基础。与殷商一样，上天和祖先神灵作为最高的精神权威，也支配着周朝统治群体的政治和军事行为。这一承袭关系与殷商王朝在宗教意识上的优越地位有着内在的关联。像各地诸侯，也包括周文王和周武王，都显露出对殷商帝王的这种超越力量由衷的敬畏。至殷商后期，天下诸侯和百姓都已深深地受到殷商这种精神气质的影响，从而使得这种宗教意识逐渐地转变为一种具有普遍意义的社会权力，构成了中国最早的社会组织结构。受其影响的诸侯和百姓也都不由自主地被嵌入到这种社会结构之中，形成了普遍性的社会规范和观念形态。

尽管如此，这一状况在西周初期就开始发生了重要的变化。如果周武王能够像商汤那样具有较大的人格魅力或宗教自信，同时，他又能多活几年的话，那么，他所承袭的殷商特质可能就会比较深地烙印在周朝的统治意识身上，使商、周两个王朝之间不容易产生本质上的差别。但是，现实的情况是，周武王本人缺乏足够的精神力量（周文王也一样），导致他无法对周朝的精神气质或统治意识做出特别的贡献。而且他在周朝成立后两年左右就早早地去世了（不过他的年龄倒是不算小了，至少应该有五十多了，也有说他八九十岁的），尚未来得及为周朝筹划出一个长远的治理框架或意识形态。按照目前的历史文献和一般的传统观点来看，这一任务是由周公旦完成的。

与周武王相比，周公旦对殷商帝国似乎没有太大的精神负担。这或许是因为文王去世时，他的年龄尚小，因而文王那种深深的忧思对他的影响可能较浅。再者周公旦在兄弟中排行第四：

> 武王同母兄弟十人，母曰太姒，文王正妃也。其长子曰伯邑考，次曰武王发，次曰管叔鲜，次曰周公旦，次曰蔡叔度，次曰曹叔振铎，次曰成叔武，次曰霍叔处，次曰康叔封，次曰冉季载。《史记·管蔡世家》

而按照《帝王世纪・周纪》里面的说法，周公旦的排行更靠后，只排在第七：

> 文王娶太姒，生伯邑考、武王发，次管叔鲜，次蔡侯，次郕叔武，次霍叔处，次周公旦，次曹叔振铎，次康叔封，次聃叔季载。

因而周公旦继位的可能性也不是很大，且他好像一直与武王关系不错。这都很可能使他并没有特别地去关注一个帝国的统治意识问题。这种精神领域的理论问题都是像文王、武王或姜太公这样的大人物所关心的，他作为一个小弟弟好像没必要去为此操心和焦虑。他只管认真听从他们的吩咐和安排，然后把事情办好就行了（“见周公至，民曰：是吾新君也。容曰：非也，视其为人，忻忻休休，志在除贼。”《帝王世纪・周纪》）。而且，由于年龄小和没有当过文王的重要助手，文王可能也未带过他去观礼殷商朝廷的祭祀活动，因此他对于殷商帝国的这种精神气质大概也没有什么印象和了解（武王和管叔可能就印象深刻）。等到武王继位时，周部落与殷商朝廷之间的关系已经很紧张了，也不再有机会让他去感受那种氛围了。当然，具体的情况我们无法知道，至少目前没有见到什么记载能够表明，周公旦也像文王和武王那样，对于殷商帝国的宗教意识或精神气质有什么特别的倾心或敬畏，以至于有意无意地表现出某种“力图承继”的倾向或意图。

如果不是因为武王去世和其后发生的政治危机，可能周公旦还是未必会去考虑这些观念上的革新问题。他好像天天忙于新帝国的重建，百废待兴，让他无暇他顾。按照上面商容对周公旦的描述和他自己的说法（“然我一沐三捉发，一饭三吐哺。”《史记・鲁周公世家》），他似乎是一个勤于做事、擅长行政、乐衷具体权力的人（这种人在中国社会的官场上是最为常见的了），却不大像有什么思想，能够高瞻远瞩、筹划未来的人。而当周武王去世之后，周公旦一下子被推到了权力旋涡的中心，他需要考虑的东西就完全不一样了。

他甫一掌权，就与他的两个兄弟管叔和蔡叔发生了权力之争，其中还夹杂着殷商遗民武庚和东部淮夷几个诸侯的叛乱。周公旦在镇压了管、蔡和武庚之后，又进行东征，消除了东部诸侯对他的威胁：

> 武王后而崩，太子诵代立，是为成王。成王少，周初定天下，周公恐诸侯畔周，公乃摄行政当国。管叔、蔡叔群弟疑周公，与武庚作乱，畔周。周公奉成王命，伐诛武庚、管叔，放蔡叔。以微子开代殷后，国于宋。　　成王既迁殷民，周公以王命告，作《多士》、《无佚》。召公为保，周公为师，东伐淮夷，残奄，迁其君薄姑。《史记·周本纪》

大概是这一系列的政治危机促使周公旦不得不思考更多的问题。那自然就会涉及一个观念性的问题，即，究竟如何来安定周王朝的天下。这个时候，估计周公旦开始明白了，单单在武力上战胜殷商帝国而取得统治地位，还并不能安稳地坐享天下，不能使天下的诸侯百姓都真心服从并完全认可周氏族的统治权力，也不能使周氏族内部的人都服从或认可周成王或者他周公旦的统治权威。因而，周成王也好，周公旦也好，其帝王之位是随时都有可能被推翻的。同样，周氏族的统治地位也是随时可能被取代的。于是，在这些政治事件处理完之后，周公旦着手制定了一系列新的政治制度和社会制度作为周朝政权的规范原则，如职官制度、礼乐制度、经济制度和宗法制度等等：

> 既绌殷命，袭淮夷，归在丰，作《周官》。兴正礼乐，度制于是改，而民和睦，颂声兴。《史记·周本纪》

> 成王在丰，天下已安，周之官政未次序，于是周公作《周官》，官别其宜。作《立政》，以便百姓。《史记·鲁周公世家》

这些制度虽然与殷商王朝的相关制度之间有着因袭或改革的关系，却逐渐被赋予了新的内涵和意义，从而与殷商帝国的宗教气质距离越来越远，差别越来越大，以至于最终形成了周朝自己独具特色的统治意识。到了这一步，具有普遍意义的社会权力也可以说就成功地转移到了周王朝的身上，并且还得到了极大的强化。

周朝独具特色的统治意识在春秋时期被孔子提炼为儒家的思想体系，影响了中国社会生活长达两千多年，成为中国文化主体意识中无法剥离的重要成分。同时，春秋时期道家、墨家或杂家等学说，以及汉朝时期道教和佛教在中国的产生及其逐渐扩大的影响，也与周朝这一统治意识对社会生活的“刺激”有着内在的关联，即对这种规范性统治意识的抵制构成了一种广泛的思想背景。直到20世纪初期的辛亥革命和新文化运动，这种统治意识才在政治层面上被较大程度地缓解，但在社会文化的深层结构中仍然还发挥着不可低估的作用。因此，我们有必要仔细地考察周公旦这一超越文王和武王的“壮举”究竟是如何发生的，以更好地理解周朝的统治意识以及其后世儒家思想的内涵和本质，从而也能够对中国文化的主体意识与20世纪初期的社会状况给出一个更为恰当的解释。

周公旦成为中国社会政治生活中的主角，是从他的摄政和管蔡之乱开始的。然而这段历史充满了无数的疑问，表明周公旦的真实形象恐怕远不是后来儒家所推崇的那么高大，更不大像是什么“圣人”。因此我们不能按照传统的一般说法，简单地认为周公旦亲自“制礼作乐”，施行宗法制度，奠定了儒家的思想基础，并形成了影响中国历史近三千年的社会伦理系统。这种流行的说法遮蔽了许多东西，让我们无法了解到更深层的社会文化结构，因而也难免会对传统社会和20世纪的情况作出错误的判断。所以，我们有必要从周公旦这个人入手，进而讨论西周统治意识的形成问题，以更好地了解殷周之间精神气质的成功转换究竟是如何发生的。

就目前的史料来看，管、蔡和武庚之乱显得十分蹊跷，其中似乎隐藏了无数的秘密。周武王去世时，他的儿子太子诵(公元前1032年—前1083年)继位，就是成王：

武王而后崩，太子诵代立，是为成王。《史记·周本纪》

由于成王年幼（武王是公元前1045年去世的，那时成王应该是13岁左右)，周公旦就代行帝王，主持国政：

成王少，周初定天下，周公恐诸侯畔周，公乃摄行政当国。《史记·周本纪》

其后武王既崩，成王少，在强葆之中。周公恐天下闻武王崩而畔，周公乃践阼代成王摄行政当国。《史记·鲁周公世家》

武王既崩，成王少，周公旦专王室。《史记·管蔡世家》

武王崩，成王少，周公旦代行政当国。《史记·宋微子世家》

这看起来像是一件正常的事情。可是武王的另外两个弟弟管叔鲜和蔡叔度（可能还有霍叔处）怀疑周公旦会对成王不利，也就是认为周公旦要取代成王而自立为帝，于是就联合武庚一起反对周公旦：

武王既丧，管叔及其群弟乃流言于国，曰："公将不利于孺子。"《尚书·周书·金縢》

管叔、蔡叔群弟疑周公，与武庚作乱，畔周。《史记·周本纪》

管叔、蔡叔疑周公之为不利于成王，乃挟武庚以作乱。《史记·管蔡世家》

管蔡疑之，乃与武庚作乱，欲袭成王、周公。《史记·宋微子世家》

他们好像要进攻周公旦（和成王）。于是周公旦以成王的名义出兵讨伐，用了三年时间将他们平定，杀掉了管叔和武庚，再把蔡叔流放，此事遂告结束：

周公奉成王命，伐诛武庚、管叔，放蔡叔。《史记·周本纪》

管、蔡、武庚等果率淮夷而反。周公乃奉成王命，兴师东伐，作《大诰》。遂诛管叔，杀武庚，放蔡叔。《史记·鲁周公世家》

周公旦承成王命伐诛武庚，杀管叔，而放蔡叔，迁之。《史记·管蔡世家》

我们知道，西周时期的重大事件只有个别的才会出现在青铜器的铭文上，主要也是举行祭祀、庆典或大会的纪念性文字，较少有叙述性的史实记载。西周虽然也有甲骨文，但是比较少用。当后来有了竹简和帛书时，历朝的史官才逐渐将一些前期的重大国事和一般性的政务凭借口头传说记载下来。各个诸侯国的史官也渐渐学会用竹简或帛书来刻写社会生活中的大事了。而且有些史官还会自己在家里将某些重要的事情记载下来。这一类的竹简积攒到春秋战国时期，就比较丰富了，一般各地的官员士大夫都能看到。但是，这种早期的历史记载方式存在一个很大问题，就是这些后来根据口头传说的史官记载，其可靠性是难免要打折扣的。因为这涉及后期帝王们的政治禁忌，特别是在祖先崇拜意识浓厚的时代，先祖的事迹往往都经过了百般的加工。因此，我们要想从这些记载中清楚了解远古时期宫廷政治的实际情况，恐怕是十分困难的。只能说，这些记载给我们提供了一些痕迹或线索，可以让我们从侧面推测出古代社会政治生活中的一些状况，大体观察到原始时期人们观念和行为的轮廓。

周武王去世之后的政治危机看来与周公旦的行为有直接的关系。但是要判断说他是好心地摄政还是意图篡位，恐怕我们现在已经不容易找到具体的证据了。因为在两千多年的中国历史上，周公旦都是被作为“圣人”对待的，关于他的不利证据早已销声匿迹了。这一点从《史记》中的记载也能够看得出来。里面对周公旦的描述基本上都是一面倒的“歌颂”式说法，几乎没有什么信息能够说明他的真实面目。不过，恰恰是这种一面倒的描述本身却暗示出其中很可能存在着什么难言之隐。否则，如果他确实是一个光明磊落的杰出人物，那么，最不需要的就是有意地去加以掩饰真实的情况。

例如，管叔和蔡叔对周公旦的反对，且与周公旦之间发生了一场大战，这件事情看来是无法隐瞒的。因为一方面这件事天下皆知，涉及好几个诸侯的兴亡，而且殷商部落也由于这一事件几乎都要被消灭了。另一方面周公旦也正是通过对他们的镇压而树立了自己权威地位的，没有这件事的衬托，周公旦后面的一系列政治行为就不好展开了，他的正面形象也不容易被描绘得那么高大了。

但是，他们之间这场冲突的真实缘由和具体情况，看起来却显得十分讳莫如深。作为这场冲突中的失败者的管叔和蔡叔，以及武庚，应该是最关键的证人。可是在目前几乎所有的史料文献中，他们三个人的具体情况全部付之阙如，仅仅剩下了三个苍白的面具，而面具后面本人的真实思想情感等等，都没有任何信息了。而且，在他们“作乱”前后，这三人必定会与周朝的其他王公贵族、诸侯、大臣或民众等等有过接触，沟通串联，以寻求更多的同盟援军。用后来的套话说就是期望天下人都能“共襄义举”。可是，我们现在既看不到他们三人为自己的辩护，也看不到当时的其他任何人站在第三者立场来介绍或解释他们的情况，而只剩下了来自周公旦自己的“官方说词”：他们怀疑周公，放出流言，还要叛乱。

可是关于他们“叛乱”的具体情况也没有任何信息透露出来，例如没有提到他们的军队情况，采取了什么军事行动，在什么地方兴兵，发布了什么檄文通告，具体又有什么人参加（除他们三人和东部淮夷部族之外）。就连周公旦前往讨伐的具体情况也一概不提，例如没有说这三年大战是怎么打的（“管蔡畔周，周公讨之，三年而毕定。”《史记·周本纪》）。关于战场的地点、战役的过程、双方军队数量和指挥战役的将军等等都是空白，远不像对武王的两次盟津誓师大会和牧野之战描述得那么细致入微。要知道历时三年的战争，是一定会有很多战役发生的，也会有许多有趣的细节。可是这些情况史书上都付之阙如。而且，他们三人是怎样被抓到的，又是怎样被杀掉的，史书中也没有任何交代。而管叔和武庚临死前的情况，无疑是最有历史价值的材料了。如果“官方说法”是真实的话，那为什么这些重要的相关情况一概被“屏蔽”掉了呢?

管叔是仅次于周武王的弟弟，年龄大于周公旦。按道理来说他应该在周朝的建立过程中起很重要的作用。即使他在能力或品德方面不如周公旦，但至少还没有与周武王发生纠纷甚至闹翻（如果有的话，史官们恐怕早就大张旗鼓地强调了），因此他在武王的分封中还是得到了正常的安排：

> 武王已克殷纣，平天下，封功臣昆弟。于是封叔鲜于管，封叔度于蔡：二人相纣子武庚禄父，治殷遗民。封叔旦于鲁而相周，为周公。封叔振铎于曹，封叔武于成，封叔处于霍。康叔封、冉季载皆少，未得封。《史记·管蔡世家》

可是在文王时期，以及在两次盟津大会、牧野之战和胜利之后的庆典仪式上，虽然出现了许多周部族的重要人物，却看不到管叔的身影，只有周公旦、太公姜尚、召公奭、毕公高、曹叔振铎、康叔封以及其他属下(毛叔郑、散宜生、太颠、闳夭、南宫括、史佚等等）有所表现。这一点也是颇为令人疑惑的，不知是不是有意为之。至于封地的好坏，一般而言能看出君王恩典的重视程度（尽管不是很绝对)。像太公姜尚和召公奭（武王的同族）分别被封在齐和燕（“封尚父于营丘，曰齐；封召公奭于燕。”《史记·周本纪》)，都属较为偏远的地方。虽然所封之地可能面积很大，但是却需要自己去打拼，往往与周围的族群会发生激烈的争战。太公姜尚得封之后就被好心人告知，必须尽快前去，否则封地就可能被别人夺去，而占据着不给他了：

> 于是武王已平商而王天下，封师尚父于齐营丘。东就国，道宿行迟。逆旅之人曰：吾闻时难得而易失。客寝甚安，殆非就国者也。太公闻之，夜衣而行，黎明至国。莱侯来伐，与之争营丘。营丘边莱。莱人，夷也，会纣之乱而周初定，未能集远方，是以与太公争国。《史记·齐太公世家》

于是姜太公连夜赶路，刚好赶在来抢夺地盘的东夷莱族人之前到达营丘。

周公旦的封地在山东曲阜。可是这一带却是殷商的一个重要盟友——诸侯奄国的所在地。西周建立后，奄国是一直不服气的。因此当武庚反叛时，奄国就是他的重要盟军。不知这是不是周公旦始终不去就国的原因：

> 封周公旦于少昊之虚曲阜，是为周公。周公不就封，留佐武王。《史记·鲁周公世家》

“留佐武王”像是借口，而不去封地却是真的。后来周公旦在镇压管蔡之乱的同时，也平定了东部这一带的地盘，才使得他的儿子伯禽得以就国：

管、蔡、武庚等果率淮夷而反。周公乃奉成王命，兴师东伐。宁淮夷东土，二年而毕定，诸侯咸服宗周。《史记·鲁周公世家》

不过奄国始终与周朝作对。于是，周成王与周公旦和召公奭后来又一起东征，才彻底消灭了奄国，将其余部一直驱赶到江苏的常州一带才罢休：

召公为保，周公为师，东伐淮夷，残奄，迁其君薄姑。《史记·周本纪》

姜太公本来就是将帅之才，擅长打仗，不怕与人对战。可是周公旦却是一个行政人才，如果不借助于周朝中央的主力部队，他自己恐怕未必能够对付那些东夷部族。所以，从武王分封的这种情况看，管叔和蔡叔的封地都在原来殷商的都城殷地（今河南安阳市）附近，应该算是不错的膏腴之地了。当然，他们还有监督殷商遗民武庚的责任。这件任务对于初建的周朝而言也很重要。因而他们两个在周武王心目中，即使不算最重要的助手，无论如何也应该是比较重要又很可靠的。因此，在这种情况下，前面没有任何地方提到管叔和蔡叔的名字，就显得十分不近情理了。

最关键的疑问还在于，管叔和蔡叔是怎么会与武庚一起“联手”作乱的。管叔和蔡叔的矛头无疑是针对周公旦的，而绝不会反对周成王，更不会反对周王朝本身。可是，对于殷商遗民的武庚来说，他是不会去在乎周公旦摄政不摄政的。他如果要“作乱”自然就是想要推翻周王朝，而恢复殷商王朝的天下，即所谓的“妄图复辟”。跟随“作乱”的几个东部淮夷氏族像徐、奄、熊、盈和薄姑等（“管、蔡、武庚等果率淮夷而反。”《史记·鲁周公世家》），应该也与武庚的目的一样，因为他们本来就是殷商帝国的铁杆支持者，曾经大受殷商帝王的优待。而且他们很可能还是殷商帝王的亲族，有些是在商王历次东征后被分封在那里的。据考证殷商帝国的势力主要是在东部地区，那原本也是他们的老家所在（黄河中下游和淮河流域）。周部落的势力主要是在西部地区，西伯姬昌就曾经被殷纣王帝辛赋予了管辖西部地区的权力。殷纣王也因而得以专心对付不服从他的某些东夷部族，并在得胜之后分封了自己的许多亲族在那里建立诸侯国。因此，我们可以很清楚地看到，这两拨人，管叔和蔡叔为一方，武庚和东部淮夷为一方，是完全不同的政治集团，明显有着截然不同的政治目的。如果他们要走到一起去“作乱”，那至少是很不容易的，恐怕需要事先进行许多的“勾兑”工作。因此，他们“联合作乱”的说法一出来，人们大概首先就会想要知道，他们这两方究竟是怎么会“勾结”到一起去的。可是，他们本人也好，周公旦也好，或是任何第三方也好，都对此表示沉默，颇令人诧异。

这件事的主谋看来是管叔。因为在武王去世之后，他就是大哥身份，蔡叔应该是听他的了。而他们两个又是监督武庚的，所以武庚可能也是不得不听他们两个的。《史记·管蔡世家》里面就用了一个“挟”字：

管叔、蔡叔疑周公之为不利于成王，乃挟武庚以作乱。

说明武庚大概是被动参加的。但是，考虑到东部淮夷的加入，又不得不认为武庚的态度也很积极，因为这些淮夷一定是被武庚鼓动来的。如果武庚不主动带头叛乱，那这几个淮夷恐怕也不会去自讨苦吃。可是，这样一来，问题又很自然地出现了。那就是，对于管叔和蔡叔来说，如果他们确实只是怀疑“周公之为不利于成王”，因而准备去“清君侧”，讨伐周公旦，目的就是为了保护周成王，保卫周王朝的政治秩序，这个理由听起来也算正当，那么，他们两个又怎么会去拉上武庚和淮夷那些殷商的残余势力一起干呢？这不是明摆着会令天下人都“误会”他们俩是要对周王朝不利吗？这不是让他们本来正当的理由反而变成了“大逆不道”了吗？如果他们要找同盟军，也应该找齐太公姜尚、燕召公奭、毕公高（周武王同族，被分封在毕地）、曹叔振铎、成叔武或霍叔处等等这些周王朝的核心人物。因为他们俩的理由对这些人而言，也是有效的。例如燕召公奭就也同样怀疑周公旦（“成王既幼，周公摄政，当国践祚，召公疑之。”《史记・燕召公世家》）。这些人在周王朝既有号召力，又有军事实力，起而响应还名正言顺。而武庚作为被监视居住的遗民，手里肯定是没有什么军队可支配的（最多只有边远地区的几个小诸侯国还对他情有独钟而已），起兵的话又属于典型的反叛。采取“挟”武庚一起作乱的这种策略只会使自己失去姜太公、召公、毕公和武王其他兄弟们的支持，也会失去那些拥护周王朝的各地诸侯的支持，而又并不能增加什么实质性的军事实力。因此，无论从哪种角度考虑，管叔和蔡叔联合武庚一起反对周公旦，都是十分愚蠢的策略，显然是使自己成为天下“众矢之的”或“历史罪人”的举措。就此而言，他们的“联合作乱”是否是真实的情况，就大为可疑了。退一步说，如果他们糊涂到竟至于真的只会如此打算，那么，这说明他们两人的智慧谋略都明显低人一等。可是具有这种智商的人，又怎么可能冒天下之大不韪，做出这种惊天动地的壮举呢？恐怕他们只会顺从地安于现状，跟随有主见之人(如姜太公和召公，当然还有周公旦）行事，而一般是不会在武王刚刚去世后自己就急匆匆地轻举妄动的。

从各种可能的情况来看，管叔、蔡叔与武庚“联合作乱”这件事，似乎存在着许多隐情。他们对周公旦有“意见”，大概是真的。但是要说他们会“作乱”，就很难令人信服，而再要说他们三人一起“联合”作乱，就更像是无稽之谈了。周公旦的做法是二话不说，直接派兵镇压他们，然后立刻杀掉，不让他们有任何辩解的机会。他是担心他们会说出什么对他不利的事情吗？各种史书对此也不作出任何解释，看来自周公旦时期以下的史官们已经被“统一”了思想，即只能按照某种说法陈述此事，而不允许暴露其他方面的情况。尽管如此，史书“一致”在此事上的沉默失声，反而更加说明，此事的实际情况恐怕远不是像传统的流行说法那样，而一定有着难言之隐。虽然我们目前没有确凿的文献材料来证实这一点，不过，我们可以大致推测出，管叔和蔡叔与武庚的“联合作乱”，应该是“被”联合的。也就是说，很可能是周公旦的意思，要让人们都“认为”：管叔和蔡叔与武庚“联合”在了一起。而之所以要把他们两边“挂搭”到一起，这里面似乎有着许多不足为外人道的政治目的。例如，树立周公旦个人的政治权威，对他而言自然是很重要的，对他的那些属下无疑也十分重要。而当时唯一能够挑战周公旦权威的，大概就是管叔了。因为他是周公旦同父同母的哥哥，在殷商时代这种自然优势还有着很大的影响。周公旦要自立为王是必须要在周文王和周武王的系统之内进行的，他不可能凭自己的本事再去建立一个与周王朝无关的新王朝。这样他就不得不要受制于文王和武王下来的宗族谱系，对管叔这个哥哥就应该礼敬有加。因此他成为周公旦夺取帝王之位最主要的一个障碍，是可以想象的。

而且，我们看到，如果不是因为周公旦准备要自立为王的话，那么，他与管叔之间，有可能会形成那么严重的对立冲突吗？周公旦甫一掌权，为什么马上就要对自己的哥哥痛下杀手呢？这说明他们之间的矛盾已经到了不可调和的地步。而这种矛盾，自然也不会仅仅是“管叔、蔡叔群弟疑周公”而已。如果事情还只是处于“疑”的阶段，那么，他们之间的矛盾就还没有到你死我活、不杀不可的程度，就还有可调和、可缓解的可能，双方就不大可能会发生大战，一方也不大会立刻杀掉另一方以“灭口”，并在所有人的口中都成为一个“忌讳”。对周公旦而言，如果他确实存心公正，没有私意，那么，要消除这些兄弟们的疑心也应该是很容易的。例如，他完全可以邀请管叔到周王朝的都城来，一起参与国家的核心决策。那么周王朝内部对他的疑心就会消失，外部的诸侯也没有理由敢于叛乱。史书说周公旦是因为担心诸侯叛乱才摄政当国的，可是实际情况似乎刚好相反，恰恰是因为周公旦的摄政当国（甚至自立为王），才引起了社会的动荡和管蔡的叛乱。

不过，周公旦虽然与管叔之间已经暗中形成了不可调和的政治对立，然而在周朝建立之初、武王尸骨未寒的情况下，周公旦似乎也不好直截了当地杀掉管叔。他必须要有一个看起来非常“正当”的理由或借口才行。于是我们现在就看到了这样一个很好的“理由”，就是管叔与武庚“联合作乱”了。在周公旦率领大军前往平叛时发出的“檄文”中，就只提以武庚为首的殷商遗民欲图恢复殷商王朝的叛乱：

> 予不敢闭于天降威用，宁王遗我大宝龟，绍天明。即命曰：“有大艰于西土，西土人亦不静，越兹蠢。殷小腆诞敢纪其叙。天降威，知我国有疵，民不康。”曰：“予复。反鄙我周邦，今蠢。　　予得吉卜，予惟以尔庶邦于伐殷逋播臣。”《尚书·周书·大诰》

而不提到管叔和蔡叔（只是在后面才很隐晦地用一句话暗示了一下：“惟大艰人诞邻胥伐于厥室”《尚书·周书·大诰》）。这意思是说只有犯了大罪之人才会勾结邻国攻伐自己的王室。这就一下子把管叔推到了周王朝的对立面，而不仅仅是他周公旦的对立面。当管叔成为周王朝对立面的时候，那么，姜太公、召公、毕公以及武王的那些弟弟们，就不大会与他走到一起去了。而且，在这种理由下杀掉管叔，大家也就不太好反对了，以免也“被联合”到管叔和武庚这一伙人那里去，平白地惹上杀身之祸。周公旦拉上召公一起执政，从而使他成为自己的同盟。但是姜太公相对而言是一个外人，不像召公还属于周王族内部的人，因此他最好的立场就是采取中立，不干涉周王室的帝位之争，而专心经营自己的领地——齐国。所以周公旦通过让姜太公在东部地区有绝对的权力而与他达成协议，使他至少不会成为自己的敌人：

> 及周成王少时，管蔡作乱，淮夷畔周，乃使召康公命太公曰："东至海，西至河，南至穆陵，北至无棣。五侯九伯，实得征之。"齐由此得征伐，为大国，都营丘。《史记·齐太公世家》

这样，召公得到了中央的地位和权力，而姜太公成为东部的霸主。看来周公旦就是以此获得了这两人的政治支持。

如果武庚是"被联合"到管叔和蔡叔的行动当中的话，那么，东部淮夷恐怕也是"被联合"到他们行动当中的了。也就是说，东部淮夷未必是真的参加了叛乱行动，而只不过是被有意地说成是与管、蔡和武庚一伙进行叛乱的。从当时的情况来看，这种推测是很有可能的。当时的情况是，一方面，这几个东部淮夷本来就是殷商王朝的铁杆支持者，不会真心顺服周王朝的统治，所以难免总是会有些不听话的举动，令周王朝头疼，因此周王朝原本就很可能一直想找机会狠狠教训他们。另一方面，这几个淮夷中较大的一个就是奄国，与殷商关系密切，且其都城就在山东曲阜。商朝的第十八任帝王南庚、第十九任阳甲和第二十任盘庚（这三人是兄弟，他们都是商朝第十七任帝王祖丁的儿子）时，商朝的都城就设置在奄（曲阜）这里。后来盘庚作了最后一次迁都，从奄迁往殷地：

> 南庚更自庇迁于奄。阳甲即位，居奄。盘庚旬自奄迁于北蒙，曰殷。古本《竹书纪年·殷纪》

可以想见，留下的奄国很可能是商朝的王族。西周成立时，武王将这里分封给了周公旦。周公旦被分封之后，好几年都没有就国，很可能就跟奄国在那里的势力影响有关系。像齐地的东夷部族莱人就与姜太公争夺营丘，而奄国早已经居住在曲阜一带数百年了，又将曲阜作为都城，就更不会心甘情愿地让出来给周公旦了。我们可以估计到，武王分封之后，周公旦一定会派人把分封的通告送去给奄国看，令他们让出曲阜，另外择地居住。而奄国也一定会极为愤慨，誓不放弃自己的家园。这样，周公旦与这几个淮夷诸侯国之间很可能就此产生了相互的敌意。

在夏商周时期的黄河、汉江或淮河流域一带，各个部族相互争战抢夺地盘的情形是很常见的。像大禹的部落、商部落和周部落就分别是其中最大、最主要的胜利者。夏商周三代的历史，其实也可以说就是这种地盘争夺的过程。在这种争夺的过程中，中国原始时代的社会生活也逐渐形成。后来，周公旦就以奄国这几个淮夷诸侯国参与了管叔、蔡叔和武庚的叛乱为由，率领周王朝的中央大军，把他们灭掉了，并追击其残余势力直到江苏的常州一带。据说还把俘虏到的所有奄国男子全部阉割掉，让他们成为奴隶。于是，后来人们就把阉割掉的男人称为“阉人”。从奄国的情况，我们也可以推测出，这几个淮夷都未必是真的参与了管蔡的叛乱，而很可能与武庚一样，是“被联合”到这一事件当中的。也就是说，他们都是被周公旦以参与叛乱为借口消灭掉了。而要宣扬说奄国参与了叛乱，就必须也说武庚是叛乱的主谋之一。同样，要宣扬说管叔和蔡叔“叛乱”，也要拉上武庚与他们一道作为证据才行。可见，武庚夹在其中很可能是无辜的，只是因为他的身份特殊，需要被用来作为别人叛乱的证据，才可能身不由己地被作为叛乱的主谋之一而导致自己身首异处的。而要说到周公旦的真正敌人，则应该是管叔和奄国才对。因为前者构成了对他个人政治地位和权威的真正威胁，而后者则是对他个人政治利益（封地）的真正威胁。

根据对这些情况的分析，我们不免会产生一个很强烈的想法，那就是在周武王去世之后的初期，周公旦一定是有自立为帝的意图的；只是这一意图后来由于种种原因并没有得到实施，或者可能是他自己又打消了这个念头。判断他有这个意图，是因为管蔡之乱的前后情况似乎很不寻常。而只有在周公旦确实有称帝的打算这一设想下，这些疑问才能够得到合理的解释。就像我们前面分析的，种种迹象表明，当周公旦很可能有了这种意图时：第一，这才使他与管叔之间形成了不可调和的矛盾，导致他们的一场大战发生，否则他们之间的冲突是不大可能走到这一步的；第二，这才有必要拉上武庚来作垫背，以使周公旦镇压管叔并立刻处死他的行为显得冠冕堂皇，否则就很难有恰当的理由让其他人接受这个结果了；第三，这才会有必要进行“封口”，不仅不能让管叔说话，也不让武庚说话，还不能让史官们乱说，要把相关情况统统都“遮蔽”起来，只剩下了周公旦的一个“正面”形象。否则，“闲言碎语”一出来，他的“圣人”形象就完全无法树立了。而之所以要树立周公旦的“圣人”形象，又与周朝的统治意识有着直接的关联。

至于周公旦后来为什么没有自立为帝，是政治环境迫使他的意图无法得逞，还是他自己主动打消了这个念头，对此我们现在不得而知。因为这涉及更为复杂的考虑，例如周王室内部的情况，周王朝的稳定状况，周公旦自己的实力，他对周王朝中央军队掌控的程度，太公姜尚、召公奭、毕公高和武王其他兄弟的态度，其他诸侯国的态度，民众的态度，殷商遗民的态度，周公旦属下的态度，以及那些反对意见的激烈程度，等等。周公旦需要充分考虑好全部这些情况之后，才能够做出相应的决策。就目前史书文献所反映的状况来看，周公旦不太像是能够摆平全部这些因素的人物，缺乏足够的韬略和谋划，也没有雄才大略的气质。但是，当帝位对他而言就近在咫尺时，他这样一个对权力经营乐在其中的人物，自然是难免心旌摇荡的。不过，在权衡了现实状况之后，他或许还是有了一点自知之明，退缩了一步，满足于只当一个辅相：

> 周公行政七年，成王长，周公反政成王，北面就群臣之位。《史记·周本纪》
>
> 成王长，能听政。于是周公乃还政于成王，成王临朝。周公之代成王治，南面倍依以朝诸侯。及七年后，还政成王，北面就臣位，匔匔如畏然。《史记·鲁周公世家》

只是这一步退缩，却使他海阔天空，居然成为后人所推崇的“圣人”。这对他而言倒也算是失之桑榆，收之东隅了。

当然，所谓“圣人”，不过是数百年后才出现的无聊之举。周公旦本人恐怕是不会去关心自己能不能得到这种称号的。对他而言，最重要的就是帝王之位，以及，还有必须要同时考虑的周王朝的天下。如果这两者他能够一起兼得，那自然最好。否则，他就需要首先考虑安定好周王朝的天下。因为没有周王朝的天下，那个帝王之位也将随之消失，是不可能单单留给他一个人的。也就是说，他不可能抛开周王朝而以自己的力量去另外建立一个新的王朝。他毕竟始终处于周文王和周武王精神和功业的光环影响之下，难于脱颖而出。因此，他就必须以周王朝的天下稳定为前提，来筹划自己的帝王事业。

而我们看到，管叔、蔡叔和武庚之乱，似乎使他在刚一掌权的初期，就遭遇到了一次巨大的挫折。尽管这次叛乱看起来他是个胜者，把叛乱镇压了，杀死了管叔和武庚，流放了蔡叔，还顺带平定了东部淮夷，政治对手都被消灭了，但是，这三年的平乱却很可能使他不得不重估自己的帝王事业，那就是他从中大概地了解到，上面所列举的那些因素中，凭他现有之力，他是无法充分把握的。例如，太公姜尚、召公奭和毕公高这三个西周初期的重臣，就未必会支持他称帝；他在各地诸侯国中也未必会有多少对自己的坚定拥护者；他在民众中可能也缺乏足够的威望；而如果他要自立为帝，又很可能使他在周王室和周部落内部都变得孤立起来，成为众矢之的；再者当时的整个天下形势都尚未完全稳定，等等。所以对他而言，他的意图在他掌权初期实现的可能性不是很大。当然他可以动用手中的权力迫使周成王退位而自己称帝，然而这个帝位他究竟能够稳坐多久，那就大成疑问了。甚至他的这种举动很可能将他自己与周王朝的天下都一起葬送掉。这是缺乏魄力的周公旦所不能不特别顾忌的，也很可能导致了他的称帝意图始终无法实现。

这样，我们可以合理地推测，周公旦在武王去世之后，可能准备自己称帝；当管叔和蔡叔强烈反对时（或许周公旦还就此事探询过管叔的意见，却受到了坚决地抵制），他就全力镇压管叔和蔡叔；当他用三年时间摆平管叔之后，发现自己称帝的时机仍然不够成熟，于是只好“缓图之”；可是数年之后，成王已大（武王在公元前 1044 年去世时，成王大概是 13 岁，此时为公元前 1038 年，成王大概 20 岁），早已过了可以亲政的时间（古代习俗 16 岁就算成年），周公旦于情于理都早该还政的，此时他很可能看到称帝的希望更为渺茫，或者受到了更多压力，于是也只好先行退下摄政王之位，再做打算了；他退位之后，虽然又做出了许多努力，可是称帝的时机已一去不返，同时他也人已老去，雄心不再，不久之后就撒手归西了（公元前 1030 年）。

对我们的主题而言，周公旦个人是否确实有称帝的意图这一点并不重要，重要的是周王朝的统治意识是如何从殷商王朝那里转变过来的，又从而影响了后来三千年的中国社会生活。我们前面的分析表明，周王朝自己的帝王意识或精神气质在周文王和周武王时期都没有能够明显地形成，而仍然大体承袭着殷商帝国的统治传统。至少，文王和武王在思想上，是始终有着殷商时期的这种宗教性观念意识的。如果没有什么特别的政治事件发生，或者说，如果没有特别的政治需要，那么，这种统治意识形态上的转变恐怕就难以出现。对这一点，以往的看法始终都没有能够指明出来。

我们现在才看到，在周公旦身上，就产生了这种特别的政治需要。他的政治需要就是，当他徘徊于帝王之位面前时，他不得不深入而全面地考虑自己的“统治资本”究竟是什么，能够为周王朝的天下带来什么，能够为周王朝的统治做出什么特别的贡献，或者说，他究竟能够为周王朝的统治意识赋予什么全新的特殊意义。

如果周公旦确实没有称帝意图，那么，他大概是不会陷入到这种进退维谷的政治困境之中的。在这种情况下，估计周公旦也就未必会对周朝的统治意识或精神气质做出太大的贡献。因为他在这些政治事件发生之前，似乎也与文王和武王一样，都秉持着殷商时期的宗教传统和帝王意识，而并没有显示出有什么本质的差别。例如，在政治危机的初期，也就是周公旦率领大军前往镇压管叔、蔡叔和武庚的叛乱时，他所发出的“檄文”中就明显只是听命于“大宝龟”的占卜结果（“敷贲敷前人受命”、“宁王遗我大宝龟，绍天命”、“朕卜并吉”、“予得吉卜”、“矧亦惟卜用”、“矧今卜并吉，肆朕诞以尔东征。天命不僭，卜陈惟若兹！”《尚书·周书·大诰》）。这里的“贲敷”指用于占卜的大宝龟。最后一句是说：占卜已经得了吉兆，所以我要带领你们东征，天命是不会错的，卜兆显示出来的就是这样。

而他的思想转变大体是在三年平乱之后才慢慢发生的。看来，周公旦所遭遇的政治处境使他逐渐有了自己的政治心得，而这一心得又使他在政治意识上有所创新，终于使他走出了文王和武王政治权威的阴影笼罩，产生出自己独特的政治意义，成为中国经典的统治意识和儒家思想的先驱。

第三节　德性观念：新的意义之源

在平定了管叔、蔡叔、武庚和淮夷之乱后，周公旦所面临的政治局面看起来稍微有所安定。可是，这还不足以使他脱离出被动的状态。一方面，他需要采取措施消除人们对他的疑虑，这一疑虑在他杀掉管叔和武庚之后恐怕更为强烈了；另一方面他还需要考虑怎样来树立自己“正面”的政治权威。以往的周公旦只是作为周武王的助手而得到人们的认可，可是还没有什么特别的政治资本让他能够得到人们的拥戴，成为至高无上的领袖。

我们知道，管蔡之乱的具体情况对人们了解周公旦与管叔、蔡叔之间冲突的谁是谁非，是十分重要的。如果周公旦的确没有任何心虚的话，那么这些情节就可以公开，可以让人们完全相信周公旦没有个人的私心，而是真心为周王朝的利益着想。可是，当这些情况全部被隐匿之后，其他人就不能不疑心周公旦的意图和行为。因此，周公旦必须首先设法化解人们对他的疑问，否则他的执政就会困难重重，举步维艰。对此，他是如何处理的呢？这时我们就看到了非常有趣的一幕，就是周公“以身代罚”的故事，以此表明周公旦对武王和成王的忠诚。

这个故事是说武王生病时，周公旦举行消灾除邪的祭祀仪式，愿意用自身做抵押，去代替武王生病。他还让史官把这个祷词记下来，放入一个金匣子里。在他这样祈祷之后，武王的病果然就好了，虽然没多久之后还是去世了：

> 武王病，天下未集，群公惧，穆卜，周公乃祓斋，自为质，欲代武王，武王有瘳，后而崩。《史记·周本纪》
>
> 武王克殷二年，天下未集，武王有疾，不豫，群臣惧，太公、召公

乃缪卜。周公曰“未可以戚我先王。”周公于是乃自以为质，设三坛，周公北面立，戴璧秉圭，告于太王、王季、文王。　　周公已令史策告太王、王季、文王，欲代武王发，于是乃即三王而卜。卜人皆曰吉，发书视之，信吉。周公喜，开籥，乃见书遇吉。周公入贺武王曰："王其无害。旦新受命三王，维长终是图。兹道能念予一人。"周公藏其策金滕匮中，诫守者勿敢言。明日，武王有瘳。《史记·鲁周公世家》

《尚书》的《金滕》中也有相关的记载，与《史记》所述大体相同：

既克商二年，王有疾，弗豫。二公（指姜太公和召公奭——引者注）曰："我为其王穆卜。"周公曰："未可以戚我先王。"公乃自以为功，为三坛同墠。为坛于南方，北面，周公立焉。植璧秉圭，乃告太王、王季、文王。　　乃卜三龟，一习吉。启籥见书，乃并是吉。公曰："体！王其罔害。予小子新命于三王，惟永终是图；兹攸俟，能念予一人。"公归，乃纳册于金滕之匮中。王翼日乃瘳。《尚书·周书·金滕》

后来，年幼的成王也生病时，周公旦又如法炮制，愿以自己代替成王，并将祷词也放入金匣子里。等到有人向已经执政的成王诬陷周公旦时，成王就打开了这个金匣子，于是看到祷词，感动得痛哭流涕，因而不再怀疑周公旦：

初，成王少时，病，周公乃自揃其蚤沉之河，以祝于神曰："王少未有识，奸神命者乃旦也。"亦藏其策于府。成王病有瘳。及成王用事，人或僭周公，周公奔楚。成王发府，见周公祷书，乃泣，反周公。《史记·鲁周公世家》

这是说周公剪掉自己的指甲来代替成王受罚。

周公旦将自己代武王受罚的祷词藏于金縢之后，尚有后续的故事。对此，《尚书·周书·金縢》篇的记载与《史记·鲁周公世家》大体相同：

> 秋，大熟，未获，天大雷电以风，禾尽偃，大木斯拔，邦人大恐。王与大夫尽弁，以启金縢之书，乃得周公所自以为功，代武王之说。二公及王乃问诸史与百执事。对曰："信，噫！公命，我勿敢言。"王执书以泣，曰："其勿穆卜！昔公勤劳王家，惟予冲人弗及知。今天动威以彰周公之德，惟朕小子其新逆，我国家礼亦宜之。"王出郊，天乃雨，反风，禾则尽起。二公命邦人，凡大木所偃，尽起而筑之，岁则大熟。《尚书·周书·金縢》

这大意是说秋天谷物成熟的时候，雷电大作，引起人们的惶恐。于是成王和官员们穿上礼服打开金匣子，发现了周公以身代武王的祈祷词。成王、太公和召公询问执事官吏事情的原委，他们说确实有这样的事情，只是周公命令他们不能说出来。于是成王拿着策书感动地哭泣道，从前周公勤劳王室大业，而我这个年轻人不了解。现在老天发怒以昭示周公的德行，我应该亲自去迎接他，我们国家的礼仪也是这样定的。成王就出到郊外迎接周公，天还下着雨，可是风向都变了，庄稼又被吹了起来。太公和召公命令国人把被大树压倒的庄稼都扶起来培土固根。这一年就获得了大丰收。

这样的故事似乎很像是精心设计的一个证据，用来证明周公旦对周武王和周成王并无二心，以此显示周公旦的摄政是正当之举，而并非有取而代之、自立为帝的意图。只是这个故事的细节似乎人为痕迹过重，看起来完全是有着特别的针对性，反而无法令人相信。在武王生病时，按那时通常的习惯，周公旦去主持祭祀占卜祈祷恳求上天和祖先神灵的保佑，让武王恢复健康，同时也等于庇护了周王朝的天下，这样的情况本来是很正常的，像姜太公、召公奭、毕公高、管叔、蔡叔或其他朝廷重臣都会有许多次主持类似祭祀占卜的时候。在这些祭祀占卜之后，负责官员应该把祭祀和占卜的过程和结果刻写在甲骨或竹简上（当时并没有其他的书写工具。至于西周初期是不是有了竹简，都还是疑问），存储起来以备查验，这也是很正常的事情。这样的事情应该很多，并不会仅仅只有周公旦的一次祭祀占卜。毕竟，那时的统治意识还有着浓厚的殷商传统，因而大体仍然承袭着殷商的这种决策或解决疑难的方式。尽管他们可能不会像殷商帝王做得那样频繁，也可能不会像殷商帝王那么依赖祭祀占卜的结果，但是在观念和行为方式上还是基本一致的。

因此，我们完全可以想象，以武王、周公旦、召公或姜太公等等这些周王朝的主要人物为主持人的祭祀占卜活动应该有非常多的次数，会涉及战争、纪念祖先、气候、生育、疾病、长寿延年、农业收成、狩猎、迁居、封爵授官、旅行或建造工程等等方面的主题。按照通常的办法，这些祭祀占卜的过程和结果都会被记录下来，并堆放在固定的地方，就像我们在殷墟遗址中所看到的那些堆放甲骨的祭祀大坑一样。这些记载一般是不大会被单独挑出一个两个来放置在用金属装饰的小匣子里的，也一般不会被嘱咐说不能泄露。因此，我们不妨想象一下，如果周公旦的这件事情完全是真的，那么，究竟会是在什么情况下，这次祭祀占卜的甲骨或竹简需要专门处理，即必须被装入一个以金属装饰的匣子里呢？而且周公旦还要叮嘱负责保管的官员不许外传？然后又在某个特殊的时候，让某个特殊的人物专门来“无意中发现”这个甲骨或竹简？这无论如何都显得十分诡异，不合常理。很明显，这样的细节被设计出来，其实纯粹只是为了表明周公旦的摄政是“襟怀坦荡”的，是对周武王和周成王都问心无愧的。可是，有这种“证明”的需要，却应该是在平定了管蔡之乱以后的事情，在此之前，恐怕完全没有这种需要去“证明”什么。甚至很可能这是在周公旦退出摄政之位后，为了消除人们对他之前行为的怀疑，而“补充”的一个证据。进行这样的“动作”其实也很简单，对于原就掌握朝廷行政事务权力的周公旦来说就更是易如反掌了。只要负责祭祀占卜的官员中有一两个是周公旦的心腹，那么就可以重新刻写一个甲骨或竹简，存入一个匣子中，再把匣子放到专门存放这一类东西的地方。然后，就将这样信息有意无意地透露给成王知道，使他在某个适当的时候在有许多证人的情况下，来“偶然发现”这个匣子里的东西，从而完成了这个“感人”的故事，以获得皆大欢喜的政治局面。

如果有政治需要，那么这种“周公式的伎俩”就会经常出现。这在后来的历史中是屡见不鲜的，已经成为中国社会中的政治常态。这里我们有必要注意的是周公旦的祷词所表达出来的意思：

> 史乃册，祝曰：“惟尔元孙某，遘厉虐疾。若尔三王，是有丕子之责于天，以旦代某之身。予仁若考，能多才多艺，能事鬼神。乃元孙不若旦多才多艺，不能事鬼神。乃命于帝庭，敷佑四方，用能定尔子孙于下地。四方之民罔不祗畏。呜呼！无坠天之降宝命，我先王亦永有依归。今我即命于元龟，尔之许我，我其以璧与珪，归俟尔命；尔不许我，我乃屏璧与珪。”《尚书·周书·金滕》

这段祝词的大意如下，史官写好策书，祝告说：你们的长孙发患了重病，若是你们三王对上天负有责任，就用我姬旦代替姬发的身体吧。我仁厚而孝顺，又多才多艺，善于侍奉鬼神。你们的长孙发不如我姬旦这样多才多艺，他不擅长侍奉鬼神。他从上帝那里接受了天命，普有天下，因而能使你们的子孙在人世间得以安定。四方之人民无不敬畏于他。不要失掉上天降给周朝宝贵的天命，我们的先王也就会能够享受祭品。现在我就听命于大龟，你们如准许我的祈求，我就带回玉璧和玉珪等候你们的命令。你们如果不准许我的请求，我就藏起玉璧和玉珪，不敢再请。

一般性的祷词不大会被特意记载下来。这篇祷词的特别之处也就是这个故事的特殊之处，即周公旦要以自己的身体来代替周武王受上天的惩罚。如果这种祭祀祝祷的方式在当时是很常见的话，那么，这篇祷词可能没有什么特别的意义，因而也就不会被特意流传出来，作为周公旦忠诚的证据。因此，我们可以大致推测说，为帝王祈祷祝愿健康之类的情况是很常见的，可是愿意以自己来代替帝王去接受惩罚的做法，看来就较为难得了。这也正是这篇祷词的"用意"所在，即要让人们为此而感动。不过，在"感动"之余，这篇祷词还是透露出一些特别的内涵，显示出周公旦的某些心理特征。当然，这有一个前提，就是这篇祷词是周公旦本人所撰，或至少其主要内容是得到了他的授意，而由祝宗卜史之类的官员执笔。不论这篇祷词是周武王生病之时周公旦祈祷的真实记录，还是在平定管蔡之乱后才"补充"的一个文件，都不影响它对周公旦心理特征的反映。

祷词中有以下几点主要内容：第一，由我周公旦来代替武王（"以旦代某之身"）；第二，我周公旦比武王仁厚而孝顺，又多才多艺（"予仁若考，能多才多艺"）；第三，我周公旦比武王擅长侍奉鬼神（"能事鬼神"）；第四，我周公旦亲自从三王那里接受了承命（"予小子新命于三王"）；第五，希望三王看在我周公旦的份上让武王病愈（"能念予一人"）。如果我们还记得上一章所讨论过的帝王意识的典型体现的话，就会想起这个说法："万方有罪，罪在朕躬。"尽管那是通过商汤以"诰命"或"桑林祷雨"的方式说出来的："罪当朕躬，弗敢自赦，惟简在上帝之心。其尔万方有罪，在予一人；予一人有罪，无以尔万方。"（《尚书·汤诰》）。可以说，这二人都表达了几乎完全一样的帝王意识（我们甚至很容易就能猜测到，这两个人相似的故事情节和祷词内容是出于同一些西周史官之手），即，由"我"个人来承担天下的责任，也由“我”个人来作为与上天和祖先神灵之间的中介，再由“我”个人来承受天命。如果上天和祖先神灵同意了“我”的这个请求，那就不仅仅是让武王病愈的问题，而等于是说上天和祖先神灵把天下的责任安放在了“我”的身上（至少是这一次），同意让“我”作为与他们之间沟通的中介（至少是这一次），还让“我”来承受他们的天命（至少是这一次）。而“这一次”的成功，又是可以被普遍化为以后的多次。也就是说，“我”有过这样成功的先例，因此，今后的“我”也同样能够做到这一点，即身负天下的责任，与上天和祖先神灵沟通，承受他们的天命。不必多说，这是很明显的一种帝王意识，清晰地表现出要成为帝王的强烈愿望和作为帝王的责任意识。如果按照殷商时期所流传下来的观念意识或精神传统，那么周公旦就是最受上天和祖先神灵所喜爱的中介人，天下万事万物的最高代表。因此成为帝王也是顺乎自然的事情。这种角色或地位正是周公旦在这里表达出来的热切期望。所以，当看到占卜的结果是“吉”之后，周公旦“喜”，并“入贺武王”。当然，他无疑是很有理由开心的。

不过，以这样的故事来作为“忠诚”的表白，实在是过于廉价了（真的会有人相信吗？除了后世的儒家之外）。就此，我们可以看到，周公旦“以身代罚”的“感人”故事实际上并不能证明他对武王或成王的什么“忠诚”，而仅仅表现出他已经具有了一种强烈的帝王意识。只不过他的帝王意识似乎始终没有得到在政治现实生活中尽情宣泄的机会，而只能通过“祷词”或“诰命”等形式曲折、委婉地表达出来。除了上面这个祷词以外，据称为周公旦所作的几篇文章有《君奭》、《康诰》、《酒诰》、《梓材》、《洛诰》、《多方》、《毋逸》、《多士》和《微子之命》等等。这些文章综合一处，较为全面地展示出了周公旦为西周王朝的统治意识所赋予的新内涵，从而使他在转变周文王和周武王关于统治意识的思路之后，完成了他们二人所没有能够完成的政治任务，即实现从殷商帝国到周王朝的精神转变。这一转变的成功又导致后来儒家思想的产生，也从不同的角度刺激了道家、墨家和其他许多春秋战国时期思想理论的产生，因而影响了中国社会两千多年的历史。因此，我们有必要认真地加以研究。

《君奭》记载了周公旦劝告召公奭的话。召公奭与周公旦一样，都是周朝开国的重要功臣。武王去世后，召公奭也对周公旦有所怀疑。于是周公旦作了此篇讲述辅臣对国家的重要性，打消了召公奭的疑虑，与周公旦共辅成王：

> 成王既幼，周公摄政，当国践祚，召公疑之，作《君奭》。《君奭》不说周公。周公乃称　　于是召公乃说。《史记·燕召公世家》

周公旦无论是否意图自己称帝，他都很清楚这几个元老重臣（如姜太公、召公奭和毕公高等）的态度对他而言都是十分重要的。没有这几个人的支持，不用说称帝，就是只当一个丞相都很麻烦。他们都不是文王嫡子，应该说主要是凭借自己的能力才获得武王重用的，并都得到了分封，成为西周的诸侯王。因此他们在西周朝廷内外都有着非常高的权势和威望，甚至超过文王的几个嫡子，至少也完全可以与这些嫡子相抗衡。我们几乎可以说，周成王、周公旦、管叔或蔡叔之间，谁得到这几个重臣的支持，谁就能掌控西周朝廷的帝王大权。我们前面提到过周公旦是怎样与太公姜尚达成同盟关系的（权力分配）。而《君奭》就是周公旦与召公奭之间达成政治同盟关系的一种表白。至于他们之间其他的利益交换，我们已经无法知道了。召公奭和毕公高都是武王的同族兄弟（可能还是同父异母兄弟）。史书没有提到周公旦与毕公高之间的事情。我们只知道毕公高是被武王分封在毕地（今陕西咸阳一带）的（“武王之伐纣，而高封于毕，于是为毕姓。其后绝封，为庶人，或在中国，或在夷狄。”《史记·魏世家》），与西周的都城丰镐（今陕西西安一带）很近。如果他不支持周公旦，那对周公旦就十分危险了。因此，可以估计毕公高即使不是周公旦的同盟，至少也应该是与周公旦没有什么大的冲突的。后来毕公高在周公旦去世之后的周成王和周康王时期受到重用（“惟十有二年，六月庚午朏，越三日壬申，王朝步至宗周，至于丰。以成周之众命毕公保釐东郊。……惟公懋德，克勤小物，弼亮四世，正色率下，罔不祗师言。嘉绩多于先王，予小子垂拱仰成。”《尚书・晚书・毕命》）。

周文王和周武王一直考虑的问题是如何将殷商帝国的天命转移到周部落的身上。而周公旦是不考虑这一问题。对他而言，这已经是一个既成的事实，无须再去费心，那都是以前父兄们（文王和武王）所考虑的事情。现在他要费心的是如何保持这一已经降落在周部落身上的天命，也就是保证父兄所打下来的江山不会在他手里失去。正是由于所关心的问题不同，使周公旦思考的着眼点与文王和武王大不相同，也因而使他有了机会超越文王和武王的境界范围，成就了他自己特有的帝王事业。在《君奭》中，他说：

> 天降丧于殷，殷既坠厥命，我有周既受。我不敢知曰，厥基永孚于休。若天棐忱，我亦不敢知曰，其终出于不祥。呜呼！君已曰：“时我，我亦不敢宁于上帝命，弗永远念天威越我民，罔尤违，惟人。”在我后嗣子孙，大弗克恭上下，遏佚前人光，在家不知，天命不易，天难谌，乃其坠命，弗克经历。嗣前人，恭明德。又曰：“天不可信。”我道惟宁王德延，天不庸释于文王受命。《尚书・周书・君奭》

这段话的大意是：老天降下灭亡灾祸给殷商，殷商已经失掉他们的天命。我们周国已经承受了这个天命。只是我不知道，我们的基业是否能够永远吉祥。上天是保佑虔诚有信之人的。我也不知道，我们的基业最终是否会出现不祥的结果。您曾经说过：一切决定于我们自身，我们也不敢安享上天赐给的天命，不敢不常常顾念上天的威严和小民的疾苦；不能怨恨上天转换天命，一切只在人为。我们的后代很多不能敬重天地，使文王和武王的光辉变得暗淡，他们不懂得接受和保持天命是不容易的，不懂得上天对不敬重天地的人是难于相信的，很快就会让他失掉天命。要继承先王事业，奉行明德。您还说：上天不可信赖。我们唯有把文王的明德延续下去，上天才会不舍弃降给文王的天命。

这段话表明，周公旦是按照那时候通常的观念看待周朝的建立，即天命已经从殷商那里转换到了周部落这里，因而殷商灭亡而现在由周朝承受着天命。于是，紧接着的问题就是既然庞大的殷商帝国都会失掉天命，那么对较为弱小的周部落来说，如何守住这个天命呢？周公旦和召公奭都很清楚，文王和武王并没有掌握什么特别的宗教秘诀（祭祀占卜）使他们能够获得上天或祖先神灵的特别垂青，因而才把天命交给他们。他们俩无非就是非常敬畏上天，并且又能照顾上天所生养的民众（“天生烝民”）而已（“念天威越我民”、“予惟用闵于天越民”，即上天与民众这两者）。这是他们从《诗经》中所反映的民风那里能够深切地感受到的。这样，保持天命的方式也就是两点：一方面，始终对上天和祖先神灵保持敬畏（“敬天”）；另一方面，照顾好天下百姓（“保民”的德政）。这两点不做好，天命就又将转移，且降下灾祸。鉴于殷商帝国的命运，天命确实是随时会变的（“天命靡常”）。而殷商帝王犯的错误，就是过于依赖前一点，却忽视了后一点。没有认识到照顾好天下百姓的生活（“以民为本”）是天命所附带的最重要的使命，也就是作为帝王最重要的任务。这一点没有做好，上天就毫不客气了（“天不可信”）。所以，像殷纣王那样只是敬畏上天是不够的，还必须治理好天下百姓。于是，这就成为对周王朝而言，最为关键的政治任务。并且，在这一点上，周公旦与召公奭形成了共识。对这一点，殷纣王没有认识到更没有做到，而周文王和周武王虽然做到了，也知道这很重要，却没有明确地认识到，即没有从统治意识的角度去考虑，没有上升到政治战略的高度，没有想到这是他们周部落获得天命的关键，同时也是周王朝要想保持天命不变的关键。正是在这一点上，周公旦找到了超越文王和武王的突破口，也找到了帝王意识的核心原则。于是，中国传统的统治意识就从殷商时期那种单纯依靠上天和祖先神灵的方式，转变到了还要进一步照顾治理好天下百姓，这样才能始终获得上天和祖先神灵的庇佑，保持天命不变。以此为基础，周公旦逐渐形成了系统的统治思想并采取了一系列的政治措施，深深影响了三千年的中国社会。

周公旦继续说：

> 我闻在昔成汤既受命，时则有若伊尹，格于皇天。在太甲，时则有若保衡。在太戊，时则有若伊陟、臣扈，格于上帝，巫咸乂王家。在祖乙，时则有若巫贤。在武丁，时则有若甘盘。率惟兹有陈，保乂有殷，故殷礼陟配天，多历年所。天惟纯佑命，则商实百姓王人，罔不秉德明恤，小臣屏侯甸，矧咸奔走。惟兹惟德称，用乂厥辟，故一人有事于四方，若卜筮罔不是孚。　　上帝割申劝宁王之德，其集大命于厥躬？惟文王尚克修和我有夏；亦惟有若虢叔，有若闳夭，有若散宜生，有若泰颠，有若南宫括。又曰："无能往来，兹迪彝教，文王蔑德降于国人。亦惟纯佑秉德，迪知天威，乃惟时昭文王迪见冒，闻于上帝，惟时受有殷命哉。"《尚书·周书·君奭》

这段话的大意是说：我听说商汤承受天命时有伊尹这样的贤才，能与上天感通；太甲时有保衡，太戊时有伊陟、臣扈和巫咸，祖乙时有巫贤，武丁时有甘盘这样的人才。正是以这些贤臣来安定治理殷国，所以殷朝的祭礼能够让上天和祖先神灵配享，延续很久。老天给殷国这些辅国贤臣，使百官都能秉承美德明察忧患，小臣也都能尽心尽职地效力。这些人因有德能才被举荐使用的，来帮助君王治理天下。这样君王对天下四方的管理就像卜筮一样能令人信服。……上天为什么一再嘉勉文王的美德，把天命降落在他身上呢？因为只有文王能重视治理和洽我们中国，也因为有像虢叔、闳夭、散宜生、泰颠和南宫括这些贤才。人们说，如果没有他们的奔走效劳，推行教化，那么文王也就没有恩德降于百姓头上，也因为这些辅臣都有美德，通晓上天的威严，于是非常勤勉地辅助文王，为上天所闻知，于是转给他们殷国的天命。

我们可以很清楚地看到，当周公旦和召公奭认识到治理天下百姓的任务具有最高的政治意义后，下一步就是考虑如何治理好天下百姓，例如重视生产、划定区域以免相争、理顺族人内部的生活以及外部的诸侯间关系等等。而这一切都涉及一个问题，那就是需要有一个治理机构。那时的天下之大，已经不是帝王一个或几个人就能够掌管好的了，必须有一个庞大的政治机构以操作日常的管理事务。殷商王朝的政治机构已经稍具雏形（如“内服官”和“外服官”制度），只需加以改进和完善即可。关键的问题是，周王朝需要一支庞大而专业的官员队伍，来延伸权力的触角，对广大范围内的天下百姓进行有效地治理。这样，辅臣（或官员体制）问题，也因此具有了政治战略的意义。而这在以往的帝王意识中尚未得到理论上的明确。《君奭》篇的重要性也就在这里。

应该说，正是由于周公旦与管叔、蔡叔之间的权力之争，促使他不得不特别重视姜太公和召公这几个非文王嫡子的朝廷重臣。因为凭他自己的才能恐怕是不能把握好当时危险的政治局面的。而且在他摄政治国之时，他一定也很清楚地意识到，没有众多的贤能辅臣，这样一个大国也无法有效地进行治理。而由于这一“重视”在《君奭》中的强调，就使得“辅臣”这个问题在中国社会的政治生活中第一次上升到帝国统治的战略层次。由此，官员群体成为中国古代社会帝王意识中的核心政治内容之一。或许，召公奭也是由于看到自己在周公旦心目中具有如此重要的政治作用（“朕允保奭”、“襄我二人”、“在时二人”、“笃棐时二人”、“海隅出日，罔不率俾”，即我周公旦信任你召公奭，一切都靠我们二人了，让远在天边的人都来归顺我们），才解除疑虑来一心一意地辅助周公旦的吧。不过，相较而言，周公旦的政治目的本身已经不重要了，重要的是中国社会的帝王意识认识到照顾治理好天下百姓的重要性之后，又由此进一步注意到了组织人事问题的政治意义，使政治机构的设置和安排成为统治意识中必不可少的主要内容之一，而不再是像以往那样只是个别帝王的偶然之举。我们可以想象得到，管叔和蔡叔恐怕是没有理解到这一点的，因为这似乎只有富于行政经验的周公旦才能考虑得出来。因此管叔和蔡叔在帝王权位的角逐中最终失败也就在情理之中了。在秦汉之后，中原帝王们就充分认识到了这一问题的重要意义，将官员体制视为帝王的主要工作之一。尤其是在实施郡县制的背景下，官员的选拔任用问题就更为突出了。也由此，儒家知识分子正式走上中国社会的政治舞台，逐渐成为历代统治群体中不可或缺的核心组成部分。

对于为什么要照顾治理好天下的百姓民众以及怎样才能做到这一点，《康诰》、《酒诰》和《梓材》这三篇文章表达得较为完整。周公旦平定管蔡和武庚之乱后，将武庚的殷民和殷地分封给了弟弟康叔封。因为武王分封时，康叔尚年幼，就没有被封（“康叔封、冉季载皆少，未得封。”《史记·管蔡世家》）。周公旦让康叔重新立国，即卫国（“周公旦以成王命兴师伐殷，杀武庚禄父、管叔，放蔡叔，以武庚殷余民封康叔为卫君，居河、淇间故商墟。”《史记·卫康叔世家》）。然后周公旦告诫教导年轻的康叔如何治理国家，就作了《康诰》、《酒诰》和《梓材》这三篇诰命：

周公旦惧康叔齿少，乃申告康叔曰：“必求殷之贤人君子长者，问其先殷所以亡兴，所以亡，而务爱民。告以纣所以亡者以淫于酒，酒之失，妇人是用，故纣之乱自此始。为《梓材》，示君子可法则。故谓之《康诰》、《酒诰》、《梓材》以命之。”康叔之国，即以此命，能和集其民，民大说。《史记·卫康叔世家》

在《康诰》中，周公旦首先要解释殷商王朝为什么会灭亡，而周王朝为什么得以出现，即天命为何会从殷商那里转移到周族这里。这是以往周文王和周武王都没有能够完全想通、想明白的问题。到了周公旦执政的时候，他是无论如何也要给出一个能够让人信服的说明的。因为这样才能够知道下一步大家应该怎么做，才可以始终保持有这一天命而不再失去。也就是说，这是周朝社会规范的最重要依据和原则。不确定这一点，周朝的王公大臣和平民百姓都将无所适从，或者就仍然还会像殷商时期的人们那样天天纵酒淫乐，贪图安逸。在周公旦看来，这无疑将导致天命的再度转移，周朝天下将得而复失。于是，他说：

惟乃丕显考文王，克明德慎罚，不敢侮鳏寡，庸庸，祗祗，威威，显民，用肇造我区夏，越我一二邦，以修我西土。惟时怙冒，闻于上帝，帝休，天乃大命文王，殪戎殷，诞受厥命越厥邦厥民。《尚书·周书·康诰》

这是说：只有功勋显赫的伟大先父文王能够崇尚美德，慎用刑罚，不侮鳏寡孤独的人，任用该任用的人，敬重该敬重的人，畏惧该畏惧的事，光照民众，以我西土小周邦创造华夏大国，也治理好我西土邦国。这巨大的努力被上天闻知，上天高兴就将天命降给文王，灭掉殷国，接收了殷国的天命、国家和民众。

周文王和周武王对自己是否能从殷商帝国那里夺得天命这一点，始终没有充分的把握。因为他们一直认为殷商帝国之所以有天命在身，是由于殷商帝王与上天和祖先神灵之间有着某种特殊的关系，掌握了某种特殊的渠道，才能打动上天和祖先神灵，获得他们的天命，成为他们在人世间的最高代表，代替他们行使至高无上的权力来掌管凡间的万民。因此，他们俩就始终在考虑究竟如何能够在宗教事务上战胜殷商帝王，即如何在祭祀和占卜上掌握殷商帝王的秘密，又能够创造出自己的独特秘方，从而可以将天命牢牢地把握在自己手中。他们俩的这一思路直至最后都没有改变。只是到了周公旦这里，这一思路才得以扭转。也就是将他们夺得天命的关键没有解释为仅仅是宗教方式，而有着另外的原因，那就是这里所说的：(1) 崇尚美德（“明德”或“敬德”）；(2) 慎用刑罚（“慎罚”）；(3) 照顾弱者（“不敢侮鳏寡”）；(4) 勤政（“庸庸，祗祗，威威”）；(5) 爱民（“显民”）。

殷商时期的“德”的意思与后世有很大的不同，需要从宗教的角度加以理解，即主要指对上天和祖先神灵保持一种恭谨的态度，不能忽视怠慢祭祀占卜活动。对祭祀占卜的轻视，也就等于对上天和祖先神灵的轻视。那必然是不会得到他们的赞赏和喜悦的，因而也就不可能保有天命。由于在殷商时期国家政务最重要的事情就是祭祀和占卜，几乎所有事情都要由占卜来决定，所以，这一点又可以引申为对国家大事全部都要保持恭谨的态度，不能像殷纣王那样酗酒淫乐，暴虐无道，残害无辜，荒废政事。在周公旦看来，殷商时期的帝王如纣王的错误就在于只知道重视祭祀占卜活动，而不知道还应该在所有的政务上都保持恭谨的态度。因此殷纣王才会毫不在意自己的胡作非为，认为这完全无碍于他所秉持的天命。殊不料结果却事与愿违。

这使周公旦意识到，单单恭谨于祭祀和占卜是不足够的，还需要将这种态度延伸到处理政务之上，因为这正是上天交给凡间代理人的最重要任务，那就是照顾好上天所诞生的万民（“天生蒸民”）。这样，照顾好万民的重要性至少是与祭祀占卜活动相等的，甚至还超过了祭祀活动本身。因为如果作为帝王没有照顾好万民的话，那么光靠祭祀占卜也不能保有天命；而如果他能够照顾好万民的话，那么神灵就会高兴，也因此就会将天命降给他。即使他对祭祀占卜活动有所忽略大概也没有太大关系，因为神灵们能够理解，知道他是勤于治理民众才疏忽了祭祀和占卜的。当然，最好的方式就是两者兼得，都能够保持恭谨的态度，那就最为稳妥了。只是权衡之下，照顾好民众相比较祭祀占卜的行为而言，仍然处于更紧要、更根本的地位。这样，通过这种认识，周公旦就在继承殷商传统宗教气质的同时，又将社会规范的根据和帝王意识的核心，转移到了与民众的关联问题上，即照顾好民众（“以民为本”），恭谨地对待治理民众的行政事务。这种民本意识及其相关问题（德性、礼乐、宗法制度等等）由此逐渐成为西周时期统治意识区别于夏商王朝的独有特征。

既然认识到了必须照顾好民众，恭谨地对待治理民众的事务，这才是获得和保有天命的关键，那么，周公旦的视野就不再去一味地关注他所不擅长的宗教活动上，而转移到了他所擅长的国家行政事务上。他在《康诰》中就专门强调对所有政事的恭谨态度上，即要“明德”或“敬德”。我们毫不奇怪地看到，周公旦自己就是这方面的模范，如他形容自己的“一沐三捉发，一饭三吐哺”（《史记·鲁周公世家》）都是对此十分典型的写照。可见，周公旦的这种意识与其自身的政治经验有很大的关系。他根据自己的经验认为，如果单纯强调对神灵的恭谨，那么殷商的天命就没有转移到周部落身上的过硬理由，也就是看不到有什么必然性会出现这种转变，文王和武王就没有发现；只有当强调在治理民众的政务上始终恭谨，才能够与殷商末帝形成鲜明的对比。于是，周公旦就开始大张旗鼓地强调周文王与殷纣王之间的这种差别。同时，这种帝王之间个人德性上的差别，也很自然地继续延续到两个王朝之间统治意识的不同特征上。而实际上，在对待民众事务的恭谨态度，以及对待国家行政事务的认真细致和辛劳方面，殷商末期和西周初期的政坛上，几乎没有人能够与周公旦相比。于是，在对政治人物这种个人德性的强调得到众所公认之后，周公旦自己就成为当之无愧的政治楷模。这样，在处理管叔、蔡叔和武庚之乱以后，经过对西周初期全盘政治局面的思考，周公旦终于找到了使自己作为周朝帝王的正当理由，同时也找到了周王朝统治意识的自身特色，也使得天下百姓诸侯都有了对周王朝政治认同的观念基础。

由此，殷商时期对“神”的强调，到了西周初期就逐渐转变到对“民”的强调上。不过，这两者看起来仿佛是天上与地下的巨大差别，但是却有着相同的本质，那就是这两者都属于获得和保持天命的根本方式，都是统治意识的核心内容，都是使得帝王权力合法化的根本理由，也都是有效延伸社会权力的基本操作原则。殷商帝王与周部落的几位领袖如文王、武王和周公旦一样，考虑的都是如何能够获得和保有统治天下的神圣权力，都是如何能够以个人或几个人的力量掌控天地间的万事万物，就像上天神灵那样，至少也要像光耀万物的太阳或者威力无比的雷电那样。而在远古时代，几乎所有的人都想当然地认为，这种权力无疑来自上天神灵本身，而不可能来自其他地方。当上天将自己掌控万物的权力授予凡间的某个人时，也就是天命降到了他的身上，那么，这个人就能够具有无比巨大的力量和至高无上的权威，可以代替上天神灵来掌管凡间的万事万物。于是，很自然地，每一个有这种权力欲望的人都极力想知道，究竟如何才能够从上天神灵那里承受到并始终保有这一天命呢？谁知道了这个秘密，谁就能够成为天地间最有权力和地位的人，就像太阳或雷电那样，甚至也能够与天地神灵一样永恒不朽也说不定吧。因此，对承受到天命的人，天地间所有的一切都只能向他拜服，而绝不能反抗，否则就会面临上天神灵降下的惩罚和灾难，或者受到这个人代表上天神灵来实行的处治。对天命的追求，是他们共同的宗旨。只是在追求的方式上，周公旦已经较其前任有了不同的理解。我们看到，围绕着这样的观念所形成的帝王意识或统治理论，在殷周之际逐渐开始成熟，其内涵不断丰富和扩展，同时也强化了基于统治意识的社会权力，使其得以有效地延伸进普通民众的日常生活之中，也有效地延伸进各地诸侯部族的内部生活之中。

爱民和刑罚就是这种帝王权力的一体两面。帝王是上天派来照管他所生养的万民的，自然就会爱护民众。而对那些不顺从帝王管治的顽民，当然就必须进行惩处，以免更多人效仿他，导致社会生活的混乱。这样，帝王作为上天的代表，就具有了干涉和约束万民的观念和行为的权力。这个权力还因此具有神圣性，任何人都不能否定和挑战，而只能无条件地赞颂并顺从。爱民体现在让民众重视生产，安顿生活，认真处理民众的事务上，也体现在照顾弱者，即那些鳏寡孤独、无依无靠的人上，还体现在慎用刑罚上。慎用刑罚一定是有鉴于殷纣王的滥用刑罚而言的。他的滥杀无辜，滥用酷刑，引起天怒人怨，也导致殷商帝国的最终灭亡。在殷纣王看来，自己的这种行为完全是上天所授，自己具有这种至高无上的权力，他人无权质疑和干涉，只能顺从地甘心就戮。到了西周初期，人们已经不会再轻易认可帝王的这种观念和行为。对此，周公旦就必须给出一个恰当的解释，即能够在承受天命和应用刑罚之间找到平衡之处。基于殷商时期的帝王意识，只要有上天神灵的庇佑，帝王是可以任意地使用刑罚来惩处任何他所不满意的对象，无所谓限制和规范，帝王个人的一时喜好就是最高的规范，任何人都只能遵从。但是在周公旦新的解释框架中，帝王的本质在于照顾好民众，那就必须爱民，而爱民就不能对民众滥用刑罚，以致引起民众的怨怒。民众有怨怒就表明帝王没有照顾好民众。那么，上天闻知了民众的怨怒，也就会对自己的代理人不满，从而收回给他的天命，重新去选择自己的代理人。这就意味着天命转移了。因此，爱民、照顾老弱和慎用刑罚等等，可以说都是帝王德性的本质内容，是帝王是否对上天神灵态度恭谨的具体表现。

当这些基本原则确定了之后，帝王的社会权力也就具有了合理合法的正当性，可以得到人们的认可，而心甘情愿地服从了。这意味着，在此基础上，帝王权力就可以正当地管制民众，掌控社会生活的一切，也就是干涉和约束人们的观念或行为。这表明，比较起殷商时期尚属肤浅的统治意识，在西周时期，由于统治意识的更新（周公旦的贡献），自上而下的社会权力对民众主体意识的影响和控制更加深化和全面了。

根据上面这些基本原则，周王朝的统治群体对如何来治理民众或掌管国政，就有了明确的规范。于是周公旦继续对康叔封说：

> 封，汝念哉！今民将在祗遹乃文考，绍闻衣德音。　　洞瘝乃身，敬哉！往尽乃心，无康好逸豫，乃其乂民。我闻曰："怨不在大，亦不在小；惠不惠，懋不懋。"已，汝惟小子，乃服惟弘王应保殷民，亦惟助王宅天命，作新民。《尚书·周书·康诰》

这是说：封你要深思！现今殷民将观察你是否能够恭敬地遵从文王之道，继续听取先辈中的有德者声音。……你要苦身劳形于国事，要专一谨慎。要尽力而为，不能贪求安逸享乐，这样你才能治理好民众。我听说：民怨不在于大，也不在于小，而要使不顺从的顺从，不努力的努力。你这个年轻人的职责就是弘扬王道，保护殷民。这也就是辅助周王察知天命，使殷民弃旧从新。

周公旦已经将他所理解的上述文王之道视为统治意识的典范或标准，要求康叔等周王朝的官员们能够了解并遵循这种统治理念，以尽可能地保持好已经降给周部落的天命。基于这种统治理念的要求，治理官员必须始终秉持对于上天的恭谨态度，认真执行上天的使命，即照顾好民众，管理好民众的事务。特别是殷纣王及其殷商官员们贪酒误事、耽于享乐，对西周王朝的政治影响起了极大的警惕作用。进而，周公旦认识到，执政的核心在于，不能放纵官员们的观念和行为，同样也不能放纵普通民众的观念和行为。不能任由他们随心所欲，胡作非为，也就是要使不顺从的都变得顺从，不努力的都能够努力。由此，周公旦以“正当”的理由，逐渐使帝王权力开始了在社会生活中正式干涉和限制官员和民众的观念和行为。相较于我们上一章所讨论的殷商时期的“神权”，周公旦在此基础上又增加了“敬德”或“爱民”的力量。这也就是上天或祖先所授予的，是统治群体照顾治理民众理所应当做的。要敬德，要爱民，就必须负起这个责任，即规范民众的观念和行为，以致规范社会生活方式，规范人的成长状态（“作新民”）。这些规范在民众之中产生的效果，就看社会生活是否形成了稳定的政治秩序。这就是文王之道，需要所有周王朝的官员们来一起努力加以弘扬。

进行社会规范的具体方式，周公旦继续教导康叔封说：

> 敬民乃罚。式尔，有厥罪小，乃不可不杀；适尔，既道极厥辜，时乃不可杀。　　有叙，时乃大明服，惟民其勑懋和。若有疾，惟民其毕弃咎。若保赤子，惟民其康乂。　　要囚，服念五六日，至于旬时，丕蔽要囚。汝陈时臬事罚。蔽殷彝，用其义刑义杀，勿庸以次汝封。乃汝尽逊曰时叙。惟曰未有逊事。《尚书·周书·康诰》

这是说：要谨慎严明你的刑罚。有的罪小，却是存心违法，就不能不杀；有的罪大，却是偶然违反的，又完全坦白出来，就不可杀。……能够顺此而行，就可使法律清晰明白，百姓都会心悦诚服，也会相互告诫勉励和睦相处。他们会像躲开疾病那样远离罪恶。若像保护小孩子一样地保护民众，民众就会安定有序。……判决囚禁罪犯时，要先考虑五六天到十来天，再做出裁决。你要宣布法律再进行处罚，要依据殷人都知道的法律断案，按照法律来判刑或处死，而不要按照你自己的意愿进行。假如你只按照自己的意愿进行，就不会办好这样的事情。

刑罚是政治权力的实质性应用，是帝王身份和地位的象征，也是帝王身负天命的体现。但是不能像殷纣王那样滥用刑罚。这是不懂得帝王权力的规范性运用的结果。也就是说，帝王权力是基于天命而来的照顾万民的责任，刑罚就是由于这一责任才具有正当的合理合法性的。因此，照顾万民就成了刑罚使用的规范原则，即各种刑事处罚都必须以照顾好万民为其基本原则，否则就属于“滥用”。滥用刑罚将导致民众的怨恨，上天也将因此收回天命，使刑罚不再具有合理合法的性质。如果刑罚的使用符合“照顾万民”这一基本原则，那么，民众就会遵行，也不再会对自己所受到的处罚感觉怨恨。很明显，周公旦的这种认识表明，在西周初期，中国社会政治生活中的法律意识也开始从殷商时期的宗教原则，逐渐过渡到了以“敬德爱民”为规范原则的阶段。这一规范原则的应用，就是强调了对刑罚的“慎用”，而不能“滥用”。也就是说，“慎用”和“滥用”之间，是可以用一个原则来加以区分的。这个原则就是“敬德爱民”。慎用刑罚也意味着慎用帝王的政治权力，而“慎用”的目的是使民众能够真心地顺从遵行法律，同时也是顺从遵行帝王掌控万民的政治权力。

帝王及其官员行使刑罚的权力，也就是行使“正当”的治理民众的政治权力。而这一权力当然是绝不能容忍他人挑战和反抗的。对刑罚的异议和反抗，也就是对政治权力的异议和反抗。如果帝王及其官员们没有了刑罚的权力，也就等于失去了政治权力，即失去了治理民众的权力。这也等于是失去了自己身上的天命，结果就是朝廷被推翻，国家灭亡。对此，周公旦警告康叔要小心：

不率大戛，矧惟外庶子训人，惟厥正人越小臣诸节。乃别播敷造民，大誉弗念弗庸，瘝厥君；时乃引恶，惟朕憝。已！汝乃其速由兹义率杀。亦惟君惟长，不能厥家人越厥小臣、外正；惟威惟虐，大放王命，乃非德用乂。　　惟文王之敬德忌乃裕民。曰：我惟有及。则予一人以怿。《尚书·周书·康诰》

这是说：不遵循国家大法的，有各个诸侯国的官员和平民。他们如果另外颁布法律政令给民众，告谕他们，称赞那些不守法或者危害君主的人，那么，这是会增长恶行的，我很憎恶。你应当尽快依法捕杀他们。还有诸侯邦国的君主和长者，不能教化家人和臣民，任由他们作威肆虐，大张旗鼓地放弃王命，对他们也要进行惩处。……只有像文王那样恭敬德行而憎恨罪恶的方式，才能用来教化民众。如果你尽力按照文王的方式去做，那我就很高兴了。

不遵守周王朝大法的，大概首先就是武庚的殷商遗民。因为那是各个诸侯国刑罚的楷模。殷商时期祖甲曾经大修过一次夏朝的刑罚《禹刑》，使之更为完善，据说《商刑》单单五种大刑的具体条款就有三千条之多。后来的殷商帝王也不断地加以修缮，至殷末时期已经较为完备了。尽管殷纣王不按照刑律执行，而是随心所欲地滥施酷刑，但是《商刑》仍然还是当时社会生活中的大法，是各国诸侯、一般官员和普通民众所奉行的规范准则。当然，各国诸侯（也包括殷末的周部落）也会有一些自己部族长久以来所形成的自然法，但是成文的法律还是使用殷商朝廷所颁布的法律。就各个部族内部的管理而言，应该说基本上都是将《商刑》与自己的自然法结合起来使用。西周时期，西周朝廷只是到了周穆王时才由当时的司寇吕侯对夏朝的《禹刑》和商朝的《商刑》进行了修改，称为《吕刑》。不过，这已经是在康叔被分封之后大约七十多年了。而在此之前的西周初期，周王朝和各国诸侯基本上还是沿用商朝的刑律。只是这样一来，问题就难免会出现了。像武庚的商部落或那些忠心于商王朝的部族诸侯，自然是有意无意地沿用以前的办法，由自己的人根据商朝的刑律处理断案刑狱的事务。而周王朝如果有派驻的官员，一方面可能还没有形成行使权力的威信，另一方面这些官员对刑律的了解恐怕还不如本地的官员。因此，周王朝对各地的统治是需要经过一段时期的适应过程，才能将自己的政治权柄切实有效地落实在社会生活之中的。这也是为什么周公旦在各种诏诰中始终强调和教导下属君王和官员们如何一步步地将刑罚的权力掌握好。在殷周时期，毕竟帝王权力还处于较为微弱的阶段，还没有完全渗透进人们的日常生活之中，而人们对自上而下的社会权力也尚未适应，总是难免要进行抵制和反抗。因此，如何应用刑罚，也是如何应用政治权力的问题，这在早期社会政治生活中，始终都困扰着人们，也是统治群体所一直特别用心的焦点问题。

不知道周公旦是不是早就对周武王处理殷商遗民的方式有意见，也不知道他与殷商朝廷的武庚或其他王公贵族之间有什么交往或怨恨，至少我们看到，他一执政就与殷商遗民之间发生了激烈的冲突，以至于二话不说就派大军将他们加以剿灭了。或许这只是由于管叔的缘故，他才迁怒于武庚和殷商遗民也说不定。但是毕竟，就前朝遗民问题而言，周公旦似乎远没有那么慎重，也不是那么宽容。后来他消灭了武庚，将余下的殷商遗民交给康叔管理，成立了卫国。可是另外又让微子继续殷商的祭祀，成立宋国。我们现在已经不容易弄清楚，周公旦为什么不将殷商遗民都交给微子的宋国，而是由康叔另立卫国。据说，微子的人很好，殷商遗民都很爱戴他（“微子故能仁贤，乃代武庚，故殷之余民甚戴爱之。”《史记·宋微子世家》）那么，康叔所管理的卫国内的殷商遗民会不会心系宋国，总是想逃到宋国去呢？对年轻的康叔来说，这恐怕是一个不小的考验。

可能是考虑到这样的情况，周公旦告诫康叔不能对那些自作主张的人客气，一旦发现就必须尽快惩处，甚至杀掉。这些人（特别是殷商遗留的王公贵族）的行为即是对康叔的威胁，同样也是对周王朝的威胁。同时，这种严厉惩处还必须伴随着相应的管治办法，就是要事先尽可能告诉这些殷商遗民，在新的王朝统治下，应该怎样做才是对的（恰当的），怎样做就是错的（不恰当的）。不然人们是不会知道怎样做就会受到赞赏（“敬有德”），怎样做就会受到惩处（“疾有罪”）。那将使人们无所适从。这种事先的告诫训导，就是所谓的教化。也就是对人们的具体观念和行为进行规范性引导，而不能任其自由发展，自作主张，或自我管理。这可以说是中国社会最早出现的明确意识，就是对王公贵族、官员和普通民众都进行规范性的管治，要限制他们的观念和行为，不能允许他们在周王朝的权力之外进行自我治理。这是继殷商时期的宗教性社会权力之后，周王朝统治意识的转变所带来的对社会权力的重新认识，是更深入、更普遍地将社会权力渗透延伸进民众的日常行为之中的政治举措，也是将中原朝廷的政治权力扩展到各个地方的区域性部族生活之中的政治策略。由此，周公旦的这些政治行为就大大强化了中国社会生活已经形成的组织结构，对后世造成了极为深远的影响。对此，周公旦进一步教导康叔说：

> 爽惟民迪吉康，我时其惟殷先哲王德，用康乂民作求。矧今民罔迪不适，不迪则罔政在厥邦。予惟不可不监，告汝德之说于罚之行。今惟民不静，未戾厥心，迪屡未同。爽惟天其罚殛我，我其不怨。惟厥罪无在大，亦无在多，矧曰其尚显闻于天。敬哉！无作怨，勿用非谋非彝蔽时忱。丕则敏德，用康乃心，顾乃德，远乃猷，裕乃以；民宁。不汝瑕殄。　　往哉！勿替敬典，听朕告汝，乃以殷民世享。《尚书·周书·康诰》

这是说：民众经过教导才能善良安定，我们因此要思考殷人先哲明王的德政，用来安定治理殷民，好与其先王治世相媲美。况且现在的殷民，不经过教化就不会听从，不经过教化，在其邦国内就不会有善政。我不能不体察下情，告谕你关于德政和刑罚的道理。现在的民众不安静，心还未能安定下来，就是屡次教导也不一定能够与我们同心。上天将要责罚我们，我们不能抱怨。罪过不在于大，也不在于多，而在于上天是否知道。所以，要谨慎啊！不要制造怨恨，不要用不善之谋、不法之举闭塞了你的诚心。要尽快推行德政，用来安定殷民的心，发扬他们的美德，使他们为长远考虑，使他们丰衣足食。这样殷民就安宁了，而不会找理由来灭绝你。……去吧，不要丢掉应当谨慎遵守的法典，听从我的告谕，依照实行，就可以世世代代和殷民共享国家了。

殷商时期统治意识的宗教性特征，是在各地诸侯和普通民众都对上天或祖先神灵有了与殷商帝王相似的宗教观念之后，开始以此来规范或限制他们的行为。这种宗教观念是在殷商统治群体的祭祀占卜活动中体现出来的。而在西周时期，从周公旦开始，情况有了细微的变化。那就是，仅仅有这样的宗教观念还不够，还需要有对上天和祖先神灵的崇敬态度，并认真地完成神灵所交予的任务，那就是照顾治理好万民，即要“敬德”和“爱民”。“敬德爱民”的具体内容就是“慎罚”和“教化”。可见，这种对民众观念和行为的全面规范和限制是建立在这种周公旦式的“民本”意识基础之上的。

于是，在平乱之后，周公旦开始实行了具体而严厉的教化。其中最典型的一项措施就是严禁人们酗酒，特别是严禁官员们酗酒。因为殷商末期的一些社会状况让周公旦看到，他有了一个干涉和限制人们行为的极好机会，那就是以实行戒酒作为一种政治手段，来达到正当地约束官员和民众的统治目的。而且他也很清楚，通过这样一个特殊的事例，他可以将周王朝的政治权力普遍化到社会生活中的所有方面去。于是，他告诫康叔说：

惟天降命，肇我民，惟元祀。天降威，我民用大乱丧德，亦罔非酒

> 惟行；越小大邦用丧，亦罔非酒惟辜。……我西土棐徂，邦君御事小子尚克用文王教，不腆于酒，故我至于今，克受殷之命。我闻惟曰：在昔殷先哲王，迪畏天险小民，经德秉哲。自成汤至于帝乙，成王畏相惟御事，厥棐有恭，不敢自暇自逸。矧曰其敢崇饮？越在外服，侯甸男卫邦伯，越在内服，百僚庶尹、惟亚、惟服、宗工、越百姓里居，罔敢湎于酒。不惟不敢，亦不暇，惟助成王德显越，尹人祗辟。我闻亦惟曰：在今后嗣王，酣身，厥命罔显于民，祗保越怨不易。诞惟厥纵淫佚于非彝，用燕丧威仪。民罔不衋伤心。惟荒腆于酒，不惟自息乃逸。厥心疾佷，不克畏死。辜在商邑，越殷国灭无罹。弗惟德馨香祀，登闻于天；诞惟民怨，庶群自酒，腥闻在上，故天降丧于殷，罔爱于殷，惟逸。天非虐，惟民自速辜。《尚书·周书·酒诰》

这是说上天降下天命，端正我民众，只有在大祭的时候才能喝酒。上天降下惩罚，我民众因为乱用酒而失德，无非是因为饮酒成风，大小邦国的灭亡，也无非是饮酒所造成的罪过。……以前我们西土周部落的官员，都能遵从文王教诲，不过量饮酒，所以我们到如今，能够代替殷国承受天命。我听说：从成汤到帝乙，有成就的君王和令人尊敬的贤相都只思考治理好国事，他们治事恭谨，不敢私自偷闲，贪图安逸，何况是聚众饮酒呢？在外地的官员，如侯甸男卫伯，和在朝中的官员，如正副执事、负责祭祀的宗工和管理民众的小官，都没有人敢于沉湎于酒，而且他们也没有那么多闲暇工夫去饮酒，他们只想辅助君王显扬美德，把民众治理得有秩序。我也听说：最后的殷纣王以酗酒为乐，他的天命不能昭显于众，只受民众怨恨而不肯改正。他大肆放纵淫乐，不遵法度，由于宴饮而丧失了君主庄重威严的仪态，民众无不悲痛伤心。他只知道过度沉迷于酒，也不能停止淫乐。他的心肠险恶狠毒，不敬畏死亡。他带给商都灾祸，对于殷国灭亡也不忧愁。不想用美好的德行和祭祀，使上天享用；只有民众的怨恨，只有一大堆人不停地酗酒，腥气都被上天闻知。所以上天才降下灾祸灭亡了殷国，上天不喜爱殷国，就是因为殷人放纵安逸。不是上天暴虐，而是殷人自召其祸。

殷商时期人们对酒的喜爱是有目共睹的。这一方面是由于当时的粮食生产有了较大的提高，而那时人们又尚未有较好的存储方式，因而多余出来的粮食可能有许多都变质腐坏了。这样把多余出来的粮食用于酿酒就是很自然的事情了。另一方面那时的人们刚刚接触到酒，也刚刚尝试自己主动地酿酒，而且酒精度数不是很高，因此引起人们的喜爱也是很正常的事情。显然，把纵酒饮乐的行为上升到导致国家灭亡这种高度，无疑是过于夸大了某个生活常情可能具有的一些负面作用。在中国古代社会，朝代之间的更替主要原因还是在于统治群体对社会权力的运用是否成熟或恰当，也就是统治意识是否能够与社会组织结构之间形成相互适应的问题。某种具体的行为，不论是统治群体的还是民众的，如暴虐、酗酒或淫乐等等，都仅仅是社会的深层意识结构变化所产生的一种外在表现。这些外在表现可以说是社会深层意识结构中出现问题的反映，却不能作为“原因”来对待，否则就本末倒置了。

不过，这不会影响周公旦的思路。因为他本来就“醉翁之意不在酒”。也就是说，他的真正目的并不在于酒本身的问题，而在于如何获得可普遍化的社会权力。这是在武王之后，西周的统治群体所面临的最为重要的政治问题。于是，为了加强说服力，周公旦甚至把周部落之所以能够承受殷商的天命，也说成是由于周部落的人不酗酒，而殷商官员们特别是殷纣王带头酗酒的缘故。这就将上天的惩罚和国家的灭亡都与酗酒联系在了一起。

这样的联系是否恰当，是否能够使人们信服，戒酒之后又是否就能够因此治理好民众，保持好天命，这些问题其实都是次要的。最重要的是通过这样的“观念联系”，周公旦及其周王朝的统治群体，就可以名正言顺地规范和约束人们的行为。所以，只要人们也都认可酗酒是殷商王朝灭亡的致命因素，那么，周公旦的严禁酗酒看起来就是十分正当的了。

只是，他的目的并不在于真正地禁酒，而在于人们在不知不觉之间，就认可了他的这种限制行动。这就是说，人们虽然可以反对禁酒，或者偷偷地喝酒，但是不会反对官方的措施本身。而且，如果周朝帝王的政治权力可以干涉人们生活中是否喝酒这种事情的话，那么，它也就可以干涉人们生活中的任何事情了。对于严禁饮酒这一件具体的事情，人们虽然可以争议甚至抵制，但是，自此以后，周朝帝王的政治权力就总是会在这样或那样的事情上，干涉和限制人们的观念和行为。对这一点，人们已经没有了争议或抵制的能力，因为人们已经在不知不觉中（或无可奈何中），接受了这种自上而下的统治模式，无意中（或无得不）就认可了这种政治权力的普遍化，即形成了对自己能够起到实质性约束或限制的社会权力。相比较于殷商时期统治意识的宗教性特征，西周帝王是从"爱民"到"教化"的统治角度，对社会权力进行普遍化的努力，使其能够实质性地进入人们的日常生活和行为之中，构成自上而下的全面社会政治结构。

远古时期的人们理性尚未足够成熟，因此对于像周公旦这样的"观念联系"是很容易相信和接受的。为了强化人们的这种"确信"，让人们能够顺从地接受周王朝对他们行为的约束和限制，周公旦不断借助周文王的威信，以各种方式告诫人们不能酗酒的理由。其"谆谆之情"看起来很令人感动。这也是周公旦式的教诲传之后世的一个鲜明特征。他说：

文王诰教小子有正有事，无彝酒。越庶国，饮惟祀，德将无醉。惟曰我民迪小子惟土物爱，厥心臧。聪明祖考之彝训，越小大德。小子惟一妹土，嗣尔股肱，纯其艺黍稷，奔走事厥考厥长。肇牵车牛，远服贾，用孝养厥父母；厥父母庆，自洗腆，致用酒。庶士有正越庶伯君子，其尔典听朕教！尔大克羞考惟君，尔乃饮食醉饱。丕惟曰尔克永

观省，作稽中德，尔尚克羞馈祀。尔乃自介用逸，兹乃允惟王正事之臣。兹亦惟天若元德，永不忘在王家。《尚书·周书·酒诰》

这是说：文王告诫教导后代子孙和各级官员，不要常常饮酒。告诫诸侯邦国，只有在祭祀时才准许饮酒，并要用德来约束，不得喝醉。还说我的臣民要教导年轻人珍惜粮食，使他们心地善良，听清祖先常训和他们大大小小的美德。卫国民众要一心一意地安居在卫国土地上，继续用全身力气，专心致力于种植谷物，勤勉地侍奉你们的父老兄长。农事完毕再牵着牛车载着货物去进行贸易，用以孝敬赡养父母，你们的父母高兴，你们亲自率先准备盛馔，这时可以饮酒。众位官员和诸侯，你们要经常听从我的教诲！你们要丰盛地进献酒食给年长者和君王，然后你们才能喝醉吃饱。就是说，你们要能长久地审察自省，使言行合乎中正之德，你们就能参与助祭了。你们如能自行克制自己的饮酒逸乐，这样你们就能够成为君王的主管和执事之臣了，这也是上天庇佑大德之人，使他永远不会被君王所遗忘。

以上天或祖先神灵的名义来教诲告诫世人，在早期社会生活中可以说是最有效的教化方式。周公旦对此运用得十分娴熟。他将这一切理念归功于周文王，认为是周文王教育人们在什么时候可以喝酒，以及应该喝多少酒。而周公旦的目的也很清楚，那就是要让康叔所管理的这些殷商遗民在卫国内安居乐业，专心生产，听从教诲，端正行为，而决不能再图谋造反叛乱，这样就可以成为周王朝的忠臣贤仆良民，周王朝的天命或君恩自然也会照耀在这些民众的身上。

周公旦对如何能够达到完善的治理可谓是绞尽脑汁，希望以此就能够保有天命，让周朝的帝王始终能够君临天下，而不会轻易丧失。在他看来，要做到这一点就不能任由民众随意地行为，那样只会带来混乱和灾难。因此必须对民众的观念和行为都加以约束和限制，这样才能形成稳定的秩序，协和万邦。上天知道了以后，也自然会将天命永远地保留在周王朝的身上。以这种方式规范和约束人们的观念和行为，几乎可以达到无微不至的地步，也就是对一个人在日常生活中的大部分重要事项都可以进行规定。这种社会权力的应用是从殷商时期的宗教意识开始的，演变到了西周时期的周公旦这里，则形成了全方位的基于统治意识的观念笼罩，使自上而下的社会权力具有了更加实质性的内涵。

当然，这种教化必须配合相应的刑罚才会更加有效，否则人们仍将轻视这些社会规范的教育意义，且难免总是会力图挣脱或抵制这些规范的约束。毕竟，在早期社会生活中，人们还没有完全从自然生存状态中转变过来，仍然有着随性的习惯，不愿受到任何社会性束缚。这种转变是需要一个较长时间适应过程的。而且还要看自上而下的社会权力是否被熟练地运用。待到民众的主体意识逐渐生根发芽成长起来之后，人们对这些自上而下的社会权力就会很自然地加以抵制和反抗，直到彻底消除，然后依据自己的主体意识进行新的规范约定。不过，在夏商周时期，民众的主体意识还十分微弱，远没有统治意识发展得迅速和成熟，因为统治群体内部往往优先集中了社会中最优秀的人员和自然资源，而普通民众却总是生存在社会的边缘，甚至挣扎于生和死之间，其主体意识的各个方面很不容易得到均衡完善的发展。因此，相对而言，这一时期的民众是很容易顺从于统治意识的教化性引导的。只要他们能够被保证基本的生存，特别是当有了基本生存保障的同时，还附以严厉的刑罚配合，就更加难以有培养独立意志的可能了。周公旦对此是很清楚的。在《酒诰》的最后，他就告诫康叔说：

今惟殷坠厥命，我其可不大监抚于时！予惟曰，汝劼毖殷献臣，侯甸男卫，矧太史友、内史友、越献臣、百宗工，矧惟尔事、服休、服采，矧惟若畴，圻父薄违，农父若保，宏父定辟，矧汝刚制于酒。厥或告曰："群饮"。汝勿佚。尽执拘以归于周，予其杀。又惟殷之迪诸臣惟工，乃湎于酒，勿庸杀之，姑惟教之。有斯明享，乃不用我教辞，惟我一人弗恤弗蠲，乃事时同于杀。《尚书·周书·酒诰》

这是说：现今殷国已经丧失了他们的天命，我们岂可不对此事深加省察。我想说你必须谨告殷国的大臣，如侯、甸、男、卫诸侯国之君，还有众太史、内史与诸位贤臣、百官及其宗族家人，以及你的治事官员、主管燕息的官员、主管朝廷祭祀的官员，还有你的三卿，即主管追击叛乱的圻父，保养民众的农父，制定法规的宏父，你们对于饮酒都要坚决制止。假如有人报告说："有人聚众饮酒"。你不要放过他们。要全部拒捕起来押送到周的都城，我将要杀掉他们。假如殷商旧臣百官也竟然沉湎于酒，不用杀他们，暂且进行教育。有了这些明白的劝诫，假如仍然不遵守我的教令，我就不会再怜悯他们，不会赦免他们，就用杀头处治这类人。

从中我们可以看出，这样的教化并非是一般性的劝告，而是强制性的约束，是以强制性的刑事惩罚为后盾的。在中国早期社会，由于民众的教化是源自于统治意识自上而下地强迫性限制，是一种社会权力的应用，而不是民众主体意识的觉悟，因此这样的教化对民众提高把握自己生活的能力不能起到积极有效的作用，反而总是使之受到压制和阻碍。所以，我们可以理解，中国社会很早就强调对民众的教化，从西周初期开始算起，到辛亥革命和新文化运动，几乎有三千年的历史，可是民众的主体意识却为什么总是难以得到切实地提高，总是难以成熟起来以尽可能地掌握自己的命运。究其本源，就像我们在这里看到的，这种自上而下的教化实质上是一种强制性的约束，是对主体意识的限制，因而基本上无助于民众主体意识的提高，反而会在深层意识结构中对民众自觉意识形成压制和阻碍。而这种深层的压制和阻碍，到了秦汉之后，又被极大地强化，以至于成为民众越来越难以破除的观念制约或精神障碍。

按照这样的思路进行的治理就可以被称为“德政”，实行这样德政的君主也就可以被称为有明德的“圣王”。这是典型的周公旦式的思路，对后世的儒家影响至深。他在《梓材》中对康叔这样说：

> 今王惟曰：先王既勤用明德，怀为夹，庶邦享作，兄弟方来。亦既用明德，后式典集，庶邦丕享。皇天既付中国民越厥疆土于先王，肆王惟德用，和怿先后迷民，用怿先王受命。已！若兹监，惟曰欲至于万年，惟王子子孙孙永保民。《尚书·周书·梓材》

这是说：现在王说，先王既然勤勉地推行明德之政，以招徕远方的民众，使其成为王室的辅助，于是各个诸侯国都来进贡，友好之邦也一并前来。既然已经推行了明德之政，众诸侯国因此经常来朝见，各邦国也来进贡了。上天既然把中国的万民和疆土都托付给先王，故而先王只有推行德政，教化迷惑的民众，以此愉悦先王所受的天命。你要以此为鉴，只希望周王朝的天下能够传至万年，君王的子子孙孙都能永远地保护安定民众。

在周公旦看来，只有实行这样的德政，才能使各地的诸侯信服顺从，愿意归顺，前来进贡。也才能使各地的民众都可以安居乐业，社会生活井然有序，和谐愉悦。如果做到了这一点，那么上天就会很高兴地庇佑周王朝的天下及其子孙后代了。正是为了这一目的，周公旦才会这样谆谆告诫康叔和其他周朝大大小小的官员们，要始终敬德，要爱民，要慎罚，要戒酒，要教化——要规范和约束人们的观念和行为，决不能任由人们随意或自主地生活。这些政治举措看起来有利于民众的日常生活，在一定程度上帮助了民众从原始部落状态过渡到较为文明的生活方式，也能使民众稍微缓和与统治群体之间的利益冲突，避免被统治者暴政和贪官污吏压榨破坏其基本的生存环境。这也是周公旦式的“德政”之所以较为容易地受到民众接受的缘故。

只是这种统治意识在民众主体意识形成的初期，就将其纳入到自己的轨道上来，将其约束和限制到与自身的利益需求和价值倾向一致的框架之内，使其深深地嵌入到由统治意识所形成的社会组织结构中来，成为自身的一个有机附属部分，而不是一个独立于社会性的力量。这种周公旦式统治意识的柔性特征展示出强大的融合能力，在向着民众“心灵呼唤”开放的同时，又将民众的主体意识无声无息地加以消解，使其难以提高自身的自觉程度来把握自己的生活，而只能依附于统治意识身上仰赖统治群体实行“德政”或“爱民”。这是周公旦在无意之中使“周虽旧邦，其命维新”得到了切实地体现，也就是将殷商时期统治意识的宗教性特征，成功转换为西周时期的民本或德性特征，使中国早期社会中的统治意识很快地达到了较为成熟的程度。

周部落在战胜殷商王朝之后，为了更好地控制东部地区，就在洛邑（今河南洛阳）建立新的都城。洛邑建成以后，周公旦将平叛之后所余的殷商遗民都迁移至洛邑，并作了《多士》篇向他们进行告诫。这也是他力图将殷商遗民改造成“新民”的体现。与《君奭》篇所表达出来的理由一样，他首先向他们阐明为什么会出现殷周两个王朝之间的转换：

> 尔殷遗多士！弗吊，旻天大降丧于殷，我有周佑命，将天明威，致王罚，敕殷命，终于帝。肆尔多士！非我小国敢弋殷命。惟天不畀允罔固乱，弼我，我其敢求位？惟帝不畀，惟我下民秉为，惟天明畏。《尚书·周书·多士》

这是说：你们殷朝遗留下来的众臣，多么不幸，老天降下大灾祸给殷国，我们周国能够配上天之命，奉行上天的明威，推行王者的诛罚，宣告殷国之天命已经为上天所终止。你们殷商众臣，不是我们小国敢于取代殷国之命，只是上天不把天命给予谄媚诬陷、顽固暴乱的人，而是给予我们。我们岂敢贪求王位啊？只是上天不把天命给予你们，我们下民才顺天而为，只有上天是我们所敬畏的。

王朝之间的转换被视为就是天命承受之间的转换，这是夏商周时期人们共同的观念。只是商朝时期在祖甲的宗教改革之后，人们都会理所当然地认定殷商帝王承受了真正的天命。那时的人们几乎还完全不会有关于天命转换的意识。甚至直到周文王似乎都难以产生这种念头。这种意识应该是随着殷纣王的灭亡才正式出现的。庞大的殷商帝国被推翻令人们心生恐惧和敬畏，不由自主地会开始思考究竟这一切是怎么发生的。于是，天命承受会出现转换的问题就很自然地浮现于人们的脑海。把所有的责任都推给帝王个人（如殷纣王）的荒淫暴虐，是最合适的方式，既可以说明王朝之间的更替为什么会出现，又可以合理地承袭上一个朝代所承受的天命，同时（更重要的！）还可以承袭到它所具有的普遍的统治权力。因此，我们会看到各种史书都极力渲染殷纣王（还有夏桀）是如何如何地淫乱和残暴（“诞淫厥佚，罔顾于天显民祇”）。这能够使人们很顺利地接受某种已定的观点，让人们不知不觉地顺从一个已定的思路，从而不再去进行独立的思考，以探求其中更多、更深的原因。因为这种探求本身也会很自然地促使人们产生对基于统治意识的社会权力的质疑和挑战，也就是促动了人们主体意识的进一步觉醒。

能够顺从周王朝的治理，尤其是能够顺从周王朝的统治意识，就能够成为周王朝的“新民”。这是周公旦一直极力要表达出来的教化宗旨。他继续训导殷商遗民说：

告尔殷多士，今予惟不尔杀，予惟时命有申。今朕作大邑于兹洛，予惟四方罔攸宾，亦惟尔多士攸服奔走臣我多逊。尔乃尚有尔士土，尔乃尚宁干止。尔克敬，天惟畀矜尔；尔不克敬，尔不啻不有尔土，予亦致天之罚于尔躬。今尔惟时宅尔邑，继尔居；尔厥有干有年于兹洛。尔小子乃兴，从尔迁。时予，乃或言尔攸居。《尚书·周书·多士》

这是说：告谕你们殷商众臣，现在我不想杀掉你们，我想再重申这个命令。现在我在洛邑营建了大都城，我是因为四方诸侯没有地方朝贡，也是因为你们众臣为我们服事奔走甚为恭顺之故。你们还可以有你们的土地，你们还可以安宁地从事劳作和休息。你们能谨慎恭敬，老天就会给予你们怜悯；如你们不能谨慎恭敬，你们不仅不能保有你们的土地，我也要推行上天的惩罚到你们身上。现在你们要安居在你们的封邑，继续从事你们的职业；你们将在洛邑有安定的事做，有丰收的年成，你们年轻子弟们就会起来，跟随你们迁移。顺从我，才能谈得上使你们长久安居。

我们看到，土地和安居并不是人们所应有的权利，而是作为顺服的代价才能获得的。这也正是周公旦式德政的本质所在。如果顺从周王朝的统治，那么这些殷商遗民就可以得到土地，可以从事原有的职业，可以安心地生活，统治者与民众将相处愉快；而如果不顺从，那么他们将失去土地，不能从事正常的职业，甚至都不能安心地生活，因为周朝帝王将对他们实行严厉的惩罚。在顺服就能安居和遭受惩罚这两者之间，早期的原始民众是很容易去选择前者的。这样的结果无疑也是将他们的个体主动性交换给了统治者。于是，在根本点上，民众也就失去了自我把握生活的基本权利和责任。不过，这种选择对于那些战败者的殷商遗民来说，只是一个表象而已。他们实际上是无可选择的，能够不被杀掉就已经是天大的恩赐了，现在还能保有土地，能够从事原有的职业，能够安居生活，对此，他们还能再有什么抱怨呢？他们应该对周王朝的统治者感恩戴德才对。至于自主地生活，那只能说是作为统治者的特权。只有在殷商帝国时期，这些殷商的王公贵族才谈得上有自主的权利。现在他们作为俘虏或遗民，在周王朝的天下，已经谈不上任何权利了。于是，他们只好放弃自己的自主权利，而完全顺服于周王朝的统治，就是很自然的事情，可以说几乎没有什么选择的余地。

在夏商周时期，部落间的战争导致战败者只有被任意宰割的命运。这是原始蛮荒时代以来所自然形成的习俗。对此，人们是不大会有什么异议的。只是战胜者与战败者之间的关系，到了周公旦这里已经出现了一些微妙的变化。那就是，两者相互之间不再只是遵从于简单的丛林原则，如一方可以“吃掉”另一方的自然方式，而是逐渐形成了一种社会性的政治关系，即，以生存为代价换得一方对另一方的政治权力表示顺服。这种关系首先出现在战争对象身上，即战胜者与战败者之间。因为这延续了原始的自然传统，很容易就形成这种新的政治关系。像夏末商初时期，商汤对待夏末遗民的处置，就属于这种情况，只是双方似乎都还未能产生清晰的政治意识而已。随后，直到西周初期，在各个诸侯国或外围异族之间发生的战争始终不断，不胜枚举。在战胜者与战败者之间的这种政治关系也逐渐悄然形成。周武王对待殷商遗民的安置应该说也处于这种隐性的变化之中。但是当周公旦重新处理殷商遗民问题时，这里的政治关系在周公旦的几篇文诰之中，开始得到了明确的宣示。那就是，战胜者已经完全抛弃了简单直接杀掉这类的自然习俗，而要求与战败者之间形成某种臣服性的政治关系，并将这种政治关系普遍化为一般性的社会关系。这也是帝王意识下的社会权力在当时的社会生活中的具体体现。

到了后来，这种臣服性的政治关系就不仅限于周王朝与其他诸侯或外邦之间的范围了，而远远地扩散到整个天下的每一个角落，特别是延伸到统治者与民众之间的关系上，也包括周部族内部的帝王群体与普通民众相互之间的关系上。于是，源自原始战争中战胜者与战败者之间的臣服性关系，就渐渐演变成文明社会中的一种臣属性的政治关系，并作为自上而下的社会权力中的一项实质性内容，而得以在社会生活中被普遍化到整个社会组织结构之中。

周公旦不仅指导君王官员们如何去治理民众或诸侯，还对他们自身的观念和行为也提出了规范性要求。他在《无逸》中就向周成王提出作为君主的具体行为准则：

君子所其无逸。先知稼穑之艰难，乃逸，则知小人之依。《尚书·周书·无逸》

这是说：执政的君主不可贪图安逸。先要知道耕作收获的艰难，然后才去享受安逸，就会知道小民赖以谋生的不易。

周公旦很清楚，作为君主如果不了解民情，不体察民生的疾苦，就不可能感受到民众的心声，也就无法做到爱民如子，不知道如何才算是刑罚的恰当尺度，更不知道如何去对民众的观念和行为进行恰当地规范和约束，这样，也就谈不上很好地治理民众。而不能很好地治理民众，对君主来说，就是失职，就要受到上天的惩罚，很可能还会失掉自己所承受的天命。他继续告诫周成王说：

继自今嗣王，则其无淫于观、于逸、于游、于田，以万民惟正之供。无皇曰："今日耽乐。"乃非民攸训，非天攸若，时人丕则有愆。无若殷王受之迷乱，酗于酒德哉！《尚书·周书·无逸》

这是说：从今以后继承先王的君主，可不要沉溺在营建宫殿台榭，以及贪图安逸、游玩、打猎上，使民众大量地进贡财物。君主要没有闲暇时间能够去说："今天要大大地享乐一番。"因为那样就不是民众所乐于顺从的，也不是上天所乐于看见的样子，这样做的人就会有罪过。不要像殷纣王那样迷惑昏乱，以醉酒行凶为有德啊！

也正是从周公旦开始，帝王君主自身的观念和行为也受到一定的规范和约束。而要做到这一点就需要有一套能够限制像殷纣王那种君主的统治意识。周公旦对中国传统政治思想的贡献正是以一系列理念构建了这样的统治意识，即，从天命到敬德，敬德就要勤政和爱民，爱民就应该慎罚和教化，而教化就需要规矩和榜样，规矩和榜样都是为了建立一种“良好”的社会秩序，有了良好的社会秩序就可以让上天或祖先神灵们感到喜悦，从而始终能够保有天命，也就是拥有了天下。这一切合在一起就是德政(后来也称为“仁政”)。这样一整套统治意识已经比殷商时期的帝王意识要丰富和深入了许多，可以算是较为完备和成熟的了，奠定了中国传统社会统治意识的基本框架。直到后来春秋战国时期，孔子、孟子和荀子才又对之进行了更加细密的理论说明，遂成为自汉代以后正统的帝王意识。于是，历代的儒家知识分子都继承了这种思想传统，以此作为自己的精神力量，力图能够在这套统治意识的基础之上，来规范统治群体的观念和行为。不过，现实中的状况却往往令人沮丧，特别是当帝王的政治权力达到较高的程度时，这套统治意识就不过是作为帝王的工具而已，无法成为限制帝王权力的制衡力量。它所形成的观念和理论可以帮助帝王进行自上而下地有效统治，却无法反过来约束帝王自身。甚至在很多时候，这种统治意识还成为对儒家知识分子自身的约束和限制，而不仅仅是作为一般性的观念和行为的规范。这导致儒家知识分子始终都在这套思想框架之内运思筹划，一直难以做出有效的观念性突破。究其原因，虽然复杂的历史情境因素起了主要的影响，可是也与这种统治意识自产生之时起就具有的特征有着内在的关联，那就是，由这种统治意识所形成的自上而下的社会权力结构如果得不到解体的话，那么，这一思维框架就总是会发生实质性的作用而难以消除。

在《立政》篇中，周公旦也对君主和官员们的行为提出了具体的规范，告诫他们处理国家和民众事务的一般性原则：

> 继自今，我其立政。立事、准人、牧夫，我其克灼知厥若，丕乃俾乱；相我受民，和我庶狱庶慎。时则勿有间之，自一话一言。我则末惟成德之彦，以乂我受民。呜呼！予旦已受人之徽言，咸告孺子王矣。继自今文子文孙，其勿误于庶狱庶慎，惟正是乂子。自古商人亦越我周文王立政，立事、牧夫、准人，则克宅之，克由绎之，兹乃俾乂。国则罔有立政用憸人，不训于德，是罔显在厥世。继自今立政，其勿以憸人，其惟吉士，用劢相我国家。《尚书·周书·立政》

这是说：从现在开始我们要设立官长，设立立事、准人、牧夫之官，我们要能清楚了解他们的长处，才可以使他们治理政事；去帮助上天授予我们的民众，使我们众多狱讼案件和发布的命令都能处理得当。对这方面的事务不可以包办代替，甚至一句话一个字都不可代替。那样我们周朝最终会有品德完善的贤能之才，来治理我们所受于上天的民众。哎，我姬旦把前人的美言都告诉您这个年轻的君王了。从今以后，文王的后继子孙，不要在各种狱讼和敕命方面犯错误，这些事只让主管官长去处理。从古时商代先王到我们的周文王设立官长，设立立事、牧夫、准人之官，都能考察他们，再加以挑选，然后才使他们去治理政事，国事没有设立官长而任用奸佞之人，又不恭顺于美德的，这样的君王在他执政时代就不能显耀。自今以后继位之君王设立官长，就不要任用奸佞之人，而要任用贤能之士，用他们勉力辅助我们的国家。

当周公旦的注意力转向日常的国家行政和民众事务时，他很切身地会感受到对治理人才的需要。因为帝王的社会权力开始延伸进民众生活中的各个角落和遥远部族的内部，那涉及的繁杂和细微之处就不是一个或几个统治者所能承担得了的，而是需要一个越来越庞大的权力机构或统治群体了。因此，也像我们在《君奭》篇中所看到的那样，当政治权力的日常运作机构从帝王权力自身当中分离出来的时候，也就意味着帝王权力在全社会范围的普遍性扩张和实质性运用。

在中国社会发展的早期，当帝王的社会权力还尚未得到充分注意的时候，统治群体就不会特别考虑官员们的问题。例如，在夏朝时期这种问题恐怕就难得被提到。而到了殷商时期，这个问题隐隐地开始出现了。只是由于这时候帝王意识的宗教性特征，官员问题也同样带有明显的宗教烙印。如除了几个个别的贤相（如伊尹、傅说或甘盘等）之外，殷商帝国主要行使政治权力的官员就是那些负责祭祀和占卜的人，如原本从事巫觋之类活动的人担任朝廷的祝宗卜史（“巫咸治王家有成，作《咸艾》”、“帝祖乙立，殷复兴，巫贤任职。”《史记·殷本纪》）。司马迁在对商朝历史寥寥数语的介绍中，就不断提到这些大巫在商代朝廷中的重要作用，可见那时这些宗教性官员在殷商帝国的权力机构中确实占据着非常主要的地位。到了周公旦的西周初年，面向神灵的宗教活动逐渐开始转向面对民众的行政事务。于是，在朝廷中行使政治权力的主要官员也就从宗教官员逐渐转变成一般性的民事官员，如这里提到的“立事、准人、牧夫”就都是关于日常行政或民众事务的官职，与宗教活动已经没有什么关系了。周公旦在《立政》里面就介绍西周初期朝廷的主要官职和权力机构的组成情况：

亦越文王、武王，克知三有宅心，灼见三有俊心，以敬事上帝，立民长伯。立政：任人、准夫、牧作三事；虎贲、缀衣、趣马、小尹、左右携仆、百司庶府；大都小伯、艺人、表臣百司；太史、尹伯、庶常吉士；司徒、司马、司空、亚旅；夷、微、卢烝；三亳阪尹。《尚书·周书·立政》

这是说：至于文王和武王，他们能知晓三宅的心意，明了三俊的心意，用以诚敬地侍奉上天，为民众设立官长。设立管理政务的官员有：任人、准夫、牧作，分别掌管治民、理事和执法三方面的事情；设立虎贲、缀衣、趣马、小尹、左右携仆和负责掌管财物、契卷、府藏的众官员；在大小邦国设立诸侯、艺人、外臣和百官；还有太史、尹伯、众多经常任职的贤士；诸侯国的官员有司徒、司马、司空、亚旅；夷、微、卢各国设有君主；三亳和阪设立统辖的官员。

这里“宅心”的“宅”字是考察度量的意思，指对官员们进行考察度量之后再加以适当的任用。“三宅”就是对治民、理事和执法三种官员的考察任用。“三有俊心”是指在治民、理事和执法这三方面有杰出才能的人。“任人”就是治事的官员，“准夫”是指平准百姓狱讼的官员，“牧作”是管理民众的行政首长。“虎贲”是护卫武官，“缀衣”是负责礼服和装饰器物之类的官员，“趣马”和“小尹”都是专门养马的官员，“左右携仆”是君王身边的近侍官员，“百司庶府”是掌管财物、契卷和府藏的官员。“都”指都城，“伯”指诸侯，“大都小伯”就是指大大小小的诸侯邦国。“艺人”是指征收赋税的官员，“表臣”是在外地任职、负责外部事务的官员，“百司”是在朝廷内任职、负责朝廷内部事务的官员。“太史”是史官，“尹伯”是各个职能部门的首长，“庶常吉士”是可在各部门任职的贤能之士。“司徒、司马、司空”是朝廷三个最重要的首席官职，“司徒”掌管国家的土地和人民，负责狱讼和丈量土地的事务，以及征发劳役等等；“司马”掌管国家的军政和军赋事务；“司空”掌管国家的建筑工程项目。“夷、微、卢”分别指东方、南方和西方的诸侯国，“三亳”是原来殷商的都城，“阪”曾经是夏朝的都城，“烝”和“尹”是官名，指在这些地方设立各种负责官员。

从周公旦所列举的西周朝廷所设立的官职看，绝大部分官职都与一般性的民事活动有关，而与宗教祭祀或占卜关系不大了。尽管整个朝廷及其官员都是为了奉行上天和祖先神灵的使命而工作，但是天命意识已经与他们职责活动本身有了可分离的倾向。也就是统治机构自身已经逐渐开始具有了独立的政治意义，有了自己的运作机制，以政治权力本身为其运转的动能，而慢慢可以不再需要“天命”观念或“神灵”意识的制约了。当然，这一点在秦汉以后才表现得较为明显，而在西周初期只是隐然浮现出一点端倪而已。不过，这一点“端倪”也已经足以表明，从殷商到西周时期朝廷官职设置的变化，揭示出两个朝代各自具有不同特征的统治意识，及其社会权力在社会生活中普遍化的不同程度。

《微子之命》是周公旦平定管蔡之乱，杀掉武庚之后，又册封微子开为宋国国君掌管殷商遗民，继承殷祀（“周公既承成王命诛武庚，杀管叔，放蔡叔，乃命微子开代殷后，奉其先祀，作《微子之命》以申之，国于宋。”《史记·宋微子世家》）时，所颁布的诰命。不过《尚书》的《微子之命》属于古本中的晚书，形成时间可能较后。文里有较浓郁的儒家思想痕迹，强调了商汤的美德而不是单单去重视他与上天或祖先神灵之间的关系（“乃祖成汤，克齐圣广渊，皇天眷佑，诞受厥命。抚民以宽，除其邪虐，功加于时，德垂后裔。尔惟践修厥猷，旧有令闻，恪慎克孝，肃恭神人。予嘉乃德，曰笃不忘。”《尚书·晚书·微子之命》）。这表明作者的意识也已经较殷商时期有了明显的转变。

《多方》是周公旦平定叛乱之后，代表成王发布的诰命。司马迁说这是在周公旦归政后周成王东征淮夷和奄国回来时所作（“成王自奄归，在宗周，作《多方》。”《史记·周本纪》）。不过从内容上看，却很像是周公旦刚刚平定管叔、蔡叔和武庚的叛乱之后所作。因为该篇所反映的思想似乎仍然是殷商时期的观念传统和帝王意识，还尚未显露出周公旦后来所形成的新思想。

以上这几篇文章具体是在什么时候由何人所作，在学术界一直存在着争议。我们只能大体上说，这些文章的主要内容应该来源于西周时期的文献，由西周时期史官所撰述的原始文献增删而成，而实际成文的时间则可能是在春秋战国时期甚至晚至汉代。其中的思想也应该大体反映了西周时期的统治意识，尽管其中很可能夹杂着后来编撰者自己的选择和偏向。这里的思想也未必都属于周公旦本人的思想，而可能是西周时期整个统治群体共同推崇的观念，如周成王、周康王及其众多的大臣百官们，特别是那些负责记录保管典章史册的史官们。一方面，他们可能只是借周公旦的名义发布这些有规范意义的文诰；另一方面也可能是自周公旦开始阐述出类似的主张和观念。因此，最后都汇聚到了西周初年周公旦这里，形成了周朝统治意识的集中表达。

从我们前面的分析可以看出，周公旦确实有这样迫切的政治需要，即，一方面，为了有效地掌控周朝政权以及周朝的天下，他需要尽快地树立自己的政治权威。这是他作为周武王的弟弟之一本来较为欠缺的，远不足以让他在武王之后成为统御万方、号令天下的帝王。可是他的权力欲望又较为强烈，要与自己的兄弟和侄子争夺帝位，于是如何树立起自己的崇高威信就成为周公旦最为紧要的政治任务。另一方面，由于文王和武王两个人都没有能够完成铸造出可以得到世人认可的，又有着周朝自己独特性的统治意识这一任务，因而在武王去世之后，周朝的整个天下都处于很不安定的状态，于是如何确立周王朝的统治精神，同样也成为周公旦最为紧要的政治任务。

当时的人们可能还是愿意认可殷商王朝的宗教优势，而没有看到来自西部的“小邦周”有什么权威力量能够使人们信服从而成为新的天下盟主。特别是在殷纣王被杀掉之后，其子武庚禄父并不像他的父亲那样暴虐荒淫，而殷纣王的叔父箕子和庶兄微子又都是天下有名的贤德之人。他们三人既有资格、又有德性，都可以继承殷纣王的帝王之位，从新开始殷商帝国的事业。

这一状况摆在周公旦面前，是颇令他头疼的。因为他并非是一个有着军事天赋的统帅，而不过是一个擅长行政、热衷于处理日常事务的职业型官员而已。他以周朝的中央大军对付一个叛乱就花了三年时间，说明他在军事方面的能力毕竟有限，同时这也让他明白仅仅依靠战争手段似乎不足以解决整个天下的问题。因而如何在战争手段之外，寻找到更好的方式以能够顺理成章地替代殷商王朝，而成为天下的宗主，就是他要考虑的头等大事。这两方面的政治需要对周公旦也好，或者对他周围的统治群体也好，都是十分迫切的。因而在这种政治背景下，说他们共同完成了这个壮举，也完全合乎情理。

我们看到，周公旦和他的统治群体最终体会到"敬德保民"具有足以抗衡殷商帝国宗教优势的力量，能够取代殷商的统治意识，而成为周王朝自己的精神特征。因此他们开始不遗余力地强调这一点，并进一步丰富其内涵，提出了"保民、爱民、勤政、慎罚、任贤、教化"等等的主张，以及为施行这些主张，又完善了统治机构在官职设置、人才选拔和人事任免上的行政体系，从而奠定了中国社会三千年政治框架的基础。

我们在前面分析过，周公旦大概是通过自身的性格特点及其管理办事经验，才逐渐产生出这些想法的。另外，这也很可能与周部落早期的历史传统有一定关系。例如，根据周部落的古老传说，他们的祖先是后稷（名"弃"）。而后稷的擅长就是农耕或种植：

> 弃为儿时，屹如巨人之志，其游戏，好种树麻、菽，麻、菽美。及为成人，遂好耕农，相地之宜，宜谷者稼穑焉，民皆法则之。帝尧闻之，举弃为农师，天下得其利，有功。帝舜曰："弃，黎民始饥，尔后稷播时百谷。"封弃于邰，号曰后稷，别姓姬氏。《史记·周本纪》

周部落后来的祖先公刘也致力于耕种：

公刘虽在戎狄之间，复修后稷之业，务耕种，行地宜，自漆、沮度渭，取材用。行者有资，居者有畜积，民赖其庆。百姓怀之，多徙而保归焉。周道之兴自此始。《史记·周本纪》

周部落再后来的祖先古公亶父也与这两位一样都热爱并擅长农业耕作和种植：

古公亶父复修后稷、公刘之业，积德行义，国人皆戴之。《史记·周本纪》

耕作种植都需要顺应天时的变化，到了什么时候就应该做什么事情，就像《夏小历》中所描述的那样。周部落自古也有类似的诗歌是关于农桑稼穑之事的，如《诗经·国风·豳风·七月》，表明周氏族的祖先们对农耕种植的重视及其所形成的习俗传统。在原始部落生活中，较长时期的农耕种植会对一个部族群体的生活方式和习俗传统产生深刻的影响，如对天时的依赖、勤劳（不违农时）、谦虚诚恳、对和平环境的强烈诉求、不过度贪图享乐、节制平和、对家庭家族关系的重视等等。这也就是周部落因此形成了某些特定的传统的缘故，如古公亶父的“积德行义”，得到了很多人的赞颂：

豳人举国扶老携弱，尽复归古公于岐下。及他旁国，闻古公仁，亦多归之。　　民皆歌乐之，颂其德。《史记·周本纪》

到了周文王的父亲季历也很有这样的德行：

公季修古公遗道，笃于行义，诸侯顺之。《史记·周本纪》

得到最多赞颂的是周文王。人们夸奖他很有仁义，因而天下人都愿意归附他：

> 西伯曰文王，遵后稷、公刘之业，则古公、公季之法，笃仁、敬老、慈少，礼下贤者，日中不暇食以待士，士以此多归之。伯夷、叔齐在孤竹，闻西伯善养老，盍往归之。太颠、闳夭、散宜生、鬻子、辛甲大夫之徒皆往归之。《史记·周本纪》

在《诗经》里也有很多赞美这几个周部落祖先的歌谣，如《大雅·文王》、《绵》、《下武》、《文王有声》、《生民》、《行苇》和《公刘》等等。

周氏族的生活方式及其所形成的习俗传统，对周公旦和他的统治群体无疑会产生根深蒂固的影响，让他们十分看重个人的恭谨品德和节制的行为，而反感于殷纣王那样的放纵荒淫。特别是当周武王去世之后，整个部族看起来似乎处于某种危机之中时，习俗传统带来的精神力量就会很自然地占据这些政治人物的内心，让他们不由自主地要强调自己部族古已有之的传统，以尽可能得到自己部族内部的民众和其他部族的认同感。否则，除此之外，还能有什么其他的力量可以使他们鼓起勇气去应对严峻的挑战呢？

不过，周公旦可能也只是由于处理危机的关系，才下意识地提出周部落“敬德保民”的传统，而并没有对周王朝统治意识的全面更新做出更多、更具体的理论贡献。或者说，他和他周围的官员们仅仅是开了一个头，真正的成就还是后来的史官们不断完善的结果。从这种意义上说，具有周王朝自身特色的统治意识是由周朝的官员群体共同贡献出来的。这些官员大多是周部落自己的族人，因而他们内心深处也必然有着较多的传统烙印。

很可能，周公旦的创新角色只是在西周后期才被官员们推举出来。像目前出土的几件西周时期的青铜器，上面的铭文虽然不断提到周文王和周武王的功绩，却都没有提到周公旦的任何事迹。例如，陕西宝鸡出土的“何尊”属于周成王时期的青铜制品，记载周成王迁都洛邑的事情，提到了周文王和周武王；陕西岐山出土的“大盂鼎”属于周康王时期的青铜制品，记载周康王颂扬先祖周文王的功业，总结殷商灭亡的历史教训；周穆王时期的“班簋”提到祖先周文王功德的重要性；陕西扶风出土的“史墙盘”是周共王时期的青铜器，分别赞颂了后稷、周文王、周武王、周成王、周康王、周昭王、周穆王和周共王的功绩；陕西岐山出土的“毛公鼎”属于周宣王时期的青铜器，记述了周文王和周武王的功绩。这么多青铜铭文上都不见周公旦的情况，看来周公旦所作出的功绩在西周时期的帝王群体心目中还是较为有限的，尚不值得专门提到，也无法与那几个正式的帝王相比。

尽管如此，周公旦对周王朝统治精神的形成究竟起了什么具体的作用这一点，其实并不重要。重要的是，很可能自他开始，经过西周朝廷统治群体的共同努力，周王朝富有自身特色的统治意识逐渐浮现出来，并被不断改进和完善，在中国社会生活中持续了三千年之久，对中国社会主体意识造成了几乎是难以消除的深远影响。

这种情况说明，西周时期的官员们（主要应该是史官吧）在政治危机的刺激之后，基于周部落的历史传统与殷商末期的生活状况，以及国家治理的经验，逐步感悟出自身的精神力量和观念优势，并以周公旦的名义记载下来。这些历史文献综合起来体现出的思想，如“敬德、保民、爱民、勤政、慎罚、任贤、教化”等等，就是把殷商帝王面向神灵的统治意识，渐渐转变为面向社会生活的世俗政治观念。这使得帝王的社会权力具有了更为丰富的实质性内涵，形成了对社会生活强大的约束力和控制力。具体而言就是，西周统治群体的思想转变，使得殷商时期仅限于宗教权力的帝王意识及其粗犷的统治，转变为广泛的社会权力，以及相应的全面专业化的机构管理。这种广泛的社会权力在专职的官吏机构运作之下，慢慢地延伸或渗透进了几乎社会生活的每一个角落。而延伸或渗透的方式，就是在分封制基础上又进行的宗法制、井田制、礼乐制和乡遂制等等措施。这些政治、经济和教化措施分别在宗族内部结构、土地分配、社会伦理或社会组织结构上对人们的观念和行为进行了越来越实质性的规范和约束，形成了能够在一定程度上满足统治利益的社会秩序。到此地步，周王朝可以说初步实现了“溥天之下，莫非王土。率土之滨，莫非王臣”（《小雅·北山之什·北山》）的理想境地，也可以说大体完成了“周虽旧邦，其命维新”（《诗经·大雅·文王之什·文王》）的历史任务。

当然，社会生活也总是处于变化之中。人们的思想不会始终停滞于统治意识的限制范围之内。随着民众主体意识的不断觉醒和提高，西周时期的这一整套统治意识也渐渐走向解体和崩溃，因而出现了春秋时期“百家争鸣”的思想状况。只是在秦汉之时，帝王的社会权力再一次得到极大地加强，从而使民众的主体意识又被重新纳入于统治意识的控制之下。

这一现象之所以会发生，究其根源，仍然与西周时期的这次转变有着内在的关联。我们看到，从周公旦开始西周统治群体提出的这一套观念体系，即“敬德、保民、爱民、勤政、慎罚、任贤、教化”等等，再加上全面专业的官吏机构，用分封制、宗法制、井田制、礼乐制和乡遂制等等措施，将帝王的统治权力深深地嵌入到了社会生活中的方方面面，使人们的主体意识难以在根本上从这种社会约束和精神桎梏中摆脱出来，得到健康和顺畅的发展。因而才使得秦汉以后的政治管制进行得较为容易。

中国社会生活中的这次统治意识转变，也意味着官员群体开始正式走上政治舞台。比较而言，殷商时期的官员群体还只是偶然地为君主贡献了一种技术性政治手段（宗教意识），使早期的社会权力得以初步形成。而西周时期的官员群体，却有所不同，已经能够对统治意识起到关键性的作用，能够有意识地主动塑造统治群体的形象和精神气质，为君主贡献了具有战略意义的政治策略和思想武器。这些官员比帝王本人更了解民间的社会生活，又是实际政治的执行者和操作者，因而对中国社会的影响要直接得多。更为重要的是，中国社会的政治权力、社会财富和文化资源也真正掌握在这些人手里。例如，在政治上，他们负责社会管理的全盘运作；在经济上，他们实际负责人力、土地和矿产资源的使用和分配，掌管着社会经济机构的全部环节；在文化上，他们还是语言文字的发明、改进和使用的主导，是工艺技术的主要管理、推广和使用者，是礼乐教化的方案制定、监督管理和执行操作者，他们还以礼乐宗法和法律分别引导和监督着人们日常的观念和行为，制定各种具体的社会规范。总之，他们实际掌控着社会生活中几乎一切细节。

透过周公旦这个代表人物，我们看到一个庞大而有效率的官员群体，逐渐成为中国社会生活的实际主角，而君主帝王自此不过只是前台的一个代理人而已。无论什么人打下天下，成为帝王，他只有依靠中国社会生活中的这一官员群体，才能够算得上真实地主宰这片大地。所以，从这个角度说，中国民众的主体意识所要面对的，将不是帝王一人，而更主要的是这个官员群体。帝王在大多数时候不过是一个很模糊的象征，而这些官员却是实实在在的社会力量。就此，我们也就能够理解，为什么在《诗经》中的“颂”里，会出现许多首专门歌颂周王朝官员们的诗歌了，即《诗经·颂·周颂臣工之什》的《臣工》、《噫嘻》、《振鹭》、《丰年》、《有瞽》、《潜》、《雍》、《载见》、《有客》和《武》等等。不经意间，这个官员群体就要慢慢地变成为中国社会政治生活中的主角了，尽管他们似乎并不那么引人注意。他们的身份随着社会的动荡而时有变化，有的时候可能没有政治权力（或处庙堂之上或居江湖之远），他们也不一定一直占有社会财富（或清贫如洗或富甲一方），但是中国社会的文化资源却总是牢牢地掌握在这个群体的手里，成为他们最重要的政治资本和身份的象征。

而且中国社会的历史演进表明，这个群体的文化意义还远不止只是扮演其中的一个角色就会满足的。更进一步地，他们甚至还成为一幕幕历史大剧的“编剧”或“导演”。就像我们在商周时期的政治生活中所看到的那样，当他们刚一学会使用语言文字这个工具的时候，就开始进行编写或创作了。尧舜禹、商汤和伊尹、武丁和傅说、夏桀和殷纣、文王和武王等等历史传说以及那些戏剧性的情节，不过是他们初试身手的“习作”，而周公旦这个人物则可以说是他们精心打造的“杰作”了，例如那一系列的文诰训诫，特别是那个令人惊奇的“金匮祷词”。

第六章　拔剑四顾心茫然

金樽清酒斗十千，玉盘珍馐值万钱。
停杯投箸不能食，拔剑四顾心茫然。
欲渡黄河冰塞川，将登太行雪满山。
闲来垂钓坐溪上，忽复乘舟梦日边。
行路难，行路难。
多歧路，今安在。
长风破浪会有时，直挂云帆济沧海。

——李白《行路难》

社会主体意识的观念和行为，与个体的主体要求和主体努力在宗旨或致力的方向上是一致的。社会主体意识也与个体主体意识一样，其成熟是指一个社会中的大多数人都能始终自觉地做出文化上的主体努力，并从中获得全身心的愉悦，对社会文化所创造出的意义空间和生活世界感到真实、善意或美好。成熟的主体意识能够自觉地使自己尽可能保持身心健康、态度积极、理性发达、情感丰富、品德高尚、意志坚强、思想活跃，使整个社会生活了无窒碍、内涵充实、新意不断，而且面向未来和未知的领域无限开放，永无止步。这个社会主体努力过程的展现方式，就是不断反省或消除各种对个体和群体的限制或威胁，如来源于自然、社会或自身思想观念方面的各种因素或力量。因而考察社会主体意识的自觉程度，也就是考察它是否有足够的意识和能力发现并消解自己所受到的限制或威胁，以尽可能顺畅自如地把握其社会生活。

成熟的社会主体意识具有相当的生活智慧，也就是能够自觉地努力提高该社会中大多数成员积极地倾向于做出更恰当的判断和选择的能力，倾向于做出更恰当的行为举止的自觉程度。换句话说，这样的社会文化旨在帮助其成员有意识地提高他们自己的主体意识以把握生活的能力，方有可能切实地丰富和扩展其自己的生活世界或意义空间，而不是简单地以某一个价值判断或行为选择去代替或统一其成员的主体意识，以免造成对个体主体意识的限制或威胁，而不是有益的帮助。

主体意识所受到的压制或束缚，需要人们不断地自我反省，方有可能发现并予以消除。缺乏文化上的自我反省和批判，也就是没有文化自觉。而没有文化自觉，就不会有文化自信，就谈不上文化自主性。文化自主性也意味着社会主体意识的成熟。可是，对三千年来中国文化的反省，尽管自明末清初就开始了，在 20 世纪前半期还达到了十分激烈的地步，但是在我们看来，其深刻程度似乎至今仍然还是远远不够的。这并不是说，文化反省必须要达到某一个界限才算完成。事实上，文化反省是伴随主体意识或文化成熟的一个标志，应该是一个无限的过程，而不会有固定的范围或框架。

中国现代社会相对于三千年来的传统社会，具有十分不同的意义。那就是，人们惊奇地发现，个人不仅应该而且有了可能自主地把握自己的生活，即使是整个社会群体也应该发挥自己的主体意识，以自主地把握其社会生活，并且，人们也确实有了现实的机会，来独立地把握自己的命运。只是，要很好地做到这一点却并不像看起来那么容易，因为这需要充分的自主能力。可是，三千年来的中国社会似乎并没有培养出人们独立把握生活的自主能力，人们反而习惯于对某种权威力量或观念的依附。这表明，人们要提高自主能力，就不可避免地应该不断进行深入的反省和检讨，以探察自己的主体意识究竟受到了什么因素或力量的威胁和控制，以至于阻碍了自己主体意识的发展和成熟。我们看到，中国现代社会人们对传统文化的批判是不遗余力的，也在政治、经济、伦理、文化、教育、军事、法律、宗教或艺术等等方面尝试重建自己的社会生活。中国现代哲学家们也潜心思考，卓有远见地以力图重建中国文化的精神世界。他们所作出的主体努力，无疑都是十分有价值的，尽管其效果尚属有限。

主体意识的内在特征表明，人们对权威力量或观念的依附，不会使人们具有形而上的勇气，也不可能使人们获得高远的境界或宽广的胸怀，更不可能使人们保持有真正的气节，也无法从中获得真实的心灵愉悦或全身心的幸福。对权威的依赖只可能产生暂时的幻觉，如一时的安逸或麻木。因为在权威掌控之下的主体意识永远不能独立和自主，没有提高把握生活能力的机会。自己的一切都来自权威的恩赐，而不是自己的主体努力。在这种情况下，主体意识是不会突然变得成熟的，而只会由于缺乏责任和权利意识，变得越来越怯懦、自卑、狭隘或贪婪。更为糟糕的是，人们并不会因此而自责或内疚，因为，没有了主体意识，不必自主把握生活，因而也就无须承担任何责任和义务，不论是法律或是道德上的。

我们要检讨中国社会为什么始终没有发展出成熟的主体意识来，以至于在 20 世纪初期引起人们对自身传统那样的激愤和憎恨。秦汉以来的专制政治、经济和文化固然要对此负有很大的责任，可是似乎还有更为深层的原因有待探察。因为秦汉以来的社会生活可能只是久已形成的社会组织结构自然演化的结果。我们应该追溯源头，去看看在原始部落生活刚刚进入到文明时代之际，中国社会究竟发生了什么。根据有限的文献资料，我们分析了在夏商时期，社会组织结构是如何出现的。特别是在殷商时代，与民众主体意识同样处于萌芽状态的统治意识是怎样使用宗教观念逐步发展成自上而下的普遍性社会权力，构成了中国社会最早的组织结构。而这一社会结构又在西周初期的重建统治意识时，被德性意识进一步地强化，从而形成了延续三千年之久的中国社会组织形态。同时，我们也考察了统治意识又是如何以“替代”的方式，悄无声息地消解了民众主体意识，使其深深地被嵌入到自上而下的社会权力之网，始终处于一种受奴役状态而不自知。由此，我们或许就能够有所理解，对权威力量或观念的依附意识是如何根深蒂固地存在于中国社会文化之中，从而导致中国社会的主体意识始终难以成熟起来了。

当追溯到中国社会主体意识受到深层阻碍或限制的根源时，我们或许也就能够理解，为什么中国现代哲学家们强调某一种形上理念或建立某种形而上理论体系的做法，不但不能够帮助中国社会主体意识的成熟，反而适得其反，恰恰是顺从了中国社会这种原始的依附意识，甚至更加深了对权威力量或观念的依赖。他们看到中国现代社会中人们似乎陷入于一种“形上迷失”，因而希望以新的形上建构来充实人们的精神世界。但是他们没有认识到，形上体系的本质是封闭的，构成了对主体意识的束缚或限制。因而人们的“形上焦灼”是不能通过以新代旧的办法加以根本地解决的，也就是用某种新的形上理念来代替旧的形上理念。这无疑仍然是传统的“替代”意识的现代翻版。人们需要的是“形上自由”，也就是在形而上领域对任何形上理念都能够加以自主地把握。我们知道，对形上理念的自主把握，正是经验性的主体意识自主把握生活的基本内容，是主体意识成熟的重要标志之一。

权威的形上理念对思想或心灵的束缚，与现实的权威力量对人们的限制一样，都是主体意识发展受到阻碍的原因之一。然而，当形上理念与现实力量结合在一起保障了一种基于自上而下的普遍性社会权力所构成的社会组织结构之时，其危害性就更加隐蔽而深入了，因为这种社会组织结构构成了对人们主体意识发展成熟最深层的束缚或限制。因此，政治、经济、伦理、文化、教育、军事、法律、宗教或艺术等等方面的社会生活，也包括一个人自小到大的成长历程，是否能够逐步消解掉内、外在权威因素或力量的压制和束缚，是人们能否获得自主把握生活和命运能力的关键。当然，这并不容易，因为人们对美好生活的渴望，总是在不经意间被诱导而主动转让出自己的权利，以至于几乎是“心甘情愿”地受到精神上的奴役。这些个体所转让出的权利被集中到一起，就构成了威力巨大的社会权力。看起来这似乎显示了一个社会的强大，可实际上由于个体主体意识的羸弱，社会主体意识本质上也是虚弱和无能的。

我们这里对中国原始社会生活所作的反省还远不够彻底和深入，只不过希望能够在中国现代哲学家的思考基础上，再进一步探察还有什么更深层的因素或力量阻碍或限制了中国社会主体意识的发展和成熟。这种文化反思不过在于尽可能改善一个人或一个社会的生活状态，力求能够让我们知道在今天应该做出何种努力，以便希望在明天有一个比昨天更好的生活，而不会再犯与昨天同样的错误。文化自立或主体意识的成熟也使我们能够有信心应对明天可能出现的、与昨天相似的困难或危险，甚至还能够有信心应对某些从未出现过的更大、更艰巨的困难或危险。如果未来的挑战完全超出了我们自主把握生活的能力范围，使我们不能不面临失败，那么，除了有点沮丧或遗憾以外，我们至少不会悔恨交加、自责不已，因为毕竟我们已经做出了自己的主体努力，并没有懈怠或退缩，没有因循守旧、抱残守缺，没有自满自足、狂妄自大，可以对得起自己和天地。在这种情况下，我们能够坦然地面对任何命运的到来，无论是上帝，还是魔鬼的安排，也无论是自然法则，还是偶然性的捉弄。

尽管如此，要想真正自主地把握生活，对一个人也好，对一个社会也好，毕竟都是相当艰难的，布满了险滩或暗礁，伴随着无数的困难或危险。在现实的历史生活中，人们可能会出于一时的心血来潮，或偶然的情境因素的影响，而有所自觉，有所反省。但是，人们的自觉反省是否能够持续下去，是否能够不断深入，却是很成疑问的。面对荆棘之路，恐怕很多时候人们还是更喜欢早已习惯了的安逸或麻木。因此，当我们今天在做这种文化反省的时候，心境就总是难免处于李白诗句所描述的状态："拔剑四顾心茫然。"或许，将来有一天我们能够"长风破浪会有时，直挂云帆济沧海"，但是现在，我们知道，"行路难，行路难。"

参考文献

1.《尚书》、《诗经》、《周易》、《礼记》、《周礼》、《仪礼》、《左传》、《论语》、《孟子》，《十三经注疏》整理委员会整理：《十三经注疏》，北京大学出版社 2000 年版。

2.《国语》，陈桐生译注，中华书局 2013 年版。

3.《诗经译注》，周振甫译注，中华书局 2013 年版。

4.《尚书译注》，顾宝田译注，吉林文史出版社 1996 年版。

5.《墨子》，方勇译注，中华书局 2011 年版。

6.《庄子》，方勇译注，中华书局 2015 年版。

7.《吕氏春秋》，陆玖译注，中华书局 2011 年版。

8.《山海经》，梁满仓译注，中华书局 2014 年版。

9.《淮南子》，陈广忠译注，中华书局 2012 年版。

10. 司马迁：《史记》，萧枫主编，吉林出版集团有限责任公司 2011 年版。

11. 皇甫谧等：《帝王世纪 · 世本 · 逸周书 · 古本竹书纪年》，陆吉等点校，齐鲁书社 2010 年版。

12. 程颢、程颐：《二程集》，王孝鱼点校，中华书局 1981 年版。

13. 陆九渊：《陆九渊集》，钟哲点校，中华书局 1980 年版。

14. 王守仁：《王阳明全集》，吴光等编校，上海古籍出版社 2012 年版。

15. 黄宗羲：《明夷待访录》，段志强译注，中华书局 2011 年版。

16. 王夫之：《读通鉴论》，舒士彦点校，中华书局 2013 年版。

17. 谭嗣同：《仁学》，姚彬彬导读，高等教育出版社 2010 年版。

18. 梁启超：《梁启超哲学思想论文选》，北京大学出版社 1984 年版。

19. 梁启超：《梁启超新民说》，康雪编，中国文史出版社 2013 年版。

20. 胡适：《胡适选集》，欧阳哲生编，吉林人民出版社 2005 年版。

21. 梁漱溟：《梁漱溟选集》，陈来编，吉林人民出版社 2005 年版。

22. 熊十力：《熊十力选集》，景海峰编，吉林人民出版社 2005 年版。

23. 贺麟：《贺麟选集》，张学智编，吉林人民出版社 2005 年版。

24. 冯友兰：《三松堂全集》，河南人民出版社 2001 年版。

25. 金岳霖：《论道》，中国人民大学出版社 2005 年版。

26.《知识论》，商务印书馆 2000 年版。

27. 吴虞：《吴虞文录》，黄山书社 2008 年版。

28. 马如森：《商周铭文选注译》，上海大学出版社 2013 年版。

29. 张桂光、秦晓华主编：《商周金文摹释总集》（影印件），中华书局 2010 年版。

30. 中国社会科学院考古研究所主编：《殷周金文集成》（增订修补本），中华书局 2015 年版。

31. 李学勤：《通向文明之路》，商务印书馆 2010 年版。

32. 李学勤：《三代文明研究》，商务印书馆 2011 年版。

33. 李学勤：《文物中的古文明》，商务印书馆 2013 年版。

34. 李学勤：《夏商周文明研究》，商务印书馆 2015 年版。

35. 苏秉琦：《中国文明起源新探》，辽宁人民出版社 2009 年版。

36. 张光直：《中国青铜时代》，生活・读书・新知三联书店 2013 年版。

37. 张光直：《商文明》，生活・读书・新知三联书店 2013 年版。

38. 张光直：《中国考古学论文集》，生活・读书・新知三联书店 2013 年版。

39. 常玉之：《商代周祭制度》，中国社会科学出版社 1987 年版。

40. 钱穆：《中国历代政治得失》，九州出版社 2012 年版。

41. 钱穆：《中国文化精神》，九州出版社 2012 年版。

42. 钱穆:《中国历史精神》，九州出版社 2012 年版。

43. 钱穆:《中国思想史》，九州出版社 2012 年版。

44. 唐君毅:《道德自我之建立》，广西师范大学出版社 2005 年版。

45. 唐群毅:《中国人文精神之发展》，广西师范大学出版社 2005 年版。

46. 牟宗三:《生命的学问》，广西师范大学出版社 2005 年版。

47. 徐复观:《儒家思想与现代社会》，九州出版社 2013 年版。

48. 徐复观:《学术与政治之间》，九州出版社 2013 年版。

49. 徐复观:《中国思想史论集》，九州出版社 2013 年版。

50.[美] 余英时:《文史传统与文化重建》，生活・读书・新知三联书店 2012 年版。

51. 余英时:《现代儒学的回顾与展望》，生活・读书・新知三联书店 2012 年版。

52. 余英时:《现代危机与思想人物》，生活・读书・新知三联书店 2013 年版。

53. 余英时:《中国文化史通释》，生活・读书・新知三联书店 2013 年版。

54. 余英时:《学思问答：余英时访谈集》，北京大学出版社 2013 年版。

55. 萧公权:《中国政治思想史》，商务印书馆 2011 年版。

56. 刘述先:《理想与现实的纠结》，吉林出版集团有限责任公司 2011 年版。

57. 胡军:《中国哲学的现代转型》，北京大学出版社 2013 年版。

58. 陈来:《古代宗教与伦理：儒家思想的根源》，生活・读书・新知三联书店 1996 年版。

59. 陈来:《古代思想文化的世界：春秋时代的宗教、伦理与社会》，生活・读书・新知三联书店 2002 年版。

60. 李明辉:《儒家视野下的政治思想》，北京大学出版社 2005 年版。

61. 黄玉顺:《面向生活本身的儒学：黄玉顺“生活儒学”自选集》，四川大学出版社 2006 年版。

62. 杨念群:《何处是“江南”：清朝正统观的确立与士林精神世界的变异》，生活・读书・新知三联书店 2010 年版。

63. 张世英:《中西文化与自我》，人民出版社 2011 年版。

64. 金观涛、刘青峰:《中国现代思想的起源：超稳定结构与中国政治文化的演变》，法律出版社 2011 年版。

65. 许纪霖、宋宏编：《现代中国思想的核心观念》，上海人民出版社 2010 年版。

66. 江荣海主编：《传统的拷问：中国传统政治文化的现代化研究》，北京大学出版社 2012 年版。

67. 柯伟林、周言主编：《不确定的遗产：哈佛辛亥百年论坛演讲录》，九州出版社 2012 年版。

68. 李伯钦、李肇翔主编：《中国通史》，万卷出版公司 2008 年版。

69. 刘培育主编：《金岳霖的回忆与回忆金岳霖》，四川教育人民出版社 1995 年版。

70. 中国社会科学院哲学研究所编：《金岳霖学术思想研究》，四川人民出版社 1987 年版。

71. 国际儒学联合会编：《儒学：世界和平与发展——纪念孔子诞辰 2565 周年国际学术研讨会论文集》，九州出版社 2015 年版。

72. 四川大学图书馆：《民国时期期刊全文数据库》。

73. 四川大学图书馆：《艺术博物馆图片数据库》。

后 记

这里对中国社会主体意识的探讨仅仅是该主题的一个开端，还有更多问题有待于后续研究才能给予进一步的揭示。

本书源于国家社科基金西部项目“中国现代哲学主体意识重构问题研究”的成果。本书的写作和出版也得到了该项目的基金支持。同时，四川省社会科学高水平研究团队《现代新儒学及其文化影响》也对本书的出版给予了经费资助。

本书的写作还得益于四川大学图书馆的丰富学术资源。为此应该特别感谢四川大学徐开来教授、宜宾学院何一教授和杨永明教授的大力帮助，否则笔者将无法心无旁骛地在川大图书馆度过安静的一年，使本项研究如期完成。

没有人民出版社黎松先生和曹春女士的热心支持，本书的出版也不会那么顺利。特别是曹春女士亲自设计的封面图案，令本书似乎难以言述的思想内涵有了一个精美而隽永的意象显示。

责任编辑：曹　春　江小夏
装帧设计：木　辛
责任校对：吕　飞

图书在版编目（CIP）数据

文化心理与中国社会主体意识 / 邵明 著．—北京：
　人民出版社，2017.2
ISBN 978－7－01－017083－1

Ⅰ．①文…　Ⅱ．①邵…　Ⅲ．①文化心理学－研究－中国　Ⅳ．① G05

中国版本图书馆 CIP 数据核字（2016）第 321723 号

文化心理与中国社会主体意识
WENHUA XINLI YU ZHONGGUO SHEHUI ZHUTI YISHI

邵　明　著

人民出版社 出版发行
（100706　北京市东城区隆福寺街 99 号）

北京盛通印刷股份有限公司印刷　新华书店经销

2017 年 2 月第 1 版　2017 年 2 月北京第 1 次印刷
开本：710 毫米 ×1000 毫米 1/16　印张：25
字数：330 千字

ISBN 978－7－01－017083－1　定价：66.00 元

邮购地址 100706　北京市东城区隆福寺街 99 号
人民东方图书销售中心　电话：（010）65250042　65289539